ポスト・ケインジアン叢書

19

V. チック

ケインズとケインジアンの
マクロ経済学

長谷川啓之・関谷喜三郎 訳

日本経済評論社

Macroeconomics after Keynes
by Victoria Chick
Copyright © 1983 by Victoria Chick

Japanese translation rights arranged with
Philip Allan Publishers Ltd., Oxford
through Tuttle-Mori Agency Inc., Tokyo

目　次

凡　　例　　　　　　　　　　　　　　　　　　xi
序　　文　　　　　　　　　　　　　　　　　　　1

第Ⅰ部　予備的作業と根本原理

第1章　ケインズとマクロ経済学 ……………………13

　　生産の貨幣的理論　　　　　　　　　　　　13
　　歴史的背景　　　　　　　　　　　　　　　18
　　時間，不確実性，貨幣ならびにセイの法則　25

第2章　『一般理論』の方法 ………………………30

　　主題が方法を規定する　　　　　　　　　　31
　　均　　　衡　　　　　　　　　　　　　　　37
　　企業の性格描写　　　　　　　　　　　　　43
　　実証的判断の役割　　　　　　　　　　　　46
　　文体と構造　　　　　　　　　　　　　　　47

第3章　集計的枠組 ……………………………………55

　　経済主体の集計　　　　　　　　　　　　　56
　　財と金融的集計値　　　　　　　　　　　　62
　　所得とその構成要素　　　　　　　　　　　63
　　ケインズの所得概念　　　　　　　　　　　71
　　会計学上の概念　　　　　　　　　　　　　79

『一般理論』における所得の構成要素	81
測定単位	86

第II部　動学的過程の静学モデル

第4章　産出量と雇用の理論 …………………………93

有効需要の原理	93
Z_w と D_w との関係	105
失業均衡	110

第5章　総供給のミクロ的基礎 …………………………121

市場形態と価格設定	123
Z の特性	136

第5章への補遺　労働需要の導出 …………………………144

第6章　総需要 …………………………147

期待と現実の需要	147
消費需要	148
投資	169

第7章　労働市場：ケインズ対古典派 …………………………187

古典派の雇用理論	191
完全雇用と完全雇用産出量	195
古典派理論に対するケインズの根本的異議	199

第8章　労働需要再論 …………………………225

第1公準	225
団体交渉	231

　　　　　　　　　　目　次　　　　　　　vii

　　　　価格期待　　　　　　　　　　　　　　　236

第III部　金　融

第9章　貯蓄，投資，利子および金融 …………………245
　　利子と投資金融　　　　　　　　　　　　246
　　古典派および新古典派の利子論　　　　　250

第10章　流動性への誘因 …………………………………274
　　取引需要，消費，および賃金総額　　　　274
　　予備的動機　　　　　　　　　　　　　　276
　　金融的動機　　　　　　　　　　　　　　280
　　投機的動機　　　　　　　　　　　　　　283
　　第10章への補遺　危険あるいは不確実性に対する行動として
　　　　　の流動性選好 ……………………………301
　　トービンの枠組　　　　　　　　　　　　302
　　無作為な発生過程　　　　　　　　　　　306

第11章　利子率の決定 ……………………………………310
　　静学理論　　　　　　　　　　　　　　　310
　　「本来不安定な変数」とは　　　　　　　　321
　　インフレーションと利子率　　　　　　　322

第12章　銀行組織 …………………………………………328
　　銀行資産，利子および貨幣供給量　　　　329
　　銀行の信用創造と強制貯蓄　　　　　　　334
　　銀行と回転資金　　　　　　　　　　　　339
　　減債基金と流動資金金融　　　　　　　　341

第13章 静学モデル：簡単な要約 ……………………………345

    動学的過程   348

    IS-LM   350

第 IV 部　運行中の体系

第14章 乗　　　数 ……………………………………………357

    静学的乗数と動学的乗数   358
    慣例的な乗数：2つの動学的解釈   363
    『一般理論』における乗数   374
    第14章への補遺　ケインズの乗数に関する2つの見解………379
      I. 均衡条件としての乗数   379
      II. 動学的過程としての乗数   380

第15章 物価と産出量 …………………………………………382

    e_p の決定   384
    インフレーション，真正と偽り   392
    より長期における物価   396
    フィリップス曲線   399

第16章 循環的変動 ……………………………………………402

    2つの文脈における循環   402
    景　気　循　環   404
    乗数 – 加速度の相互作用   409

第17章 貨　　　幣 ……………………………………………413

    貨幣とセイの法則   414

第17章：利子と貨幣の本質的性質	416
利子率の下方粘着性	427
流動性，一層の検討	430
弾力的貨幣供給の性質	435
要　約	441

第 V 部　政策問題

第18章　政策的含意：貨幣・財政政策 …………447

政府の「予算制約」	451
金融と乗数	453
貨幣政策	463
ケインズ対マネタリスト	467
貨幣，利子および支出	472
長　期	473

第19章　政策の一層長期的な展望 …………476

急速な成長と減速の時期	480
政策の背景としての資本不足	484
所得と消費の間のギャップ	486
定常状態の回避	489
要約と結論	496

第20章　『一般理論』の今日の現実妥当性…………498

省　略	498
6つの重要な仮定	499
結　論	508

参考文献と文献索引	510
訳者あとがき	523
事項索引	529

凡　　例

1. 本書は，Victoria Chick, *Macroeconomics after Keynes—A Reconsideration of the General Theory*, Philip Allan, 1983 の全訳である．
2. 訳文中の「　」は，原則として原文の' 'ならびに論文の題名を示し，また『　』は，著書名を示している．
3. 著書名と外来語を除く，原書のイタリック部分は，傍点で示してある．また，固有名詞を除く原書の大文字ではじまる単語には白丸傍点が付してある．
4. 本文中にでてくる人名については，初出のところで原語を併記してある．
5. 訳文中の〔　〕は，原文の理解のために訳者が追加したものである．
6. 原文中にでてくる人名については，アルファベット順に並べた参考文献で確認することができるので人名索引は作成していない．
7. 本書末尾の「事項索引」は，読者の便宜を考慮して訳者が新たに作成したものである．

序　文

本書の目的

　本書は，J.M. ケインズの『雇用・利子および貨幣の一般理論』に関する書物である．本書は，ユニバーシティー・オブ・カレッジ・ロンドン（UCL）の学生に私がマクロ経済学コースの最も重要な部分として数年間にわたって『一般理論』を使用した経験が生んだ成果である．私は，本書がケインズの書物に新たな光明を与えるものと確信しており，その点では，私が対象とする本書の読者は，私と同じ研究者仲間である．だが，本書は，また学生向けでもある．というのは，読者を2分して，新しい思考は専門家向けに取っておき，学生には一般に承認されたものだけを提供するという現在の慣行は，学生には横柄であると同時にわれわれの主題の活力と発展にも有害であると痛切に感じるからである．

　それゆえ私は，他の方々にも本書を用いて，『一般理論』を経済学教育の主流に引きもどす勇気を持ってくださるよう期待している——その理由は，ケインズには何か神聖なものがあるからではなくて，『一般理論』は，それ以後書かれた多くの書物に比べて，マクロ経済学的相互作用の構造とその分析方法とについて，はるかに豊かな理解を与えてくれることを私が論じるつもりだ（本書ではま・さ・し・く・そう論じている）からである．

　ケインズ以後展開されたマクロ経済学は，『一般理論』から着想したものだと主張されているが，私の見解では，一部の傑出した例外はあるにしても，ケインズのや・り・方・，つまりケインズの方法と分析視野および洞察にしたがったマクロ経済学ではなかった．本書のタイトルは，このチグハグな事実を指摘する意図をもっている．すなわち，時間的には『一般理論』に続いて生ま

れてきたマクロ経済学ではあっても，精神においてはそうとはいえないということである．われわれに必要なのは，この後者なのである．

私は，ケインジアンの経済学は，ケインズ以後のマクロ経済学でないのはおろか，マクロ経済学ですらない！とまで論ずるつもりである．どのテキストの分析方法をも考えてみていただきたい．ケインズには，中心となる3つの行動方程式があるといわれる．すなわち，消費関数，投資方程式，および流動性選好関数，がそれである．それらは不合理なものではない．完全に個人の行動に関連する原理に基礎をおいて，これら3つの関数についてのきわめて詳細な解説がそれに続いている．個人レベルを選択することになんら不都合はない．というのは，これらの意思決定がなされるのは個人レベルだからである．だがその後では，合成の誤謬に関するマクロ経済学を導入する場合（通常）言われていることに真っ向から反対して，個人の行動をあらわす方程式は集計値にも合致するとみなされ，連立方程式的処理がなされる．

新古典派的総合のアプローチでは，理論をいくつかの構成要素に分解し，各部分をいじくり回し，しかもそれらが正しく組み合わされるとマクロ経済学レベルでも首尾一貫した理論になるのかどうかを全く問おうともしない．またその連立方程式的手法についても検討がなされていない．

ケインズが開始したのは，これとは対照的に，彼の言う「全体としての産出量」に関する理論，すなわち自発的でも一時的でもない失業の可能性を認める理論を提供するという目的から出発したのである．その構成要素は，ケインズの全体図にとって決定的に重要なものとみなされていた．これは，「全体論的」かそれとも「還元論的」かという理論に対する態度の相違を示している．

私が確信しているのは，理論の単純化への衝動，すなわち主として機械的に取り扱うことが容易だという理由で理論をその構成要素に還元しようとする衝動が，経済学と経済政策の不幸な状態を生み出すのに大いに責任があるということである．

たとえば，上述した3つの行動方程式（消費関数を貯蓄関数で代替すると

親しみは増すが，この代替は不幸な結果をもたらしてきたことを私は本書で論じる）と外生的貨幣供給量とで「マクロ経済学」を表現する場合の1つの効果を考えてみよう．LM 曲線における「貨幣的要因」を IS 曲線における「実物的要因」から切り離してみよう．その場合，その資金調達方式が生む帰結を考慮に入れなくても，あたかもあらゆる「貨幣的」効果が単に貨幣需要を通じてしか作用しないかのように，財政政策を論じることは容易なのである．長い間，これが標準的な「ケインジアン」の理論の構成法であった．そこでは，資金調達の効果についてケインズが実際に述べたこと自体は無視し，そのような規模での介入など目論んではいなかったのに，彼が述べていないことには鈍感であった．その結果，その方法はマネタリズムの挑戦を受ける余地を広範に残すことになったが，この弱体化した理論では，あまりに弱すぎて効果的にその挑戦に打ち勝つことなど不可能であった．

　もう少しましなものを求めて私を『一般理論』にひき戻し，学部の2年生に対する私のマクロ経済学コースのテキスト代わりにそれをまず第1に使う気にさせたのは，伝統的なマクロ経済学に感じたあき足りなさであった．「マネタリスト・ケインジアン論争」とか，新ケンブリッジ学派や新古典派の経済学などの現代の経済学分野について，テキストを支配している過度の単純化と代数操作に基づいて，学生を教育するだけで，現状をそのままに放置しておくなどということは，私には全く無意味なことに思われる．というのは，学生たちはそれによって，両者の理論を評価したりどちらかを選択するための基準を何ひとつ与えられるわけではないからである．私の経験では，学生は「Xの理論はこうである」とか「Yの理論はああである」とか言うのがやっとのことであって，評価を試みようとはせず，かりに選択するにしても，特定の理論と結びつくなんらかの政策的処方に対する政治的好みに基づいて選択するにすぎない．もし政策的結論が理論からは導かれないとすると（これがあまりにもしばしば事実なのだが），学生の知的状態は，経済学をまったく学ばなかった場合に比べて悪化しているようにさえ私には思われる．

したがって，本書は格別やさしい書物ではないし，そのことを私はわびたりはしない．マクロ経済学はその性質上，相当数の事柄を同時に追跡することが必要であり，全体論的なビジョンとは，「あなたが相手に投げかけようとする考えを理解する糸口」*からはじめて，すべての読者が自ら構築すべきものなのである．

『一般理論』もまた，学生には，とくにやさしい書物ではない．この本は，理解するための図がたった1つで方程式はほとんどない，冒頭から文字だらけの本である．分析はしばしば明白というにはほど遠く，「ケインジアンの経済学」を学んだだけで読破するのはことのほか難しい．（学生は，両者がいかに違うかを知ってまったく驚き，この発見に大いに興奮することがしばしばである．）

それゆえ，当初私は本書を『一般理論』の理解と私が『一般理論』に立ち返って学んでいたことを共有するための手引書，つまり，原初の目的が理解できるようにお好みならば「ケインジアン」のニスの塗りをはがして，元の状態に戻す練習教材にしようかと考えた．レイヨンフーヴッド（Leijonhufvud, 1968）もこれをやりとげていたが，彼には塗りをはがすべき個所がまだ残っているように私には感じられた．そこで，私にもなすべきことはあることが判明した．

1974年(!)の最初の企ては，所得の循環をめぐって構想する途中，あえなく挫折してしまった．その後，私は，所得循環とケインズの貨幣・金融の取扱い方とはまったく両立しないことに気づくに至った．挫折は当然のことであった．

当初構想したように，本書は，マクロ経済学のテキストとは細部で決定的に異なる，きわめて「反教科書的な書物」でもある．しかしながら，ケインズが何をしたのかについての私の考えを述べようとすると，ケインジアンが邪魔になることに気がついた．そこで私は，研究をし直して理論の各部分を拡張し，その上で，必要な変更の方向を指し示したいとも考えた．こちらの目標の方が優先したために，現在一般化している概念で明示的に取り扱う必

要があると私が感じた若干の例外を除けば，私はおおむねケインジアンには変更を加えていない．いずれにしても，私がこの研究計画に復帰した時点までに周囲には邪悪な敵がもっと沢山いたものである．

　本書は，経済学説史の本ではなく，筆者の視点をケインズ自身の用語でできるだけはっきりさせることに関連をもっている．「ケインズがほんとうに言おうとしたこと」を本書がすべて明らかにしたなどとは主張しないまでも，いくつかの点で本書はそれをなしとげたと思う．他人の本を読むときに明らかに重要なことは，読者の能力の及ぶ限りその著者を理解すべく，共感と直観を用いて著者の視点にできるだけ接近することである．そうした努力は基本的に，有効な批判——必ずしも同意する必要はないが——を行う上でも必要なことである．しかし，他の人が「ほんとうに言おうとしたこと」を知ることは，哲学的には不可能なことである．重要なことは，著者の言っていることを自分にとって首尾一貫した意味づけをし，かつ手元の問題とそれとの関連性を評価することである．

　ケインズ以前の学者たちと現代におけるその後継者の考え方とを対比してケインズの考え方を評価するにせよ，彼のアイデアの現在への適用可能性を評価するにせよ，いずれにせよ，本書を究極的に支配しているのはこの現実妥当性という問題なのである．理論というものはすべて，その起源が完全に抽象的であるかのように提起されることがあまりにも多い．真理は徐々に誤謬を克服していくものなのだから，このことは，後に生まれた考え方ほどより正しいという考え方を抱かせる上で役立つ．理論が現在あるもの，すなわち特定の時に，特定の場所で活動している，特定の利害，長所および短所をもった，生きた人間の知性の産物に代わって提出される場合には，学生たちは，ある知性は他の知性よりも問題の本質をよくとらえ，また最善の理論ですら仮説にすぎないということを理解することができる．マクロ経済学では，不幸なことに，非常に優れた理論がそれよりずっと限定された理論にとって代わられている．だが，より優れた理論が理解された場合でも，その場にとどまってはならない．本書は，大幅な，おそらくは抜本的な修正の必要な領

域を示唆したところで終わることになろう．

　その結果，ここで真理を求めている学徒なら，ただ失望するだけではおさまらないであろう．現実には，真理などというものは存在しないのだという，心をかき乱すような観念が念頭に植えつけられてしまうことになろう．理論が真理か誤謬かはっきりするなどということはめったにないが，それは適用される場所と時代にどの程度関連するかでほぼ判断されうる．

　そういっておきながら，本書では経済の国際的側面とか，安定政策の準拠枠の外部に位置する政府についてはほとんど言及していないのは，控え目に言っても，読者に奇異な印象を与えるであろう．さまざまな段階で本書の草稿を読んでくれた多数の人たちが，それらの問題を含めるように奨めてくれたにもかかわらず，私はそうしなかった．直ちに言わせていただくと，これらの側面を完全にとり入れたマクロ経済学モデルを発展させることが，きわめて重要であり，緊急な問題でさえあるという彼らの意見には私も同意する．それゆえ，私が彼らの忠告に従わなかったことは，遺憾なことだし申し訳ないと思う．きわめて簡単に言えば，これらの側面をここに現われているものと同一レベルで取り扱い，しかも，それらをただつぎはぎするよりむしろ，この分析の残りの部分に統合するために必要な深い理解に私が到達しているとは思わないし，また「つぎはぎ」だけでは十分とはいえないと痛感する．いくつかの部分では，他の人びとが私に続いて，研究したいと考えそうな方向で若干の示唆が行われている．われわれは自分ができると思うことをやり，残りは他の人に任せることである．

感謝の言葉

　他の人々の助力と支援がなければ，果たせることも果たせないものである．私も多くの人のお陰を蒙っている．

　その一部は，遠くバークレーの学生時代にまでさかのぼる．そこでは，デヴィッド・アルハデフ David Alhadeff とハーヴェイ・ライベンシュタイン

序　文

　Harvey Leibenstein とは，私が需要曲線と供給曲線の交点が示す以上の意味を需要・供給分析に読み取れるようにミクロ経済学を教えてくれた．このときの理解が本書の支柱を成しており，本書の議論の理論的部分のほとんどすべてがそれに依存している．

　また，バークレーでは，ハイマン・ミンスキー Hyman Minsky が，私に『一般理論』を教えてくれようとしたが，当時私は，その論点がまったく理解できなかった．彼には，その努力に感謝するとともに，当時の私の鈍感さにおわびを申し上げたいと思う．

　イギリスの多くの大学とイタリアのいくつかの大学でのセミナーで，また，もっと長期にわたるマックギル大学とアーハス大学での客員であった期間に，本書のアイデアの多くを試すすばらしい機会を与えていただいた．これらの招待と，その結果生まれた刺激に富む討論とに，私は大いに感謝している．

　さまざまな段階で本書の草稿の一部あるいは全部に目を通して下さった多くの方々に謝意を表する．スーザン・ホーソン Susan Howson, デヴィッド・レイドラー David Laidler, および聴講生の1人ヒギンズ・レオン Hyginns Leon は，草稿のほとんど全体を，またリチャード・リプシー Richard Lipsey は草稿の分厚い束を読んでくれた．マイケル・デインズ Michael Danes, シェイラ・ダウ Sheila Dow, ピーター・アール Peter Earl, ニコラス・ロウ Nicholas Rau, コーリン・ロジャース Colin Rogers, ケリー・ショット Kelly Schott, ターノス・スコウラス Thanos Skouras, ジョン・サットン John Sutton, クリストファー・トゥアー Christopher Tour, ヴァレイラ・ターミニ Valeira Termini, およびクラウス・ベーストラップ Claus Vastrup からも特定の章へのコメントが続々と寄せられた．寛大にも時間をさき，私に専門的意見と批評とを提供してくれたことに対し，これらの方々すべてに感謝する．これらの方々は，結果に対して何ら責任を負うものではない．

　本書が，その物理的な形態をとる上で援助して下さった方々にも感謝すべきである．さまざまな段階でタイプする作業にたずさわってくれた人々は，あまりにも多すぎて，その名を逐一あげることができない．これらの方々す

べてと，わけても，セリア・ローデス Celia Rhodes には感謝にたえない．以前の学生セリアは，最終段階でのおびただしい分量のタイプだけでなく，索引をとる仕事のほとんどを含む編集業務を引き受けてくれた（それゆえ彼女は私が何をしているかを知っていた）．ほぼ完璧な彼女のタイプと聡明な編集作業とが大きな恩恵を与えてくれたばかりか，彼女はいつも静かで，こうした企画がもつストレスを，大いに和らげてくれた．私は大変幸運であった――もし彼女がいなかったら，本書は日の目を見ただろうかとほんとうに思う．

私は，フィリップ・アラン Philip Allan にも感謝したい．まずは彼の忍耐に対して，次にはそれと同様に，忍耐を失う時期と仕方をきっちりわきまえていることに対して．このどちらもが，彼の不断の支持と熱意同様，決定的に重要であった．驚くほどの早業で本書をまとめてくれたことに対しても，彼は感謝に値する．とくにお礼が言いたいのは，アン・ハースト Ann Hirst である．彼女はすばらしい編集者であり，一緒に仕事をしてこんなに愉快な人もいない．ジョフリー・ハーコート Geoffrey Harcourt とベジル・ムーア Basil Moore も，新たな誤りをいくつか発見してくれた．

本書の読み方についての注記

ケインズは，練達の戦略家であった．彼は，わずか半ページから成る第1章に続いて，自分の理論の主要な概略を述べ，かつ既成の理論との意見の相違を明確に示した．振り返ってみると，私もその方式にしたがった方が賢明だったであろう．本書の第4章は，彼の第3章に対応しており，それ以前の3章を章ごとに読んでいくと相当しんどい思いをする可能性がある．気楽に第5，第6および第7章へと読み飛ばしてみて，然る後にここに戻ることをお勧めする．（ただし，必ず戻ってほしい．なぜならこれら冒頭の章には大事なことがあまりにも多いからである．）

私は，貨幣賃金の変動分析（『一般理論』第19章）を，第18章に繰り上

げた．その他の論題は，各章のタイトルにかなりはっきりと示されている．『一般理論』の各章と目次に続く本書の各章との対応関係が一表にしてある．

教育上の目的からは，確かに削除を必要とするものもあろう．私は毎年ちがった題材を削除するか，飛ばし読みしている．どこを削除しても一貫性が損なわれるし，どこが最も省略しやすいかは明確ではない．（それがわかっていれば，本書はもっと短くなったであろう．）私の考えでは，その兼ね合いは，学生と教師が真に興味を感じるものは何なのかによって決定されるべきである．おそらく，学生たちには，本書の形態をゆがめることなく，筆者が提供しえたものよりはるかに深い背景説明が第9章に対しては必要となるであろう．

謝　　　意

王立経済学協会とマクミラン社とが，ケインズの著作の引用を許可されたことに対し，著者は謹んで謝意を表する．

文 献 注 記

他の参考文献には，著者名と出版期日が記されているが，『一般理論』および『ケインズ全集』が唯一もしくは最も便利な出典となる事項は，それぞれ $G.T.$ および $C.W.$（次に巻号を付す）で示すものとする．『一般理論』の参照ページは，初版（1936年）のものである．

本書の各章と『一般理論』の各章との対応関係

	本書		『一般理論』
第Ⅰ部	第1章		第1章，第2章
	第2章		――

	第3章	第4章, 第6章, 第7章
第II部	第4章	第3章, 第5章
	第5章	第3章, 第20章
	第6章	第8章, 第9章, 第11章, 第12章
	第7章	第2章, 第19章
	第8章	──
第III部	第9章	第13章, 第14章, 第16章
	第10章	第13章, 第15章
	第11章	第13章
	第12章	──
	第13章	第18章
第IV部	第14章	第10章
	第15章	第20章, 第21章
	第16章	第22章
	第17章	第17章
第V部	第18章	──
	第19章	──
	第20章	──

注
* ケインズの *C.W.*, Vol. XIII, p. 470.

第Ⅰ部　予備的作業と根本原理

第1章　ケインズとマクロ経済学

生産の貨幣的理論

　ケインズの『雇用・利子および貨幣の一般理論』は，ある意味でマクロ経済学そのものであり，別のきわめて現実的な意味では，現代のマクロ経済学の方が，ケインズが『一般理論』を執筆する以前に存在し，彼が打倒したと考えた理論を復活させる方向にずっと進んでしまっている．

　理論はすべて単純化，抽象化そして形式化なのである．理論は事実をありのまま映し出すものではない．それは，画家が数本の線を使うだけで形状と感覚の双方を表現するように，その事実の本質を伝える顕著な特徴を抽出するものである．

　優れた理論は，現実妥当性をもった抽象化であり，現実妥当性は，歴史の進行とともに変化する．経済学では，古い理論が間違いであることはめったにない．古い理論は現実妥当性を失ったにすぎない．ケインズは，彼が訓練を受けた経済理論を概観してみて，それは彼が知っている世界に妥当するものではないと感じた．

　　……われわれには生産の貨幣的理論が欠けている．貨幣を用いてはいるが，それを実物財や実物資産の取引の間の中立的連結環として使用するだけであって，それが動機や決意の一部を成すことを認めない経済は——他に良い名前がないために——実物交換経済と呼んでよいであろう．……経済学原理に関する大抵の論文は，完全とはいわないまでも，主として実物交換経済に関心をもっている．そして——もっと奇妙なことに

——貨幣理論に関する多くの論文にも大体同じことがあてはまる．……私が切望する理論は，これとは対照的に，貨幣がそれ自身の役割を演じ，動機と決意に影響を与え，要するに経済状況に作用する要因の1つであって，それゆえ最初の状態と最後の状態の間での貨幣の動向についての知識なくしては，長期・短期のいずれにおいても事態の推移を予見しえない経済を取り扱う理論である．そして，われわれが貨幣経済について語るとき意味すべきはこのような経済である．……もとより，われわれが現実に生活しているのは，私のいう意味での貨幣経済なのだということに誰もが同意するであろう．……それにもかかわらず，私が信ずるところでは，貨幣経済に関する結論ともっと単純化された実物交換経済についての結論との間の徹底的かつある意味での根本的な差異が伝統的経済学の解説者によって大幅に過小評価されてきた．その結果，実物交換経済学が実務の世界の従事者の精神に植えつけてきた思考装置と，経済学者自身とが実際に多くの誤った結論と政策とを先導してきたのである．実質賃金経済学の仮説的結論を実際の貨幣経済学の世界に適合させることは比較的容易であるとの考え方は誤りである．そのように適合させるということは途方もなく困難なことである．……したがって，次の課題は生産の貨幣理論をある程度詳細に作りあげることだと私は確信している．……時間を浪費してはいないのだとの確信の下に，いま私がとりかかっているのがこの課題なのである．　　　　　　(*C.W.*, XIII, pp. 408-11)

　実物交換の理論が工業国に適用されるのは意外なことだと研究者は考えることであろう．人はこのような理論が最初に構築されたであろうことを奇異とさえ考えることであろう．しかしながら，主として農業的で，多くの国内取引が貨幣化されていない社会にわれわれが住んでいたとしたら，どんな種類の経済学が書かれるかを考えてみていただきたい．

　労働時間と代表的商品である「トウモロコシ」との直接交換の理論は不合理なものではないであろう．貨幣は国際貿易に関する節で分析対象に入ってこよう．その研究が十分優れたものであれば，それによってその後に続く世

代の人々の心は完全にとらえられるであろうから，ある状況に適した分析と思考習慣は，それらが適用される状況が理論の変更を要請するほど十分に変化したずっと後までも影響を及ぼし続ける．慣性の法則は，物質世界に関する思想にも妥当するのである．

ケインズが観察した経済はそれとはまったく別のものであった．それは，おおざっぱにはわれわれ自身の世界と類似した世界であった（相違はもちろんあるし，そのうちの一部は重要だけれども）．彼が見ていたし，われわれも見ているのは，少数の人々による資本所有とその所有に融資するための広範な資金源の必要性とのギャップを橋渡しする精緻な金融組織を備えた，形式上は資本家的[1]な産業社会，つまり，貨幣的な生産経済である．

むろん，以下のように考える人もあろう．だがいまになって何を騒ぎたてるのだろうかと．確かに，ケインズは彼の課題を解くことに成功し，問題は片づいたのではないか．いや，片づいてはいない．彼の努力の結果は，なにか異様で悲劇的なやり方で，経済学が生んだ3～4冊のもっとも重要な書物の1つにいまなお数え上げられてはいても，それは時間の浪費であったし，これまでもずっとそうであった．3段階を経て，古い実物交換理論の多くが復活してきた．そのことについてそれほど深く人の心をとらえているものは一体何なのだろうか，といぶかる人もあろう．

最初にして，最大のステップは *IS-LM* 体系を基礎とした「新古典派的総合」であり，そこではケインズの理論は表面的な形式としては保持されたが，実質上は消えてしまった．そこでは重要な3つの行動要素，つまり消費関数，資本の限界効率および流動性選好関数は存在しても，それらは連立方程式体系——それは交換の分析に適した方法にすぎない[2]——に組み入れられ，しかもすべてが，流動性選好関数でさえ「実物」として扱われている．

実物交換理論に適した方法論の復活は重要なステップであったが，マネタリズムはさらに2つのステップを提示した．第1には，すでに *IS-LM* 分析で弱められていた消費と投資との区別が事実上消滅してしまい[3]，われわれを「トウモロコシ」経済へと連れ戻してしまったことである．第2には，

「合理的期待学派」の発展で，それはその分析が不確実性や予測を取り扱っているようにみえて，その実，分析をほとんど完全確実性のモデルに引き戻してしまっていることである．後には，予測不可能な確率誤差が残されているにすぎない．

ケインズの理論では，投資の変化が（良かれ悪しかれ）経済に対する攪乱の主要な源泉である．差別化されない産出量の理論に復帰すれば，攪乱のこの源泉は除去され，政府の政策を変動の主要な原因にしておけるという効果はある．これは，経済体系が「自動復元力を備えている」という，ケインズ以前に支配的であった定理，すなわち変動は一時的で自己転換能力をもつから，最善の政策は経済を放置しておくことであるという定理へと復帰する重要な一歩である．合理的期待の導入はこの結論を強化するものである．というのは支出計画はケインズの投資計画と同様，長期のきわめて不確実な予測にはもはや基づいておらず，また政府支出はそれらが将来の税負担と均衡するものだという認識によってその効果は無効になってしまうからである．われわれはケインズの経済学から「パングロス博士の経済学」[4]へと移行してしまった．以前の状態が事実上復活し，それが理論にとっても政策にとっても悲劇なのだと私は信じている．

どのようにしてそうなったのか．この問題の大部分は，おそらく『一般理論』の複雑さと，その複雑さを理解するために苦労するよりはむしろその伝達内容を単純化したいという解説者たちの願望とから生まれたものである．問題の一部は，今日の実物交換モデルの仮定が，ケインズが攻撃の対象にした見解の場合と同様に，暗黙的であるという事実にある．したがって，人は自ら使用する言葉にだまされることだってありうるのである——貨幣理論の「実物的」性格についてのケインズの記述に注意されたい．また私は標準的なテキストの産出量の理論はまさに交換の理論なのだと主張してきた．（もし自分自身が立てている仮定を理解していなければ，他人の仮定を明確に見究めることなどできっこない．このため，われわれは方法論に大いに注意を払うつもりだ．）

したがって，ケインズの理論がもっとも密接に関係する世界は，若干の点でわれわれ自身の世界とは異なるけれども，現代産業経済の現実と現代のマクロ経済学とが対象とするほぼ完全に確実な1財交換経済とを区別する格差に比較すればその相違ははるかに小さい．この事実こそ——私が見るところそれは事実であるが——本書の存在理由なのである．

貨　　幣

マクロ経済学は，まったく貨幣と折り合おうとはしてこなかった．（ミクロ経済学も同様であった．）貨幣理論への移行に伴う問題をこの種の明晰さをもって理解してきた者はほとんどいなかった．

> 貨幣理論の任務は，一般に想定されているものよりもずっと広い……すなわち，その任務とは，物々交換の仮定の下で純粋理論によって扱われる全分野をもう一度取り上げて，間接的交換の導入により純粋理論の結論にはどのような変更が必要となるかを研究することに他ならない．
> 　　　　　　(von Hayek, 1935, p. 110〔邦訳『ハイエク全集1』223ページ〕)

周知のように，貨幣は財の販売行為を財の購入行為から分離する．すなわち間接的交換を可能にする．今日でさえ，多くの経済理論において貨幣のこの属性は純粋な便益として扱われている．こうした理論では，貨幣の存在は取引の性質をなんら変化させるものではないと仮定されている．すなわち，貨幣が存在しない場合，同一の販売はいっそうの不便さと高い実質的コストとを要してはじめて行われるにすぎないであろうと．相対価格は不変であり，貨幣は中立的である．財は財と交換される．つまり実物交換経済である．

間接的交換とは，実物財に影響を及ぼす諸行動の間の時間上の分離を意味する．したがって，売買取引の実質価値を確実に知ることは不可能である．その意味で，すべての取引は投機であり (Hicks, 1939)，各取引間の間隔は総体的にきわめて長いであろう，という可能性の中にマルクス Marx は「恐慌」の説明を見出している[5]．貨幣的交換経済の理論でさえ，重要な成果を

生むことは可能なのである．

生　産

生産にはまた必然的に時間がかかる．

時間がかかるという生産の性質のために，生産者は彼らの生産物に対する需要の推定値，つまり予測に基づいて意思決定せざるをえない立場におかれる．つまり，財は人々がそれらを購入しうる以前に，したがって需要が既知となる以前に市場に出さねばならない[6]．貨幣の存在は，需要の推定を行うことの困難さを増幅する可能性がある．なぜなら，人々が将来の購買のために貯蓄する場合，たとえ彼らが，何を，いつ必要なのかがわかっていても，具体的な注文を出す必要はないからである．彼らは，それに代わって貨幣ないしは，発達した金融組織が提供する将来貨幣への多くの請求権の中のひとつを保有することも可能である．この行為は生産者に彼らの将来計画に関する手がかりをなんら与えるものではない．

これらのことはケインズの理論に含まれている基礎的事実であり，彼はそれらを使って支配的な正統派を攻撃している．その攻撃は，同時に全面戦争への宣言でもあり，また特定の目標に対する戦いでもあった．その特定の目標，つまり支配的な正統派の1つの具体的現われが雇用の理論であった．偶発的な事態がケインズに特定の目標を決定させた．なぜなら，ケインズは彼の理論が実物交換経済学への全面的批判であることは承知していたが，1930年代におけるイギリス経済の状況は，たとえケインズの気質がそれを許したとしても，高尚で現実離れしたアプローチをとるにはあまりにも悲惨すぎたからである．

歴史的背景

すべての書物はその場所と時代との産物である．なかでも『一般理論』の背景をなす場所と時代は異常なものである．時代は1930年代初期であり[7]，

場所はケンブリッジである．それらは『一般理論』の形式と内容のいずれにも影響を及ぼした．

第1に，形式については，表現方法(スタイル)が変化している．今日，経済学は数学を駆使した技術的（あるいは表面上技術的にみえる）用語で書かれている．『一般理論』はほとんど全く言葉だけである．その意味が既知とみなされた言葉は，当時のケンブリッジにおいて合意の上で使用されていたものであった．今日その意味が一般に合意の上と受け取られていて（私はそれは間違いだと思うが），当時でさえ（そしてケンブリッジにおいてさえ）激しい論争の的だった言葉——たとえば，貯蓄——もある．私には解っているとは言わないが，『一般理論』を完全に理解するために，ケインズとともに研究していた経済学者たちの緊密なグループの中で通用していた独特の用語に関する知識が必要である．少なくとも，われわれは「共通言語の誤り」[8]とか解釈上の想像力を働かせる必要性には警戒を怠らぬようにしなければならない．ケンブリッジ経済学は独特の知的伝統を持っていた（そしていまでも持っている）．『一般理論』の読者は，1930年代のケンブリッジの用語を現在の用語におきかえてみる必要がある．

もっと重要なのは内容である．『一般理論』は，イギリス経済史および経済思想史といういずれも歴史的文脈のなかで考察することが必要である．『一般理論』は，既成の教義に対する直接的反発である．ケインズの序文の有名な1節は『一般理論』を次のように描写している．

> 長期にわたる脱却の闘い——思考と表現の慣習的方式から脱却しようとする闘い……困難は，新しい思想にあるのではなく，……人々の心の隅々にまで広がっている古い思想からの脱却にある．
>
> (*G.T.*, p. viii〔邦訳，序，xxvii-viii ページ〕)

私は，おそらくケインズ以前に存在したようなマクロ理論の完全な説明を提供することはできないだろうし[9]，ましてやケインズがこの著作を生みだすことになった思考訓練を始める以前に彼の念頭にあった内容を表示することなどとてもできないだろう[10]．しかし，もっと重要な考え方を素描すること

ならすでに用意はできている．なぜなら，支配的な正統派に対するケインズの抵抗が議論全体を形成しているからである．正統派は形を少々変えたとはいえ，決して死滅してしまったわけではない[11]．

　ケインズが論駁したかったのは，正統派理論の特定の具体的見解，すなわちセイの法則と，そこから引き出される命題である非自発的失業はありえないという考え方とであった．これに論駁するなどということは新たな考えにそって研究を開始した1930年代初期のイギリスにおいては信じがたいことであった．

　適切なデータが利用可能となった1921年以来，イギリスの失業率は決して小さくはなかった．保険に加入している労働者の失業率は，1921年には15.6％であった．それは1927年には9.7％に低下したが，1932年にはピークの22.1％に達し，失業者は280万人に達した．登録失業者数は1935年後半まで200万人を超えていた．

　これらは英国全体のデータであり，それは表1.1にすべて示されている．地域別のデータは驚くべき記録を示している．

　したがって，ケインズが執筆していた当時いくつかの特定の理由から，経済不況はきわめて長期にわたってイギリスの日常的な特徴となっていた．その特定の理由のひとつは，イギリスが戦前の為替レートで金本位制への復帰を決定したことだと主張する人もあろう．かりそめにもそうすべきだったとすれば，物価と費用を戦前の為替レートで合衆国のそれと一致する水準にまで引き下げるべきであった．実際にはそのことを達成するために，意図的なデフレ政策が遂行された．いったん（1925年に）それが達成されると，過大評価された為替レートが作用し始めた．すなわち，1つには輸出品が高価になりすぎたためデフレーションが継続し，その結果売上げと所得を下落させた．

　その後，アメリカも1929年のウォール街の株式暴落によって増幅ないしは促進された不況にひどく苦しんだように，地球的な規模での景気後退が生じた[12]．1929年と景気の谷となった1933年との間では，経常価格による国

表 1.1 両大戦間のイギリスにおける賃金,物価および失業

年	週間平均賃金率 1958年=100 (1)	小売物価 1958年=100 (2)	実質賃金指数 (1)÷(2)	失業率 (%) (4)
1920	(47)*	58	(0.81)	2.5
1921	(46)	53	(0.87)	15.6
1922	(36)	43	(0.84)	14.3
1923	(32)	41	(0.78)	11.7
1924	32	41	0.78	10.3
1925	32	41	0.78	11.3
1926	32	40	0.80	12.5
1927	32	39	0.82	9.7
1928	32	39	0.82	10.8
1929	32	39	0.82	10.4
1930	32	37	0.86	16.0
1931	31	35	0.89	21.3
1932	31	34	0.91	22.1
1933	30	33	0.91	19.9
1934	30	33	0.91	16.7
1935	31	34	0.91	15.5
1936	31	35	0.89	13.1
1937	33	36	0.92	10.8
1938	34	37	0.92	12.9

資料:London and Cambridge Economic Service, *Key Statistics of the British Economy, 1900-1962*, Table F.
*表内の( )の値は,「とりわけ概算による」推計値を示している.

民純生産は 50% 以上も低下したし,不変価格でも 3 分の 1 以上下落した[13]. 失業率は,1929 年の 3.2% から景気の谷での 23.6% へと上昇し,失業者数にしておよそ 1,300 万人であった[14]. 銀行は破産し,預金者は保証されなかった. このことは世界貿易になんら役立たなかった. 需要の主たる源泉であるアメリカ経済が苦境に陥っていたからである.

ケインズ以前の経済学者たちは,これ以前に景気後退や金融崩壊を経験していたし,景気変動の理論ももっていた. しかし,彼らは,経済体系は立派に建造された船舶のように,やがて自ら立ち直るものと想定していた. 新たな点は,景気後退が持続したことであった. そこで,不完全雇用均衡の可能

性に関するケインズの論証を理解すべきなのは，この見地からである[15]．それこそが，新古典派理論の復活とケインズの政策的結論への関心の集中のなかで見失われてきた定理なのである．

自動復元力を備えた経済

1930年代の経済学者たちは，戦後育った人々とは異なる世界観をもっていた．彼らの，経済体系に対する基本的な見方はそれが安定に向かう傾向をもつということであった．この見方は，定常状態の理論に具体的に示された．経済成果の安定的水準の周辺には凶作などの特殊要因による景気循環および不規則的逸脱が存在するというものであった[16]．今日われわれは成長は規範であり，変動は上昇傾向の周辺に存在する運動だと考えている．われわれには当時の人たちの考え方を理解することは容易ではない．

失業は安定した規範の周辺での変動の帰結とみられていた．外生的変動は予測不可能であったが，景気循環は分析することができた．それゆえ，失業の説明は景気循環論の一部であった．

変動は，その性質からして一時的なものである．ケインズ以前の正統派の中心的教義は，いかに長期間でも，産出物の一般的超過供給（「一般的過剰生産」）は決して生じえないというものであった．産業は，需要パターンの変化に対応するために活動を一時的に低下させる必要があるかもしれない．これが，労働者が新たな職を探す場合，「摩擦的」失業を生みだすであろう——だが，明らかに，これは一時的現象にすぎない．

古典派の仮定は，労働者がもし獲得した所得を自ら生産したものの購入のために使用したくないのであれば，雇用を提供しないのは労働者自身だということになるというものであった．これはセイの法則のもっとも単純な説明である[17]．この議論の他方の側面には，価格の伸縮性によって超過需要あるいは超過供給——この場合には労働の超過供給——は，つねに除去されうるという考え方がある．したがって，失業の原因とそれを緩和ないし除去するために取られる手段とは，古典派経済学者にとってはそれほど興味ある問題

ではなかった．彼らの関心は主として長期にあり，一時的な変動にはなかった．

政策によろうと「自然的諸力」によろうと，かりに超過需要ないしは超過供給が除去されるべきものとすれば，それをもたらす自己価格 own-price に注目することが穏当なところである．労働時間の自己価格は，「実質賃金」，すなわち，賃金財でみた貨幣賃金の購買力である．賃金財の価格は広範囲にわたる経済活動の結果として決定されるものであり，職を得る過程とか就職に同意する過程には直接的関連はない．したがって，調整変数としての貨幣賃金に注意が集中されることになる．いずれにしても，任意の時点における貨幣賃金の変化は実質賃金の変化である．

そこで，失業が労働の超過供給の存在を意味する以上，労働の価格が高すぎたのだと主張することは人の心に訴えるものがある．購入できるものでみた賃金は，現実の雇用労働力の確保に必要な賃金より高かったとされる．実質賃金は労働の限界不効用を上回ったために，さらに多くの人々が仕事を求めることになる．確信をもって予想した通り賃金が下落した場合，通常不均衡状態は自動的に矯正されるであろう．つまり賃金の低下は，職を求める人の数を減らすと同時に，もっと職を提供する方を有利にさせるであろう，というわけである．

このような調整メカニズムの自律性に対する信頼は，1920年代ならびに30年代におけるイギリスの突発的出来事によって疑問視されるに至った．

貨幣賃金は，1920年から1923年にかけて劇的な低下を示し[18]，実質賃金は金本位制復帰に備えてとった政府の意図的なデフレ政策の帰結としてほんのわずか低下したにすぎなかった．需要の収縮は，表1.1から賃金の収縮よりも大きな影響を失業率に与えたことが明白である．貨幣賃金は，1922年以降，8年間にわたって安定し，1930年から1933-34年の景気の谷にかけてわずか6％低下したにすぎない．幸運にも職を確保していた人々にとっては，この期間の実質賃金は事実上上昇していた．（表1.1の(2)の欄を注意深く観察されたい．今日では，物価が現実に下落しうるという事実を理解すること

は困難である.)

理論と政策

失業の持続は,何かがなされる必要のあることを明らかにした.多くの議論は[19],実質賃金は高すぎるかどうかという問題に集中していた.ピグーはこれを信じた(Pigou, 1927)が,彼には実質賃金の引き下げ政策が実行される可能性についてはそれほど確信はなかった.

実質賃金が下落する方法には2つある.すなわち貨幣賃金が低下するか,物価が上昇するかのいずれかである.外見から察するところでは,どちらも効果があるはずである.貨幣賃金の低下は企業にとってはコストの低下を意味し,より安価な労働はより多くの雇用を可能にするはずである.また,労働市場の不均衡は,労働の自己価格を変更することで除去されるべきであるという見解にはそれなりの理屈がある.

理論的な問題として,ケインズが疑問を抱いたのは,たとえば「労働市場」のようなある集計値に適用された単一市場の,部分均衡アプローチの結果を一般化することの妥当性についてである.実質賃金の変化は,経済体系の他の部分に影響を与えるとともに一見したところ若干関係が弱いと思われる変数の影響を受けることが予想されうる.労働市場だけを分離して問題にするわけにはいかないのである.

実際問題としては,ケインズは,賃金切り下げ奨励政策は,部分均衡アプローチが示唆するほど有効ではないであろうし,反生産的でさえあろう,と主張した.

したがって,ケインズは賃金・物価の変化の諸原因を問う視点の根本的な変更を提案した.その構成要因は需要水準とコストであり,そこでは労働所得はその両方に算入されている.

この新たな視点からすれば,失業の主たる原因は実質賃金が高すぎるというよりはむしろ,利子率が高すぎることにあるという驚くべき結論が生まれる.なんと受け入れがたい意見であろうか.もっとも人間的な問題である失

業ともっとも無味乾燥な経済変数である利子率との間に一体どんな関係が存在しうるというのであろうか．これこそが，『一般理論』の主題なのである．それは，1920年代および30年代における理論と現実の不一致から直接導出され，ついでこの新しい理論は，多くの人々がすべて「ケインズ主義」という名で理解している新たな政策上の処方箋を生みだしたのである．

　『一般理論』が直接歴史的に先行する理論に関心を集中するのは，失業が一般化していたあの時代ないし期間にその理論の現実妥当性が，限定されることを示唆しようと意図するからではない．もし特定の期間に限定されるならば，『一般理論』にそれほど大きな注意を払う十分な理由は存在しないであろう．多くの点で，それは「depression economics」〔訳注：depressionには不況または不景気と，憂うつまたは意気消沈の意味があり，両者をかけている．〕なのである．すなわち，しばしば極端に難解であるという点でも，またこの書物が理解するのに骨が折れるという点でもそうなのである．それゆえ，それを必要に応じて修正してもかまわないであろう．しかし，その対象領域はしばしばその特徴とされる失業に関する短期分析をはるかに超えている．それは循環的変動の理論とそれらの長期的帰結とを包含している．その分析は不況と同様にインフレーションの問題にも向けることが可能なのである．

時間，不確実性，貨幣ならびにセイの法則

　しかしながら，『一般理論』が適用できる諸問題のリストの範囲内に，その効力を測定する尺度は入っていない．『一般理論』の第1の目的であり，その伝達内容を革命として記述する主たる根拠は，生産が完全雇用水準に達する以前に停止する理由は何ひとつなく，それゆえ失業は一時的現象にすぎないと考えるセイの法則を打倒することであった．

　ケインズは貨幣を，セイの法則を打倒する手段として用いた——いずれにせよ彼は，そうしたようにみえる．彼がセイの法則に対する反撃についても

っとも明示的に示した部分は——労働者は貨幣賃金を支払われるのであって，その実質価値は推定できるにすぎないのだという——雇用理論の現実的基礎に基づいた主張にある．ケインズは，家計と企業が相互に作用し合う，あらゆる点，すなわち，貯蓄‐投資関係を通じて分析した労働市場と生産物市場，においてセイの法則を打破しており，問題を引き起こすのは，実際には貨幣ではなくて時間，つまり，諸々の契約は将来の需要，コストおよび物価に基づくものだというまぎれもない事実なのである．これらを確実に知ることは不可能であるが，それにもかかわらず，契約は行われる必要がある．

契約の必要性は，それほど貨幣を使用しないでやっている経済でも等しく緊急のことであり，ばかげた生産契約に対するペナルティは，それと同等もしくはそれ以上に不愉快なことである．これとは対照的に，貨幣は資源に対する相当確実な請求権であるとの印象を与える．安全性とか流動性に関するこの錯覚が，市場参加者から不確実性をある程度おおい隠すように働くことで，根本的な不確実性によって生み出される問題を誇張する役割を果たす．

貨幣および貨幣に対して猶予を与えた請求権もまた，将来の欲求に関する兆候をほとんど示してはいない[20]．

セイの法則を打倒した点，すなわち，貨幣，時間あるいは不確実性について正確に叙述するという理性的な優雅さはまったくケインズの関心事ではなかった．彼の関心はある特定経済，つまりこれら3つの変数がすべて存在する産業経済の病状の方にあり，そこで彼はこの現実を出発点として取り上げたのである．これらのうちのどの1つを導入しても，古典派および新古典派理論との決別は成立したであろう．

貨幣はこれまで刑事被告人として選択されてきたが，それは1つに，ケインズ自身がそれを強調したためである．彼は一貫して高度に貨幣的な経済について書いていた．彼が関心をもった取引のすべてが貨幣の使用を伴っている．そのことは，物々交換，贈与，および無給の労働がなんら経済的意味をもたないと言うことではない．それは，これらの取引が次のような身近な問題では重要な役割を果たさないのだといっているにすぎない．すなわち，生

産者と消費者，雇用主と被雇用者，借り手と貸し手，などの間の関係の性質，およびこれらの関係が実際にはすべての人にとって不満足ではあるが，事実上無期限に持続されうる状況をいかに創出するか，という問題がそれである．

このところ，ケインジアンたちは労働市場における貨幣の役割をずっと強調してきた．すなわち，貨幣賃金の非伸縮性はケインズの分析結果のせいだというわけである．私は時間がそれを解く鍵だといいたい．すなわち『一般理論』は動学過程，つまり生産過程についての静学モデルなのだと．またそれは，説明しようとする経済と同様にまったく貨幣的である．私は，当然のことながら，実質賃金交渉を妥結できないために引き起こされる混乱は，時機を失した貯蓄の企てや個人の資産価値を増大しようと目論む投機的行動によって引き起こされる混乱に瓜ふたつだということを指摘したい．ケインズのモデルは，物価が不確実な場合には，貨幣‐賃金交渉についての事実そのものがセイの法則を打倒するのだという結論へとわれわれを導く．計画された貯蓄と投資の不一致（たとえそれが何を意味しようと）もまたセイの法則を打破する役割を果たす．第1のケースと同様，第2のケースにおいても同じメカニズムが正確に作用する．貯蓄は，財への貨幣の支出を減少させ，代わりにそれを金融資産につぎ込むことによって生じるという事実は，ちょうど貨幣‐賃金交渉と同様にまさに決定的な事実なのである．

現代の「ケインジアン」のマクロ経済学は，「実物」経済量に気をとられて，貨幣もまた実物であることをほとんど完全に忘れてしまっている．貨幣経済においては，所得，利潤，および富の追求はすべて時として貨幣的形態をとる．「実物」・価値は未来に関係しており，不確実であり，そして人を驚かすこともありうる．

異なる経済主体が立てる計画がなぜ一致しないのかに疑問をもつ論文は何十となく書かれている．もしそれらの計画が一致するとすれば，驚くべきことであろう．全体として見た場合不思議なのは，経済は通常ある種の一貫性ある——つねに魅力的とは限らないが——行動を示すことである．

これらの観察事実を推敲することがこれから私が取り組む課題である．し

かし，われわれはまずはじめに，ケインズが彼の分析に用いた方法論を検討しなければならない．なぜなら，『一般理論』におけるケインズの創造物のうちでもっとも強固なものがその方法論だからである．その方法論を理解することによって，歴史的状況の変化に対するケインズの推論の現実妥当性を理解し，いまだ予見されない出来事にそれを適応させる能力を保持するなり取り戻すチャンスが期待されるのである．

注

1) 「資本家」という用語は，マルクス主義者の若干の文献ではきわめて感情的なやり方で使用されている．けれども，専門的な慣用法では，その経済の産出物を生産する設備を使って労働する集団とは同一延長上にない集団の人たちによる生産的資本設備の所有を示している．1つの反意語は，労働者が共同で設備を所有する体制をあらわす「協同組合」という言葉である．この事態を表わす明確な名称はないが，そこでは，資本量は大きくなく，すべての家族が自らの生産手段を所有することが確認できるにすぎない．ケインズは，第1のものを「企業者経済」，第2のものを「実質賃金」ないし「協同組合」経済と呼んでいる．(C.W., XXIX, とくに pp.76-87)
2) この事実はヒックス (Hicks, 1980/81) によって承認されているが，彼はそれを知っていて然るべきである．
3) ブルンナーはこのことを，「資源配分項目の欠如」と呼ぶ．たとえば，Brunner (1970) を見られたい．
4) 「新しいマクロ経済学」に関するこの記述は，ウィレム・ビター (Willem Buiter, 1980) による．
5) Marx (1867), p.128.
6) 注文生産は，もちろんこの例外であり，それは，消費財を生産する産業よりも資本財産業においてより重要だということであって，ケインズの見解では「全体としての産出量」の理論の文脈の中ではおそらく特別な取扱いを必要とするほど重要ではないということである．
7) 『一般理論』は，1936年に出版されたが，そのアイデアは1931年にすでに展開され始めていた．パティンキンとリース (Patinkin and Leith, 1977) の編者における，パティンキン，モグリッジ Moggridge およびジョンソン Johnson の論文を見られたい．また直接確認するには，C.W., XIII を拾い読みされ

第1章 ケインズとマクロ経済学

たい.
8) 通常,他の英語圏の人たちとの会話に関して生じるが,しかしこの文脈でも等しく妥当しうる——「過去は別の国である.人々はそこでは違ったことをする」(L.P. Hartley, *The Go-Between*).
9) 手引のために,*C.W.*, XIII と同様,ソーウェル (Sowell, 1972 および 1974) とエシャグ (Eshag, 1963) を参照されたい.
10) ケインズの『貨幣論』(1930) および *C.W.*, XIII の最初の部分は明らかに参考にすべきものである.
11) 正統派についての新たな解釈が,私のバックグラウンドを形成しているが,ついで私はそこから逃れるために長期にわたる闘いをしてきた.
12) 金融危機が,1930年代のアメリカの不況を引き起こしたのか,それともアメリカ経済の基本的な弱点の兆候にすぎなかったのかは依然重大な論争点の1つであるが,ここではそれを問題にしない.
13) Friedman and Schwartz (1963), p. 2.
14) *Historical Statistics of the United States*, Table D46-47 ; US Bureau of the Census, *Statistical Abstract*, *Supplement*.
15) それがケインズ理論の唯一の成果ではない.あわてる必要もない.また気まじめな経済学者たちが,「スローガン」としてのこの分析上の結論を棄却する必要も存在しない (Mayer, 1978).
16) ジェヴォンズ Jevons は,これらをランダムなものとして放置する気はなく,農業の変動を太陽活動の循環的変動(太陽の黒点)に結びつけた.
17) この単純化の矯正策としては,ソーウェル (Sowell, 1972) とボーモル (Baumol, 1977) の両者,ないしはいずれか一方を参照されたい.
18) モグリッジ (Moggridge, 1969), p. 16 は,ルースのデータ (Routh, 1965) を使って,ほぼ 40% 低下したと述べている.表 1.1 のデータは若干少ないように見えるが,完全に十分である.
19) ハンコック (Hancock, 1960) とウィンチ (Winch, 1969) は,興味ある説明をしている.
20) 特定財の各個別生産に発生する双方の請求権を比較されたい.直接財に対する請求権が,債権者にこれら財の最終的な消費を約束させるわけではないが,生産者の見地からみれば,販売は事実上保証されている.

第2章 『一般理論』の方法

　『一般理論』を理解する場合に伴うもっとも困難な点は，その分析方法である．われわれは均衡と呼ばれる同時解を見出すために操作されるべき，ラグを伴う，伴わないにかかわらず，一連の方程式から成る経済モデルに慣れてしまっているために，ケインズの方法がどのようなものであったかを知ることは今日では事実上不可能である．ケインズの方法は，果たして部分均衡か一般均衡か，静学か動学か，一時均衡か不均衡か，について印刷物や論文などにおいて多くの論争が行われている．その理論上の概念を，それらがマーシャル的部分均衡の需要・供給方程式ないし一般均衡の壮大な構図のいずれにせよ，連立方程式体系に確固たる基礎を置く経済学者たちの間でこの論争は行われている．

　これらの方法は，いずれもケインズの目的には役立たなかったであろう．ケインズの目的は，相互に作用し合う，個々の企業と家計による多くの重要な意思決定が全体としての経済に与える影響を分析することであった．したがって，部分均衡も役に立たないであろう．また，今日明白となった理由から，すなわちロビンソン夫人 Mrs Robinson とシャックル教授 Shackle が強調し，フランク・ハーン Frank Hahn がこれを認めたことからみて，一般均衡もやはり役立たないであろう．

　いったい，彼の分析構造が果たして方法とよばれるべきものなのかどうかについても，なお論争の余地がある——むしろ，それは便宜的な性格をもつものである．シャックルが示した特徴づけがもっとも事実に近いかもしれない．彼は，ケインズの方法を万華鏡的静態 Kaleidostatis と呼び，それによっ

て連続的に変化する画面を一時的に凍結する方法についてのイメージを創出しようと試みている．しかし，万華鏡の絵は不規則的に変化する．ケインズの方法は（映画と同様），スナップ写真から作成されたフィルム，つまり動画の方にずっと似ており，それぞれのスナップ写真は先に進んだ写真と体系的に関連している．それは，フラッシュバック——およびフラッシュ・フォアード——が一杯入ったストーリーなのである．

主題が方法を規定する

　一般均衡ならびに部分均衡のいずれにおいても，販売のための財貨・サービスは多数であり，各々が経済全体からすれば相対的には取るに足らないものとみなされる．マーシャルの方法では，この特徴を単一市場の行動分析に用い，その市場で発生したことが経済全体に影響を与えることを認めていない．これこそはケインズが教えられた方法であったが，それは彼の目的には適合しなかった．彼の目的とは，マクロ経済的反作用を無視できない市場，つまり労働市場，貨幣市場，および生産された財の主要な集計値市場を分析することであった．マーシャルの方法は排除された．一般均衡もまた排除されたが，それは主として非集計的性質のためではなく，そうしないと時間を凍結することになるからであった．生産には時間を要し，その生産物が販売されることになる時点で支配的となる状況を知らないままに生産決意がなされる他はないという生産経済の基本的な特徴は一般均衡分析からは排除されている．未知の将来に飛び出し，進むにつれて，種々の手段に頼らざるをえないということが，ケインズには根本的なことであった．

　一般均衡分析は，経済的諸決定の相互作用に関する概念というケインズの主題に必須の原理を具体的に表現している．相互作用は，マーシャルの方法を特徴づけた各市場の分離とは明確に異なる分析を提起する．しかしながら，一般均衡においては，時間と不確実性を棄却するため，外生的ショックの結果による場合を除けば，経済がいかに変動を示すかが説明不能のままに放置

される．このような結果は心理的にはアピールする——つまりわれわれはそれを外部の出来事のせいにすることができる——が，とりわけそれが正しくない場合には，それは健全なことでもとくに有用なことでもない．

ケインズの方法は，多少折衷的なものであり，市場を個別に取りあげて分析する部分均衡分析の方法を使用し，ついでその結果をその間にそれ自体動いてしまった経済現象にフィードバックさせる．同時にあらゆる事態が生じるとする一般均衡，あるいは分析される市場ではすべてが生じ，その他の市場では何ごとも生じないとする部分均衡とははっきり異なって，経済現象には明白な時間的流れが存在するが，経済学者はそれに背を向けている．

1つの類推として，自動車の発進を説明しようとする場合を考えてみよう．それには，第1に操縦メカニズム，次に電気系統，そして最後にピストンと駆動軸を説明するというのが効果的なやり方である．実際に車が動くのはこれらすべての要素が多かれ少なかれタイミングのいい相互作用のためである．しかし，各系統の主要な細部を個別にとりあげて説明すれば明快さは増すが，その間じゅう，もしガソリンが切れたら，タイミングのよい配電器やきれいなプラグは何の意味ももたないし，車でどこへも出かけないなら，車の運転方法を原理上知っていても無駄なことは認識されている．（車の運転は，「原理上」と動いている場合とでは異なる．それは，車が走行している道路の反り camber のためである．）ケインズは，これと同じ方法で出発して経済の主要構成要素を分析し，ついでそれらを一括して産出量全体の理論に適合させようとした．それ以前にまったく同じやり方でそれを行った者は誰もいなかったし，あえていえばそれ以後も誰ひとりとしてやっていない．

静学，動学および過程分析

『一般理論』が静態経済に関するものだとは言いがたい．だが，逆説的にいえば，用いられた方法は静学であった．かくして，ロビンソン夫人 (Robinson, 1952) はこの逆説を次のように解明している．すなわち，「過去の歴史はかくて初期条件にとり入れられるから，分析はそれ自体としては

静学的ではあるが，しかも動学理論の一部分なのである」，と．

ベナビー（Benavie, 1972）は，比較静学と行動方程式にさまざまなラグを取り入れた動態分析として一般に理解される離散型との形式的関係を示した．つまり，それは出発点から最終均衡まで，期間毎に諸変数の経路を描き出すために使用される静学的方法である．所与の期間に対する体系の解は，一時的均衡とよぶことができる——ここで一時的というのは，本来動学はその体系を次期には別の位置に移動させるであろうからである．

しかしながら，ケインズは，この型の動態分析を使用することはできなかった．なぜなら，彼が描き出し，分析しようと試みたラグ構造はあまりにも複雑であったがためである．ケインズの体系は，事態がさまざまな速度で発生し，その動きは現象に応じて変化する型のものである．その体系は，方程式と同様に言葉でも一度にすべてを伝達することはできない．さらに，標準的動学分析は，外生変数の一度の変化を進行させて，安定的関数によって表わされる行動の反作用に基づいて何とかして均衡に至らしめる，その変化が及ぼす効果を考察することである．この変化を運行させる，「体系」の1回限りの変化の効果を考察するだけではケインズにとって不十分であった．なぜなら，体系が時間を通じて進行した場合，体系の他の部分からの新たな情報の導入をそれが妨害するであろうからである．それに代わって，事態がときとして許容されるのはそれに引き続いてその後の期間に対する新たな初期条件を創出するためであるのに対して，それほど頻繁には変化しなかった市場の諸条件はいっそう長期にわたり固定されたままである．初期の出来事によって影響を受けるこれらの市場では，意思決定はその方向にそって生じた結果に基づいて変更される．これが過程分析の本質である．ケインズが創出したものは，比較静学の方法と過程動学の諸関係との間の不安定な妥協の産物であった．

時間的視野

何を変化させ，何を一定のままに維持するかの選択は，先進資本主義経済

の多くの意思決定に固有のさまざまな時間的視野と調整速度によって指示された．異なる生産条件に適合した時間的視野は，ケンブリッジ経済学の中でマーシャル的伝統の一部としてゆるぎない地位を占めていた．すなわち，すでに所有する資本ストックを使用した生産は，短期と呼ばれた．将来のある時点に至ってはじめて利用可能となるはずの，拡張されたか，より効率的な設備を使用した生産機会だけが長期を構成した．

新規生産設備の獲得には時間を要するが，これらの「操業時間」は暦の時間的長さと同一視されるべきではない．その顕著な特徴は生産の観点からすると，短期における資本設備の固定性である．

生産はすべて短期に発生する．つまり，生産は現在保有する資本によって行われなければならない．しかしながら，同時にこれが望ましい資本ストックなのか，あるいはそれを変更する措置を講じるべきか否かを問うことは可能である．生産決意と投資決意は同時に行われるかもしれないが，概念的には別個のものである．

投資決意が行われると，設備は発注され，そして建設が企てられる．現行の生産には新規資本の供給効率に対する貢献をいまなお利用できないとはいえ，これらは需要の増大に寄与する．それが可能となるのは，資本財が生産され，それを購入した人に引き渡され，そして設置された後のことにすぎない．投資の第1局面は短期と完全に一致する．その後になって，投資が費用条件に影響を及ぼすに至った際には，以前の短期の諸条件はもはや成立しない．ケインズの分析では，（長期である第17章を除外すれば）前者の投資の需要面は承認され，後者，すなわち供給面は削除されている．

資本設備の生産者の視点を採用することは，おそらく有用であろう．彼の企業が注文を受けるとする．つまり，ある投資需要が存在する．その財貨は現存資本設備によって生産される．彼は短期の状態にある．彼の顧客は，長期の収益性を考慮して投資を行ったのである．設備が取り付けられ，それを稼働させるとき，長期的な生産可能性部分からいくぶん逆説的ではあるが，もうひとつの短期へと移動する（なぜなら，彼らの設備は再び固定されるか

第2章 『一般理論』の方法

らである)．その間に，資本財生産者は，彼自身の生産設備をも改良するであろう．

もちろん，実際には，当初の投資決意が実を結び老朽化した設備が摩耗ないし解体されるに応じて，資本ストックは連続的に変化している．それゆえ，長期・短期の区別は，経験的には不可能である．それは，すべてが時間的に発生することを阻止するための知的工夫にすぎない[1]．

マーシャル的区別が依存するのは，企業者に開かれた，この種の生産可能性である．ケインズの場合，その区別は保持されてはいるが，長期と短期の用語のもう1つの用法が同時に存在し，そこではそれらは，生産決意と投資決意をそれぞれ動機づける期待の視野に属している．両決意とも将来需要の推定値に依存するが，投資は最適産出量を含む，特定の操業上の特性をもった生産設備との長期的な掛かり合いを必要とする．その間（より短い時間的間隔において），産出量は，産出物を生産するために資本と結合した可変的要素，すなわち主として労働を変更することによって変化するであろう[2]．その結果，投資に関する期待は多くの生産決意期間を包含することになる．

これらの考え方を，（危険なやり方ではあるが）水平に時間の推移を示した図表を借りて定式化してみよう．図2.1の生産および投資と名づけた図表を見て頂きたい．時間ゼロから開始しよう．そこでは，生産水準，価格設定方針，および（その結果としての）必要労働量を決定するための重役会議が開かれる．これらの諸方針は，推定需要量に基づくものでなければならない．その推定範囲は，生産期間と呼ばれる長さとみなされ，それには単位期間が割り当てられる．つまり時間1でこれらの諸決定は，再検討される．図表の他の部分については，売上げと賃金支払いとが重複する性質を正当に取り扱ってはいないが，説明を要しないであろう．

投資決定を行うさいに推定されるべき需要ならびに費用の水準はその直前のものではなくて，設備が実際に生産に使用された後に（すなわち，短期の範囲を超えて）初めて発生し，その設備の寿命がある間継続する．図では，次のように（任意に）仮定する．すなわち，〔資本の〕懐妊期間は3つの生

生産

0 ─┼─────┼─────┼─────┼─────┼──→ 時間
           賃金を 賃金を 売上金を 売上金を 売上金を
           支払う 支払う 受け取る 受け取る 受け取る
                                              1

企業は需要を推定し、産出量と価格を決定する　　労働者を雇用し、原材料を購入する　　産出物を生産する（以前に生産された産出物を販売する）　　新しい産出物の販売　　需要と産出量の推定値、価格および雇用の決定を見直す

消費

0 ─┼─────────────┼─────────────→ 時間
       賃金の   賃金の 賃金の
       受取り   受取り 受取り
                         1

家計は将来の物価推定値、労働供給および消費計画を推定する　　雇用量が決定され、消費計画は必要によって修正される　　財を購入し、負債を支払う　　貯蓄する（所得の残余）　　物価推定値、労働供給および消費決定を見直す

投資

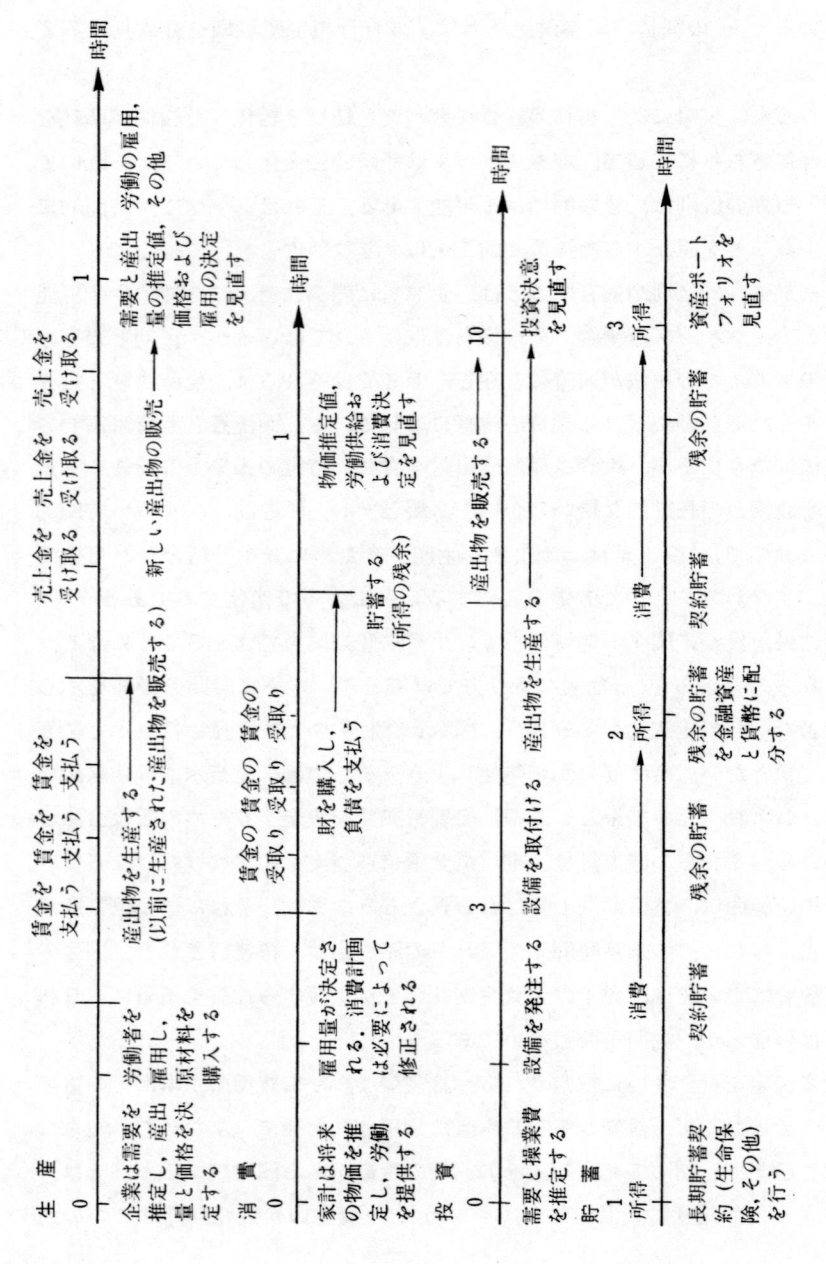

0 ─┼─────────────┼─────────────→ 時間
       3   10

需要と操業度を推定する　　設備を発注する　　設備を取付ける　　産出物を生産する　　産出物を販売する　　投資決意を見直す

貯蓄

0 ─┼─────┼─────┼─────┼─────→ 時間
   1   2   3
  所得   所得 所得   所得

長期貯蓄契約（生命保険、その他）を行う　　契約貯蓄　　消費　　契約貯蓄　　残余の貯蓄を金融資産と貨幣に分ける　　消費　　契約貯蓄　　残余の貯蓄　　資産ポートフォリオを見直す

図 2.1

産期間を包含し、設備は7つの生産期間にわたって使用される（3番と10番を見て頂きたい）.

この図で見ると、ケインズの「短期期待」は、経常生産期間の最後に期待される売上げに関連しており、「長期期待」は、期間3から10で期待される売上げに関係している.

ケインズは、消費者に対して同様の概念を明示的には使用しなかったが、消費者もやはり自分たちの仕事を、対象とする異なった時間的視野で処理している．生涯の時間的視野あるいは世代間の時間的視野でさえ契約貯蓄計画や主要な資本支出（たとえば、住宅、職業訓練）にはふさわしいのに対して、生活上の購入はくり返し行われ、また購入に関する計画はきわめてしばしば変更される．本質的に集計的な特徴をもつケインズの貯蓄概念は、もし完全に符合するものがあるとすれば、それは個人貯蓄の短期的側面に一致するにすぎないであろう[3]．『一般理論』における総貯蓄は、所得から消費した後の残余である．この概念が個人の行動に適用された場合、それは主として各金融資産に配分される、いわば偶然の貯蓄額を意味しよう．契約貯蓄の先買権的性質はなんら考慮されておらず、それは経常所得を処分できる自由を制限するものである[4]．

ここでの消費者行動に関する重要な視野は、大部分の目的からみて、生産期間と同一の長さかそれより短期と仮定する方が便利なはずの所得期間と、資産保有の決意期間である．図では、貯蓄は3つの所得期間の後に再評価されるにすぎないある計画にしたがって各資産に配分される．これら2つの時間的視野の間のこのまさに正反対の関係は、投機家と呼ばれる階層の人たちに付随するもので、彼らは、ある所得期間内で何度も資産ポートフォリオを見直すのである．

均　　衡

ケインズの方法は、われわれの均衡概念の再考を要求する．経済学には現

在2つの均衡概念が存在する．すなわち，

1. 均衡は休止点である．すなわち，均衡は変化をもたらす諸力が存在しないか，相殺し合っているかのいずれかである．
2. 均衡は，供給が需要に等しい点である．

第2の定義は，第1の定義の部分集合を成す．それは，超過需要ないし超過供給のいずれも，需給いずれかの超過を除去する（たとえば，物価の）変化をもたらす要因を創出する特殊ケースに属し，需要と供給の均等が成立する場合には，調整変数は安定的であろう．両定義は，マーシャル的単一市場とワルラス的一般均衡体系の双方において一致する．

この2つのモデルが優位を占めたため，2つの均衡概念の融合がもたらされてきた．効用および利潤の極大化の達成と均衡の完全なる同一視がヒックス（Hicks, 1973）によって強力に表明されている．

> あらゆる個人が生産したり消費するために，数量を選択している場合に均衡が存在し，それを彼らは選好する．均衡概念としてわれわれがしっかりと把握しなければならないのは，この種の均衡である[5]．

しかしながら，ケインズが考案した体系では，均衡を普遍的な利潤および効用の極大化と同一視することは誤りである．超過需要と超過供給とは変化に対して同等に強力な要因を構成するという仮定は，労働市場では妥当しない．そこでは，企業は期首に現行賃金のもとでどれだけの雇用を提供すべきかを決定する．そしてその賃金での雇用者数が雇用されたい人数より少数であれば，労働者は再契約の機会がなんら与えられないことになる．かりに再契約が可能であったとすれば，企業はもっと賃金が低ければもっと多くの労働者を選好したであろうが，すでに求人が行われて幸運な人が雇用されているのである．残りの人々は失業したままであり，企業者が考えを変えるべき理由がでてくるまでは事態は不変のままである．もし生産期間の最後に，企業者が売れると期待する産出量をすべて販売するならば，彼らがその考えを変える理由は何ら存在しないであろう．事態は何も変化しない．それが均衡状態である．たとえ労働の限界不効用が現行賃金を十分下回り，労働者がよ

り高い雇用水準を期待したとしてもである[6]。

　その期待を裏切られる当事者が変化を惹起する力を有すると仮定する場合，またその場合に限って，不均衡が存在するであろう．仮に企業の期待がはずれるなら，つまり，彼らが期待賃金のもとで十分な労働を得られないか，売上げが（いずれかの方向で）彼らの期待を裏切るならば，次の機会には，賃金提示額および求人数は変化するであろう．それが不均衡である．

期待と均衡

　以上のことから明らかなように，均衡を決定する際に期待は重要な役割を果たす．すなわち，期待が裏切られる場合，変化への欲求が存在する．その欲求が変化を引き起こす力と結合するところに不均衡が存在する．どの期待が関連を有するかは，そのアクティビティに依存する．したがって，「期間」とか「操業時間 run」のように，知的複合概念である均衡はその活動を分析するために課せられた制約との関係から定義される．

　短期における物価・産出量および雇用の均衡は，生産によって得られる利潤期待，すなわち期待需要と期待費用の観点から定義される．費用は，所与の資本ストックのもとでの生産に関連している．労働に対する報酬について労働者が抱く期待は，仮にそれが企業の期待費用に影響を及ぼすならば，均衡状態に影響する．

　労働がその期待賃金で入手可能であると仮定すると，産出量および物価の均衡は，期首に行われ，期末には結果がわかる売上高予測に依存する．その結果，$t=0$ において行われる決定が均衡決定であったという客観的証拠を得るには，少なくとも次の2点で企業の決定に対する観察を必要とすることになる．すなわち，その決定自体が生産期間の最初に観察され，その結果が最後に観察されることである．

　一般に，人は均衡をそれほど厳密に，しかも1期間という関係の中で定義したいとは思わないであろう．というのは，需要の不規則的変動が必ず生じるからである．不規則的変動に対応するために，在庫が保有され，生産決意

の修正にはおそらく1期間の観察よりはるかに多くの証拠が必要となるであろう．調整費用も変動が不規則的でない場合でさえ，調整を遅らせるであろう．これらの諸要因を考慮に入れるためにあらゆる記述を修正するのは冗長になろう．そのための負担は読者に転嫁されることになる．

　投資決定に関連する均衡は，類推すると，長期期待が充足されることを意味することになろう[7]．これは，次の3つの理由からここでのストーリーには登場しない．第1には，たとえ当該期待が正確であったとしても，それが確認されるか誤りが立証されるまでには長時間を要することである．それを考察するためには，その分析を短期を超えて拡大する必要があろう．第2には，これらの期待は新たな生産設備が稼働する以前に判断されるわけにはいかないので，その時までに，企業は（埋没原価の教義にもかかわらず）その決定を取り消すことはほとんど不可能なことである．第3には，投資の成功は，それを後に繰り返すべきか否かの考慮にはほとんど関係がないことである．その過程では，きわめて多くの要因が変化してしまっているであろう．

　ケインズの均衡の定義に対して本章が採用する接近方法は，2つの均衡が，生産と投資の2つの活動によってではなく，むしろストックないしはフローに属するものとして区別されるもので，通説とはやや異なる．均衡を示す証拠は，当該変数値が変化していないことである．純投資が正——または負——である間，資本ストックは変化している．それゆえ，経済は，フローと同様ストックでもあらゆる変数の値が，定常的であるという意味で均衡状態にはありえない．しかしながら，貯蓄の流れが投資率に等しくなるような率で所望の資本ストックに経済が接近している場合には，所得水準——フローの変数であるが——は変化していないという意味で，経済は流動均衡の状態にあると言うことができよう．通常，短期均衡として理解されるのはこれである．

　この観点からいえば，実現される長期期待という意味で投資均衡は実際には，均衡投資率ではなくて均衡資本ストックに関わるものであり，それには論議すべき点がある．しかしながら，それはわれわれが参加すべき論争点で

はない．なぜなら重要なことは，短期の時間的視野の範囲内では，長期期待が実現されるか否かを確認するという問題は存在しないということだからである．もし長期期待が完全に実現されないなら，それはまさに不運である．思いがけない喜びはもはや有益ではない．それは発生するのが遅すぎる．$\Delta K=0$と定義されるストックの均衡は，『一般理論』では問題にならない．

ストックとフローをめぐる考え方を体系化しても，まったくさしつかえないと考えられるかもしれない．だが，計画貯蓄と計画投資の均等と計画購入と予想売上げの均等との間には重大な相違がある．企業とその（売上げ）期待とは前者の定義では，何の役割も果たさない．さらに不幸なことに，貯蓄と投資に関するケインズの定義は，それらを同一視させるような類のものであり（これは古くからの非難であり，本書の第3章と第9章でも再び取り上げられる），そのために，均衡も不均衡も生まれない．もう1つの帰結は，短期と長期の間の境界線は，投資が資本ストックに比べて量的重要度が低いことに起因すると考えられるが，それは全く的はずれというべきである．

期待とモデル

異なった期待に基づいて，生産者は，2組の意思決定を行わなければならないために，これらの事柄を説明する別々のモデルが存在することが予想されえよう．しかしながら，モデルは，2つ以上存在する可能性がある．なぜなら，その2つの問題は，被説明項，すなわち雇用水準に関して独立ではないからである．

モデルは，期待に関して仮定されているものが何かによって区別することが可能である．クレーゲル（Kregel, 1976）は，次のような3つのモデルを区別している．すなわち，

(i) 短期期待と長期期待の両方が安定的な場合．これは，短期期待が充足され，しかも長期期待に影響を及ぼす経済的・非経済的要因が安定的であることを意味する．

(ii) 長期期待は安定的であるが，短期期待は充足されない可能性がある

場合．
　(iii) 次のいずれかの理由で，長期期待が安定的ではない場合．すなわち，
　　(a) 長期期待が，短期期待の期待外れによって影響を受けるためか，あるいは，
　　(b) 長期期待に影響を及ぼす自立的な要因が変化しているため．
　クレーゲル (Kregel, 1976) は，(i)を静学モデル，(ii)を定常モデル，そして(iii)を移動モデルと呼んでいる．
　最初の2つのモデルは，まさに同じ問題の2つの側面，つまり，長期期待の環境を所与としたときの，産出量と雇用の決定の問題を示すものである．「モデル(i)」は，均衡産出量と雇用の決定とを示しており，「モデル(ii)」は，不均衡の調整を表わす．投資は長期期待によって決定されるがゆえに，長期期待はつねに何らかの影響を及ぼすが，短期期待の影響を分析する間，長期期待の変動が起きないようにすることが重要である．さもなければ，あまりにも多くの偶発事が発生するために一貫性ある結果は存在しえないであろう．したがって，『一般理論』の方法の観点からは，より短期の期待が充足されない場合でさえ，長期期待は不変のまま存続しうることが重要である．それは短期と長期の区別を維持するのに役立つ．
　長期期待の独立性はまた，経験的にも合理的であろう．われわれが遠い将来を予測しようとすればするほど，特定の判断を形成しうる可能性は減少すると感じるのは，一般に経験する事柄である．長期投資は，厳密な計算よりも，直感やギャンブル的本能に基づいて行われるというのがケインズの見解であった．この見解は極端であろうが，おそらく企業の期待は，今から20年後の特定の需要水準よりも，経済ないしは産業の一般的状態や外国との競争に関する予測に基づくであろうし，また，予測とその評価に関わる要因には，非経済的ならびに主観的要因が含まれるであろう．過去数年の売上げ実績はそれほど影響を与えないであろう．
　短期期待はずっと厳密でありうるし，またそうでなければならない．つまり，短期期待はたえずテストされている．その結果がつねに長期の需要予測

に，したがって投資決定に影響することが認められたとすれば，投資はほとんど行われなかったことになろう．専門用語でいえば，投資関数はきわめて不安定となるであろう．

しかしながら，長期・短期の区別を維持することがつねに役立つとは限らないが，長期期待が短期期待の不意を突くことで，影響を受けることを承認する（モデルiii(a)）か，あるいは長期期待における外生的変化を認める（モデルiii(b)）ことは有益であり，その結果産出量ならびに雇用への影響が分析されうる．

「移動モデル」（モデルiii）では，投資の不安定な動きが考慮されており，これがケインズ理論の本質であったと言う人もあろう．しかし，実際には，3組の仮定すべてが分析にとって重要なのである．

企業の性格描写

企業の意思決定は，『一般理論』の中心問題である．仮定される類の企業についてはかなりくだくだしい議論が必要である．なぜなら，ケインズの代表的企業は，既成の思考の見地からすれば例外的なものだからである．それは，「多占的」ないしは原子的な小企業であり，それは不確実性の下で操業しており，それゆえ価格受容者 price taker とはいえない．

解釈者や解説者たちは，ケインズが小企業を選択したことにしばしば落胆の色を示してきた．それは，完全競争によって描かれる市場状態は，たとえあるにしても，たとえば株式市場とか第1次産品市場（小麦，ココアなど）など稀にしか存在しないという経験的理由からである．他にも，暗黙的にせよその他の方法にせよ，『一般理論』の小企業的基礎を否定したいと望む人たちがいる．なぜなら，それはこの市場形態を，静学的，無時間的均衡ならびに完全知識ないしは完全予測においてしか成立しないモデルと結合させているからである．これらのモデルは，ケインズの分析，ないしは彼の均衡概念とまったく一致しないし，雇用の一般理論から生まれそうな帰結である

「過少雇用均衡」を生み出すこともできない（事実，ケインズはそれがもっとも起こりうる帰結であると考えていた）．

　たとえ小企業がもはや支配的な市場形態ではないにせよ，ケインズがそれを彼のモデルとして採用したことは賢明なことである．なぜなら，そうすることで，彼は新古典派理論と，それ自体の土俵で対決したからである．完全知識の仮定だけは変更された．その中に独占的要素を導入することによって，理論に一層の現実主義を求めたがる人たちは，そのようなことをすると以下のようなケインズの議論の威力は損なわれてしまうのだということを認識していないように思われる．すなわち，ケインズは，たとえ新古典派分析の仮定を採用しても，非新古典派的帰結を導出しうることを示したことである．そこでは，独占要素がケインズの主張を補強はするが，その主張は独占要素には依存していないのである．

　供給多占的市場の選択は，次のような大きな難題を引き起こしてきた．すなわち，その理論は，いかにして，小企業に基礎をおくことができ，しかも産出物市場が不確実な場合に生産することの帰結に関する理論でもありうるだろうか，というのがそれである[8]．小企業に関する通常の説明では，いったん価格が決定されると，その価格の下での産出物の市場における販売可能性については，何ら不確実性は存在しない．価格はこの体系での需要を表現しており，価格が市場で「与えられ」たのだから，企業が需要を予測する必要性は存在しない．それは「既知」なのである．企業がすべき唯一の意思決定は，産出量をどれだけ生産するかであり，またその意思決定は賃金および既知の技術を所与として，これも既知と仮定される費用に基づいて行われる．

　以上の説明は，物価が安定しており，またそれが相当期間安定していた世界では，換言すれば，現在均衡しており，またこれまでも均衡していた場合には，整合的であろう．しかしながら，もし完全知識ないしは完全予測の仮定がなされなければ，企業が直面する物価，もしくは需要は，市場での需要が変化しがちな場合には既知ないしは所与として取り扱うわけにはいかない——なぜなら，変化の可能性が生じるたびごとに，新たに情報を収集しなけ

ればならないからである．近代理論は，しばしば暗黙裡に，完全予測の仮定を採用しており，その結果，需要の変動を分析する理論の使用を正当化しているように思われる．だが，ケインズが強調したのは，生産の基本的特徴は，当然のことながら将来に存在し，そのために不確実な市場に向けての生産に資源をゆだねざるをえないという点であった．完全予測の仮定は，『一般理論』から，その主題とその主要な貢献の両方を奪い取ることになろう．なぜならば，『一般理論』の結論と新古典派分析のそれとの相違は不確実性下における生産の諸特性に由来するからである．

　そうすると，価格受容者ではない小企業はどのように行動するのであろうか．小企業は，不可避的に，その生産物需要への期待（短期期待）を形成しなければならない．それが近い将来直面する需要曲線の予想される位置が，その生産物に対して設定すべき価格と生産すべき数量とを決定するであろう．企業に対する推定（期待）需要曲線は，価格受容者の需要曲線とまったく同様に水平[9]に描かれうる[10]．唯一の相違は，その曲線が，市場での需要と他の企業の供給反応との両方の期待に基づいていることである．後者は，産業の供給曲線の位置を決定するために必要である．もし消費者が彼らの供給源に関して無差別でしかも，他の企業が「正しい」価格を予測するならば，その場合には，価格をあまりにも高く設定した企業に対しては，その期間現実の売上高はゼロとなり，その結果，価格と産出量は修正されることになろう．もし企業が設定する価格が低すぎると企業は全生産物と保有する可能性のある在庫とを販売することができる．予期しない在庫変動や，おそらく現実の売上げには関連しない情報，たとえば問い合わせの数，断った顧客の数，等々がその後の価格－産出量戦略を変更するよう信号を与えてくれる．これらは結果であり，その期間内での生産を左右するものではない．

　この企業に関するモデルとそれに関連した集計問題の含意については，第3章と第5章で再び取り上げられるであろう．

実証的判断の役割

　すべての理論は，その根底において，実証的判断に基礎をおいている．人はこのことを忘れがちである．つまり，理論は非常に防腐加工されたものとなるため，われわれのモデルを特徴づける需要・供給関数は，合理的行動は何をもたらすかを発見することを除けば，経済学者としては干渉なき合理的行動の仮定から導き出されるのだとの見解に同意することは当然のことである．その場合，実証的研究は，方程式に入る諸変数の量的重要性を評価することに向けられる．事実，実証的判断は，ずっと初期の段階で登場してくる．つまりマクロ経済学の形式的構造が依存する集計値の選択そのものが実証的根拠に基づいて決定されねばならない．

　人に意味ある集計値を選択させるルールというものは存在しない．『一般理論』は，観察から導き出された信念に基礎をおいている．すなわち，雇用者と従業員，つまり生産者と消費者の相互作用は良かれ悪しかれ，経済をその経路にそって動かすものだというのがそれである．産出量の2つの財の集計値である消費と投資への分割は，売上高期待が裏切られる速度によっていっそう支配されはするが，後に見るように，家計と企業との部門分割にもうまく適合する．

　集計値の選択は，基本的ではあるが，その他にも2つの実証的な仮定があるのであり，それが『一般理論』の議論の基礎を成す2つの重要な論点なのである．すなわち，資本は存在せず，また予測可能な将来においても豊富には存在せず，しかも，生産者は彼らが必要とする労働をつねに獲得できるのに対して，労働者は自らの雇用を促進する行動をとることはできないという仮定である．これらの仮定がなかったら，『一般理論』の議論は分類学の中に捨てられていたことであろう．この理論の継起的な性質によって開かれた可能性の数だけ扱いやすい大きさに縮めることを可能にしたのがこれらの仮定なのである．

第2章 『一般理論』の方法

これらは，ケインズが執筆していた時期にはとりわけよく適合した仮定である．今日の状況下では，両仮定の現実妥当性は疑問視されうる（し，またされてきた）．労働者の交渉力の増大や政府の雇用水準への関心は言うまでもなく，労働力不足時代の出現や労働を大量に貯えておくという慣行は，たしかに『一般理論』における賃金論や雇用の理論の再検討を要請する．むろん，このことは，それらの主題の専門家たちによってこれまで検討されてはきた．欠落しているのは，彼らの考えを，マクロ経済理論に統合することである．

資本の豊富さを評価するのはそれほど容易なことではない．私の目には，全体としての資本（それが何を意味しようとも）は，いまだ最適に達していない（それをどう定義しようとも）のに対して，ある投資形態が，いまや経済活動水準を維持する上で過度に浪費的な方法となってきたことが，ますます明白となっているように見える．

『一般理論』におけるこれらの仮定の役割を論証しなければ，それらが決定的に重要だという私の叙述は，単なる主張でしかありえないことになる．この初期段階でこの点を強調するのは，以下に続く内容に読者の注意を喚起するためであり，読者を説得するためではない——いまのところは．

文体と構造

『一般理論』は，複雑で難解な書物であり，著しく少ないページに膨大な領域を網羅している．ケインズは，長々とした仮定や条件をリストして読者をもてなすことはしなかった——それらは，しばしば単なるフレーズの中で扱われているにすぎない．その後重要な研究領域へと発展した考え方でも，1～2の文章で論じられてしまっている．たとえば，短期・長期の消費行動の区別は，その後デューゼンベリー（Duesenberry, 1949）とフリードマン（Friedman, 1957）が詳細に展開したものだが，短い文節（p. 97）のテーマにすぎない．ある程度省略的な文体は不可避なものだとケインズは考えてい

た．彼はいう．

　経済的説明に関する重要な性質は，それがたとえ可能であったとしても，不明瞭になるほど冗長で複雑になる，完全な叙述を与えることではなくて，いわば言及することのできるすべての事柄のうちでそれに関連する観念の全体の束を読者に示唆することを意図した叙述の見本を示すことであると思う．そのため，読者がその束さえ理解すれば，読者は言葉通り解釈すれば，著者が書き留めた単なる言葉の技術的な不完全さによって少しも混乱させられたり，妨害されることはないであろう．

(C.W., XIII, p. 470)

その問題にはさらにそれ以上言及することがありうる．かつてファウレイカー (Fouraker, 1958) は，次のように主張した．すなわち，ケインズはくだくだしい証明や条件のリストによって悩まされるであろう，一層広範囲の非専門家の一般人をも読者にしたいという願望をマーシャルと同様に保有していた，と．この点に関連して，ファウレイカーは次のように述べている．

　彼らがその研究結果を記録するに至ったとき，彼らは奇妙な装置を採用した．この所，彼ら自身の念頭に去来していた錯綜した分析的過程へと読者を導く代わりに，彼らが直面して解決してしまった難問を読者自身で考察しないでも済むような形で，仮定を立てて読者に理解への近道を提供するのだった．

(p. 66)

また，シャックル (Shackle, 1961) は，次のように論評している．「仮にケインズに対する批評家がすべて，ファウレイカー氏ほどの洞察力を持ち合わせていたならば，どれほど多量のインクを節約することができたであろう」と．

まさにその通りである．しかしながら，信条に基づいて著者を評価することは正しいことではない．それゆえ，問題に直面しそれを正しく解決したとの満足感を覚えるよう努力することが読者の責任である．過去の論争と本書の多くは，これらのギャップを埋めることに関心を払ってはいるが，時として本書が「不明瞭になるほど冗長で複雑な」説明に関するケインズの所見を

第2章 『一般理論』の方法

表 2.1 『一般理論』: あらすじ

　『一般理論』は，場面変化の多い，長くて複雑な演劇にたとえることができる．経済の1領域で演技が進行する間に，残りは舞台の陰でじっとしている．俳優たちは，舞台に登場したり退場したりして，あるシーンを圧倒したかと思えば，次のシーンにはいない．大詰めの第18章では，全キャストが舞台に現われ，脚本のプロットの各構成分子が出そろう．その後に続く3章は，「ストーリーがすっかり解る」までは説明の構成をわきに置いておくべき問題を取りあげる．後に続く舞台構成は，各章の演技の活動範囲（場面）と主題（演技）とを限定して，同書の構造を明らかにしようとする試みである．これに代わる見方は，第1編（第1章～第3章）を予告編（ショー全体を見る覚悟のある人々にとっても必見だが），第2編（第4章～第7章）をプロローグ，そして第3編から本筋が始まる，とみることである．

章；節	登場人物	舞台	演技	背景（仮定および一定に維持されるもの）
1：一般理論		序　幕		
2：古典派経済学の公準	企業者と労働者	労働市場	非自発的失業；労働供給	（主に）完全競争．企業組織，機械設備および技術一定
3：有効需要の原理	企業者	重役室	産出量の決定と求人数	技術，生産資源および単位あたり要素費用一定
4：単位の選定		幕合い（観客は着席したまま）		
5：産出量と雇用量を決定するものとしての期待	企業者	重役室	期待の形成と修正．期待の変化は産出量と雇用にどのように影響するか	
6：所得，貯蓄および投資の定義				
7：貯蓄と投資の意味についての統論		第2の幕合い（観客は着席したまま）		

章；節	登場人物	舞台	演技	背景（仮定および一定に維持されるもの）
8：消費性向:1 〔客観的要因〕				
I, II	労働者と金利生活者	民間家計	消費計画	労働市場はいまだ開いていない．所得は仮説的
III, IV	フル・キャスト	全体としての経済	乗数：純投資と粗投資および所得	投資率一定
9：消費性向:2 〔主観的要因〕				
I	労働者と金利生活者	民間家計	消費計画	
II	フル・キャスト	全経済	利子率の所得誘発的変化が貯蓄と投資に及ぼす影響	資本の限界効率一定
10：限界消費性向と乗数				
I-III	企業者	財市場と労働市場	投資率変化の乗数効果	消費財産業と投資財産業は同一歩調で前進する
IV	消費者		消費財と投資財との相対価格の変化	投資は増大するが消費財産出量は増加しない
V	消費者	家計	ブームとスランプにおける限界消費性向	
VI	政府	ホワイトホール，スレッドニードル・ストリート	失業対策	
11：資本の限界効率	企業者，技術者，販売予測者	重役室	投資決意	市場利子率一定
12：長期期待の状態	投資家と投機家	株式市場	長期見通しの評価：投機．長期期待の短期的変化	利子率は一定

第2章 『一般理論』の方法

章；節	登場人物	舞台	演技	背景（仮定および一定に維持されるもの）
13：利子率の一般理論	家計	銀行，債券市場	流動性選好と利子率	期待利潤一定（資本の限界効率一定）．名目利子率一定．金融資産水準一定
14：利子率の古典派理論		舞台転換（幕合いあり）		
15：流動性への〔心理的・産業的〕誘因	投機家と投資家	金融資産市場	諸動機の吟味：つまり，投機と流動性選好	金融資産，貨幣供給量，および利子率一定
16：資本の性質に関する諸考察 I, II III, IV	｛貯蓄者，企業者	消費財市場と投資財市場	｛節倹，資本蓄積 金利生活者の安楽死	
17：利子と貨幣の基本的性質		狂言回し		長期
18：雇用の一般理論再説	フル・キャスト	全市場	産出量と雇用	技術状態，生産資源，競争の程度は一定とする
19：貨幣賃金の変動	労働者と企業者	労働市場と財市場．「貨幣市場」	貨幣賃金の変動および所得分配への意見	
補論：〔ピグー教授の『失業の理論』〕		舞台転換		
20：雇用関数 I, II III IV	労働者および企業者（はっきりとは見えない）	全経済	雇用 雇用と物価．「真正インフレーション」 インフレとデフレの非対称性	生産能力の制約なし 全生産能力

章；節	登場人物	舞台	演技	背景（仮定および一定に維持されるもの）
21：物価の理論	全キャスト，舞台の陰	全経済	物価	
22：景気循環に関する覚書				
23：重商主義，その他に関する覚書		3幕のエピローグ		
24：社会哲学に関する覚書				

例示しているのではないかと懸念する．他方，論理が十分となることは決してないことを想起することが賢明である．先の文節に続いてケインズは次のように述べている．

 経済学の著者は，読者からの多くの好意と理解力，それに大きな協力とを必要とする……反対者が提起する何千にも及ぶ取るには足らないが，言葉の上では正当な反論というものは存在するのである．
 ……仮にあなた自身の説得力や説明力が不十分であったり，彼の頭が反対の考えで満たされているならば，あなたが彼に投げかけようとする考え方を理解する糸口を彼がつかむことは不可能である．　　（前掲書）

 読者が誰であろうと，経済体系について記述することはなかなかやっかいなものである．なぜなら，各部分は相互に連関していても，1つの言葉が別の言葉につながっているように，順を追って分析ないしは記述する必要があるからである．先に私は自動車を類例として引き合いに出したが，『一般理論』の構造を明らかにするには，それを演劇の台本になぞらえてみるのが有益かもしれない．登場人物が劇場で舞台から立ち去る場合，読者は彼らが死んだとはみなさないであろう．つまり，彼はおそらくいつでもひょっこり戻ってくるだろうと．『一般理論』は，それとちょっと似たところがある．前

もって（『一般理論』第3章で）構想の概略は示されるが，物語の全体がはっきり示されるのは，ずっと後（『一般理論』第19-21章）のことにすぎない．独力で『一般理論』を読もうというだけの勇気のある人びとのために（そして，私がそれについて述べることを他のどんな方法であなたは評価することができようか），表2.1は芝居のプログラム役を果たしている．本書もそれと類似の構成をとっている．

注
1) 「時間とは，すべてが一度に生じることを阻止する装置である」（ベルグソン Bergson）を見られたい．
2) 労働は，企業が労働に対して長期契約を結ばないという理由で，伝統的には資本と対比される．第2次大戦以来，この対比はケインズの時代と比較しても不明確であり，ましてや1914-18年の大戦以前に比べれば確実にはっきりしなくなっている．社会的道義心と解職手当に対する組合の圧力はともに，固定的要素の特質の過半を労働に与えてきた．雇用は，結果としての産出量の変動にそれほど密接な関連をもたないと予想されうる．とりわけ，一時的な景気後退期には，企業は簡単に過剰労働を維持しうる．しかし，就業統計は，経済活動の水準とともに変動する．その区別は完全に無駄というわけではない．
3) 第3章と第9章を見られたい．
4) 異なる社会階級の貯蓄行動は，ケインズの時代にはきわめて著しい特徴を示した．家計を，あたかも大ざっぱに何らかの中間階級の基準に適合するかのように取り扱う私の見方は，1930年代にはかなり不適当である．当時はたとえそれら家計が何とか貯蓄したとしても，労働者階級の家計が金融資産を入手する余地はきわめて限定されていた．
5) 「均衡」ということばは，満足な事態という誤解を招く付帯的意味を示唆する．たとえば，すべての人が，自分の「選好する」ものを手に入れているかのように．しかし，取引者はすべて，さまざまな制約——ワルラスでは，期首の資産（人的資産を含む），マーシャルでは，所得——の下で極大化を図っていることを忘れないようにしよう．（ヒックスは，これらの制約には言及していないことに注意されたい．）真に満足な状況にとどまるためには，取引者たちは彼らが活動している範囲内の制約をある段階で受け入れなければならない．
豊かな地主の土地の周辺で，やせた土地から生計の資を得ている農夫にとって，

運命を受け入れなければ，彼が保有するすべてによって彼が成しうる最善をつくしているということを知ることは有益ではない．もし彼と彼と似た他の人たちがそれを受け入れなければ，その場合には体系は，実際まさにきわめて激しい不均衡に陥らんばかりの状態になろう．

6) これらの主張は，第7章で立証される．
7) これは，古典派理論の主題である．長期均衡の基準は，資本資源のさまざまな用途における利潤率が均等化されなければならないということであり，そうでない場合には，異なる種類の生産へのこれら資源の配分は変化するであろう．そこで，現代の古典派経済学者たち（たとえばガレニャーニ Garegnani，イートウェル Eatwell）は，『一般理論』は均衡については何も言及していないと主張するのである．なぜなら，これが彼らの認める唯一の均衡だからである．
8) これらの考え方の不一致がもつ意味については，たとえば，マクロ経済学のミクロ的基礎（Harcourt, 1977）に関する会議でのハーンによる議論と彼の論文とを見られたい．
9) 厳密には，その曲線は，正しい価格より上のゼロ軸にそった垂直部分と，もし必要なら点線で示した水平な線でつないだ，その価格以下の市場曲線の，2つの不連続な部分から成る．水平な需要曲線は需要の誤った表示であり，それは各価格のもとでの極大需要量を示している．
10) アロー（Arrow, 1959）は，その問題を別々に扱っている．彼は，均衡にない（たとえば，市場の需給均衡価格のもとにはない）企業をそれが価格に対し何らかの支配力を有するがゆえに，ある程度「独占力」をもつものとして記述している．これは，先に言及した供給多占と価格受容との同一視を反映しており，また市場販売向けの生産に固有の不確実性から生じる諸問題をあいまいにしている．

第3章　集計的枠組

　近代産業経済は，混沌とした様相を呈している．種々の法的な取決めと市場構造の下で，無数の企業が，あらゆる種類の財貨・サービスを生産している．これらは，家計，その他の企業，諸機関，政府当局によって購入される．これらの購買への資金供給を円滑にする複雑な金融組織は徐々に発展してきた．これら諸機関のいずれかの内部において——たとえ単一の家計でさえ——行われる意思決定過程は，複雑かつ，とらえにくいものであり，体系全体を研究するには，そのすべてとその多くの相互作用とに関連してくる．明らかに，単純化の工夫，つまり集計が必要不可欠なのである．

　集計値選択の適切性は，それが奉仕する目的に応じて異なる．つまり，集計の基礎は，集計される事柄や関係者の特徴ないしは行動に内在する，何らかの有益な単一化の原則である．

　『一般理論』には集計に関する次元が2つあり，それらは相互に無関係ではない．つまり経済主体の類型別集計と生産物の類型別集計とがそれである．その集計値は，厳密でもなければ完全でもない．その代わりに，それは，工業化した資本主義的西欧経済のもっとも重要な特徴を示唆している．各集計局面は，そのような経済の重要な特徴を際立たせている．すなわち，第1の型の集計の基礎は，主体の経済的機能であり，それは，究極的には所有構造に依存する．第2の型の基礎は，当該財の役割——それらが家計の欲求を充足させるのかそれとも家計の欲求に備えるのに有効なのか——にある．そして，さらに顕著な特徴が存在するが，それは以下の議論の中で明確になってくるであろう．

経済主体の集計

資本主義経済では，生産活動と消費活動は分離している．生産は専門機関によって行われ，そこに人々は労働者として雇用され，またそこからたぶん卸売業者や小売業者の仲介を通してその産出物を購入する．この制度は生産活動の組織形態を反映しており，そこでは生産手段の支配力は生産に従事する人びとよりも少ない人びとの手に握られている．個人業主あるいは合名会社は，初期の資本主義的所有形態であり，今日では株式会社がそれにとって代わっている．株式会社または法人企業 corporation は，資本設備を所有し，普通株式 equity shares によって代表される権利を通じてその会社の究極的所有者となる株主の（通常は形式的な）承諾を得て，生産ならびに投資の決定を行う．そこでは「集合体」構成員の，種々の経済的誘因に対して起こりそうな反応が相違よりも類似を示すような，そうした経済主体の集計が選択されることになる．資本主義体制にあっては，家計は財の消費者であるとともに労働の売り手でもあるが，一方営利企業の主たる関心は生産にある．これら2つの集団は，ケインズの体系の基本的な集計値である．

企業の所有者，経営する企業者，および家庭の消費者をどのように扱うかという，潜在的にあいまいな問題がある．これら2つの活動は，事実上独立のものとして扱われる．企業利潤からまかなわれる消費と労働所得からまかなわれる消費との相違の微細な区別は，ケインズの『貨幣論』(1930)では重要であり，またポスト・ケインジアンの所得分配と成長の理論[1]においても重視されているが，『一般理論』では顕著には示されていない．また理論が展開されるにつれて，ときどき重要となる追加的な集計値が存在する．いうまでもなく，政策問題が提起される場合の政府と，利子率を議論している場合の投機家および金利生活者[2]とがそれである．しかし，理論の主要な要素は，家計と企業の集計値に基礎をおいている．

それらの主たる相違は，各集計値の代表的成員の貸借対照表と損益計算書

第3章　集計的枠組

表 3.1　貸借対照表

企業の貸借対照表		家計の貸借対照表	
銀行貸付金	現金	当座貸越高	現金
債券（社債）	銀行預金	抵当権未払い分	銀行預金
賃金その他支払い勘定	政府債券など流動資産	その他消費者信用残高	受取り勘定（主として未収賃金）
負債総額	仕掛品	負債総額	生命保険
	完成財ストック		株式
	資本設備		その他金融資産
	工場および事務所の敷地		衣類
			家庭用保全設備
	資産総額		耐久消費財（家具，乗用車など）
資産マイナス負債 ＝正味財産			家屋
			家計構成員の「人的資本」
			資産総額

表 3.2　損益計算書

企業の損益計算書*	家計の損益計算書
完成品の販売高	労働所得
－労働と原材料費	地代，利子その他からの所得
設備維持と更新	所得合計
（現実の支出）	－利子支払い
間接税	所得税
粗利潤	契約貯蓄
－利子と地代	裁量所得
減価償却	－経常消費
課税前利潤	残余（非契約貯蓄）
－配当金	
利潤税	
留保利潤	

＊この損益計算書は，会計原則にしたがっている；その構成は，本章後半で利潤の定義に使用される方法とは著しく異なる．

に表示することができる．貸借対照表は，所有構造とそれが行動に賦課する限界とを示している．企業は，生産資本の所有権に応じて区別される．企業は労働用役を所有することはできない．なぜなら，労働の「所有権」は個人だけに与えられるからである．他方，家計は労働を所有するが，直接的用役を提供することができるか，ほとんど資本を必要としない「家内工業」型の生産に従事することができるかのいずれかにすぎない．それゆえ，産業社会では，家計の主たる所得源は労働の賃貸である．2つのグループの活動結果は，その損益計算書に示される．これらは，表3.1および3.2の通りである．

集計値と分権的意思決定

集計は，単純化のための強力な工夫ではあるが，個々の企業や消費者によって意思決定が行われる経済での諸事実とはやや矛盾している．集計値は，ある程度重要とみられる，構成要素の類似性があるために選択されるものである．経済主体別の集計においては，その構成員は同様の利害を有し，同一の刺激——たとえば，利子率の低下とか期待需要の増加——に対して同様の反応を示すと期待されうる．集計は，一種の整合性を暗示するけれども，それは，共謀とか談合さえも意味するものでは絶対にない．行動について想定される類似性は，近似的なものにすぎない．つまり，それはただ，各集計値全体における経済主体の行動と比較して，ある集計値内部の各主体に関して類似していることが必要であるにすぎない．

企業とか家計といった，ある集計値の観察された動きがもつ関係を，その構成主体の計画ないしは行動に安易に結びつけるわけにはいかない[3]．集計値内の各主体間の潜在的矛盾から1つの問題が発生する．なぜなら，集計値の動きは，明らかにそれらの矛盾が解決される方法に依存するからである．（途方もなく詳細な情報が必要であってもそれが欠如する場合，若干の単純化の仮定を立てることは可能である．）それにもかかわらず，集計値の動きを意思決定過程に関連させるためになしうることはきわめて多い．第5章，第6章および第10章はこの問題に関連をもつことになろう．いまこそこれ

第3章 集計的枠組 59

に関する一般原理を探究する必要がある．

　一例を考えてみよう．次年度に家計はその期待所得の一部を支出するものと想定しよう．次年度は未来であるから，その所得を保証してくれるものはなにもない．つまり，たとえ賃金ないし俸給の契約が確実なものであっても，その稼得者が死亡したり，ある別の災難に見舞われるかもしれない．しかし，とりあえず，あらゆる所得が保証されているものと仮定しよう．それでもなお，これらの家計がすべて購入しようと決意した財貨を予想した通りの価格で，実際に入手できるという保証はなにもない．家計は互いに相談して計画を立てるわけではないから，すべての計画が充足されうると期待すべき理由は存在しない．もし計画が充足されないのであれば，家計は，自分自身獲得が制限されていたり価格が上昇する可能性のある財の獲得のために競争していることに気づくであろう．もし財の消費が制限されているなら，実質・貨幣両タームでみた現実の総消費は需要者の計画ではなくて，供給によって決定されることになるであろう．もし市場を清算すべく価格が上昇すれば，購入を放棄する買い手もいれば，予想以上の支払いをする人もいるであろう．財に支出される貨幣は，もし予想以上の高価格に直面したとき，家計が実質消費を需要表上のどこかに調整するなら，各家計の計画の集計値によって与えられよう．単一の数量である，当初計画された実質総消費額は現実との関連性をもたない．というのは，それは昨日の価格がそのまま支配するはずだとの仮定の下に定式化されているからである[4]．

　もし同一の状況の下で，超過需要が財の配給によって解決されたとすれば，その結果は消費者の計画と何の関係ももたず，むしろそれは供給によって決定されるであろう．

　したがって，ある集計値を含む意思決定者の計画が，相互に完全に調和していなければ（調和は偶然にすぎないであろうが），集計結果を個々の計画から推論することはできない——特に，それは個々の計画の合計とは均等しない——ことがわかる．実質タームでは確実に，おそらく貨幣タームでも一部の計画は失敗に帰するであろう．

そうなると，その計画が矛盾しない場合を除いて，もしこれらの経済量が個別主体の計画の合計と関連させることができないのであれば，われわれは「計画総産出量」とか「計画総消費」にどのような意味を付与すべきであろうか．この問いに対する満足な解答が，概念のレベルで存在するとは思えない．しかしながら，もし集計値内部の矛盾の方が，各集計値間の矛盾に比べてずっと重要でないと仮定されるならば，実際的なレベルでは，計画総経済量はいぜんとしてその集計値の代表的成員の計画と関連をもつ可能性がある．事実，上記の条件が妥当する集計値を選択することは，集計技術の問題であり，その結果選択された各部門間には重要な相互作用が存在する．

集計と企業の理論

企業の理論に対して提起される困難さと比較したとき，個人消費と総消費とを調和させるという問題は，重要なものではない．これまで見てきたように，集計値の動きは，他の消費者の購買が市場に及ぼす蓋然的な影響を考慮しないで，計画を実施しようと試みることから生じるいかなる矛盾も無視しているとはいえ，消費者が，それぞれ「独立に atomistically」彼らの計画をたてると仮定することは，それほど常識を歪曲するものではない．ケインズが採用した，小企業の文脈でも，同一の問題は存在しており，それは，原子的企業の理論の図による説明で直接確認することができる．ちょっと考察するだけで，個別企業の需要曲線は市場の帰結から導出されるものであり，またその過程は，可逆的ではありえないことがわかる．つまり，多くの水平的な需要曲線の合計は，右下がりの市場曲線をもたらすわけではないのである．

同様にして，個別企業は——労働，原材料，資本設備（とりわけ注文で作られたものではないもの），借入資金に関して——完全な弾力的供給に直面しよう．しかしながら，そこから，これらの物財の総供給は価格不変的であると推論するわけにはいかない．これは，消費者問題とまったく類似した問題である．

需要の事例はもっと複雑である．水平的需要曲線は，小企業が競争企業な

いし市場価格に影響を与えることなく，彼らが望む限りのものを販売することができる，という事実から生まれると言われる．しかしながら，厳密に言って，完全競争の理論は，そうは主張してはいないのであり，その理論が主張しているのは何なのかをはっきりと理解することが重要である．

標準的な完全競争の理論は，いったん均衡価格が成立すると，その均衡を変えないで，企業が望む限りのものを販売できると主張しており，そこで，「彼らが望む限りのもの」というのはその産業全体にとってすでに決定されており，その均衡価格を導出するさいに考慮済みである．各企業の供給曲線は，次のような質問への解答に基づいていることは間違いない．すなわち，「あなたが供給した限りのものを販売できると仮定すると——つまり小企業の仮定——各々の仮説的価格のもとで，あなたが進んで販売したいと考える最大量はどれだけか」というのがそれである．その場合，この質問に対する各回答の集計値，つまり「市場供給曲線」は，消費者によって決定される需要に直面しており，そして，市場を清算する現実価格が見出されるのである．個別生産者が完全弾力的と認識し，各企業が直面する需要が「市場の諸力」によって確定されるものと想定される水準を決定するのがこの価格である．小企業でさえ価格受容者でない現実とは対照的に，完全競争的（すなわち，完全情報をもつ）企業は，各価格のもとで，他の企業がしそうな供給と，したがって，市場がどの程度それらの企業に残されているのかを算定する必要はない．なぜなら（ただし，その場合に限ってではあるが），実際上この情報が何人かの全能の会計官によって収集され，「均衡価格」ないしは需要水準としてすべての企業に分配されるからである．この需要に反応する企業の産出量は，いわば収入がすべて入るまで，すなわち，売上げが確実になるまで延期される．

したがって，完全競争的企業の理論は，他の企業の供給反応に関する仮定には拘束されないと主張することは適切ではない．この事実は，われわれにとって必要なことだとして，完全な情報をもたない原子的企業を扱うさいに困難を引き起こすであろうけれども，それは，われわれが（第5章で）不完

全競争企業に対する供給曲線の理論的妥当性を主張するとき，われわれの良心を慰めてくれるはずである．各企業間の相互作用が（小企業がそうだと仮定されるように），相互に独立でない企業に対する供給曲線の成立を妨げると通常言われる．しかし，あいにく，相互依存がつねに認識されてきた市場形態に関しては特別なものは何もない．原子的企業は——完全情報の仮定の帰結として——，いったん価格受容がそれは何のためであるかがわかると，いったんその仮定が捨てられ，そして不確実性が導入されるときと，全く同様の問題を提起する．

財と金融的集計値

『一般理論』における集計の第2の局面——そして，戦後の解釈における，支配的な局面——は，物の性質に基づくものである．先進経済は，2つの型の「物」，すなわち，財と金融資産とを扱う．財は，その生産と販売が所得を生みだすという性質によって金融資産とは区別される．ケインジアンのテキストでは，財は，消費と投資という2つの集計値に分解される．これらの用語は，現実には諸過程——すなわち，消費活動および投資活動を示す．それらの活動には，それぞれ家計が購入する物と生産者が購入する物，したがって，その活動と物との結合が含まれる．また最初の集計図式とも明らかな関係が存在する．

これとは対照的に，金融資産の売却は所得を生むわけではない[5]．それらはさまざまな種類の請求権の取引である．それは，いずれかの個人ないし企業から他の個人とか企業への購買力の移転を伴う．発行人の観点から見ると，これらの証書は，発行人の所得創出能力への請求権である．発行人にとってそれらはその証書の売却によって借入れられる貨幣の期待収益率が，そのような借入費用を超過するために構成される負債である．借入活動（すなわち，金融的請求権残高量の増加）が結果として生産増加を生みだす限り，所得の増加は生じるであろうが，その増加は消費財ないしは投資財産出量のように，

「実物」サイドで計算されるであろう．それゆえ，これら資産の残存ストックの変動分は，総所得には含まれない．

ケインズの枠組では，各金融資産の間に引かれるべき重要な区別は，総供給が家計か企業のいずれにも支配されず，その価値が利子率の変動によって影響されないある資産ないしは資産の集合と，利子を生み[6]，その市場価値[7]が利子率とともに変動する[8]将来の貨幣総額への請求権との間にある．

上記の見解は，ほんの序論を構成するにすぎない．これらの集計値のもつ意義についての一層突込んだ議論は，以下に続く所得概念についてのさらに突込んだ検討が行われるまで待つことにしよう．

所得とその構成要素

所得とそれを構成する集計値である消費と投資は，それらが受けるに値するよりはるかにわずかな注意しか一般に受けていないが，それでも，マクロ経済学の中心概念なのである．所得には，いくつかの競合する概念が存在するため，議論の欠如は特に残念なことである．それらに関する議論の欠如のために，各々の概念のおかれる適切な位置が不明瞭になってしまっている．これらの集計値を定義する際に伴ういくつかの複雑な問題を再検討した後では，人はマーシャルに同感するであろう．彼は，「所得税委員の慣行を口実にして，大ざっぱに言って彼らが経験によって所得として取り扱うことにしているものをすべて所得とみなした」（*G.T.*, p. 59〔邦訳，60ページ〕）．

取り組むべき最初の問題は，見通しの問題である．いくつかの見通しが考えられる．

(i) 鷲のように概観する人がいるかもしれない．そうした見通しから見ると，所得は，一般に（市場を通じてにせよ，他の手段によるにせよ），その社会に分配されるために利用可能な，新規に生産された財の合計と考えられる．

(ii) 個人が何を自分の所得とみなすかという問題がある．(ii)は(i)とは

鋭く対立する可能性がある．

（iii）所得を動機と結びつける人がいるであろう．これは，(『一般理論』)第6章の見方であり，そこでは，所得は1つの集計値と定義されているが，そこでの論及点は，2つの部門——家計と企業——の動機づけ要因である．

鷲 の 見 方

所得概念をマクロ経済的に俯瞰する場合，第1に言うべきことは，われわれが再検討する理論的概念はどれも国民所得統計と密接な類似点をもたないということである．これらの事後的データは，その用途はあっても概念を形成するためのものではない．最初に概念が生まれ，（良かれ悪しかれ）それにデータが近似するのである．

伝統的に，所得は富と関連づけて定義されてきた[9]．つまり，所得は消費されうるものであるのに対して，富は不変のままとみなされる．この定義は，その問題の中心を富とか消費とは何なのかという問題に転嫁させるにすぎない．表3.3には多くの可能性が，概説されている．われわれはまず第1に消費に関心を寄せることにしよう．

おそらく，もっとも直感的な消費の概念は，食物が消費されるのは，それが摂取された時であるように，「使用し尽されるもの」あるいは物理的に消滅するもの，である．消費に関するこの概念は，表3.3で「耐久性」アプローチ 'durability' approach と呼ばれる部分であり，それは，消耗財の場合には明確であっても，耐久財が（通常通り）生産されたり，保有される場合には，問題が発生する．資本設備であろうと，消費財であろうと，どのような耐久財でも期間中に摩耗するのはその一部分にすぎない．それらの財にとっては，「消費」とは，減価償却分の推定——それを，営利企業は定期的に行うが，家計がそうすることはめったにない——問題となる．

したがって，家計あるいは企業によって購入が予定されていようと，またその目的がどうであれ——つまり，最終サービスの供給か他財の生産の促進

のいずれか——，この準拠枠での「投資」はいかなる新規耐久財の生産とも等価ということになる．目的別の区別が，「生産性」アプローチと「部門別」アプローチの特徴である．

　マクロ経済的な見方を採用したために，私は購入よりもむしろ生産について述べてきた．個別企業と家計の立場から見ると，「耐久性」基準は，2つの部門の購入とかなり密接な対応関係をもつ．つまり，企業は，多くの耐久性のある機械を購入し，魚やタマゴはほとんど購入しない．しかしながら，この基準では，民間個人の自動車とか冷蔵庫の購入は，「投資している」とみなされる．なぜなら，これらの物は長持ちすると期待されるからである．通常，最大かつもっとも耐久的な消費支出である住宅購入は，公式には（つまり国民所得統計においては）投資とみなされる．持主が使用する住宅の帰属家賃だけは消費とみなされる．企業の購入のうち比較的消耗しやすい品目（生産の中で変形される運命にある原材料や事務用消耗品，電力など）は，企業の消費とみなされるであろう．別の定義では，それらは「運転資本」となろう．内部的には整合的ではあっても，後に見るように，「耐久性」定義は，ケインズの定義とは鋭い対照を示している．

　消費を物理的消滅と見る考え方は，「富を不変に維持する」という考え方と容易に統合される．ただしそこでは，富は現存の物的資産ストックと定義される．所得は，消費に利用可能なものであり，投資は消費よりむしろ富への追加決意を表わす．

　概念上は，この実質タームでの所得を，財の一覧表として実質タームで考えてもあるいは集計値として，ある価値尺度財（たとえば貨幣）のタームで考えても同様に容易なことである．もちろん実際上は，産出量の構成要素が一定であり，資本ストックの構成要素は期首と比較して期末では不変のままではなかったなら，ある年の所得を別の年のそれと正確に比較することは不可能であろう．これらは，異質な財を扱うさいに固有な指数問題の事例，すなわち，実際には，種々の指数が存在しそれぞれが何かある有益なものを示しているのに原則として解決不可能な問題である．

表 3.3 所得と

	「効用」アプローチ	「耐久性」アプローチ
資 産	現在の財, インフラストラクチャー等の集計値で, これは効用を直接生みだすか, 最終消費者に効用をもたらす他の財の生産に使用することができる. 通常これには人的資産と知識のストックとが含められる. 社会構造のような無形のものも含められうる.	最終消費者の手にあろうと, 生産者の手にあろうと, 全最終財ならびに中間財のうち, 期末に使用し尽されていない, 現実の物的ストック.
所 得	この期間に享受された効用の総計. 狭義には, 経済活動から得られる効用. 広義には, 知識の占有 (たとえば, 技術のより大なる享受) から導出される効用および物理的環境 (たとえば, きれいな空気, 日照) と関連した効用 (および不効用) とその社会構造での成員であることから得られる効用も含まれる.	資産は不変のままで, 所得期間内に使用し尽されうる財, 設備, および構造物の量.
投 資	生産能力 (将来効用の造出能力) の変化	新規耐久財マイナス旧ストックのうち, 摩損した部分. (生産者および消費者の耐久財と構造物を含む.)
消 費	このアプローチでは, 消費は所得と等価である.	この期間に生産されるものであろうと, 既存のものであろうと, 期間内に摩耗した財, 設備, およびインフラストラクチャー.
貯 蓄	将来の効用を生み出す財の蓄積, マイナスこの期間に享受される効用 (たとえば, 住宅を含む耐久消費財から得られる将来の効用).	貨幣を含む金融資産の蓄積.

資産の諸概念

「生産性」アプローチ	「部門別」アプローチ
最終財の生産に用いられる原材料，資本設備，および建物の物的ストック．インフラストラクチャーを含めてもよい．価値評価には，産出物の期待売上額が考慮されよう．摩耗以前に陳腐化（無価値化）する可能性もある．	企業部門が所有する資本設備，建物，原材料，仕掛品および完成産出物の価値．（経済基盤（インフラストラクチャー）の一般的水準は所与とみなされる．）
当該期間内に新たに生産される財とサービス（粗所得） 粗所得－減価償却＝純所得． 減価償却は，物理的な質の低下ばかりでなく陳腐化をも反映していよう．	家計部門の所得（賃金，俸給，地代および利子）±企業部門の利潤（損失）．当該期間内に生産される財とサービスの売上金額に等しい．最終財のストックの，意図したかあるいは意図しない増分の価値マイナス使用者費用．
新規生産者財と構造物（粗投資）マイナス現存ストックの減価償却（純投資）．インフラストラクチャーへの粗または純付加分が含まれうる．	生産性アプローチと同様だが，価値タームであらわされ，インフラストラクチャーは含まない．

国民所得勘定では，住宅への家計支出は投資として扱われ，帰属地代は消費の構成要素とみなされる．この習慣は，通常すべてのアプローチに取り入れられているが，厳密には「生産性」アプローチとか「部門別」アプローチとは両立しない．

耐久財であろうと非耐久財であろうと，消費者財の経常産出量（ただし，投資項目での注記を見られたい．）	財とサービスへの消費者の支出（ただし，投資項目での注記を見られたい．）
貨幣を含む金融資産の蓄積．	家計による（貨幣を含む）金融資産の蓄積．企業貯蓄という独立の範疇が，企業部門によるこれら請求権（＝未使用の留保利潤と減価償却）の取得を説明するために付加されうる．

マクロ経済学のテキストにおいて通常行われる所得の定義は,「新たに生産された財とサービス」である．粗所得と純所得とが区別されるのは,企業によって保有される資本の減価を考慮するためであり,耐久消費財の減価を考慮するためではない．「純」での解釈は,資本を不変に維持する間に消費されるものとする所得の考え方と幾分似ているが,資本あるいは富は,いまや生産財——生産過程に役立つ機械や建物——に限定される．

消費と投資への再分割もまた機能的に決定される．つまり消費財は,最終的買い手（仮定により,家計）に向けられるものであるのに対して,生産への使用が予定される財は,中間財ないしは手段財であり,その購入は,たとえそれが「耐久的」ではなくても,「投資」である．生産手段として以外特定の用途には向けられない設備は定義上つねに企業によって購入されるが,多くの財はよく知られた不明瞭さを示している．たとえば,家庭の暖房用の石炭は消費財であるが,それが溶鉱炉を熱するために使用されると,手段財,原材料,運転資本となる．

この「生産性」アプローチにおける所得は物的タームでも価値タームでも考えることができる．その相違は,単に産出量の価格付けのちがいだけではない．資本の取扱いに関しても,重大な区別が行われる．「耐久性」の基準では,減価は,物的損耗である．「生産性」アプローチでは,物的摩滅と同様に経済的陳腐化による価値の喪失分が控除されうる．生産資本の価値は,現存設備と関連した予想収益の流れを反映するように定義されうる．同様に,もし最終財のストックが,その現実ないし予想市場価値の変動によって再評価されるなら,ストックの変動は,物的投資ないし負の投資以上のものを反映する．

第3の一連の概念は,財の望ましさ,つまりその効用に関する理由から出発する．ここでは,消費は財の用役に関するものである．この概念が,消費を生産と購入の両方から分離するのである．なぜなら,一度絵画を購入するだけでそれを見ようが無視しようが,少しも物的摩損を蒙ることなく,多年にわたってその絵画の与える「用役を消費」——すなわち,享受——するこ

第3章 集計的枠組　69

とができるからである．

　それとは全く反対の側では，財の購入，使用（破壊）および効用の間の分離は，最小限にとどめられる．もっとも耐久的な財でさえ，その分離がつねに完全とはいえない．財の中には，それらを時間の経過による減価以上の減価を引き起こさせるやり方で使用しなければ，享受することもできないし，なんらの用役も提供できないものがある．ひとつのわかりやすい例は，自動車の運転である．他方では，減価と効用とは，正反対なものと見なされうるであろう．ボールディング（Boulding, 1950）がうまく表現しているように，摩損するという意味で，彼の自動車が「消費される」度合が少なければ少ないほど，それが提供する用役はますます多くなろう．

　カンバスをほんの少し広げるだけで，経済学者が消費は経済活動の最終目的であると主張するとき，念頭にあるのは効用基準であることがわかる．経済学者らが経済上の機械はすべて，主として摩滅されるために存在するのだなどと本気で考えていると期待するわけにはほとんどいかないであろう．しかしながら，効用基準に基づく所得は，所得とは満足であるというまったく実体のない，主観的なものにすぎない．換言すれば，それは同じアプローチにおける消費の概念と同一のものである．

　このような定義は，ケインズ自身が本気で取り組んだ目的，すなわち産出量と雇用の決定という目的にとってはそれほど有用なものではない．これらは，企業による利潤追求の結果決定されるものであり，利潤は販売によって生み出されるのである．テレビを販売する企業は，あなたがたがテレビを見ようが見まいが何ら関心はない．テレビを使用することで生まれる唯一の意義といえば，その損耗と，その結果としての買い換えのタイミングとの相関関係だけである．（ほとんどの企業は，人々に彼らの設備が真に買い換えの必要が来るのを待つというよりむしろ流行遅れであることを説得することに頼ってきたのであって，上記の相関関係でさえそれほど強くはないのである．）

　上で概説した，消費と投資に関する耐久性，生産性，および効用の諸概念

が財それ自体の本来の特性——すなわち，それらは，それらの財が生産過程あるいは民間の最終用途への算入にいかに適しており，またそれらがいかに急速に摩耗するか，という点——と関係をもつことがそれらの概念の著しい特徴なのである．しかしながら，少なくとも，『一般理論』第6章におけるケインズの基準は——誰がそれらを購入するのか，ということである．したがって，私は表3.3でそれらを部門別アプローチと呼んできた．消費とは，消費者が購入するものであり，投資は企業が購入するものである．それはまた，貨幣的アプローチでもある．つまり，企業に生産を動機づけるのは支出であって，効用ではないということである．

所得への4つのアプローチは，私が，鷲の見方と呼んだものから論議されてきた．ケインズの所得概念を詳細に議論するためにその見方に復帰する前に，個人的観点から所得について一言述べておく必要がある．

個人所得

個人の場合，所得とは富を不変のままに維持する間に，支出することのできる部分であると解釈してよさそうであるが，この概念は，社会的視点から「合計して」総所得になるようにも思えないし，また原理的にさえ，実質タームでこの概念を想像することが容易なわけでもない．

経済全体の実質所得は，生産されかつ（仮に資本が不変であるとすれば），疑問の余地のないものであるのに対して，個人の実質所得は，彼がこれらの財のうちどの部分集合を選択して購入するかに依存しており，それ自体，おそらく所得水準とともに変動するであろう．もし「個人」が企業であるなら，実質利潤の概念はさらにずっと不明瞭になろう．

個人の富と社会の富の不一致は，もっとずっとはなはだしいものである．個人の富の一部は，金融資産——少なくとも，銀行預金——の形で保有されるであろう．これらの金融資産は，個人にとっては富であるが，経済全体の生産的富の一部ではない．かくして，金融資産は，集計値レベルで直接評価される富総額と諸個人の富の集計値との間の相違が生じる主要な源泉となる．

富総額の一部は，たとえば経済の潜在的生産力に貢献する道路や鉄道網といった資産から成るが，それらは個人によっては所有されず，むしろ公共的用途のため国によって所有される．これらの理由から，富を不変に維持する間に，消費されるであろうものとする所得の概念は，個人レベルにおける同一概念と簡単に関連づけるわけにはいかないのである．

ケインズの所得概念

個人や企業によって知覚されるように所得を追求しかつ処分することが，経済行為を動機づける．ケインズの所得の定義——それは2つあるが——は，集計値の視点と家計および企業の2つの部門の視点との奇妙かつややぎこちない混合物である．両者とも集計値概念ではあるが，一方の粗所得は，産出量を生産する企業の決意に関連しており，他方の純所得は消費されうるものを決定する．表3.3では，これは，「部門別」アプローチと呼ばれている．

『一般理論』では，所得は価値タームで定義されている．これは，定常状態以外のあらゆる状態の下での実質所得を明確に定義する場合の克服不可能な困難を認識するためばかりではない．もっともこの点は重視されているけれども．もっと重要な点は，西欧の先進経済は貨幣経済だということである．貨幣は，計算単位として役立つだけではなくて，リンゴやオレンジの価値を合計することも可能にする．もっと重要なことには，貨幣の獲得は，経済活動の直接的動機だということである．すなわち，労働者は，彼らがたとえ貨幣で購入できると考えるもののためにそうするにすぎないとしても，貨幣賃金のために彼らの労働を売る．また企業は，貨幣利潤を求めて財を生産し，財が——貨幣と引き換えに——売却されるのでなければ，生産が利潤を生むことはできない．

しかしながら，動機を強調したにもかかわらず，所得の部門別定義を超えて集計値に進む必要があった．なぜなら，家計にとっての所得は，それがたとえ企業自身の利潤を左右する購買力を提供する代価だとしても，企業にと

って費用であることに変わりはないからである．説明を要したのは，経済が人々の雇用を維持するのに十分な総所得を生み出すことに失敗することであった．この失敗は直接的には企業が十分高い生産水準で操業することに意欲的ではないことに起因している．さらにその意欲の欠如は失業均衡の場合に見られるのだが，産出物への需要が不十分だという判断によるものである．2つの側面——つまり需要側（消費者と企業の両者）と供給側（企業）——は相互に作用してブームないしスランプを生み出す．

　需要と供給の背後にある動機へのこの関心の集中が，使用者費用の概念を通じて，資本の将来価値への期待を取りいれるという，ケインズの所得概念がもつもう1つのうんざりさせるような特徴の原因なのである．すなわち，それは，物的生産力のみならず，将来の需要条件からも導出される価値を維持することであり，企業は彼らの機械を生産に関わらしめるべきか否かを決定するに当ってそれに関心を払うのである．

　さらに詳細に見る前に，以下のように要約しておこう．すなわち，ケインズは，所得概念を2つの主要部門の動きに対するその帰結に結びつけ，そして利潤を追求する市場経済の現実に適合させるため，所得概念を貨幣タームで述べたのである．

生産に関連した所得（粗所得）

　ケインズは，第1に所得をそれが生産の諸決定に関連するもの，つまり粗所得として定義する．企業は，短期の文脈，すなわち企業にとって利用可能な所与の生産設備の下で，つねにこれらの決定を行う．利潤極大化をはかる企業は，最終産出物の売上金額から，それを生産するのに要する可変（あるいは主要）費用を差し引いた部分である粗利潤を極大化すると考える産出量水準を選択するであろう．主要費用は，要素支払いから，その利潤を生み出す財の生産のために使用される資本費用を差し引いたものである．

　この命題を集計値レベルにまで一般化するためには，企業Aにとっての主要費用は，企業Bからの原材料とか取替部品のような物の購入を含むと

いう事実を考慮に入れる必要がある．後に説明するように，各企業間での購入はすべて投資と呼ばれ，資本の変化として扱われるので，企業間取引の適切な取扱いを具体的に表わす集計値尺度を導出するという問題は，単純に経常産出量のタームで分析するわけにはいかない．

生産，利潤，および資本ストック：企業は売るために財を生産し，その過程で資本は摩耗する．事実，「運転資本」，つまり原材料ストックは原材料が何かまったく別のものに変形されるという意味で，完全に使用し尽される．資本もまた，たとえそれが使用されない場合でも，単なる時間の経過につれ，また偶発的な損傷によって減価する．しかし，貨幣経済では，もう1つの要素が企業者の計算に入ってくる．つまり，貨幣で測った資本の「価値」がそれである．この価値は，資本が将来生みだすと期待される産出量の流れから生じる純期待収益に依存する．布に対する需要の減少は，（たとえ企業が機織機の売却を意図していなくても）機織機の価値を引き下げ，そして古い機織機と競合する，優秀な設備の発明もそれを促進する．資本価値は，需要のシフトによって生じる変動とか技術革新に左右されるため，機械の物理的な維持は，一時的には大きな関心事ではあっても次の瞬間には何の関心も払われないであろう．

これらすべての考慮事項，すなわち時間および使用を通じての減価と価値の維持の中には，遂行されるべき興味ある均衡化作用が多数存在している．第1に，維持費と機械の寿命との間にはトレード・オフ関係が存在する．諸要素（油をさしたりペンキを塗ったり，温度を一定に維持する等）からきちんと保護された未使用の機械は，n 年間長持ちするものと期待されうる．そのように維持されないとすれば，経費はかからない代わりに，たとえば $n-h$ 年間しか長持ちしないであろう．しかしながら，それが将来使用されると期待されるのでなければ，それを保有する意味はないであろう．なぜなら，それが潜在的にさえ生産的ではないとすれば，それは何らの価値ももたないからである．使用されているときには，それは典型的な方法で，より急

速に摩耗し，その摩耗の割合は，そこから引き出される産出量水準の正の関数となろう．

考えられる価値の変化の源泉のすべてを，所得のせいにするのは必ずしも適当とはいえない．自然災害による喪失だってあるのであり，それに対して企業者は，何ら制御できないし，それは保険の対象になりえないほど予測不可能なものである．他の企業者によって行われる予測だって，それが企業の資本価値に影響を及ぼすことを予測したり制御することは不可能であろう．資本設備などの産出物の売却ないしは競合する設備の開発における，予見されない変化などを含めて，生産者の意思決定範囲外にある予測不可能な出来事に起因する変化は予想外の要因として扱われ，「資本勘定に記入される」のが適当である．それは所得を定義するさいに重要な時間と使用による減価であり，その両方とも企業者がある程度制御することは可能である．

使用者費用：粗所得の定義に当然入ってくる減価償却は，使用による減価である．それは使用者費用と呼ばれる．この費用は直接的には生産によって生じるものであり，産出量水準とともに変化し，したがって，それは主要費用ないし可変費用の一部である．それは，産出物を生産するために資本を使用することが決定される時に，必然的に生じる．集計値の観点からみると，使用者費用は他の産出物の生産に使用される経常産出物の一部である．

それは解りやすい概念ではない．その解りにくさは，この費用を資本ストックの変化を生み出す他の源泉から解き放すことにある．

ここで若干の項目を定義する必要がある．『一般理論』にならって次のように定義しよう．

$Y =$ 所得

$A =$ 完成産出物の売却額

　　$A_1 =$ そのうちの，企業者間での売却額

$G =$ 資本設備の現実価値＋原材料ストック＋売残り完成品ストック＋期末における仕掛品 ＝ 期首における，これらストックの価

値＋購入額 (A_1) － 資本設備の使用による減耗額

B' = 未使用のままと仮定した場合の最適資本維持費

G' = B' を支出した場合の，期末における資本設備とストックの価値

$G'-B'$ = 資本設備が A を生産するために使用されなかったと仮定した場合に，前期から保持されてきたであろう極大純価値

F = A を生産するための要素費用

U = A の使用者費用

Π = 粗利潤 = 売却額から主要費用を差し引いて得られる総収入

使用者費用は，

$$U = G' - B' - G + A_1 \tag{3.1}$$

と定義される．G は，期首における（広義に解釈された）資本ストックである．そのストックの一部は，たとえそれが使用されない場合でも，時間の経過につれて減価するであろう．他にも資本の最終的価値を変化させる源泉は存在しうる——たとえば需要における期待の変化，競争技術等——が，当面これは無視しよう．その場合，B' は（たとえば，乾燥倉庫を準備することによって），ストックを維持するさい時間による損耗を防止するために支払う費用の大きさを示す．もし資本を保持するための維持費ないし他の措置が実際にとられるなら，それは現行資源から生じた費用である．（その措置が現実に取られるであろうとの見込みは存在しない．）

資本は使用すればさらに大幅に減価する．時間と使用の両方による資本の喪失は，維持努力によって，つまり費用をかけてそれを緩和したり，また更新によってそれを逆転させることでさえ可能である．企業は自社の社員を使ってこれらのことを実行するであろう．その場合資本の維持費は，その企業の労働コストにはね返るが，販売のために供給される産出量にははね返らない．「社内維持費」は，集計問題を提示しない．困難な事態が発生するのは，これらのことが他の企業によって充足される場合である．先に注意したように，資本の購入を表わす A_1 が，この充足の度合を示す尺度となる．

A_1 は，原材料，予備部品，新規設備あるいは更新設備の購入額，および

契約制に基づく設備維持費を示すものと考えよう．B' とちがって，これらは現実の支出であり，経常的に生産された産出量への請求権である．しかし A_1 で示された支出は，使用と同様時間による減価をも補償する．所与の投資支出の目的を明確に認識する実践的な方法はない．企業の経営者が，彼らの行動をどのように考えようとも，A_1 のどの部分を使用の結果生じた減価とみなすことが適切かを示すことによって両者を分離するのに B' は役立つ．

1つの極端な例を取り上げてみるのが有益であろう．使用が減価の唯一の源泉（$B'=0$）であったと仮定しよう．その場合需要と費用が将来においても不変のままであると期待されるなら，その結果は資本ストックの増加から何の利益も生まれない．つまり，$U=A_1$ である．各企業は生産に使用した分をちょうど補塡する分だけ双方から購入する．

B' はジョーカーである．なぜなら，最適維持費を構成するものは何かが明らかではない（ケインズもそれを示唆していない）からである．それは，次の期間を開始するのに最適な資本ストックに依存している．その最適とは，そのストックの価値の喪失を絶対的に最小化することではない．なぜなら，それは過度の経費をともなう可能性があるからである．

一定額の維持費が「過大」であるか否かは，将来における需要の期待度に依存する．将来需要は変化しないと期待されるとした，先の仮定を緩和しよう．1つの極端な場合として，次年度の期待需要は（流行品の場合のように）ゼロになるものと仮定しよう．その場合，取るべき合理的な行動は（仮に今日の需要でその産出量が吸収されるとすれば），機械を全面的に稼働させ，その維持費を支出しないことである．その場合機械の将来価値である G'，B' および U はすべてゼロである．これとは対照的に，仮に今期において次期の需要が好転するものと予想され，その結果その設備の価値が増大するとすれば，需要が安定的と期待された場合よりそれを保持するためにははるかに多くの努力が払われてしかるべきであろう．

G' と B'，したがって U は，当期に関してのみ定義されるわけではないし，またもっぱら客観的にのみ定義されるわけでもないことがわかる．将来

の期待がそこに含まれるのは不可避である．

粗　所　得：使用者費用を除けば，他の部分は簡単である．粗利潤は，最終産出物の売上金額マイナス生産の可変（主要）費用であり，また主要費用は，要素支払い（労務費）プラス使用者費用であることを想起しよう．すなわち，

$$\Pi = A-(F+U) \tag{3.2}$$

である．粗所得は，粗利潤と要素費用の合計であり，したがって，産出物の価値マイナス使用者費用である．すなわち，

$$Y = F+\Pi = A-U \tag{3.3}$$

である．

　この定義に関して注意すべきことが3つある．第1には，それがミクロ経済学ではそれほど使用されない利潤概念に基づいていることである．すなわち，利潤が計算されるまでは，固定費用は差し引かれない．仮に固定費用が支払われるべきものとすれば，これはまったく利潤とは言えないであろう．しかしながら，固定費用は産出量の決定に影響を及ぼさないのだから，当該目的から見て固定費用を除外してかかることは正当である．粗利潤を極大化した（かそれとも極大化しようと試みた）場合，固定費用がその利潤分配の第1段階を左右する．

　第2に，紙幅に限りがあるために，使用者費用は，本書の以下において正当な注意は払われないであろうが，たとえば原材料価格の変動のような事態は，使用者費用を通じて所得の一部になるということを念頭に置いておくことにしよう．

　第3に，使用者費用が加わるために，所得は単一期間内では独立した存在ではなく，したがって完全に客観的な測定が行われるとは限らない．これらの扱いにくい特徴に対しては，ケインズもたいていは——つねにそうだというわけではないが——見て見ぬふりをしている．残念ながらわれわれもたいていは同様の態度をとらざるをえないであろう．

消費に利用可能な所得（純所得）

粗所得のすべてが消費可能というわけではないし，またいぜん資本は不変のままである．さらに差し引かなければならないものがある．資本は，その使用を意図的に選択した結果としてばかりか，非自発的にも減価する．この喪失の一部は，予想外のものであるかもしれない．これらは先に言及した意外の喪失である．しかし，その他の喪失は，たとえ，非自発的なものではあっても，まったく予想外というわけではない．もっとも著しい喪失は，時間の経過によるものである[10]．このタイプの減価をケインズは次のように示している．すなわち，

$V =$ 補足的費用

予測可能な2つの形態の資本減価である U と V を差し引いた正味の利潤は，

$$\Pi' = A - (F+U) - V \tag{3.4}$$

であり，消費に使用可能な所得，すなわち純所得は

$$Y' = A - U - V \tag{3.5}$$

である．

これは消費されうる額であり，資本ストックの価値は不変のままだという意味で，Y' は「消費に使用可能な」ものである．ここでは，2つの形態の減価，すなわち U と V がともに考慮されている．U と V を区別する意義——実際には，それらをより厳密に区別することは困難となる可能性はあるが——は，産出量から独立な V は所得の発生には影響しないが，その処分には影響を与えるということである．

粗所得と純所得との区別の重要性は，資本更新のための利潤の留保とおそらく更新のための支出とは一致しないという事実から生じる．利潤の留保が支出を上回るとき，事実上企業は利潤を保蔵していることになる．これはデフレ的である．仮にその不一致が逆転すれば，その効果は景気拡張的となる．

会計学上の概念

　「ケインジアンの経済学」に関する大部分のテキストでは，ケインズの定義にしたがって論ずるのではなくて，先の表3.2で与えられた型の損益計算書に反映されるような会計学上の慣例に執着している．そこにはいくつかの相違が見られる．会計学的アプローチは，粗所得あるいは国民総生産を新規に生産された財貨・サービスであると定義することから出発し，運転資本（原材料，仕掛品，および完成財ストック）のストックの変動は考慮するが，より耐久的な形態の資本価値の変動の方は考慮していない．換言すれば，原材料の喪失は，完全に使用者費用に属するものとされ，仕掛品および完成財への追加分は投資と呼ばれる．耐久的な機械および建物を取り扱う場合には，その区別はその原因によってではなく，維持や更新のための実際の支出の存否によってなされている．実際の支出が費用として計算されるのは，会計学上の粗利潤および「減価償却費」の計算がまったく支出ではなく，未使用の償却積立金の場合である．これとは対照的に，使用者費用は，原材料およびより耐久的な資本の両方に妥当し，またそれは現実支出と将来における完全な更新が行われない，救済策なき摩耗の両方を含む．補足的費用は，より耐久的な資本と大いに関連するが，必ずしもそれだけではない（しかしながら，それはたとえば風雨にさらすことによって引き起こされる原材料のあらゆる減価をも含むであろう）し，それゆえに，それはすべてというわけではないが大部分償却積立金であることが予想される．

　会計学上の慣例とは，必要に迫られて生まれる，企業が操業する枠組のことである．つまり，U と V を正確に計算する際の実際上の困難は克服しがたいものである．しかしながら，理論上，はっきりした区別を設けることは可能である．会計官の数字は，生産を左右する経済量への大ざっぱな指針にすぎず，それらは，別の目的，すなわちキャッシュ・フローの監視と規制に向けられる．

ケインズの図式における，2つのキャッシュ・フローの位置は，いぜんとして未決定である．つまり，固定費用はどうなったのか，また利潤と配当支払いの間にはどのような関係があるのか．可変費用が処理された後に，固定費用は粗利潤から支払われる（なぜなら，後者は企業の活動を維持する上で重要だからである）．固定費用が支払われると，それは別の企業への利潤か，それとも個人の所得（地代ないしは利子）のいずれかとなる．後者の場合，それらは明らかに「消費に使用可能」である．前者の場合には，今度はそれらは償却積立金として留保されないかぎり，使用可能である．いずれの場合にも，労務費がまさにそうであるように，それらは総所得の一部のままにとどまる．

ケインズの研究にとって中心的なものではなかったが，われわれは産業組織の問題との関連で，利潤の第3の定義が提案できよう．この定義の Π'' には，すでに考察したあらゆる要素と同様固定費用は含んでおらず，またそれは減価償却は含まないが，直接税は含むものとする会計学上の利潤の定義に一致するであろう．

株主は，利潤——つまり租税を除く純量 Π'' ——に対する最終的な請求権をもっており，その場合でさえ，株主が直面する不運とその結果受ける影響とによって設定される限度内で，配当の支払いは裁量的である．分配されない資金，つまり「内部留保」は，投資をまかなうために利用することができる．（そのことは，企業は消費しないものとする次節で明らかになろう．）配当は家計の所得となり，消費をまかなうことが可能である．（しかしながら，ケンブリッジの伝統におけるように，利潤を労働所得以外のすべてのものと定義したいと望むのであれば，「利潤からの消費」には企業者の俸給，地代，および利子所得からの消費が含まれることになろう．）

所得：要約

ケインズの所得の取扱いに関する著しい特徴は次の通りである．すなわち，(i)貨幣経済にふさわしく，その定義は価値タームであること，(ii)社会集計

値でさえ，定義には部門ベースを使用していること，そして(iii)所得勘定と資本勘定の間の境界線の定義に期待の役割が導入されていること，である．(iii)にしたがうと，境界線をはっきりと定義できるのは，期待を不変とした場合——すなわち，「静穏」ないしはマーシャル的な意味での長期均衡の状態においてである——にすぎない．したがってまた，ここで展開した諸概念は回顧的な国民所得勘定にはほんのわずかな関連をもつにすぎず，それは何が生じたかを教えてくれただけであるのに対して，これらの定義は前途を展望するものであり，それは期待に依存している．前途を展望するやり方だけが意思決定の指針として役立ちうるのである．

『一般理論』における所得の構成要素

『一般理論』第6章では，すべてが単刀直入に見える．所得の構成要素は買い手によって区別される．消費 (C)——もっと正確には，消費支出——は，総売上高 A マイナス企業間での売上高 A_1，すなわち家計に売られる産出物の価値である．すなわち，

$$C = A - A_1 \tag{3.6}$$

である．粗投資 (I) は，企業間での売上高マイナス使用者費用，すなわち，

$$I = A_1 - U \tag{3.7}$$

である．

財の性質——つまりそれらの耐久性とか生産力——は実際には問題ではない．消費財は，それらがストックへの追加分を意図する限り投資である．消費財は，期末の資本に追加され，負の使用者費用として売れ残り産出量の一部を構成し，それに照らして要素支払いが行われる．それらは売却されると消費となる．

若干の困難：I. 第7章の定義

第7章において，ケインズが投資を実物資産にせよ金融資産にせよ，任意

の資産の購入と定義することによって，通俗的な用法に適合させようと試みる（G.T., p. 75）場合には，彼は部門別アプローチによって与えられる明確な区別を不鮮明なものにしてしまっている．総投資は，集計過程で新たに生産された実物資産の購入と同一視されることとなり，その過程は，旧資産の購入——一方の当事者にとっては投資——は，以前の所有者によるその資産の売却（負の投資）によって相殺される．金融資産は同様の過程によって消滅させられる．あらゆる資産は他の誰かの負債となる[11]．

ケインズの主張（p. 75）にもかかわらず，その結果は第6章での投資の定義と結局同じものにはならず，それは次の2点で異なる．すなわち，(i) 第7章の定義には，第6章では除外された意図しない在庫の変動（pp. 75-6 を見られたい）が含まれる．また(ii)第7章の定義では，企業と同様，投資は家計によってもなされうるのに対して，第6章では，投資は完全に企業者活動なのである．

テキスト的な「所得-支出」分析が，調整メカニズムとして在庫変動にきわめて大きなウエイトをおいてきたという理由だけからみても，売れ残った財を正しく取り扱うことが重要である．一般のテキストは第7章にしたがっており，そこでは需要予測の誤りの結果を集計値に算入することによって，投資は（ストックの意図しない変動が示すものである）その自発的性質を奪い取られてしまっている．第6章の取扱いと比較してみよう．そこでは投資は次のように定義されている．

$$I = A_1 - U = G - (G' + B') \tag{3.8}$$

G' は企業が最適と期待する期末の資本ストックの価値であり，また A_1 は自発的なものであるため，販売の予期せざる変動に基づく在庫の非自発的変動が生じる余地はない．先に定義したように，全売上高を消費，$A-A_1$ と投資に分解すると，粗利潤の定義を次のように書き換えることができる．

$$\Pi = A - (F+U) = A - A_1 + A_1 - U - F = C + I - F \tag{3.9}$$

売却されない財は，A には現われない．しかしながら，その期間に生産される財は，それらが売却される，されないにかかわらず，主要費用を発生

させる．もし在庫のための生産が計画されるとすれば，それには次のような理由があるにちがいない．すなわち，企業は，現在と比較して将来，費用あるいは需要の増加を予想するにちがいなく，その結果，G'，すなわち最適の期末の未使用資本ストック（ならびにその実際上の派生物，つまりそれが使用されたとすれば最適ストックのこと）に影響を与え，また当期収入の不足にもかかわらず，それは将来よりむしろ現在の主要費用の負担を正当化する．それは意図的な意思決定，つまり負の使用者費用として，説明される．

在庫の予期しない非計画的増加はそれと同じだけの要素費用を伴うが，G'の増加は生じない．常識にしたがえば，在庫の意図せざる追加は利潤を彼らの期待値以下に減少させると結論される．その結果，第6章の定義は，投資の自発的性質と良識的な利潤の定義の両方を保持している．それはまた誰がそれを購入するかで一貫して集計値を定義しており，この第7章の定義には，生産を行う企業が不本意ながら保有するにすぎない財が含まれる．それらはまったく売却されない．これを$A-A_1$という投資Iの定義と調和させることは困難である．

第7章の定義が両立するのは，計画および期待ではなく，事後の事実である．第7章の定義のうちで興味を引く部分は，それらが国民所得統計に一層の類似点を有することである．しかしながら，分析目的からみてどちらの定義がすぐれているか，私の心の中では疑問の余地はない．

若干の困難：II．貯蓄

いぜんとして，貯蓄と呼ばれる集計値を定義するという問題が残っている．『一般理論』はこの概念がなくても書くことができたであろうし，それを省略した方がよかったであろう．それが必要とされたのは，例の命題の用語でいうと貯蓄が投資を決定するのだというあの古典派の命題に反論するためにすぎない．その概念を使用した結果非常に大きな混乱を生み出したが，それは私の見解では，完全に個人貯蓄と総貯蓄との間の意味の相違についての認識不足によるものにすぎない．

環境の変化（金融制度の発展がきわめて重要なのだが）につれて貯蓄の意味と時間を通じてそれが示した変化との問題が，第9章で十分に論議されている．本書ではわれわれはその定義さえ扱えばよく，それはどちらかといえば簡単なことである．

ケインズは，貯蓄とは所得のうち消費されない部分であるという議論の余地のない命題から出発する．彼は所得を粗と純の2つで定義し，したがって各々から消費を差し引くことにより，貯蓄について2つの対応する定義を導出する．粗貯蓄 S は，

$$S = A - U - (A - A_1) = A_1 - U \tag{3.10}$$

であり，純貯蓄 S' は，

$$S' = A - U - V - (A - A_1) = A_1 - U - V \tag{3.11}$$

である．前者は明らかに粗投資[12]と一致し，それはこの時点では「ある期間の生産活動の結果，資本設備の価値に対してその期間に新しく付加されたもの」（$G.T.$, p. 62〔邦訳，63ページ〕）と定義される．後者は純投資と一致し，それは粗投資から使用以外の原因（それは U の中に含まれる）あるいは予想外の要因（それは資本勘定に記入される）からの価値の喪失分を差し引いたものと一致する．

価値タームで定義されていても，これらの定義の背後にある概念は実物である．つまり，その見方は，生産されたり，物的に破壊される現実資本に関するものである．設備が実際に売却されることとか生産から期待される利潤が現実に実現されることとか，あるいは期待の変更に基づく価値評価の変化については何ら言及されていない．「実物」概念は，純投資の場合には一層顕著であり，そこでは，更新のための金融準備である V は，いまや物的更新の現実的な必要度を測る尺度であるとみなされる．

これに対応して，貯蓄の概念（それもまた価値タームで表現されるが）も実物である．集計値での貯蓄は何を意味しうるだろうかと考えるなら，社会全体としては消費されないものを生産することで貯蓄する以外に方法はありえないことがわかる——そこでは，消費はいまや破壊（あるいは変形）され

るという意味をもつ．したがって，貯蓄とは次期に繰り越すために期末に残っている物への正味の追加分である．2つの集計値のうちの1つは余分なものであることが，今や明白である．それらは，技術的にも概念的にも同一のものである．

　貯蓄と意思決定：貯蓄は，積極的行為としてではなく，行為の欠如として定義されてきたことに注目されたい．つまり，貯蓄とは，「消費しないこと」なのである．消費と投資は，ともに積極的行為であり，前者は家計によって行われ，後者は企業によって行われる．それらは1つになって現実所得を決定する．これとは対照的に，貯蓄は，所得が決定されるまでわからない．個人としては，前もって少なくとも貨幣タームでは自分の所得がわかるであろうが，総所得は，現実の利潤が決定された後の期末まで知ることはできない．したがって，ケインズの総「貯蓄」は，完全に事実上の事後的概念であり，計画とか意思決定とは何ら関係がない．それは，完全に残余のものである．仮に貯蓄が正であるとすれば，それは全体としてみると，家計が生産によって稼得したよりも少なく購入しようと決意したからか，あるいは同様に，現実の総所得が期待を上回ったからであろう．貯蓄は，ケインズが主張するように，「個々の消費者の集合的行動の結果」(*G.T.*, p.63〔邦訳，63ページ〕)でないことは明白である．ケインズの総貯蓄の概念は，ミクロ経済的行動のあらゆる基礎を欠いている．

　総貯蓄の概念は，家計の計画あるいは家計は貯蓄するとき現実にはどうするのか，ということと何ら関係がないことは明白である．家計は（消費によって）生産的な資本財を購入しないか，あるいは消費財と資本財との生産割合を決定するわけではなく，家計が，それらの財を購入しないことの結果として，棚ざらしのままに置かれていた財のことを気にかけてくれるとか，意識さえしてくれるなどと期待することはまずできないのである．家計は貯蓄するとき，金融資産を買おうか，それとも通貨を銀行に預けようかと内省することによって示唆を受ける．この内省は，本章のはじめで示した部門別集

計の図式と一致する．仮定してきたように，家計だけが消費し，貯蓄は所得マイナス消費であり，そして家計は投資しないとすれば，その場合に家計が貯蓄する方法といえば，金融資産を購入する以外にありえない．もしわれわれが企業も貯蓄するとみなし，そして貯蓄を投資とは異なる方法で定義したいと望むならば[13]，その場合には，企業もまた金融資産を購入する以外選択の方法はない．これは，まさに一般に資本の更新には支出されない償却積立金に発生することと同じことである．

個人貯蓄と総貯蓄との不一致の理由は今や明らかである．金融資産が，経済全体に対して「統合の役割を果たす」のである．

個人レベルでの貯蓄は，本来の意思決定である．その意思決定とは，金融資産を獲得することであるか，あるいは以前よりも多額の銀行残高を保持することである．とりわけ消費が基礎的必要水準にある場合には，貯蓄決意は消費決意に付随して生ずるものであり，その場合にはおそらくいかなる貯蓄も単なる偶然にすぎないであろう．また事後的には，それは計画されたものとは異なるであろう．しかし，個人貯蓄に対するこれらの解釈では，総貯蓄が残余であるのと同じ意味で，個人貯蓄を残余とみなすことはしない．総貯蓄は，なかんずくそれが実現された利潤に依存するがゆえに，その経済の貯蓄者が支配できない要素を含んでいる．現実の利潤は残余であるのだから，総貯蓄も残余である．

ここでみた個人レベルの貯蓄に関する考察は，貯蓄と投資が異なる階層の人々によって企てられた諸活動だけでなく，さまざまなものを含むという重要な命題をも強調している——すなわち投資は，機械や建物の取得であり，貯蓄は，金融資産や追加現金の獲得である，というのがそれである．

測定単位

所得およびその構成要素に関する上述の議論全体で使用してきた測定概念は，次の2つだけである．すなわち，それは財の目録についての非実用的な

概念と貨幣価値に関する明白な概念である．意思決定の動機に関する文脈の中で，貨幣価値を使用する場合の難しさは，「貨幣錯覚」——すなわち，貨幣価値の上昇は，実物財での対応物をもたないことが認識できないこと——を示唆することである．「実質」所得の尺度を得るためには，所得の貨幣的価値から，実質産出物と（われわれがみてきたようにそれほど正確にではないが）同一視され，一般物価指数でデフレートしてえられる「実質所得」指数を導出することが慣例となってきた．この型の測定量は，マーシャルやピグーが彼らの理論的研究の中で受け入れた単位であり，それらは国民所得統計の中に示されて，現代マクロ経済理論の大部分がそれらに基礎を置いている．しかしながら，ケインズはそれを受け入れなかった．彼はその曖昧さと裏口から価値の概念をそっと導入してしまうことを回避することの難しさとをかなり詳細にわたって非難した（G.T., pp. 37-40〔邦訳, 37-41ページ〕）．彼の見解では，「実質産出量」と「一般物価水準」とは役立たない概念ではないが，それらの

> 本来の場所は，歴史的および統計的叙述の分野にある．……そのような目的にとっては完全な精密さ……は普通存在するものでもないし，また必要なものでもない．10年前あるいは1年前に比べて，今日の純産出量は大きいが，物価水準は低いと言うことは，ヴィクトリア女王はエリザベス女王よりもよい女王ではあったが，より幸福な女性ではなかったという叙述に似た性質の命題である——このような命題は無意味なものでもなければ，興味のないものでもないが，微分学の素材としては不適当である．　　　　　　　　　　（G.T., p. 40〔邦訳，40ページ〕）

（彼が，経済事象に非常に微積分学を使用したということではない．）

　理論構造の中には暗黙のうちに示されたもう1つの理由が存在しよう．一般物価水準の使用は，消費と投資の区別の重要性を低下させてしまう．その2つの集計値への分割は，経済動向の説明には決定的に重要である．消費は，投資とともに総需要を構成するが，それらはきわめて異なる要件によって決定される．消費は現在の欲求を充足することが意図され，投資は，将来の欲

求を充足するための財の生産への準備である．投資財は耐久財であり，その購入者のそれら財への株主所有権は遠い将来まで継続する．それらの獲得を価値あるものにする利潤の期待流列は，投資決意がなされる現時点においてさえ開始するわけではない．なぜなら，新規の機械ないしは設備が生みだす生産物が市場に出現するまでに，「懐妊期間」が存在するからである．その間，設備の購入には資金が融資されねばならない．こうした関係は，少なくともその投下資本の耐用年数のある間中継続する．かくして，投資需要を決定する要因は，消費を決定する要因とはまったく異なる時間的枠組に属する．きわめて注目されるのは，利子率，すなわち現在の貨幣タームでみた将来貨幣の相対価格が，投資資産の期待価値の決定に関係し，投資需要の一部を成すということである．消費の決定における利子率の役割は，相対的にはとるに足らない．需要したがって価格の決定要因とは，それゆえ2種類の財にとって根本的に異なる．一般物価指数は，その状況にあっては不適当である．

さらに，消費財の価格は，家計所得の「実質」価値の決定にからんでくるが，一方投資財の価格は——もし人が，将来の実質所得への影響がわずかであるとして，もっとも間接的な方法で破格の取扱いをしたいと思う場合を除けば——それにはからんでこない．生産の拡大あるいは収縮が，消費財および投資財の相対価格を不変に維持するような方法で均衡することはほとんどありえないために，一般物価指数の使用は，このような変化が家計に及ぼす影響を示す指針としては不十分である．

他の若干の目的から，ケインズは価値尺度財として労働時間を使用しており，「賃金単位」で所得を測定した．（この仕組は以下の第4章で説明される．）それは，われわれが『一般理論』で理解するのと同じくらい，「ケインジアン」のテキストでの「実質所得」に近いものである．

注
1) 再検討と参照のために，クレーゲル（Kregel, 1971），第7章〜第12章を

第3章 集計的枠組

見られたい.

2) その所得を主として債務証書の利子所得から引き出す人々である.金利生活者は,いまやほとんど絶滅した種族である.合衆国では,金利生活者はイギリスのように顕著な社会階級をまったく形成しなかったけれども,とくに普通株からの配当と結びついた利子所得はいぜん重要である.そして典型的にこの手段によって巨額の所得を獲得した(そして現在獲得している)人々は,合衆国では活動的な企業家の役割をも果たしてきた.このことはイギリスではそれほど一般的ではなかった.今日では,金融機関や企業の金融部門の方が債務証書の重要な保有者である.

3) この叙述は,暗に個人の意思決定からの独立を仮定している――それは,ほとんどの経済分析の標準的な仮定である(たとえ,それが同一産業内の企業の本質的な相互依存を認めている場合でさえ).「集団心理」は,とくにケインズの投資および流動性選好の理論において重要である.私が読者に注意を促しても解決するよう提案するつもりはないが,ここには,個人主義と集団行動ならびに集団のメンバーである個人の反応から集計値を導出することの妥当性に関して,一層深刻な問題が潜んでいる.

4) この問題についてのケインズ自身の取扱いは,ある叙述はどのレベルに関係するのかをめったに明確に区別しないために,それほど有用ではない.とりわけ,彼が計画に言及しているのか,それとも個々にせよ集計値にせよ,現実の,観察可能な経済量に言及しているのかを認識することは困難である.また,「計画」は予定表を表わすものか,それとも特定のレベルを表わすものなのかも常に不明瞭である.これらの区別の重要性を例示するものはありすぎるほどあるが,後に見るように,その中でも貯蓄-投資論争より重要な分野はどこにも見当らない.

5) 資産の市場取引のさいに稼得される手数料は,所得とみなされる.しかし,その所得の源泉は,株式仲買人とか商人銀行家による労働等の供給である.手数料がたとえ有価証券の売却に成功するか否かにかかっているとしても,その売却が所得の源泉なのではない.

6) 利子は,割引いて売却される短期資産と同様に債券とか社債に対して契約で保証されるか帰属されるものであろう.企業には配当を行うべき契約上の義務は存在しないけれども,利子をより広義に収益率と定義すれば普通株の配当を含むことになろう.

7) 一部の請求権は,市場性をもたない(たとえば,貯蓄預金勘定がそれである).

8) 利子を生む請求権のすべてが,利子率とともにその価値を変動させるわけではない(たとえば,再び貯蓄預金勘定がそれである).

9) パーカーとハーコート (Parker and Harcourt, 1969) における諸論文を見られたい．
10) ケインズはまた，市場価値の変化，すなわち陳腐化および破滅をあげている．考察される時間的長さが拡大するにつれて，これらの予測可能な構成要素は増大する．短期に対しては，私はおそらくあるきわめて大ざっぱな準備がなされるにすぎず，残りは予想外の要因として扱われるものと考えるべきだったであろう．
11) 貨幣ストックの変化は，特別の集計問題を示す．これらは，ケインズ (p. 75) が示唆するほど簡単に扱うわけにはいかない．
12) ケインズの1934年の草稿は，完全に明解である．すなわち，「社会全体にとって，投資と貯蓄は必然的にまた，定義上等しい．」(*C.W.*, XIII, p. 476, 強調点は追加．)
13) 再び，第7章は不運である．個人による金融資産の購入は投資とみなされる．貯蓄のためのいかなる方法も残されていないように思われる．かくして，貯蓄は第7章の定義によると個人にとってさえ，なんの意味ももたないものとして示される．

第II部　動学的過程の静学モデル

第4章　産出量と雇用の理論

有効需要の原理

　『一般理論』の第1の目的は，雇用の理論を提出することである．その本の題名は，偶然とか気まぐれでつけたのではない．また新資本が使用されはじめる瞬間をまれな例外とすれば，生産決意は資本設備一定の状況の下で行われるために，雇用の決定は産出量の決定を意味する．

　産出量と雇用は，有効需要の原理によって決定される．資本主義的な方針に従って組織された生産経済の特質はこの原理の作用する過程でその役割をもっとも明確に演ずる．「生産水準」は，生産者たちによって決定される．したがって，有効需要の原理は，企業の行動モデルに基礎を置く．

　第2章の方法論的区別によれば，産出量と雇用の決定は，生産期間の問題である．この点との関連で，投資は当面の目的から所与とされる長期期待に基づいて決定されたものとみなされる．仮に，もっと厳密にしたいと考えるなら，その生産期間に単位当りの長さを割り当て，そしてそれに関連する各期待は，$t=1$か，それとも$t=0$で開始して$t=1$で終了する期間の最後（期間0）辺りに一般化していることが，$t=0$で期待されるものであるとみなすこともできる．

　何を，どのくらい生産するかの選択，ならびにいかに生産物に価格を付けるかは，市場で販売するために生産を行う企業の本質からして，費用の推定値および需要予測に基づいて行われなければならない．生産には時間がかかるために，生産者は，彼の生産物に対する需要を推定し，この推定値にした

がって生産活動を続けていく以外に選択の余地はない．たとえそのことについて生産者が確信をもてなくても[1]，またたとえそれが誤っている可能性があってもである．

　各費用と需要とは，いずれも産出量とともに増加するが，しばらくは利潤も増加する．企業は，費用の推定値と需要予測を所与として，利潤を極大化すると信ずるいかなる産出量といえども生産することを選択し，そして企業がその産出量を生産するのにちょうど見合う労働を雇用するものと仮定する．有効需要の原理は，産出量全体の決定へのミクロ経済的命題の一般化である．

　この原理を十分説明するには，企業の理論に訴えるべきであろうが，いまは単にそれをマクロ経済学的一般化として述べることにしよう．有効需要の原理は，全産出量水準と総雇用水準とは，雇用水準 N の2つの関数，すなわち総供給 $Z(N)$ と総需要に関する企業の推定量 $D^e(N)$ との交点で決定されることを示す．その交点は有効需要の点と呼ばれる．

　使用者費用を含めると複雑になるので[2]，2つの関数ともそれを含まないで定義されている．（この点に関しては，われわれはもっと説明する必要があろう．）

　使用者費用が除外されてしまったために，主要費用は完全に労働だけで構成される．したがって，総供給曲線は，各雇用水準に関連する労働費用の推定値を具体的に表わしている．それは，各雇用水準に関連をもつ産出量の販売から得られる収入額を示しており，その水準まで産出量と雇用とを増大する誘因を企業に与えるであろう．

　各雇用水準に関連した推定収入は，総需要曲線によって与えられる．いったん $D^e(N)$ の位置が確定されると，$Z(N)$ によって与えられる利潤極大化のあらゆる可能性の中の妥当な点が決定される．それに基づいて生産計画が作成され，求人が行われる．

　図4.1には $Z(N)$ と $D^e(N)$ が描かれている．雇用は横軸に，産出量の値は縦軸に示されている．両曲線の傾きについては，やがて説明するつもりで

第4章　産出量と雇用の理論

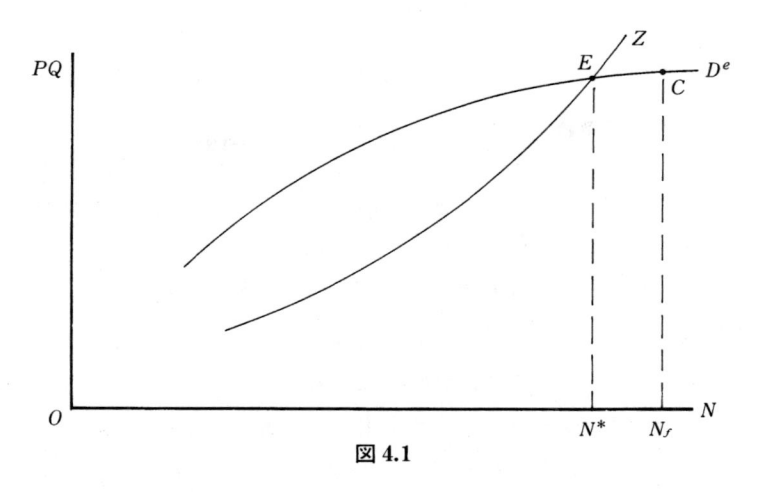

図 4.1

ある．E 点は有効需要の点である．N^* は，その点で決定される雇用量である．この命題は，2つの曲線の相対的な傾きに依存することが理解される．つまり，$D^e(N)$ の傾きは，それら交点の近傍では $Z(N)$ の傾きより小さくなければならない．さもなければ，N^* の右側では需要が追加的費用を十二分に償ってくれるであろうから，さらに拡大する誘因が存在することになるからである．

　N^* が完全雇用の点であるという仮定は存在しない．それは，仕事に対する需要を完全に満足させるとはかぎらない雇用水準であっても差しつかえない．単に失業が存在するからといって，それ自体企業がさらに産出量を拡大すべき理由を与えるものではない．もし推定された需要では，既存の資本設備と雇用とを用いて，労働時間 N^* で生産しうる産出量以上の生産をする場合に伴う余分の費用を十分償うものではないとすれば，それで問題は終わりである．

語義上の落し穴

　しばらくの間，われわれは関数の傾きについて議論しよう．これら2つの関数の基礎については次の2章で集中的に論じるので，本章では議論は簡潔

にし，単純化の仮定を使用することにしよう．

　第1に，われわれは多くの誤解を引き起こしてきた語義上の問題に正面から取り組まなければならない．ケインズの用語の選択はきわめて混乱しており，彼自身もそれらの使用が首尾一貫していない．きわめて類似した名称をもつ2つの概念がある．有効需要と総需要がそれである．また総需要それ自体，2つの側面をもっており，そのことをケインズはそれほど気にかけてはいなかった．総需要は，関数表であり，それは各雇用水準に関連する所得水準および経済活動とともに変化する支出額を表わしている．それは，消費者と投資を行う企業の双方の支出計画の集計量を示すことも可能だし，企業が適切な産出量を決定するさいに行う支出の推定値の集計量を示すことも可能である．現実の産出量および雇用の水準を決定する場合には，明らかに後者の概念が重要である[3]．消費計画および投資計画は，すでに生産されたはずの産出量が売却されるに至るときはじめて重要となる．その時点で売上高が期待通りでない場合には企業の推定値は修正され，次期の産出量に影響を与えるであろう．

　ケインズは，その推定値が算定される過程を詳細には論じなかった．企業がありそうな需要水準をいかに認識するかを明示する理論は，ほとんど存在しない．むしろケインズは，『一般理論』の消費および投資行動に関する諸章において，消費財および資本財の生産者たちが総需要の決定要因を推定するとみるよりはむしろ，消費者と投資を行う企業者がそれを計画するものとして議論を進めた．このやり方は，『一般理論』第1編の大部分（ただし第5章は例外である）で維持されている，次のような仮定の当然の帰結である．つまり，計画された総需要に関する企業の推定値は，本質的には正確であるとする仮定がそれである[4]．

　有効需要は総需要とは対照的に関数表ではない——つまりそれは，企業の生産決意によって「有効とされる」総需要に関して企業が予想する関数表の上の点である．それは企業が生産を決意する産出量であり，それは彼らの提示する価格で評価される．それは予想売上高価値である．有効需要というの

は，不適当な用語である．なぜなら，まさにそれはこれから供給される予定の産出量を示しているからである．一般に，それが需要もされるという保証はない．有効需要と通常の意味での需要との唯一の関係は，それが雇用を決定することによって家計所得を決定し，その結果家計の計画支出を示す関数上のどの点が市場において「有効となる」のかを確定するという事実にある．

上で示した区別があたかも十分微細でなかったかのように，「有効需要」という用語を「購買力によって裏打ちされうる需要」の意味に転換することで，文献の中に混乱が生じてきた．この意味は，通常「概念的需要」と呼ばれるものと対比される．これは「あなたが売りたい労働をすべて売ることができた場合にあなたが需要するであろうもの」——換言すれば，完全雇用の下での需要——を意味する．これらの用語は，総需要関数上の2つの点，すなわち，完全雇用 N_{FE} の下での需要に対応する「概念的需要」と Z との交点に対応する「有効需要」とを示している．このように有効需要を定義する場合に伴う困難は，それが『一般理論』の枠組の範囲内で，完全雇用解の可能性を完全に除外してしまうことである．すなわち，それはあらかじめ完全雇用以下に分析を限定してしまうわけである．

さらに，この使用法は企業の推定需要量と計画支出を示す曲線との間の区別をあいまいなものにしている．もし計画された総需要の推定値が（ケインズが仮定するように）正確であるならば，その場合には，われわれが有効供給の点と呼ぶ方がむしろいいと思われるものが有効支出ないしは有効需要の点であろうが，そうした正確な予測は一般的には期待すべくもない．そこで，われわれは有効需要とは，総需要関数の位置に関する企業の期待を所与として，全体的に見て企業が極大利潤を生むと確信する総産出額ないしは売上高と言うべきである．

この時点では，総供給曲線と総需要曲線の基礎を概略的に示すだけで十分であろう．それに付随する多くの詳細な説明，諸条件，および概念上の諸困難については，以下の2つの章まで待つことにしよう．

総供給関数

簡単に言って，総供給関数の形状は，各産業間で費用の特性と集中度が異なる限り，産業での産出物の構成内容と同様に，各生産費と独占度によって決定される．当面の目的から，次のような仮定を立てることにしよう．すなわち，(i)原子的企業，(ii)考慮さるべき唯一の可変的生産要素は労働である（その曲線は使用者費用を含まないことを想起されたい），そして(iii)産出物ならびに需要の構成内容は，全産出量 Q とともに変化しない[5]．その場合，Q はヒックス的複合財となる．

短期では，産出量は所与の資本ストックのもとで雇用される労働量に依存する．上で立てた仮定の下では，$Z(N)$ は次の集計的生産関数から導出される．すなわち，

$$Q = Q(N) \qquad (4.1)$$

総供給は，この関係と，利潤極大化をはかる企業は限界費用が価格に等しくなるまで産出量を拡大するという，定理とによって決定される．限界費用は，賃金を労働の物的限界生産物 (Q') で除したものであるから，次式が得られる．

$$w/Q' = P \qquad (4.2)$$

この方程式の両辺に Q を乗じると次式を得る．

$$(w/Q')Q = PQ = Z \qquad (4.3)$$

Z を N の陽関数で示すために，次のように書くことにしよう．

$$\frac{wA}{Q'}N = Z \qquad (4.4)$$

ここで，$A = Q/N$，すなわち労働の平均生産物である．

この点では，Z は賃金を一定として定義されると言う方が好都合である．その結果，関数 Z の集合，つまり各特定賃金 w_i に対して関数 Z_i が存在する．このような単純化の結果，任意の特定の Z_i の形状は，労働の平均生産物と限界生産物との関係 A/Q' によって決定されることとなる．

当面，われわれはケインズの収穫逓減の仮定にしたがうことにしよう．そ

の結果，労働の限界生産物は正であるが，一定割合，ないしは逓増的な割合で逓減している．すなわち，$Q'>0$, $Q''<0$, $Q'''\geqq 0$ である．生産関数がこれらの特性をもつ場合には，Q' の増加につれて，A と Q' の双方が逓減する．それゆえ，図 4.1 に示されるような形状をとるものとすれば，A は Q' より上にあって，Q' ほど急速には低下せず，N が増加するにつれて A/Q は上昇する．仮に収穫不変 ($A=Q'$) を仮定したとすれば，その関数は，賃金率によって与えられる傾きの直線になるであろう．

ミクロ経済学における同じ概念の取扱いとの若干の類似点と相違点とに注意されたい．そこでは，需要水準と限界費用の構成とを所与として，利潤極大化をもたらす産出量を決定することが慣例となっている．Z_i と同様限界費用曲線も，賃金を所与として定義される．ミクロ経済学では，労働需要に対する含意については言及されないまま放置されているのに対して，Z の場合には，P と Q の間の区分は黙示的である．企業理論上の諸概念と Z との関係は次章で詳しく検討されよう．

総 需 要

総需要関数について議論することは，2 つの理由で総供給関数より困難である．第 1 には，当該需要関数は企業の推定値を表わしており，ケインズであれ誰であれこの推定値がどのように算出されるかという問題に関してこれまでそれほど貢献してこなかったからである．ケインズの便法は，企業は正しい推定値を得るものと仮定することであった．この仮定によって，彼は期待形成の問題を無視することができた．なぜなら，総需要曲線は事実上，現実に支出している人々の支出計画によって決定されるからである．われわれは当面の目的に対しても同じ方法を取ることにしよう．この仮定を維持する限り，われわれはクレーゲル[6]が静学モデルと呼ぶところのものを扱っていることになる．

第 2 の困難は，特定化に伴う問題である．企業は貨幣利潤を求めているために総供給関数は貨幣タームで導出することが適切である．しかし，それが

総需要となる場合には，支出目的は貨幣を支出することではなくて，現実の満足を生み出す財を獲得することである．これは消費者の計画が，実質タームで示せば適切に明示されることを意味する．すなわち，実質消費および財で示した彼らの貨幣所得の等価物がそれである．企業家もまた，現実の生産設備を欲している．これは，総需要の行動の基礎が，総供給を明示するために使用されるものとは異なる単位で明示されることが適切であることを意味する．

次の問題は克服されていない．すなわち，行動関数は機械的な方法で他の測定単位に移し替えることができるが，第1にそれは，それに関連するタームで正確に明示されなければならないという問題である．すぐ後で見るように，「実質ターム」で明示する必要性が，ケインズの賃金単位という装置を生みだしたのである．

総需要関数は，これまで採用されてきた集計の体系によって決定される，2つの主要な構成要素，すなわち消費財需要と投資財需要との合計である．総需要は直接雇用水準とともに変化するとする仮説は別に驚くべきものではない．

この仮説を正当化するのは，主として雇用の変動に対する消費支出の反応である．投資もまた現行の経済活動水準とその結果としての現行雇用水準とともに変動するという命題はある程度支持をえてきたけれども[7]，投資の目的が将来の需要を満足させることであるという点に変わりがないとすれば，投資は主として将来の期待需要と現行利子率とに感応的であるとするケインズの代替的見解の方がずっと受け入れやすい．仮に投資が現行活動水準および雇用の関数ではなく，また利子率が分析から除外されるならば（第Ⅲ部まではそうであるように），その場合には，先に述べた長期期待一定の仮定は，当面の目的にとって投資が外生的であることを意味する．かくして，需要と雇用との間の関係がもつ性質は消費需要によって決定される．

仮説上は，消費の「真の」決定要因は，実質所得である．しかし総供給と比較しうるためには，いずれか一方の関数が実質タームから貨幣タームない

第4章 産出量と雇用の理論

しはその逆に表現を変える必要があるばかりか，消費が所得ではなくて雇用と関係づけられる必要がある．(再び図4.1を参照されたい．)

実質所得は財で表示された測定値である．つまり，それは所得で購入できる財を表わしている．したがって，それは貨幣と財の交換比率である価格水準で貨幣所得を割ることによって，貨幣所得から導出される．同様にして，実質所得は，労働と財との交換比率である実質賃金を使用することによって，労働時間で測定することができる．それゆえ，実質賃金が相対的に安定しているならば，雇用の変動は実質所得の変動の十分な代替物であることが認識されうるであろう．たとえ実質賃金の絶対的可変性が小さくないとしても，このことは妥当する．それが雇用の可変性と比較して小さければそれで十分である．

このような仮定は，実質所得の代理として雇用を使用するという問題を解決してくれるであろうし，また1930年代の不況状態の下では，雇用が所得におけるもっとも可変的な要素であるという仮定は容認しうるものである．しかしながら，賃金ないし物価が大幅に変動する時期には，その仮定は役立たないであろう．またいずれの場合にも，これが正当だからといって，それが従属変数である Z と D の間の単位の整合性という問題を解決してくれるわけではない．問題全体にみられるケインズの方法は，すべての変数を「賃金単位」と呼ばれる測定単位で表現し直すことであり，ケインズが賃金単位と呼びたいと考えたにもかかわらず，それは各経済量を労働のタームで測定することになる．つまり，それは実際上一種の「労働単位」なのである．

賃金単位：上記の方程式(4.1)から(4.4)において，労働は暗黙のうちに同質的と仮定された．この仮定の下では，貨幣所得はただ賃金で割りさえすれば労働(時間)によって測定することができた(それもまた同質的である)．しかしながら，実際には労働は同質ではなく，賃金は技能が違うために異なるのである．

異質な労働の場合，たとえば1単位の賃金で10時間の不熟練労働を雇用

することに基づく所得の増加（ΔY）（貨幣所得は10だけ増加する）と2単位の賃金で10単位の熟練労働を雇用することに基づく所得の増加（貨幣所得は20だけ増加する）とを比較してみよう．wで割って労働単位に換算すると，各々の場合ΔYは労働単位のタームで10と表わされる．雇用される労働力全体では，平均賃金は変化してしまっているであろう．

　代替的方法，つまりケインズが採った代替的方法は，不熟練労働の賃金とその労働時間数とを基本単位として採用することである．これらを平均賃金と現実の労働時間とから区別するために，それらをそれぞれ$\hat{w}$と$\hat{N}$で示すことにしよう．（『一般理論』を読む場合，ケインズはわれわれが$\hat{N}$で示すものを意味するためにNを使うことに注意されたい．）

　これらの単位は，労働を同質の尺度に変換するために役立つ．つまりその賃金が不熟練労働者の2倍である熟練労働者1時間の労働は，2労働単位と計算され，それに対して，彼は2賃金単位支払われる．これらの単位でみると，上で提起された問題は，これと似ているようにみえるであろう．不熟練労働10時間を雇用することから生じる貨幣所得の増加は，「賃金単位」（すなわち$\hat{N}$の単位）で10の増加である．熟練労働を10時間雇用することに基づく貨幣所得の増加は「賃金単位」で測った所得と貨幣所得とを20単位だけ増加させる．「賃金単位」は1のところで不変である．現実の平均賃金の変化は計算に入れない．

　賃金単位は，異なる職業への各賃金率間の相対的関係がかなり安定している（ケインズの観察ではそうであった）ことを条件とする限り満足すべき尺度である．その上，基本賃金の変動は一般的に賃金変化の合理的な尺度であり，賃金が変動したからといって異なるタイプの労働に付けられる相対的ウエイトがくつがえされるわけではない．

　「実質」経済量の代理として賃金単位を使用することによって，これらの単位で測定される関数をシフトさせることなく，一般賃金水準の変動が可能となる．もっぱら賃金単位（基本賃金）の上昇によってのみ引き起こされる貨幣所得の上昇を考察しよう．雇用は変化していないのだから，「賃金単位

で測定された所得」(すなわち,これらの特別に定義された労働単位で測定された所得)もまた変化しない．その結果,その大きさは貨幣賃金の変動から独立しており,それはわれわれが好むものといえる．これは,ケインズ理論の説明上ときとしてきわめて便利なものである．

賃金単位で測った消費：仮定された消費行動を表わす関数は,「実質」経済量の近似値として,(あらゆるところで下付きの w によって示される) 賃金単位で完全に明示される．すなわち,

$$C_w = \chi(Y_w) \tag{4.5}$$

この定式化は,少なくとも賃金の変化が家計の側の貨幣錯覚を引き起こすという暗示を十分避けるだけの「実質的」なものであり,またそれは前章で議論した異質的産出量の単位で測ることによって生み出される困難をも除去してくれる．

方程式(4.5)は消費性向であり,(ほとんど)すべての学生が知っている通り,限界消費性向 $C'_w(Y_w)$ は,0と1の間の値をとると主張されている．

方程式(4.5)は,ほんのわずかな条件をつけるだけで消費を雇用に関連づけるために使用することが可能な方程式である．つまり,Y_w は労働単位で示されるが,さまざまな種類の産出物に対する労働投入必要量が繰り返し規則的に変化する限り,Y_w は一義的に雇用量と関連づけるわけにはいかないであろう（たとえば,仮に資本財産業の拡大が消費財産業より労働集約的であり,また新投資のために所得が拡大するとすれば,雇用の増加分は Y_w を過大に表わすことになろう）．

賃金単位での総供給：$C_w(Y_w)$ による「実質」消費関数の近似化は不完全ではあっても,理解することは困難ではない．しかしながら,賃金単位での総供給の定式化には,若干の概念上の困難が生じている．この関数の解釈に関しては相当数の文献が今日存在する[8]．本質的な問題は,企業の理論が貨幣タームで構成されるという事実から発する．なぜなら,企業の目的は貨幣

利潤の追求だからである．それを $\hat{N}$, つまり不熟練労働の単位を用いて考察し直すことが必要である．

賃金単位で示した総供給 Z_w（それは実際には，不熟練労働単位で示されるが）は $Z/\hat{w}$ である．その諸特性を考察する前に，均一賃金 w で Z を割った結果に注目されたい．それは同質的労働のケースに適用されるものである．このことから $(A/Q')N$ が出てくるであろう．Z/w（これを Z_w と区別されたい！）の傾きは，A と Q' との関係に依存するが，貨幣タームでみた Z に関しては，貨幣タームでみた Z とは違うが，Z_w は賃金の変化とともにシフトしない．

さて，Z を，各種の労働が賃金としてその限界価値生産物を得るという命題と結びついた，標準労働 $\hat{N}$ で示される関数に転換することが何を意味するのかを考察しよう．熟練労働と不熟練労働との雇用の増加の結果を比較することから始めよう．熟練労働には不熟練労働の 3 倍の賃金が支払われるものと仮定しよう．もし 1 人の追加熟練労働者が雇用されるとすれば，労働単位 $\hat{N}$ でみた雇用は 1 ではなく 3 だけ増加するのに対して，賃金単位 $\hat{w}$, すなわち不熟練労働者の賃金は不変である．

仮にすべての人が自分の限界価値生産物を支払われるとすれば，どんな種類の労働についても雇用の増加は産出物価値の同等の増加，すなわち $\Delta\hat{N} = \Delta PQ$ をもたらすであろう．同様の論争を引き起こしてきた脚注（G.T., p. 55〔邦訳, 51 ページ〕）の中でケインズが述べているように，これは Z_w の傾きが 1 であることを意味する[9]．

いずれにせよ，この結果は（下方に）凸型の Z ないしは Z/w と矛盾しない．しかしながら，$Z_w(\hat{N})$ を企業の理論に結びつけることは困難である[10]．なぜなら，可変的投入物は，あらゆる興味ある問題を回避してしまう「能率単位」——すなわち，結果として生まれる産出物——で定義されるからである．

Z_w と D_w との関係

　賃金単位に関する議論は，延々と行われ，またやや曲解されてもきているが，それは必要なことであった．いまや，われわれはすべてこれが先導してきた問題，すなわち Z_w の傾きと D_w の傾きとの関係にまで進んできた．このことからわれわれがほんとうに知りたいと思う，Z と D の両者の傾きの間の関係が生まれてくるであろう．

　Z_w の傾きは 1 である．D_w の傾きは（賃金単位でみた）消費関数 $C_w(Y_w)$ の傾き，すなわち限界消費性向に依存しており，1 より小さい．それゆえ，D_w は上から Z_w を切る．すぐ後でみるように，この結果はケインズの議論全体にとって決定的に重要である．

　$C_w(Y_w)$ の傾きは，たとえ N と Y_w が近似した変動を示すとしても，貨幣タームでみた関数である $C(N)$ の傾きについては，ほとんど何も暗示していない．この 2 つの関数の間の相違は物価に依存している．雇用が増加するにつれて，物価は上昇し，したがって貨幣タームで表わした消費は，物価上昇が予想される場合には，実質タームでみた消費より急速に増加するであろう．かくして，$C(N)$——したがってまた $D(N)$——の傾きは，$C_w(Y_w)$ のそれより大きいであろう．それは 1 を超えもするし，また 2 次導関数は正となることもありえよう．これは，それが賃金単位でみた関数に関連をもつために，1 より小という限界消費性向の基本的仮定に反することは決してないであろう．そこでは従属変数と独立変数は同一単位で測定されている．しかしながら，その賃金単位分析から，その傾きは，$Z(N)$ の傾きである WA/Q' より小さくなければならないことがわかる[11]．

セイの法則

　D が Z を上から切らなければならないという帰結は重要である．というのは，それは利益を生む産出量の拡大には限度があることを示すとともに，

セイの法則に対するケインズの反論の第1段階の基礎をも成すものだからである．セイの法則に関しては多くの説明[12]や解釈[13]があるが，そのもっとも単純な考え方は次のようなものであった．すなわち，所得を生みだすことで，生産は，同時に購買力をも創出し，そして勤労意欲は消費欲によって動機づけられるため，どれだけの産出量の販売にも障害は存在しえず，したがって，活力さえ衰退しなければ，失業が生まれる理由などは存在しない，というものである．短期的な過渡期を除けば，一般的過剰生産ないし過少生産は，たとえありえないものではないとしても説明のつかないものであった[14]．

もしセイの法則が妥当するならば，完全雇用への障害は何もない．つまり過剰労働力が吸収されるまで産出量を増加させることができるのである．なぜなら，追加的産出量への市場は，まさにその生産によって稼得される所得によって創出されるからである．産出量は多かろうと少なかろうと，それに対する需要はつねにその供給に等しいという意味で，つねに「正当な」産出量水準であった．このような状況においては，均衡産出量は不確定である．その体系は「中立的均衡」体系であり，そこでは一方の活動水準は他方のそれと同様望ましいもの——換言すれば有益——である．

ケインズはセイの法則に関するこの説明の因って立つ仮定が現実の行動とは一致しないと主張した．つまり，労働者たちが追加的労働による収入をすべて支出するとみなすことはできず，したがって総供給関数と総需要関数の交点によって与えられる産出量の有利な拡大には限界があるというわけである．完全雇用が達成された後にはじめてこの限界に到達するという理由は存在しないと，彼は主張した．まだ失業が存在する間に，その限界に達してしまうことは，同様にありうることであった．

いまや総需要の悲観的な予測によって一時的失業が生み出されうるであろうことは容易に理解できる．だが，不正確な予想は結局矯正され，完全雇用が回復すると信じられていた．実際ケインズがはじめの諸章で，企業の総需要についての予測はだいたい正しいという仮定を採用したのは，この方向での推論からその議論をまさに転換させるという目的によるものであった[15]．

ケインズはたとえ需要が正確に見積られた時でさえ，完全雇用以下で利益を生む産出量の拡大には限界がありうることを論証したいと考えていた．ケインズにとっては，まさにここに消費関数の重要性があるのである．なぜなら，この論証の第1段階は消費者行動の「基本的心理法則」に依存しているからである．つまり，それは限界消費性向が1より小さいということである．限界消費性向が1より小さいということで，セイの法則の単純な説明は決定的に論駁されるのである．

　セイの法則に完全に反駁するには，貯蓄と投資の潜在的不均等性が立証されなければならなかった．それをケインズは後回しにしており，われわれも限界消費性向の意義と，期待は達成されるという仮定とを強調するために，彼のやり方にしたがうことにしよう．

非自発的失業
　有効需要の原理について理解されるべき第2の重要な点は，それが非自発的失業の概念に意味を与えることである——その意味は当時の支配的な理論が否定したものである．彼らの考えをセイの法則に基づかせることで，「古典派」には，総産出量の構成内容の変化によって引き起こされる一時的混乱以上の意味をもつ非自発的失業の概念を受け入れる余地はなかった．彼らは，経済理論家として新たな仕事を見出すには時間がかかることを認める用意はあっても，産出量水準が完全雇用を維持するのに低すぎる水準にとどまり続けることがありうることを認める用意などはなかった．『一般理論』が出版されるまでの10年間に深刻化していた失業を救済する政策を提案するにあたって，新古典派的分析の支持者たちは，現実を意識した政策的処方箋を通してそのことを明確にした．失業の救済方法に関する彼らの多くの提案は，失業はひとりでに解消するであろう——少なくとも許容しうる期間中に——という観念とは一致しないものであった．しかし，彼らの理論は，戦間期のイギリスにおける，彼らを取りまく現実を説明することも，またたとえば政府支出のように，多くの人々が提唱していた政策に対する理論的根拠を提供

図 4.2

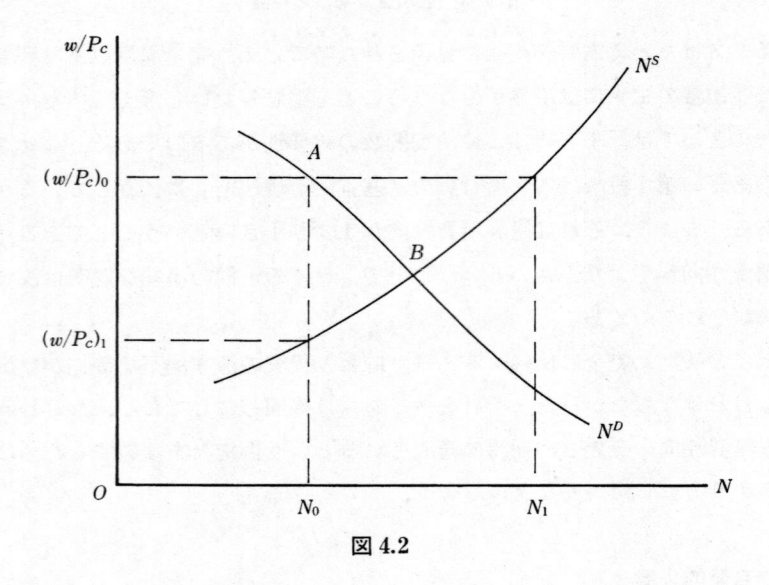

することもできなかった．ケインズを動機づけたのは，このように適切な理論的基礎が欠如していたからであった．その第 1 段階は，非自発的失業の可能性を主張することであった．

ケインズの非自発的失業の定義は次の通りである．

> 賃金財の価格が貨幣賃金に比してわずかに上昇した場合に，現行の貨幣賃金で働こうと欲する総労働供給と，その賃金における総労働需要とがともに，現在の雇用量よりも大であるならば，人々は非自発的に失業しているのである． (*G.T.*, p. 15〔邦訳，15-6 ページ〕)

この定義は，実質賃金に関して労働の需要と供給の観点から述べられており，それはただちに図 4.2 を想起させる．その図を最初にみると，この定義は次のように逆説的なものにみえる．すなわち需要と供給がともに上昇するのはどのようにしてであろうか．しかし，それが関連をもつのは需要量と供給量に対してであり，関数表にではない．仮に雇用が労働需要曲線上の点にあって，供給曲線上にではないとすれば，それらの諸条件は充足されるのである．

たとえば，図 4.2 の A 点を考えてみよう．それは有効需要によって決定

される雇用水準を示す．(あらゆる要素が存在し，われわれは後にそれらにそれとなく言及するが，図4.1をこの図に移し替えることは図表上は不可能である．)この図で，N^DとN^Sは労働の需要曲線と供給曲線であり，wは「それに対応する」貨幣賃金であり，またP_cは「それに対応する」賃金財ないし消費財の価格である．

　労働供給曲線は，各実質賃金の下で進んで供給される最大の労働量を示すものであることを理解することが主たる狙いである[16]．N^Sの左側では，たとえ彼らがさらに多くの雇用を選好するとしても，働く意欲のある労働者はつねに存在する．したがって，現行の貨幣賃金が一定のままで，賃金財価格が上昇すると結果として実質賃金の低下を招くが，A点で得られる実質賃金$(w/P_c)_0$の下で進んで働く労働者は，$(w/P_c)_1$を上回るいかなる実質賃金の下でもいぜん進んで働くであろう．$(w/P_c)_0$から，$(w/P_c)_1$を上回るいかなる賃金への実質賃金の下落もすべて，現実雇用量N_0より大きな労働供給と矛盾するものではない．ただし，もちろん進んで供給される最大の労働量は，$(w/P_c)_0$の賃金の下で利用可能な最大量N_1と対比すれば減少しているであろうが．もし現行貨幣賃金の下で，賃金財の価格が上昇するならば，企業の労働需要は増加することを容認することは困難なことではない．産出量に対する需要増加の証拠である，P_cの上昇は利益を生む産出量の拡大に付随するものとして，収穫逓減が引き起こす費用の増加を企業が償うことを可能にしてくれる．

　こうして，われわれはA点が非自発的失業の点であることを立証した．つまり，それは定義を満足させている．たとえばB点は定義を満足させないであろう．なぜなら，もしP_cが上昇すれば需要量は増加するであろうが，供給量は増加しないからである．B点は完全雇用，つまり，働きたい人はだれでもそれに見合う賃金で職に就くことができる点である．

　いまや，有効需要の点は，企業がそれを支払うことを予想するとともに労働者もそれに基づいて雇用の提供を行う，その賃金の下で進んで働こうとするすべての人を雇用するのに十分な産出量を示すものだと期待すべき理由は

ない．有効需要は，図 4.2 において労働需要を実質賃金に関連づける関数表上にあって，企業がその点で操業することを選択する，そのような点を決定する．有効需要の決定はまた，産出物市場を清算することが期待される，一義的な利潤極大化価格の存在を示す．したがって，もし労働の需要と供給が貨幣賃金によって定義されるならば，有効需要は，その空間にあって，各々所与の価格水準の下で定義される労働需要曲線群のうちの，どれが関連をもつのかを決定するとともに同曲線上の操業点をも決定する．

後の議論を予知するために，次のようなやや当然の仮定を置くことにしよう．すなわち，判断を逆転させるものがない限り，企業は今日の賃金は昨日のそれとほぼ同じであると期待するものとする，というのがそれである．現行賃金の下で，企業が提供したいと考える雇用量が，進んで供給される最大量 N^s を上回らない限り，この分析は何ら問題を生じない．N^s 上の点には完全雇用が存在し，仮にその有効需要水準が完全雇用を達成する需要に満たないことを示すとすれば，現実には需要される量だけ雇用されるにすぎないであろう——企業にとっては雇用したくない労働を雇用すべき誘因は存在しないからである[17]．

失業均衡

上述のことは，有効需要の原理と失業とが両立することを示している．しかし，ケインズの目的は，単に非自発的失業の可能性ばかりか，それが持続する状況が存在することをも論証することであった．この結論を導出する理論へのヒントは次の文節の中に示されている．

> ……雇用の減少は，労働者がより多くの賃金財と価値において等しい賃金を受け取ることと必ず結びついているけれども，労働者がより多くの賃金財を要求することから必ずしも生ずるものではない……
>
> （$G.T.$, p. 18〔邦訳，18 ページ〕）

上記叙述の背後にある論理に関する十分な議論は第 7 章で提示されるが，

第4章 産出量と雇用の理論

ここではその議論の概略だけを示しておこう．

ケインズがそれとなく言及しているように，家計部門が比較的無力感を覚えるのは，失業が支配する状況，団体交渉の欠如およびその結果生じる生産経済では当然なされる必要のある意思決定の性質から生じる．全般的な失業の時期には，企業が近い過去に観察したことのある賃金の下で欲するだけの労働を獲得できるものと期待するのは合理的である．労働供給曲線は，任意の所与の賃金の下で入手可能な最大の労働量を示す——つまり，曲線の左側では，労働はつねに入手可能である．したがって，より多くの労働を獲得するために賃金を引き上げる必要はない．ケインズが仮定した団体交渉の欠如は，たとえ賃金と雇用の組合せが家計の好みに合わないまでも，家計は修正の申込みをする立場にはないことを意味している．労働者たちはむしろ定価販売店の買い手の立場にある．賃金は企業によって決定され，雇用を提供される人たちは，それを受け入れるか，それともそれをよすかどちらでもかまわない．事実，個々の労働者は，彼がすでにいくつかの職業の選択権を持っていなければ，現行賃金を下回る賃金で労働を提供すべき誘因をもたない．さらに，独立して行動する労働者には全体の雇用水準に対する彼らの個人的行動のもつ意味と，したがって彼ら自身の見通しとを評価する方法はない．

制度的理由から，企業が賃金を引き下げることも困難である．企業は超過労働供給に気づき，そしてこのことが，労働者がもっと低い賃金でも働く意志があることを示すとしても，同一の仕事には同一賃金を支払うという確立した慣習によって，企業は現在の従業員に支払うより低い賃金で新たな労働者を雇用するわけにはいかない．また，企業の全従業員に賃金の切り下げを受け入れさせることはきわめて困難な交渉である．代替案——つまりその企業に現在いる従業員を解雇し，新たに雇用するという案——が考えられることはわかっているが，それは賃金を切り下げるために最終的に試みるべきかなり高価な方法である．そしてもし多数の企業が貨幣賃金の引き下げに成功するならば，これは意図したこととはおそらく逆の結果を生むことになるであろう．この説明部分は（いま展開した論点を推敲するために）後ほどまた

出てこよう．この時点で強調しておくべきことは，賃金切り下げは分権化された意思決定単位として行動する企業および労働者の双方にとって困難なことだということである．

意思決定は順次行われるという性質もまた労働者に不利に作用する．なぜなら，もし活動水準がそれを保証するならば，労働者はより高い貨幣賃金を要求できるけれども，賃金交渉が妥結してから，結果的に企業が物価を引き上げないという保証はないからである．そして，労働者がその消費のために支払わねばならないのはこれらの物価なのである．たとえ順調な時でさえ，労働者は実質賃金の上昇を強く主張することはできない．また企業が楽観的な見通しをもたない時に労働者が貨幣賃金の引き上げを強く要求するならば，結果として失業が生じるであろう．不況と結びついた物価の下落は実質賃金を引き上げるであろうが，それは企業者の価格形成決意の結果上昇するのであって，労働者たちが引き続き雇用されるほど幸運な人々に対して実質所得の改善を要求したためではない．

これらの要因が一体となって，労働者がそのために働く貨幣賃金を決定する十分な力をもつことを困難にすると同時に，彼らが企業の期待と調和する実質賃金への実行可能な要求を企業者に提出することをも不可能ならしめる．仮に失業が存在し，しかも全体の期待が全体的な物価安定を期待するものであれば，1930年代の場合のように，近い将来の物価下落とともに，たとえ実質賃金の下落が暗示されようとも，企業は「昨日」の賃金で企業が獲得したいと考える労働量を得ることができると期待するし，またそれが可能であろう．仮にさらに企業が総需要を正確に推定しているとすれば（そして有効需要の近傍で推定しさえすればよいのであれば），総体的にみて企業の売上期待もまた充足されるであろう．したがって，有効需要の点では，集計レベルにおける，生産計画に関する企業の期待はすべて充足されるために，生産と雇用の均衡が存在する．雇用水準が十分であるか否かは重要なことではない．

図4.1によれば，現実の需要はE点で有効需要に等しくなるであろう．

第4章 産出量と雇用の理論

　事実上 Z に含まれる賃金を所与とすれば，完全雇用の下では需要は，たとえば C 点となったであろう．需要水準は E 点におけるより高かったとしても，それは働きたいと思う人たちをすべて雇用する費用を十分償うだけの高さではなかったであろう．企業は労働を N^* だけ需要し，そしてその雇用水準によって生みだされる所得水準の下では，需要は E 点に減少する．その結果，企業の期待は充足される．そのため，企業が生産計画を修正したり，雇用を増大させるべき理由はない．経済は過少雇用均衡にあり，そしてそれは誤りではない．

　これはケインズが1930年代初期のイギリス経済に認めた状況であった．ほぼ10年間にわたって，雇用と産出量は減少していた．『一般理論』が出版された時までに，経済は行き詰まってしまっていた．自動的な改善の見込みはほとんどなかった．低雇用は低所得を意味し，低所得は低需要を意味し，そして低需要は雇用の増加をほとんど促進しなかった．

　経済理論の全文献に対比して見た場合，失業均衡は若干奇妙な概念である．なぜなら，失業均衡を引き起こす具体的なメカニズムなどは存在しないからである．失業均衡はまさに総供給の近傍における企業の総需要の大ざっぱな推定に依存しており，その結果企業の売上げおよび労働雇用の期待は達成される．しかし，ケインズは，企業が総需要の見積りをするに至る過程に関する理論は提供していない．このような理論の必要性は，企業の推定値は正確であるという——先に示したように，セイの法則への反駁の中で，消費の法則の重要性を強調するために採用された——ケインズの仮定によって除外されている．その推定値が正確でないことが判明する場合の，それら推定値の調整の力学に関する詳細な議論もまた存在しない．確かに調整が行われるであろうという事実についての言及が存在するにすぎない（$G.T.$, pp. 47-8〔邦訳，48-9ページ〕）．

　結果論でいえば，ケインズの分析のこれら主眼点は，あまり彼の役には立たなかったようにみえるであろう．第1に，それら主眼点は総需要と有効需要との間の混乱を大きくすることに貢献した．なぜなら，後者〔有効需要〕

はつねに総需要関数上の点，すなわち有効な点であり，そしてもちろん同関数の変動はその点に取って代わるであろうから．総供給関数の移動も同様であろうが，2つの「需要」という用語の類似性からそれらを相互に交換して使用することも可能である．そこで，失業は総需要によって決定されることが理解されるに至ったのである．供給の役割は忘れ去られてしまった．その結果，政策的アドバイスへのダメージは大きくなってしまった．総需要に向けられた政策は，供給条件には多くの考慮を払わなくても，あるいは異なる時点で，企業の期待に与える異なる効果を斟酌しないでも，有効需要に直接効果をもつことが期待されたのである．

第2に，概念としての過少雇用均衡は新古典派的思考様式にとっては脅威であり，そのためそれはほぼ例外なく誤ったものとして捨象されてきた．ケインズの体系には，経済を上記の点にまで推し進めるものが存在しないことは疑問の余地がない．われわれはすでに調整に対する考慮が不十分なことに言及してきた．過少雇用均衡を生みだす状況は，ほとんど偶然に発生するものであろう．そこで必要なことといえば，産出量に対する予想需要が低下するか，あるいは労働者が最初に強い購買欲求の増加を示すことなく，現行賃金の下で労働をもっと熱心に受容するようになること（N^sの右方へのシフト）である．その場合，昨日の賃金が支配するであろうとの期待は正当化され，そして総需要が多かれ少なかれ正しく推定される限り，過少雇用均衡が支配する．完全雇用均衡は偶然にすぎなくなるであろう．

過少雇用均衡は集計概念であるため，それが厳密に充足されると信ずるわけにはいかない．つまり，それに関連をもつ総需要上の点に正確に到達する確率はゼロとそれほど変わらないに相違ない．一部の企業はつねに不意をつかれるであろう．関連性よりも純粋性の方に関心をもち，近似値では受け入れられない理論家たちは，それゆえ次のように主張することであろう．すなわち，調整をもたらすある力はそれがいかに弱いとはいえ，つねに存在するにちがいなく，彼らの見るところ，需要の推定値が誤っている場合に調整される動学的学習過程をケインズは提供していないため，彼らの目にはケイン

第4章　産出量と雇用の理論

ズは理論家としての資格を欠いている，と．これらすべての反論の中では，所与の期待の状態の下で限界消費性向が利益を生む産出量に制限を加えるという，中心的な論点が見失われてしまっている．

過少雇用不均衡と調整

　進行中の経済には，いかにして企業が新規需要を推定するかについての理論を構築する上で基本となる論点は確かにほとんど存在しない．しかし，不均衡状態にある体系の動きに関する一般的な議論は（大不況のような特殊な状況に対比して）有益である．なぜなら，少なくともそのことによって，ケインズは失業状態のすべてが失業均衡の状態であると主張したのだという，あらゆる想像上の信念（私が思うに，それはかなり広く行き渡っている）から新古典派の人たちを解放してくれるからである．失業均衡の存在は，結局失業不均衡の存在を排除するものではないのである．

　不均衡がはっきりと現われるのは，期首に決定されるか，予想された販売価格の下で見積られた現実産出量（つまり有効需要）が現実の総需要を超過するか，下回ることが判明する時である．後者の可能性を検討するために，何らかの理由で総需要は上方へシフトしたが，一方企業の方はいぜん「前期」の需要水準で操業しているものと仮定しよう．したがって，有効需要 A は，図4.3の総需要 D^e の全般的な過少推定値に基礎を置いている．Z_0 は w_0 の賃金を基礎にしている．さしあたり，需要は雇用水準の変化によって引き起こされる所得再分配の実質的影響を受けないものと仮定しよう．完全雇用の点は，有効需要の点 A の右側のどこかにある．

　計画した産出量が市場に登場するとき，企業は需要が AC 量だけ供給を超過することに気づくであろう．以前の生産約束額に支配される期間内では，この事態に対して3つの反応が考えられる．すなわち，潜在的買い手が失望する場合，在庫が枯渇する場合，あるいは物価が上昇する場合，がそれである．実際上，これらの反応のすべてが幾分かずつ発生するものと思われる[18]．

　不正確な期待に対するこれらの調整は，生産期間の最後に発生する．これ

図 4.3

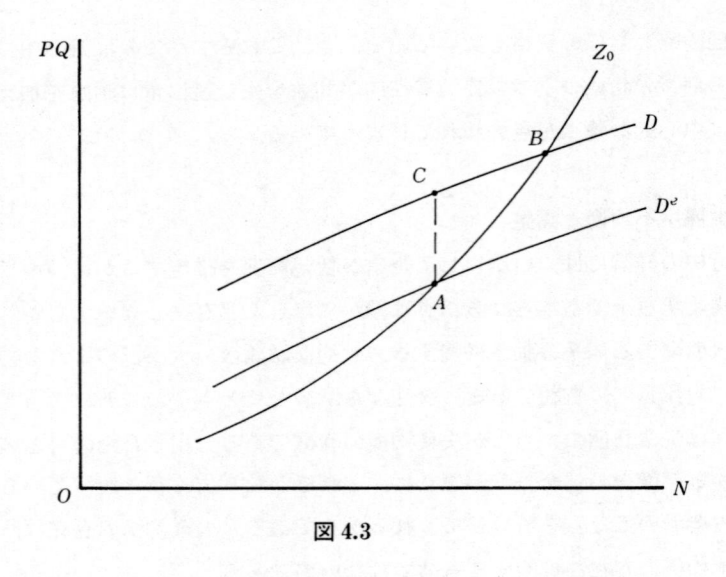

らの反応のいずれもが，D^e を上方へと導くべきシグナルの役割を果たすことは明白である[19]．体系はより十分な雇用に向かって移動し，B 点で停止するであろう[20]．完全雇用が達成されるか否かは，B 点における（w_0 を所与とすると）労働供給曲線の位置に依存している．もし完全雇用が B 点の右側にあるならば，それは実現不可能である．過少雇用均衡は完全な調整過程によって達成される．もし完全雇用が B 点の左側にあるならば，賃金は均衡に達する以前に上昇しはじめるであろう．第 7 章で論証されるように，賃金の変動はこの分析を非常に困難にする．w_0 よりも高い賃金の下では，均衡はおそらく図 4.1 の N_f の左側に位置するであろう．（価格の変化もまた，われわれが本章で無視してきた分析上の諸困難を生み出す．）

この調整過程は下方でも作用するであろう．仮に何らかの理由で，消費者が貯蓄を増加しようと決意するならば，その結果総需要曲線は下方にシフトし，企業が期待をそれに適応させるとき産出量および雇用（それに物価も）の減少を招く売上高の低下に企業は気づく．この下方への調整は，有効需要の点が新たな総需要関数と一致するまで行われる．安定均衡への収斂過程で

はあっても，それはより多くの金額を貯蓄しようとする企図をくじいてしまうという不幸な結果を生む．なぜなら，貯蓄関数表は上方にシフトしていても，消費者自身はその新たな関数表上のさらに左側にいることに気づき，そこでは貯蓄水準が低下してしまっているからである．この現象は節約のパラドックスとして知られる．なぜなら，より高い貯蓄水準を達成する試みは自滅的だからである．

貯蓄関数が下方にある場合には，上で記述した過程は完全雇用の状態から出発することができるであろう．そこでは貯蓄計画の変化は完全雇用不均衡の状態を生みだす——それでもやはり，それはきわめて現実的可能性をもつ，もう1つの「名辞矛盾」ではあるが．不均衡は，過少雇用均衡への調整過程によって解決される．

事実，完全雇用均衡の位置は，最初にみた失業均衡の例（それは調整を経るのではなくて直接達成された）とちょうど同じように偶然の産物にすぎないであろう．完全雇用均衡には，総需要（および企業家によるその推定値）がちょうど雇用の最大水準のところで総供給と交差する必要があり，それらを労働者は企業家が期待する賃金の下で受け入れ，そしてそれと関連する総供給曲線がそれに対して定義されるのである．

同じ問題をテキスト風に表現するなら次のようになる．すなわち，完全雇用の下での望ましい貯蓄額が等量（期待）の投資額と釣り合うことはありそうもない．このような視点の置き方は，所得決定の供給サイドを不明瞭にしてしまうが，それによって均衡の付随的性質は浮き彫りになる．なぜなら，消費と所得の間の支出ギャップを投資によって充足させるような関係は存在しないからである．しかしながら，このことは人が完全雇用について語っていようと過少雇用均衡について語っていようと，等しく妥当する．

ケインズの見解では，完全雇用に対する長期的展望は，短期的展望ほど楽観的ではない．長期均衡ないし「完全」均衡の特徴は，資本ストックの安定性にある．したがって，完全均衡の下では，投資はちょうど更新部分に相当する．それゆえ，均衡産出量水準は純貯蓄を誘発しない水準といえる．ケイ

ンズは，失業（とその結果としての低所得）が貯蓄を抑制しなかったら，これら2つの条件が一致することはありそうもないことだと感じていた．彼は次のように述べている．

> 二者択一的な唯一の均衡状態は，次のようなものである．……資本ストックは……将来に備えようとする公衆の欲求の全体を完全に飽和するほど大きな富の量を示しており，そこでは完全雇用さえ実現されて〔いる．〕……しかし，……〔それは〕起こりそうにない一致であろう．
> (*G.T.*, p. 218〔邦訳，216ページ〕)

しかし，それでは話が先に進みすぎることになろう．

注
1) 「自分の生産規模について実際上決意しなければならない企業者は，もちろん，一定の産出量の売上金額がどれだけになるかについて，単一の疑いのない期待を抱くのではなく，確率と確定性の程度を異にするいくつかの仮設的な期待を抱いている．したがって，企業者が決意をする場合には，一束の漠然とした多様な可能性が現実に彼の期待の状態を構成しているが，私が企業の売上金額の期待というときには，それが確実性をもって抱かれたさいに，上述の多様な可能性がもたらすのと同じ行動をもたらすような売上金額の期待を意味するのである」(*G.T.*, p. 25, n. 1〔邦訳，26ページ，注1〕)．
2) これらは，*G.T.*, p. 24, n. 3〔邦訳，25ページ，注3〕で概説されている．
3) 「有効需要へのそれらの影響のなかで，事前の決意は，もっぱら企業者の決意に関係するにすぎない」(ケインズの1937年の講義に注目されたい．*C.W.*, XIV, pp. 182-3. 強調部分はケインズによるもの)．
4) クレーゲル (Kregel, 1976) はこの点を強調している．ケインズがそれをもっと重視しなかったのは残念である．
5) これはもっとも極端なやり方であり，われわれがここで直面する複雑さによってしか正当化されない．それは後ほど放棄されねばならない．
6) 第2章を見られたい．
7) 主たる議論は，投資が少なくとも一部分は経常利潤から融資され，そして利潤は経常活動水準と正の相関をなして変動することである．
8) 当面の目的にとって重要な論文は，パティンキン (Patinkin, 1979)，カサロ

第4章　産出量と雇用の理論

サ (Casarosa, 1981)，ターシス (Tarshis, 1979) およびトール (Torr, 1982) によるものである．

9)　ケインズはその脚注において，彼が貨幣タームでみた総供給を $\hat{N}$ の関数と考える総供給関数の傾きは，貨幣賃金の逆数であると述べている．パティンキン (Patinkin, 1976, p. 88, n. 8) は，一般の期待通り，その指示するものが $\hat{N}$ 軸の代わりに Z 軸でなければならないことを指摘した．さらに，「その賃金」は「賃金単位」と解釈されるべきである．学生諸君には，この脚注の問題全体は依然として未解決な問題であるが，当面の目的からみればひどく重要な問題だというわけではないことを忠告しておきたい．

10)　この困難が，近年の一連の諸論文で提起された問題を発生させてきたのであり，注8で引用された諸論文はその一部である．

11)　Z の傾きは，もし小企業の仮定が維持されない場合には，修正されよう．次章を見られたい．

12)　ソーウェル (Sowell, 1972) とボーモル (Baumol, 1977) を見られたい．

13)　もっとも影響力のあるものの1つは，ランゲ (Lange, 1942) によるものであるが，それはセイおよびセイに同意する古典派の著者たち（たとえば，J. S. ミル）の論点を見落しているように私には思えるし，またそれはセイの法則に関するケインズの考え方は反映していないように思える．

14)　そう信じたい誘惑はあっても，あることが説明できないからというだけで存在しないか，発生しないということを意味するわけではない．

15)　次のような正当化がなされる．
　　「短期期待（すなわち，生産決意に関する需要の期待：著者挿入）については，実際には短期期待の修正の過程が漸次的かつ連続的なものであって，大部分実現した結果に照らして行われ，したがって，期待された結果と実現した結果とがその影響において相互に交錯し，重なり合うという事実を考えれば，明確な論及を省略してもかまわない場合がしばしばある」(G. T., p. 50〔邦訳，51ページ〕)．

16)　「進んでする」という意味は，人が「進んで，10マイル歩きます」とスポンサーのついた徒歩の主催者に告げる場合と同じことである．10マイルはあなたが歩く最大限だと理解されるのであって，あなたが10マイル歩くか，あるいはまったく歩かないということではない．

17)　第8章で見るように，事態は団体交渉の下では，あるいはインフレ期待によっては異なるであろう．

18)　G. T., pp. 123-4〔邦訳，121-3ページ〕を見られたい．このこととすべての調整が在庫に責任を求める多くの説明と対比してみていただきたい．これは，「ケインジアン」モデルではたいへん有名な固定価格の仮定から発生する．

19) *G.T.*, pp. 50-1〔邦訳，50-2ページ〕にある，これら短期期待の決定に関するケインズの議論を見られたい．企業は計画変更を決定する前に，その変化が「恒久的」であることを示す若干の観察結果を必要とするであろうが，それは二次的な問題である．
20) 総需要が貨幣タームで明示される場合，物価上昇によって生じる需要への逆効果はすべて組み込まれてしまっている．

第5章　総供給のミクロ的基礎

　『一般理論』の第3章で，総供給と総需要に同等の重要性が付与されているにもかかわらず，しばしばケインズの体系は供給を無視しているではないか！ と批判される．これには多くの理由がある．第1に，ケインズが供給側を理解するのは容易なことだと想定していたように思われることである．（彼はなんと誤っていたことであろうか．）第2に，ケインズにおいては，「すべての行動」が需要サイドで行われることである――とりわけ，投資は気まぐれな要素である．これには，ケインズの理論が具体的に示した特定の諸仮定に基づく，十分に論理的な理由がある．本書の中でこれらのことを明らかにしたいと思う．なぜなら，その諸仮定が近似する現実世界の諸条件は不変ではないからであり，またその理論を再考する必要もあるからである[1]．
　第3の理由は，自らの理論を，諸費用（すなわち供給条件）が最も重要であり，かつまた需要には重要な役割が与えられないとする，リカード的伝統から可能なかぎり明確に区別したいというケインズの願望から生じている．一見したところでは，需要を無視することはばかげたことのようにみえるが，それは，集計関数をミクロ経済的行動から導出されるものとみる代わりに，直接集計レベルに由来するとみるかそれとも妥当性を有するものとみることから発生する．パティンキン（Patinkin, 1976, p.82〔邦訳，102-3ページ〕）は，

　　全体としての集計的産出高に対する需要――……実際の集計的所得とはある意味で概念的に異なる需要――の観点から考察すること……が，どんなにか奇妙で，困難でさえあったか．……ひとまとめにされたすべて

の財の集計に対する需要関数をいかにして適格に話すことができたであろうか．

を立証している．パティンキンの言う困難とは，前章で議論した形態でのセイの法則を生みだしたものと同一のものである．ホートレー（Hawtrey, 1955）もまた，直接集計レベルで考えており，同様にして総需要と総供給とは同一の関数であるとみなさざるをえないことを見出している．

このような判断に立つと，2つの関数のうちの1つは余分なものとなる．その場合，それはケインズをセイの法則に反駁するものとしてよりも，それを逆転するものとして理解しようとしていることになる．すなわち，「供給はそれ自らの需要を創り出す」という代わりに，「需要はそれ自らの供給を創り出す」というものである．これらのスローガンは，セイも，ケインズもいずれをも正当に評価するものではない．ケインズの理論の「実物」的側面への貢献は，セイの法則を打破するために必要な独立性を供給と需要に与えることであった．これは集計関数を家計と企業の動機と決意に関連させることによって達成される．

『一般理論』全体にわたって，ケインズは個別主体の決意と集計変数の動きとの間の関連については明示しなかった．われわれがこのことに気づくのは，総需要と総供給の文脈においてだけではない．それはまた，貯蓄と投資の双方を定義するさいにも生ずる．しかしその関連をつけることがきわめて難しいのは，おそらく総供給の文脈においてであるが，その理由は主としてミクロ経済学のテキストにおける原子的企業の理論に関する取扱いが欠如していることにある．

企業は利潤を得るために生産する．このことは総供給曲線の基礎となる基本的な事実である．すなわち，

> 企業者は（企業者が〔その雇用量に〕対応した産出量から受け取ると期待する：著者挿入）売上金額が要素費用を超過する額を最大にすると期待する水準において，雇用量を定めようと努力する．
>
> （*G.T.*, pp. 24-5〔邦訳，25ページ〕）

換言すれば，企業は期待利潤を極大化する．（ケインズは，主要費用とか総可変費用よりもむしろ要因費用について述べている．というのは，使用者費用は総供給と総需要の双方から除外されてきたからである．）利潤は貨幣タームで計算されている．つまり，それは売上金額（あるいは収入ないしは売上高）マイナス費用である．したがって，総供給と企業行動との間の関係は，Z_w よりも Z の場合の方がわかりやすい．基本原理については前章ですでに提示されている．

　上記のパラグラフの期待利潤という用語は，原子的企業に対しては異例のものであるとして強い印象を受けない人はいないであろう．小企業はその市場が保証されているものと仮定される．彼らは「価格受容者 price-takers」なのだろうか，それともそうではないのだろうか．

　小企業と「価格の受容」とを同一視するところに問題の発生する原因がある．そこでわれわれもそこから出発し，第2章および第4章でこれまで述べてきたことを推敲する必要がある．

市場形態と価格設定

　財の生産と販売はいろいろな方法で行われうる．経済理論はこれら2つの過程をどちらかといえば1つの単位として取り扱い，その結果生まれる組合せを——X 財の市場，労働市場，通常の意味ではまったく市場をもたないもの，たとえば「貨幣市場」に対してさえも——「市場」として記述してきた．（経済学者がいう意味での）各財「市場」は，価格はいかに設定されるかということと，産業内の企業の数と規模はどうか，という，2つの特徴によって示される．この後者は，産業の「競争上の構造」と同一視されてきた．すなわち，多数企業＝「競争」，少数企業＝「不完全競争」であり，その場合，たとえ少数企業から成る産業がすべてのうちでもっとも激しく競争する可能性があったとしても，「競争」は，寡占，複占，独占に屈してしまう．この同一視は，単に「多数の売り手」を意味するにすぎない「売り手多占」とい

う用語によって回避される．

経済理論には，2つのタイプの価格決定メカニズムがある．すなわち，価格は，「市場」によって決定されるか，企業が「何らかの独占力」をもつ場合には企業によって設定されると言われる．産業内での企業規模と企業数とが同一視される独占力による価格設定は，小企業には認められない．小企業は，「非個人的な市場の諸力」によって成立した価格に「対抗する」かそれともそれを「受け入れる」と言われる．これら「諸力」の働きに関する性質や形式についてはまったく説明されていない．いかなる企業も自らの行動によって価格に影響を及ぼすほど大きくはないがゆえに，価格決定は「市場」にゆだねられる．

価格は「需要と供給」によって決定されると言われる．このことが何を意味するのかを検討しよう．通常のテキストの取扱いでは，各企業は一連の可能な市場価格を「受け入れ」，その費用とこれらの価格を所与としたとき，利潤極大化によってその供給曲線を決定する．このようにして導出された曲線の集計値である「市場供給曲線」は，次いで生産物の需要曲線とつき合わされ，そして価格は，情報に十分通じた消費者と，一見したところ感覚的にはアピールするが，制度とか市場参加者にも入手可能な知識には何ら基礎を置かないようなやり方での企業の利己心とによって決定される．

現実世界では，価格はつねに人間によって決定されるのであって，非人間的な市場の諸力によって決定されるのではない．すなわち価格は，生産者，小売業者，中間卸売業者，仲買人によって決定される．産業内の企業数やそれら企業がどのように相互に作用するのかという問題は，価格決定のメカニズムとはまったく別個のことである．路上の露店商でさえ，価格を決定しなければならない——他のだれがそれをしてくれているだろうか．もちろん，路上マーケットでの価格は，各露店間で大幅に異なることはないが，市場自体が価格を決定することはありえない．（彼の価格を最初に決定するのはだれであり，また彼はそれをどのように決定するのだろうか．）大企業は組織された市場における，卸売業者とか小売業者からの，あるいは仲買人とか中

間卸売業者からの価格を「受け入れ」ざるをえないであろう．これらの事実は売り手多占と「価格受容」とを分離する．

　価格受容に関するテキストの説明を再考してみると，例外が現われてくる．供給曲線は「市場によって与えられる」価格を使って導出されると言われる．これらの価格の方は企業の供給曲線の総計によって決定される．このモデルを批判する人たちは，このパラドックスに対して次のような解釈を提出してきた．すなわち，(1)あらゆるものが同時に決定されること．（これは，企業の供給決定がその結果に影響するために，「受容する」とはどういう意味かという問題を回避してしまう．）この解釈は，分析を単一期間に限定し，ただ単に各企業の供給曲線上の1点——つまり「均衡」点ないしは市場清算点——を決定するにすぎない．(2)価格（あるいは需要水準）はあらかじめ決定されたもの（したがって「受容可能」）とみなされること．これは，分析の範囲を1期間以上に拡張することを可能にする——事実，期間の拡張は必要である——が，価格は変化してはならないことになる．これが，その特徴が変更されない一連の期間を示す「静穏」モデルなのである．静穏経済それ自体は全能の会計士とか競売人によって見出される同時解の特徴である無時間性，確実性，および完全情報を共有している．(3)価格の変化を考慮するために，価格受容の考え方には，いかなる値段で売れようとも，生産物を市場に出すことが必要であるということが一部の人びとによって想定されてきた．生産計画は過去において支配していたある価格に基づいて決定されたにちがいない．計画の時点と計画の成果との間では価格の変化が生じている．この見方に立つと，企業はそれは，あまりありそうにないが，留保価格さえもたないほどに受身だということになる．

　このパラドックス全体は，もしわれわれが不確実性の下における企業の行動を理解するとすれば当然そうすべきであるが，それぞれ仮説上，期待および現実の各需要水準に基づいて，意思決定の3つの段階を区別することによって解決されうる．

企業の供給曲線の導出

仮にわれわれが明白な事柄から出発するとするならば,読者は忍耐を求められることになろう.販売を意図した最適な生産水準[2]の軌跡である供給曲線は,次の点に依存している.すなわち,(i)最適性の基準,(ii)諸費用,および(iii)企業が直面する,さまざまな潜在的需要水準,がそれである.(i)利潤極大化は,あらゆる点で基準として扱われるであろう.その他の基準は読者が自分の好みに応じて採用すればよい.(ii)本章の最後まで無視される,使用者費用は別として,費用は投入価格(賃金)と技術によって決定される.技術は全体を通じて不変とし(短期の仮定),慣例によって投入価格は任意に与えられた供給曲線に対して固定されているものとする.

きわめて多くの混乱を引き起こしてきたのが(iii)の意味である.なぜなら,「価格を受容する」小企業に対してのみ供給曲線は導出されうると信じられるようになってきたからである.というのは,これらの企業に対してだけ(「市場によって」)独立に需要が認識され,かつ与えられるからである.しかしながら,市場で決定される価格は,上記の理由により,供給戦略を展開するという仕事にとってはまったく不適当である.

供給曲線を市場に対する一連の反作用と考えることは誤解である.それは1つの思考実験である.つまり,生産者は経験したことはないが想像することならできる需要条件に対する最適供給の問題を提起するかもしれない.このため,生産者は市場によって与えられる価格を必要としない.事実,それは生産者を過去の経験に限定してしまい,彼は新たな状況には反応できなくなるであろう.必要なことは,需要の可能性,つまり一連の仮説的需要曲線なのである.

供給曲線の形成に関与する需要水準は,純粋に仮説的なものであるために,その供給曲線は概念的には,期待需要水準[3]からも現実需要水準からも完全に独立である——これら3つのすべてが,企業が活動する制度的枠組への適合性に関する共通の特性をもつはずであるが.この点については,あとで再び立ち返ることにする.

さまざまな仮説的需要水準を所与とすると，ある企業の供給曲線は生産および価格の利潤極大化水準を示している．ただし，それらの平均水準を変更するために組織的な方法で完成財のストックを蓄積するとか削減する計画はないものと仮定する．各々ありうべき需要水準に対して，限界費用を各需要水準に適合する限界収入に等しいと置くことによって利潤を極大化する価格／数量の組合せが見出される．その結果として，ある特定の需要期待に即応する，全体的な戦略が得られる．その戦略が供給曲線である．その導出原理は完全に一般的なものであり，小企業にも大企業にも適用可能である．

生産および価格決定：現実の価格および産出量の決定には，特定の需要期待が必要である．もっともありそうなものとして仮説上の需要曲線の１つが選択される必要がある．（これは，生産者が「単一の確かな期待」をもつことを意味するのではなくて，彼がもっともありそうな結果——それが数学的な意味での「期待」であるが——に基づいて決定し，それにしたがって行動しなければならないことを意味する．）

生産者がいったん期待需要水準を決定すると，充足されるべき供給曲線上の点が選び出される．かくして，仮説的需要が供給曲線の一部を構成し，特定の需要期待とともに，その供給曲線がその期待ないしはなんらかの費用要因が変化するまでは，企業の産出量，価格決定方針，および求人数を決定するのである．

これら２段階の意思決定，一般的戦略の形成，および特定の意思決定の採用は現実の需要水準には関連をもたない．事実，それらは関連をもちえない．なぜなら，生産および価格の決定が行われるずっと後に至るまで，現実の需要水準ははっきりしないであろうからである．第２章で展開したタームでいえば，われわれはまだ生産期間の出発点にいる．したがって，供給曲線と供給量の両方が現実需要から独立していることは明白である．

生産者は彼の期待が正確であることを当然望んでおり，それが正確な場合には，期待需要水準と現実供給量は現実需要に等しくなる．われわれが均衡

図 5.1

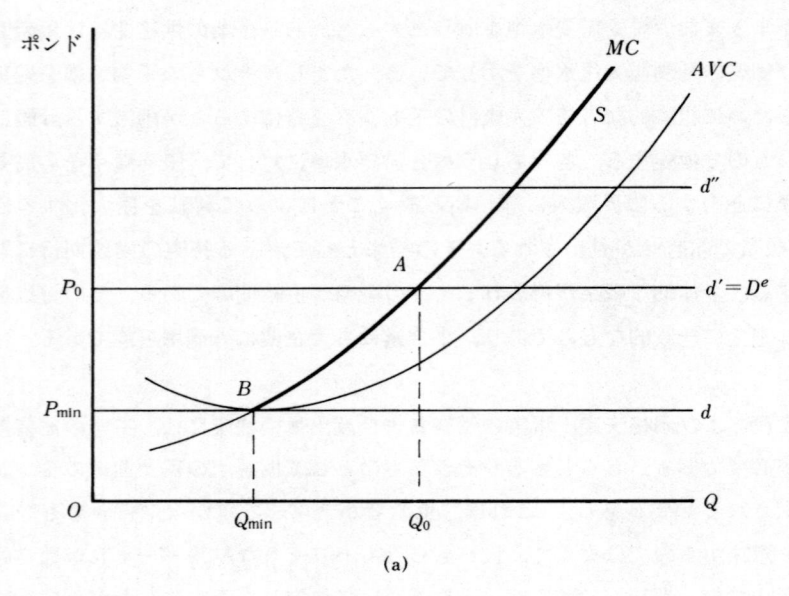

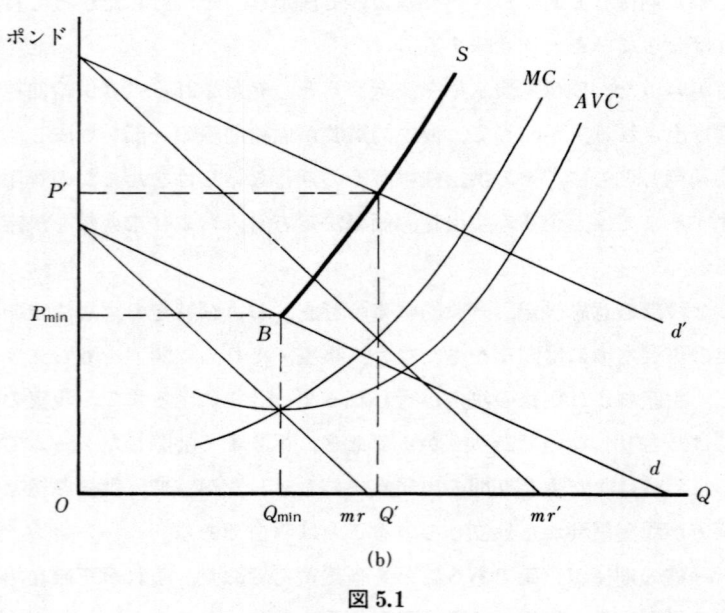

と呼ぶことのできるこの状態にあっては，その後の期間の中で人の期待需要水準を変更させる誘因は何ら存在しない．もし産出量の決定がなされたときに期待された需要水準が正確でないことが判明すれば，その場合，意思決定に関する第3段階に突入することとなり，そこではいまや過去となった現実の需要水準が現行の期待に影響を及ぼし，意思決定の基礎として生産者に別の仮説的需要水準を選択させることになろう．しかしながら，その変更された期待に対する彼の供給反応はすでに形成されている．それは供給曲線の中に具体化されている[4]．

これらの考えを整理するために，小企業に関する図5.1(a)を考察しよう．d, d', 等々と表示した需要線は，仮説的需要水準を示している．それらの水平線の傾きは，企業の規模によってのみ決定される．供給曲線「S」は，可変費用が補償されるところ，すなわち平均可変費用曲線（AVC）の最低のところから出発しており，太線で示されている．D^e は期待需要水準である．P_0 と Q_0 は，その予想需要水準を所与としたときの利潤極大化をもたらす価格と数量である．点 A は，集計分析における有効需要点に一致している．現実需要水準はどこかにあるであろうが，その位置がわかるのは後になってからにすぎないであろう．

図5.1(b)は，それほど小さくない企業に関するものである．（企業間の反作用についての悩みを回避するために，仮にこの企業を独占企業と考えることにしよう．）同じ手続きによって，MC 上の供給曲線が導かれる．価格と MR（あるいは MC）との関係は次式で示される．

$$P = \frac{|\eta|}{|\eta|-1} MR$$

ここで，$|\eta|$ はそれと関連する点における需要曲線の弾力性の絶対値を示している[5]．

産業レベルでの集計

集計は，次のような各々に付随する困難を分離して考えるために，2つの

段階，すなわち，産業レベルでの集計と経済全体での集計に分けて議論されうる．前者は，（少なくとも理論上は）異質的産出物に関連する問題に妥当するが，それは企業の期待の適合性の問題か，それともそれに代わって，それらが仮説的，期待ないしは現実のいずれにせよ，市場需要と個別企業の需要との間の関係をはっきりと提起する．

その問題は，個別小企業の需要の知覚と産業全体の産出量需要曲線との間の関係を考察することによってただちに理解される．前者は水平であり，後者は右下がりである．水平曲線を集計しても右下がり曲線とはならないであろう．

しかし，人はなぜそのように回り道をして問題を見る必要があるのであろうか．生産者たちは，確かに彼らの生産物への需要を推計し，彼らの企業に対する推測結果を引き出すのであって，その逆ではない．どうすればそれが逆のやり方になりうるのであろうか．小企業にとっての問題は，確かに市場需要曲線から正しい価格を推測することである．それを完全に行うために，小企業は明らかに不可能な他の企業の供給反応を知る必要がある．そこで，他の企業の供給反応と価格反応について若干の仮定が立てられる．これらは価格受容のパラダイムによる見方からは隠蔽されており，それはまた売り手多占がこの点で独占を除く他の市場形態と違わないという事実をも被い隠してしまう．

水平な需要曲線が小企業に適合するのは，それが指示された価格でいかなる数量であっても完全に販売できるからではなく，仮にその企業がどんなものでも売却できるほど低い価格を付けるなら，少なくともその企業は生産するだけのものを売却できるからなのである．市場需要曲線および単一企業の市場占有率（あるいはそれに代わって，「標準」規模の企業数）によって決定されるある点で，需要曲線は右下がりとなるであろう．このことは，すべての企業が同一の費用曲線を有すると想像すれば理解することができる．仮にそれらの企業がすべて需要水準を正確に推定するものとすれば，それらはその価格での市場の需要を正確に充足し，そしてそれを使い尽すであろう．

それら企業の個別需要曲線は，ちょうど限界費用の交点で右下がりとなるであろう．

スペクトルの他方の端では，1企業の推定値は他の諸企業の推定値とは一致しないものと仮定しよう．もしその企業の付ける価格が高すぎるなら，その企業はすべての顧客を失うであろう．もし価格が低すぎる場合には，その需要曲線は，その価格での市場需要水準に到達するまで，引き続き水平のままにとどまる．

企業の需要曲線の適正な傾きは，企業の相対的規模によって決定されるのであり，それ以外のなにものでもない．相対的規模というのは，1つには操業規模だけではなくて，他企業の価格設定行動の問題でもある[6]．（たとえば，価格切り下げの効果は明白になるであろう．）

他企業の価格設定行動の重要性が明示されるのは，独占的競争論ならびに寡占理論においてであるが——そしてこのことは重要な点であるが——，その原理は売り手多占の場合と何ら変わらない．この命題は，すべての市場形態において，われわれが自由に企業の供給曲線を導出することを完全に正当化する[7]——そしてそれもまた，すべての企業が供給戦略をもつはずであるから，正当である．大企業が必要とする情報は増大しているように思われよう——それら企業は，限界費用ばかりか，需要弾力性も知る必要がある——しかし，実際には，市場予測から正確な（水平の）需要水準を推測するという問題は，そこに含まれるものは何かが真に理解されるとき，少なくとも小企業の経営者にとってやっかいなものとなる．

仮説的であろうと期待に基づくものであろうと，個別企業の需要曲線の正確な形態は，価格受容とか価格形成に依存するのではなくて，企業の相対的規模，その産業の生産者たちがどの程度市場の発展を同一方向で見る可能性があるかまたどの程度自らの産出物に独立して価格をつけるか，に依存している．

人は，たとえすべての生産者が市場の需要を正確に推定するにしても，彼らが自分の企業の需要まで正確に推測結果を引き出せると期待するわけには

いかない．したがって，おそらく若干の「調整の失敗」は存在するであろう．事実，その産業内の他企業についてすべて知っている人を除けば，このような失敗を予想することは可能である．いまや，企業は彼らのすべての競争相手の供給行動を推定していないし，できもしないことは明白である．推定しない場合の帰結については，たとえば農業生産の場合でよく知られており，そこでは，高い価格は過剰生産を引き起こし，翌年には供給過多のために価格の低下を引き起こす．この種の繰り返しは，賃金切り下げに関するケインズの議論（第19章）の中で一役演じている．その場合，企業は，彼らの利潤が，他企業も生産を拡大するときに生まれるよりも大きくなる見込みがあると信じている．彼らは失敗から学び，そして彼らの期待をそれに適合させる．総供給曲線を構築するためには，生産者は市場の需要への期待と，彼らの産業構造から賢明な推測を行い，そして他企業の行動が予想外のものであるとき，彼らの失敗を矯正するものと仮定するだけで十分である．

産業の集計

「経済」レベルで集計する場合のもっとも明白な問題は，産出物が同質的ではないということである．前章においてわれわれは，ヒックス的複合財というトリックを用いたが，それはトリックにすぎなかった．

価値は織り込むべき明白な次元であり，また，総供給が所与の雇用量を正当化するはずの売上金額（あるいは収入）によって明示されることも同様である．企業の理論では，人は P と Q の次元で扱っており，雇用のもつ含意は明示されないままである．集計値では，人は PQ と N の次元で扱っており，P と Q の間の区別は暗黙のままである．（これは際限のない問題を引き起こしてきた．）ミクロ経済学では省略された関数である労働需要は，別々に取り扱われているが，それは費用曲線を生みだすそれと同じ生産関数から導出される．マクロ経済学では，Q と N の間の関連を示し，したがって P と Q の間の区分を決定する生産関数自体が省略される．それはその区分が非決定であることを意味するものではない．とくに，それは一般に信じられ

ているように，理論家の気まぐれで P だけとか，Q だけが変化することを意味するわけではない．

（ケインズ理論は，もっぱら数量調整の理論であると広範に信じられるに至った理由は，ケインジアン理論の IS-LM 的解釈における総供給曲線の完全な省略と関係があることはわき道にそれても指摘するに値することである[8]．）

P, Q 空間から PQ, N 空間への転換は，前章で代数的に論証され，そこでは小企業を１つの「複合財」を生産する経済における代表的企業と考えた．「小さく」ない企業にとっての Z 曲線は次の形態をとる．すなわち，

$$Z_i = \frac{|\eta_i|}{|\eta_i|-1} \frac{wA_i}{Q_i'} N_i \tag{5.1}$$

ここで下付きの i は単一企業を示す．事実，この式は小企業の場合 $|\eta|/(|\eta|-1)$ を約分して１にすると，一般的な形態になる．

直ちに明らかなことは以下のことである．すなわち，経済に小企業と大企業の両方が含まれ，また需要の変化が価格ないしは数量に影響を与える程度は，１つにはこの２種類の企業の相対的重要性に依存しており，そしてこれが次に，多占的で高度に集中化が進んだ産業の生産物に対する相対的需要に依存することである．このことから，総供給曲線は異なる活動水準における需要の構成要素について何かを仮定しなければならないことも同様に明らかとなる．

ここで，次のような２つの仮定が想起される．すなわち，産出物の構成要素は産業間では実質上変化しないか，単に産出物の分配は産出量水準と一義的に結びつけられるか，のいずれかである．前者は，各企業の供給の重要性は集計値である Z_i/Z に対比してウエイトづけられることの重要性を容認しており，そしてそのウエイトは Z にそって一定にとどまりうる．これはS. ワイントロープ（Weintraub, 1958）のきわめて重要な貢献の中で立てられた仮定である．しかし，ケインズは『一般理論』第20章で後者の仮定をとっており，あらゆる拡張は投資財産業で生じるものと想定した．その仮定は，

明らかに彼の分析目的に適合していた．「正しい方法」がただ１つしか存在しないということはないのである．

総需要の構成要素は総計水準に堅く結びつけられてきたので，人は一部の企業にいやしくもだれか雇用する覚悟をするような最低の（総）需要水準から出発して，その水準での雇用をすべて合計し，次いでより高い需要水準で同じ調査を行う等々のことができると思われるであろう．求人数は個別企業の供給決意に根ざしている．このことは，個別企業に対する次のような Z の一般的な形態が，集計量においても承認されることを示唆している．すなわち，

$$Z = \frac{|\eta|}{|\eta|-1} \frac{wA}{Q'} N \tag{5.2}$$

ここで添字がないのは集計を示している．

使用者費用：この手続きには１つの条件があるが，それは総需要と総供給の両方とも使用者費用を含まないという事実と関係がある．

人は使用者費用を資本設備の摩耗という観点から考える傾向がある．この考え方はより一般的なものであり，それには生産過程でほとんど完全に使用し尽される資本要素，すなわち原材料を含んでいた．これらの原材料および，たとえば機械の更新部分のような使用者費用の他の要素は他企業の経常産出物から供給される限り，それらは総需要ないし総供給には含まれない．もしその他に何もなければ，1970年代央に生じた石油価格の上昇は，使用者費用は扱いにくいかもしれないが，それを標準的なマクロ経済学の中に統合すべきだということを教えている．現状では，供給サイド全体は無視されており，ほとんど誰も使用者費用について語ることを聞いたことはなかった．

第３章の説明から，それがなぜ無視されたのかを理解することは可能である．それは難しい概念である．また，Z と D の観点から，それを適切に取り扱うことはさらにもっと難しいことである．すなわち，

要点は次のとおりである．すなわち，使用者費用を含まない総売上金額

と総供給価格とは，一義的に明確に定義することができる．ところが，使用者費用は明らかに産業の統合の程度と企業者が相互に買い合う程度とに依存しているから，使用者費用を含む買手の支払う総額は，これらの要因から無関係には定義することができない．通常の意味における個々の生産者の供給価格を定義する場合にさえ，同様の困難はあるが，全体としての産出物の総供給価格の場合には，普通には当面することのない重複という重大な困難がある．もしその用語を使用者費用を含むものと解釈しようとすれば，企業者が消費財を生産するか資本財を生産するかに応じて，企業者をグループ別に統合するという特殊な想定をおくことによってのみ，その困難を克服することができる．もっともこの想定はそれ自体曖昧かつ複雑であって，事実には合致しない．しかし，もし総供給価格が上述のように使用者費用を含まないものと定義されるなら，これらの困難は起こらない． (G.T., p. 24〔邦訳，25ページ〕)

これはマクロ経済学的な考え方である．すなわち，それには投入-産出行列が含まれている．使用者費用を除外することで，産出物の二重計算を防ぎ，総供給を付加価値ベースで表現することができるのである[9]．

費用面での使用者費用の動きは，直観で理解するにはむずかしすぎるということはないであろう．これには2つの主要な構成要素，すなわち，物的損耗と期末の最適資本価値とがある．物的損耗は産出量と正の関係をもつはずである．これは明らかに原材料にあてはまり，機械もまたより急速に損耗する傾向があり，最高速度で運転する場合にはそれを保持することはさらに困難となる．この計算でいけば，使用者費用は低い産出量水準ではほとんど Z を増加させず，より高い水準の下で一層増加させる．将来の最適価値は，それほど密接には産出量にしたがわないであろう．たとえば景気の回復期には，人は将来利潤への期待が改善するにつれて自らの資本評価額の急速な上昇を期待する．スランプ期においては，この計算に基づく使用者費用はほとんどゼロである．つまり，ある人の機械は事実上自由財であり，在庫減らしはある人の現金持高にとって有益である．同様にして景気回復期では，使用

者費用の期待局面は，楽観主義が衰退するブームの頂点におけるよりも上位にくるであろう．

使用者費用をとりまく諸困難や不確実性の見地から，われわれは別の定義をしない限り，引き続きZ（およびD）は使用者費用を含まないものとして定義するつもりであり，投入‐産出の専門家がマクロ経済学を取り上げ，強力な単純化を示唆してくれることを希望する．

Z の 特 性

Z と 賃 金

Zの構成にとり基本となる限界費用曲線の場合と同様，「賃金」は任意に与えられたZに従って所与とみなされる．賃金単位の概念については議論したので，ここでいう「賃金」とは，賃金構造，つまりほぼ一定とみなされる，さまざまな技術水準の間の相関性を表わすことは明らかであろう．

賃金水準は，各々のZの開始点と端点とを決定する．賃金が高ければ高いほど，いやしくも生産を正当化するために必要な収入はますます大きくなる．短期（ここでは，その期間の需要水準の下落が一時的とみなされるという意味での短期）においてさえ，可変費用を回収しない――すなわち，図5.1の(a)と(b)におけるB点の左側の――生産は企図されないであろうことを想起されたい．ここにZの開始への対応点がある[10]．

仮に賃金は所与であるが，雇用と産出量は変化しうるものとすれば――すなわち，もしZが直線であり，点ではないなら――その場合には，その直線上の点は，労働供給曲線の背後の各状態に対応することになる．賃金をせり上げることなくして，それ以上の産出が不可能な点は，労働供給辺境線が達成された点，すなわち（その賃金の下での）完全雇用である．それが所与のZの端点である．

図5.2はこれらの命題を図示している．上段の図は労働供給曲線を描いている．下段の図は，w_0，w_1等のいくつかの賃金水準の各々に対するZ曲線

第5章 総供給のミクロ的基礎

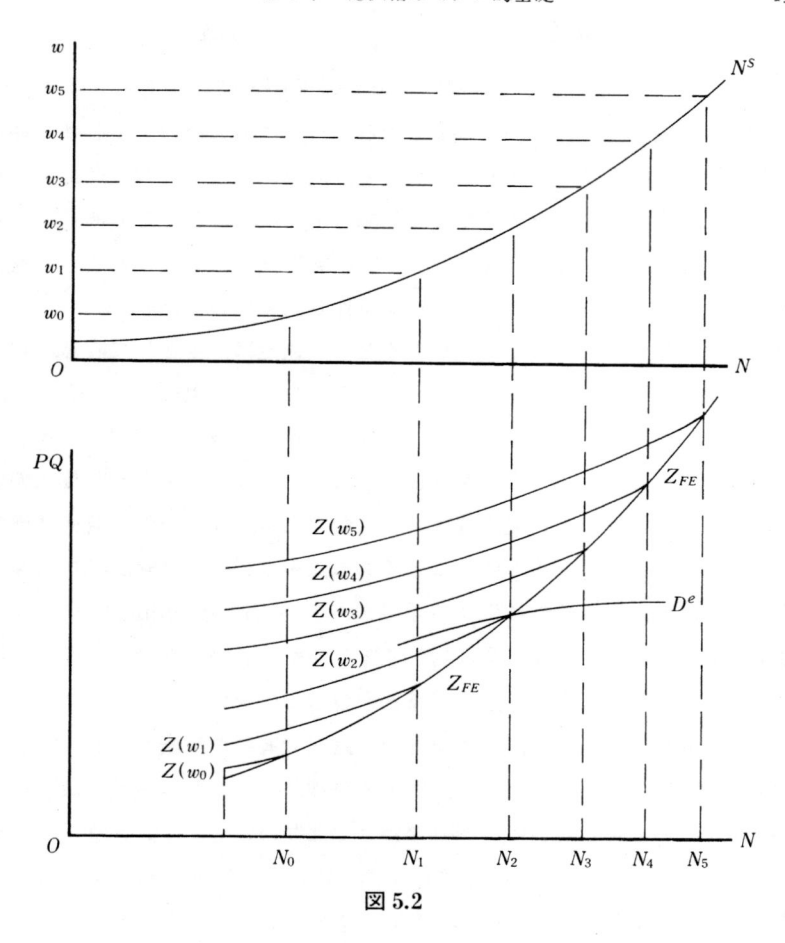

図 5.2

を描いており，それは最も効率的な企業の最低可変費用の点から出発している．N_0, N_1 等は，これらの賃金水準に対応する Z の端点である．完全雇用に対応し，可変賃金を意味する1本の包絡線 Z_{FE} を描くことができる．完全雇用を達成するには，図に示されるように，企業が支払う必要があると予想する賃金，たとえば w_2，において期待総需要が $Z(w_2)$ の最終点と交差すべきことがわかる．

Z の傾き

 Z の傾きは，収穫逓増あるいは収穫逓減の問題と関連がある．収穫逓減の主張は『一般理論』の重要な特徴である．それは古典派の第1公準を容認するための理論的根拠を与える．なぜなら，スランプからの回復が進行するとき，費用の増大をカバーするために物価の上昇が必要なことであり，そのことが，貨幣賃金の粘着的な場合――事実，貨幣賃金が固定されている場合でさえ――雇用と実質賃金の間の逆関係を作り出すからである．

 価格が生産量の拡大とともに上昇するという仮定は，主として収穫逓減に関する懐疑論に基づいて支持されなくなってきた．この懐疑論が生まれた源泉は少なくとも2つある．第1には，現代の大量生産技術の使用は大規模生産の経済を生み出すという事実が存在することである．このような技術の効率的使用には，最初に高い産出量水準が必要である．すなわち，収穫逓増が広範囲に行きわたっているということである．第2には，経験的証拠が存在することである．費用条件に関する早期の，有力な研究（Johnston, 1960）では不変費用が広範囲の産出量に対して支配的だと思われることが発見されており，その後の研究もこの事実認識と矛盾していない．

 これらの論点に照らして，収穫逓増の範囲内で有利な生産が行われうる諸条件を再検討することが望ましい．第1に収穫逓増とか収穫逓減とはどういう意味か，ということがつねに明確なわけではないことに注意されたい．大量生産の議論は平均費用（ATC ないしは AVC）の下落と関係がある．実証的証拠が示唆するのは，AVC はほぼ一定であり，それゆえ MC もまた一定であるということである．

 図5.3をみてみよう．そこには AVC は結局上昇するという仮定に基づいて，ATC，AVC および MC が描かれている．ATC を基礎として，収穫逓増，収穫逓減を定義する人は，点 A に焦点をあてており，おそらくある範囲に対して収穫は逓増し，次いでそれは逓減すると言うであろう．しかし次のことに注意されたい．すなわち，(i)もしこの企業が「小規模」なら，限界費用を考えて価格を決定するので，範囲Iの部分は，その範囲では生産

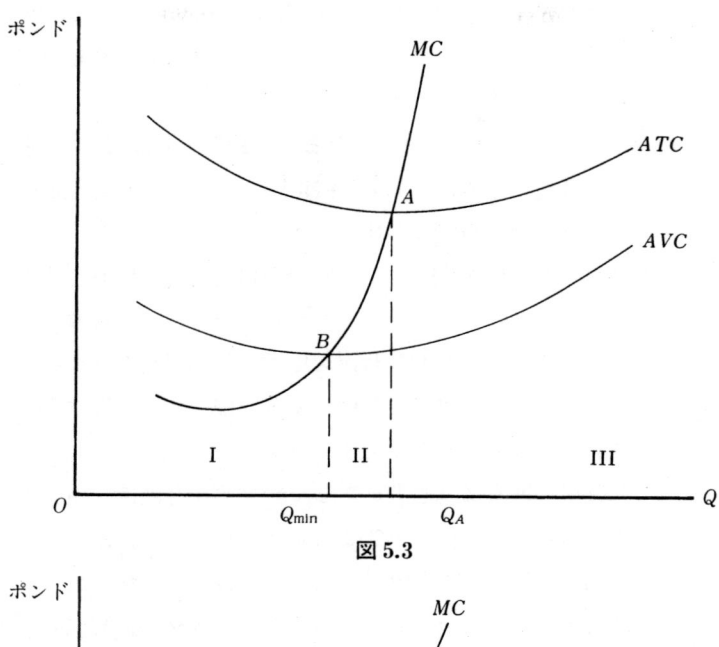

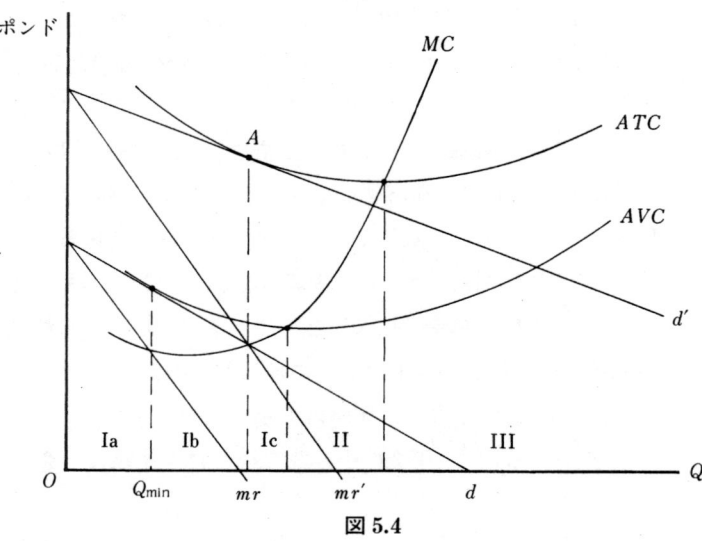

第5章　総供給のミクロ的基礎　　139

図 5.3

図 5.4

するよりも，まったく生産しない方が賢明であるから，短期でさえ除外される．範囲IIは損失が生まれる範囲であり，そこでは生産はある一定期間継続されるであろう．

しかしながら，企業の規模が大きくなると，範囲Iの部分が短期（図5.4のIb, Ic）で実行可能となり，また長期（Ic）においてさえ実行可能となるかもしれない．収穫逓増の可能性が出てこよう．

一定の AVC および MC に関して，われわれは小企業と不変費用との矛盾が存在する必要はないことを示してきた．というのは，小企業が直面する需要は，低い価格を付ける一時的な状況を除けば，無限に右側に拡大していくものではなくて，むしろ市場需要が同一産業内部の各企業間に配分されるとき，下方に傾斜しはじめるからである[11]．

しかし，不変費用と独占度の両方に対して経験的な弁護論を主張する人たちは，もし企業が利潤極大化を追求するならば，たとえ収穫が不変であっても——MC と（期待）需要との間のギャップは継続的に増大しているために——，価格は需要とともに上昇するであろうという事実に直面せざるをえない．

これは，問題の核心を明確にしてくれる．すなわち，拡張期間中の価格の経路は，（利潤極大化を追求する企業にとっては）ATC と何ら関係がなく，AVC が MC を決定する場合に限って AVC に関係があるということである．AVC が一定でない場合には，いかなる生産も有利ではなく，そこでは MC は上昇していない．価格が需要の拡大とともに下落する唯一の可能性は，需要の弾力性が MC の上昇を十分相殺するに足るだけの下落を示すことである．もしその通り相殺されるなら，価格は不変にとどまるであろう．もし上述の通りであるなら，AVC が不変の小企業の場合にも価格は一定にとどまるであろう．

この議論は，あたかも費用構造がいずれの場合にも完全に価格を決定するかのように考えて，少しばかりうぬぼれてしまい，「費用曲線にそって動く」ためには期待需要が上昇していなければならないことをすっかり忘れてしま

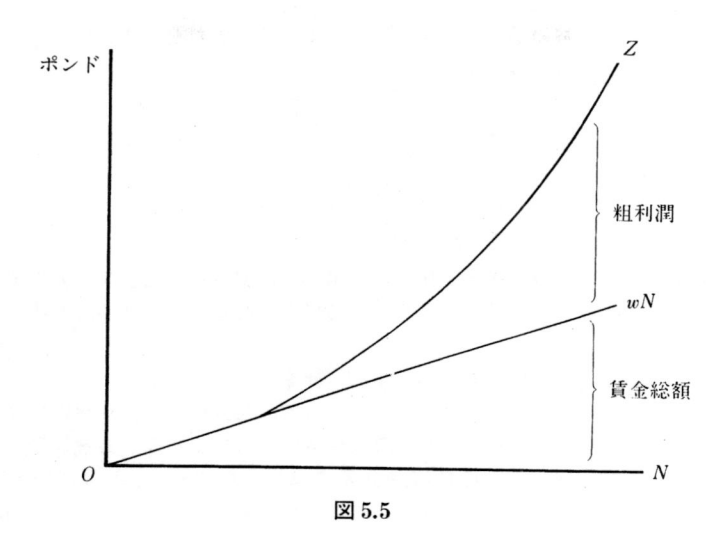

第5章 総供給のミクロ的基礎   141

図 5.5

っている．そして価格の一部を構成する（また小企業の場合には，それを決定する）のは限界費用曲線であって，ATC でもなければ，AVC ですらないのである．

Z と所得分配

賃金はすべての所与の Z に対して固定されている．それゆえ，われわれは Z の図に賃金総額をあらわす直線を重ね合わせることができる——それは，原点を通って w の傾きをもつ直線である．図5.5を見られたい．Z は図5.1の(a)，(b)における Q_{min} に対応する点から出発している．使用者費用を含まない Z と，wN ないしは使用者費用を含まない主要費用との間の縦の距離はもちろん粗利潤である[12]．

この図からわかることは，Z 上のすべての点と，したがってすべての潜在的有効需要の点に対し，一義的な所得分配が存在することである．また，Z 上のすべての点は利潤極大点であるが，短期でしかも所与の賃金に対しては，利潤額は産出量の増大につれて増加することが理解されるであろう．

利潤と賃金の間におけるような所得分配は，経済の拡張時においては明らかに利潤に有利に変化する．

注
1) 最近数年における「供給サイドの経済学」の出現は，たとえこの用語の意味するものが一連の反ケインジアン的思考であるとしても，この点を認めるものである．
2) この定義は，完成財の安定的な平均在庫を仮定し，かつストックの一時的変動を無視している．もし企業がしばらくの間組織的な在庫蓄積ないしは在庫削減の政策を採用するなら，この定義には条件を付ける必要があろう．
3) ここでこの取扱いは，期待需要を Z に取り入れ，かつまた仮説的需要の役割を無視する，デヴィッドソンとスモレンスキー (Davidson and Smolensky, 1964) のそれとは異なる．
4) 事実そのままを志向する人に対して，私は次のように言わねばならない．つまり私は，現実の生産者たちが意識してこれらの複合概念を厳密に使用するものとは仮定しないということである．特に供給反応は，きわめて限定された範囲の需要の変動に対して，生産者の心の中に形成されるにすぎないであろう．
5) $$MR = P + Q\frac{dP}{dQ}$$
$$= P + Q\left(\frac{1}{\eta}\frac{P}{Q}\right)$$
ここで η はマイナスと定義されている．したがって，次のようになる．
$$MR = P\left(1+\frac{1}{\eta}\right) \quad \text{あるいは}$$
$$P = \frac{1}{1+(1/\eta)}MR = \frac{1}{1-(1/|\eta|)}MR = \frac{|\eta|}{|\eta|-1}MR$$
6) スティグラー (Stigler, 1966) の付録 B は，企業の需要曲線の弾力性とその相対的規模との間の関係について形式的証明を与えるものであり，そこでは，価格の同時的変化の仮定の影響もまた明らかである．残念なことに，この論議の仕方は標準的なテキストの論議の一部とはならなかった．
7) これは不可能だとしばしば主張される．しかし，必要なのは次の仮定である．すなわち，企業は需要を統制あるいは操作しない（このことは，1本の需要曲線に対する仮説的需要水準の幅を縮小するであろうし，また関数表よりもむしろある1点まで供給を減少させるであろう）し，しかも寡占産業における各企

業間の相互作用の効果が，企業それ自体の需要の推定値の中に考慮されうる，というのがそれである．
8) 総供給曲線と呼ばれるものは，過去10年間においてテキストの中にその方途を見いだしてきたが，しかしそれは企業の利潤追求行動には何らの基礎ももっていない．
9) ターシス（Tarshis, 1979）以外に私ははっきりとこの点をみたことはなかったであろう．
10) 著者の中には，Zは原点から出発すべきであると信じている人もいる．もし雇用がなければ，生産もないというのは真実であるが，その推論は十分ではない．
11) マランボー（Malinvaud, 1977）は誤ってこれを「割当て」と呼んでいるが，しかし，実はそれは市場占有率と関係している．
12) 固定費の追加は，企業の長期的生存可能点を示すであろうが，その点は有効需要の原理とは何の関係もない．

第5章への補遺　労働需要の導出

本章の本文において，私は Z の端点は，労働供給曲線によって与えられ，Z の残余の部分は技術ならびに仮定上の賃金によって与えられることを示してきた．第7章に備えて，Z と労働需要との間の関係もまたはっきりと説明しておく方が賢明であろう．

人は労働需要を以下の2つの方法のいずれか一方で明示するであろう．すなわち，実質賃金の関数としてかあるいは貨幣賃金の関数としてかのいずれかである．前者を導出する上で関連をもつ原理は比較的説明が容易であり，したがってそれから開始しよう．われわれは分析を売り手多占企業の世界に限定することにする．

各々の Z に対して賃金は固定されており，したがって，労働需要は任意に与えられた Z に沿って変化する期待価格の関数とする．すなわち，それは期待ないしは，われわれはその関数全体を取り扱っているので，仮説的需要水準の関数である．Z に沿って変化する右側への動きは価格の上昇を意味するので，求人数と価格とは正の関係がある．それゆえ，労働需要 (N^D) と実質賃金とは負の関係をもつ．労働需要曲線の傾きは，N の一定の増加が P の上昇あるいは Q の増加に関連する程度に応じて決定される．この区分は，収穫が逓減する程度によって決定される．すなわち $P=w/Q'$ である．したがって，所与の Z に沿って，実質賃金は $Q'(N)$ が下落するにつれて N^D とともに低下する．すなわち $w/P=Q'(N)$ である．それが基本的な新古典派の労働需要曲線である．

少なくとも，いくつかの新古典派的取扱いには1つの決定的な相違がある．つまり，そこでは N^D の Z への依存が明示されていることである．労働需要は，それに関連をもつ Z 上の点を与えてくれる産出量への需要に関する

図 5A.1

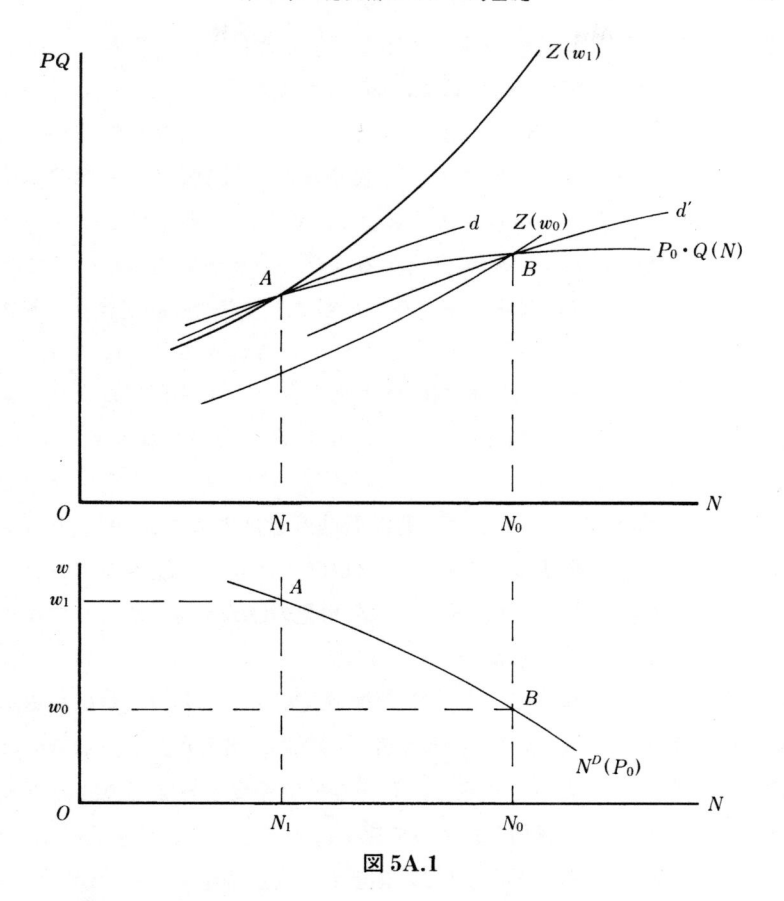

生産者の期待から導出される．したがって，曲線全体は Z を図に描く産出量-需要の可能性の範囲から導出されるのである．（それと対比するための，新古典派の取扱いについては，第13章の拡張された IS-LM モデルの議論を見られたい．）

われわれは，$N^D(w/P)$ が単一の Z からいかにして導出されうるのかを示したが，所与の賃金に限定する必要はない．w/P は1つの比率にすぎない．しかしながら，上記のことから N^D は所与の技術について導出される Z の全体集合の一部を成す諸要素によって完全に決定されることになる．

仮に，N^D と貨幣賃金 w の間の関係を導出したいと思うのなら，確かに 1 つ以上の Z を使用する必要がある．図 5A.1 は Z を 2 つだけ示しているが，それは Z の全体集団を想定している．ところで，ミクロ経済的曲線である $N^D(w)$ は，原子的企業に対して所与の価格水準の下で示される需要水準を仮定している．しかしながら，集計値では，産出量水準は N とともに変化する．そこでわれわれは，N が変化する場合，企業が不変価格の下で生産することのできる，産出量水準を表わすために，恣意的に選択された価格水準 P_0 を乗じた生産関数 $Q(N)$ を Z の上に重ね合わせることにする．その場合，Z は，そうすることで利潤の極大化をもたらすはずの賃金を示す．P_0 に対応した $N^D(w)$ 上の 2 つの点は，A と B の点，すなわち，$w_1 N_1$ と $w_0 N_0$，で与えられる．

たとえば，d と d' のような仮説的需要曲線は，もちろん A と B（および他のすべての点）を通る．それらは $P_0 Q(N)$ よりも勾配は急である．なぜなら，雇用が増加するとき，買い手は産出量の購入を増やすだけでなく，進んでもっと高い価格を支払うからである．

3 つのタイプの需要の重要性が，この練習問題から十分明らかになる．第 6 章では，労働供給と総需要（計画支出）との関係が示される．本章では，労働供給は Z の端点だけを決定し，しかも労働需要の方は仮説的需要水準から導出される Z と諸費用とによって完全に決定されることを示してきた．したがって，特定の労働需要水準は，生産者の賃金推定値（したがって，特定の Z を選択する）と期待需要水準（それはそれに関連する Z 上の点，つまり有効需要の点を決定する）とによって固定された労働需要曲線上の点である．

労働供給曲線と労働需要曲線は本質的には余分なものである．すべては総供給曲線と総需要曲線の中に具体化される．しかしながら，それらは一定の目的に使用するには好都合である．

第6章 総需要

期待と現実の需要

『一般理論』では，消費者と生産者が（彼らの計画を）実行することを意図する総需要と生産者によって期待される需要との間のつながりは，偶然かつ希薄なものにすぎない．需要の期待形成の理論が存在しないと不平を言う人々は，完全に正しいのであり，われわれもこの状況に改良を加えるつもりはない．

そのことは，期待需要曲線が理論から追放されるべきであることを意味するわけでもなければ，消費者と投資する生産者の観点から見た需要の決定要因が重要でないことを意味するわけでもない．生産者の期待によって決定されるどのような活動水準と雇用の下でも，購入計画は明白であろう．そして，その結果生まれる売上高が期待と一致しない場合には，結局期待は修正されるであろう．1生産期間を上回るいかなる期間においても，買い手の計画と生産者の期待とは理論的には同等である．

しかしながら，一方における推定された現実消費と他方における推定された現実投資との間の関係には，ある相違，すなわち需要を推定する際に消費財生産者と資本財生産者が直面する困難さのレベルでの相違が存在する．消費財はかなり規則的に購入される（もちろんこれは耐久財にはあまり妥当しないし，また現在ではこれらの財はケインズの時代よりも重要である）ので，生産者は恒常的な情報の流れをもっている．彼らの利潤期待は，ほとんど連続的に市場に照らしてテストされている．そして消費は現行の活動水準に密

接に連動している．資本財生産者はむしろ彼ら自身の短期期待を形成するために，顧客の長期期待を予測する立場にある．最近の期待は有益な指針にはならないであろう．おそらくこの過程を順調に進行させ続ける唯一の事実は，耐用期間の長い重要な資本財は注文生産される傾向があるということである．

　ケインズの総需要，総消費および総投資はミクロ経済的行動に根ざしていないと不平を言う人々にもまた一理ある．というのは，そこには，ケインズが真のマクロ経済学を創造するという緊急事態にあって無視した問題がいくつかあるからである．消費と投資の理論的基礎と実証的研究の両方に関してその後行われた研究はまったく驚くべき量に達する．われわれがそのほとんどを無視する方を選ぶのは読者には期待に反するように見えようが，それには理由がある．つまり，（もっともな理由から）とくに投資の場合をみると，いかなる健全なミクロ経済的な原理にも根ざしていないし，かつまたマクロ経済的な再統合も指向していないのに，そのほとんどすべての研究は完全にミクロ経済的行動に根ざしていることである（実際，計画と決定はミクロ経済レベルで形成される必要がある）．マクロ経済学は，IS-LM モデル・プラス乗数－加速度係数となってしまっている．これらのモデルは，実質上この多量の研究によって影響を受けてはこなかった．われわれはわずかに異なった仕方で事態を眺めてみたいと思う．それは必然的にかなり初歩的な水準においてではあるが，理論の一般的体系に向けられる．それゆえ，われわれはケインズが放置したままの主題を拾い上げることにする．

消費需要

　第4章でみたように，ケインズは1より小さい限界消費性向を「心理的法則」として提起する．経済的諸命題を定式化すべきだとの強い衝動から戦後の経済学は，たとえこのような命題が結局は単に判断の問題でしかありえないのに，この議論は定式化されていないか，不満足なものであると考えてきた．選択の諸原理とのより強い関連をつくりだそうとして，消費理論の研究

は個人の動機に関心を集中してきた，詳細なミクロ経済学的説明は，むしろ貨幣需要の理論におけるように，議論もなければ条件もつけないで集計水準に一般化されている．この手続きがつねに正当なものだというわけではない．金融資産変数の包含がそのもっとも顕著な例である．

ケインズの継承者たちを非難するわけにはいかないと思われる．『一般理論』全体を通じて，ケインズは，完全な集計，つまり関連部門に至るまでの集計と完全な非集計水準との中間分野に知らぬ間にふみ込んでいる．彼の消費に関する議論も例外ではない．集計には次のような重要な困難がつきまとう．たとえば，代表的消費者の選択は，もし所得分配が実質的に変化するなら，総消費の指標としては信頼するに足らない．（生産活動の構成要素の変化の場合を扱った第5章でも同じ問題が発生した．）

しかし，個別家計を代表として取りあげ，消費関係と労働市場の諸条件との間の関連を示す方法で，消費と所得の間の関係を分析するために消費者選択の理論を使用することは論点を明確にするうえで役に立つ．われわれの注意の大部分を占めているのはこの課題である．しかし，ケインズが消費についてどのように語ったかを想起することから開始しよう．

主観的要因と客観的要因

選択理論の方法は，主観的嗜好を反映する選好体系に基づいており，それは何らかの客観的な制約条件の下で，買い手が最善の選択を行うために使用するものである．個性のない「効用関数」も，消費を支配する「主観的要因」に関するケインズのリストの中にその一層多彩な対応物をもっている．すなわち，享楽，浅慮，寛大，誤算，虚飾，および浪費といったものがそれである[1]．これらの要因は，比較的安定した社会組織によって形成されるような「人間性」に根ざしていると仮定しても差し支えないであろう．したがって，消費水準の変化を引き起こす主たる原因は「客観的要因」——たとえば所得——なのである．

客観的要因の中では，所得がもっとも大きな影響力をもっている．その他

の要因とは次のような諸条件のことである．すなわち，(1)賃金単位の変化，(2)所得と純所得との間の差異の変化，(3)資本価値の意外の変化，(4)時差割引率，すなわち現在財と将来財との間の交換比率の変化，(5)課税と公債償還政策の変化，(6)現在所得に対する将来の期待所得の変化．

　客観的要因のうち，(4)と(6)は，新古典派的気質をもった研究者たちによってたいへん愛用されているものであるが，ケインズはそれらをリストに入れたのはその重要性よりも完全さの面からである．ケインズは，(6)はあまりにも不確実かつ変化しすぎて個人の能力を超えるため，明確な結論を引き出すことは不可能だとみなした．インフレ期待のある時代には，結論を引き出すべき必要性は，能力はないとしても，ケインズの時代よりおそらくずっと切実であろう[2]．

　利子率で近似される要因(4)については，ケインズは利子率の変化に起因する金融資産価値の変化が消費に及ぼす効果に重要性を認めてはいたけれども，彼は時間選好を通じてのみほんのわずかな効果をもつにすぎないとみなしていた．明らかに，ここではケインズはミクロ経済学のレベルで考えている．なぜなら，証券保有者たちは全体として資本利得を実現することもその売却代金を支出することもできないからである．そうしようと努力すれば再び証券価格を低下させることになるのである．したがって，金融価値が引き上げられるときには所得からの消費水準を引き上げることでさえ，ミクロ経済的な理論的根拠をもつにすぎない．同じことは，要因(3)にも当てはまる．

　さらに，要因(2)を見てみよう．(ここで念のために，次のことを想起されたい．すなわち，純所得はマクロ経済学のテキストで考えられているように，税金を含まない個人所得を意味するものではないことである．むしろ第3章でなされた区別，つまり粗所得マイナス補足的費用が意図されている．)補足的費用の変化は，それが個人の配当所得に反映される場合を除けば，個人が知覚することはまったく不可能である．要因(5)についても同じことがいえる．つまり，個人は税金あるいは補助金のいずれかの変化に気づくとしても，彼にとっては租税政策全体の純粋な変化は不明確であろう．(しかし，

第6章 総需要

消費者全体に対して集計することでさえ，われわれの中でも次の点を主張する者にとっては十分なものではない．すなわち，政府の借入政策の変化を無効にしてしまうような，その政策の結果生じる将来の租税負担を認識することによって消費は影響を受けるのだという主張がそれである．それらは数世代にもわたって集計することも必要である．）

集計レベルの問題は，主要な決定要因である所得自体にもきわめて明確に妥当する．個人レベルで考える場合には，（ロバートソン，ヒックスおよびサムエルソンが行ったように）$C_t = f(Y_{t-1})$ が提起されるであろう．なぜなら，人が支出できるのは，すでに稼得した所得だけだからである．集計レベルで考える場合には，賃金支払期間は重複しており，また生産期間より間隔は短い（そしてそれもまた重複している）．さらに，賃金・雇用交渉はその期間の始めに行われるので，C と Y は同時に発生するはずである．

ミクロとマクロの間の緊張関係もまた所得の役割の問題，つまり，われわれはそれを消費への制約要因とみるべきか，それとも単に1つの決定要因にすぎないとみるべきか，という問題を提起する．個人レベルでは，それは借入れのできない人々の消費に対する制約要因にすぎない．集計レベルでも，もし対外借款が不可能な場合に限り，それは制約要因となる．しかし，封鎖経済にとっては，通常の平時の状況の下では，総所得が消費に限界を画する．その場合，徐々に富を減価させることを通じて，富から行われる消費は大不況の場合を除けばめったにない．将来の期待所得がここでは強力な役割を演ずる．たとえば，もし（総）期待所得および期待需要が減少するなら，資本は減価するとみなされるが，各個人は彼らの将来の期待所得が上昇する場合（借入れによって）消費を増加することができるのである．

ケインズは暗黙的に，家計は個人的にも，部門としてもほとんど借入れをしないとかなり明確に仮定しており，そしてそれはきわめて正しかった．消費者信用は，やはり個人部門を純借入部門に転換するほどではないまでも，それ以来はるかに重要なものとなっている．

消費，所得および労働供給

所得の役割がなんであろうと，次の1点については，ケインズとその後の著者たちとの意見は一致している．すなわち，消費は「明らかに貨幣所得の関数であるよりも，はるかに実質所得の（ある意味における）関数である」（$G.T.$, p. 91〔邦訳，91ページ〕，強調点は原文のまま）という点である．

標準的なテキストの取扱いでは，次のことについては何のためらいも示していない．つまり，「実質」というのは「産出量のタームで測ること」を意味し，貨幣所得は，物価水準あるいはおそらく消費者物価指数で割ることによって「実質ターム」（すなわち，産出量単位）に転換されることである．それで問題は終わりである．ケインズは物価指数および産出量指数に対して不信感をもっていたために，生産面に関してきわめて好都合な定式化を行うことになったのである．つまり，産出量の代わりに賃金単位（あるいは労働単位）を使用することであった．

ケインズは，彼がそこから得たいと考えたもの，つまり，Z が D より急速に増大した証拠を得た．しかし，概念上の観点からみて，正確な特定化が産出量単位にあることは，ほとんど疑いの余地がない．消費者は財を欲し，そして彼らの財への支配力を制約するのは，財のタームで測った所得である．他に何かあるかといえば，原初の関数を近似することか，あるいはそれを変換するかのどちらかである．産出量単位での仮説を賃金単位に変換するには，産出量と労働との間の交換比率による実質化，すなわち，実質賃金が必要なのである．その結果，もし産出量単位における消費と実質所得の間の関係が，方程式，

$$C_o = a + bY_o \tag{6.1}$$

（添字 O は，産出量単位を示している）のように，線型であると仮定されたなら，賃金単位でみた，それと同じ関数は，次のようになるであろう．すなわち，

$$C_w = \frac{C_o}{w/P} = \frac{a}{w/P} + b\frac{Y_o}{w/P} \tag{6.2}$$

方程式(6.2)は，もし w/P が不変であるなら，「真」の仮説(6.1)を忠実に表示するにすぎないであろう．

ケインズは，願望充足にかられて，この不変性を次のように仮定している．すなわち，

> ……人の実質所得は彼の労働単位支配量，すなわち賃金単位によって測られた彼の所得額とともに増減する．もっとも，産出物の総量が変化する場合には，彼の実質所得は（収穫逓減の作用のために）賃金単位によって測られた彼の所得に比べて小さな割合の増加を示すけれども．したがって，第1次近似としては，賃金単位が変化するならば，雇用の一定水準に対応する消費支出は，物価と同様に，同じ割合で変化すると想定するのが合理的である．　　　　　(G.T., pp. 91-2〔邦訳，91-2ページ〕)

最後の3行でケインズは，(6.2)が C_w であることを示す PC_o/w が賃金単位の変化に関して不変量であると主張している．これら数行は，すぐ前でなされた収穫逓減の仮定と矛盾するようにみえる．第19章でケインズは同様に実質賃金を不変のままにして，価格が賃金の変化に従うものと仮定している．

上記のことは，$C_w(Y_w)$ が $C_o(Y_o)$ の完全な代用物であるために必要な仮定，つまり固定的実質賃金を明らかにしている．その仮定は，消費需要のミクロ的基礎を分析する場合には，あまりにも制約が強すぎる．そのため，われわれは産出量単位に逆戻りしよう．以下での目的は，労働供給の決定と消費計画との間の相互作用の厳密な性格を論証することである．われわれは計画形成について論じているために，「所得」は家計所得を意味するものとみなし，それぞれ賃金総額および利潤として家計と企業の間に総所得を分配するという役割についてはさしあたり無視することにしよう．

消費と労働供給：次に家計が消費を決定する選択の過程を考察することにしよう．家計は多くの仮説的な賃金と価格の可能性を想定して計画を立てるものと仮定したモデルから出発しよう．任意の特定時点において，家計はもっともありそうな賃金および価格の水準についての期待をいだくであろう

が[3]，これらの「点推定値」は説明の中には入ってこない．なぜなら，われわれが導出する関数は，あらゆる偶発事にも適用されるべきだからである．

勤労意欲は，消費の欲求によって支配されるものと仮定され，その結果，消費関数と労働の供給曲線は図6.1に示されるように，同時決定される．所得とレジャーの間の選択を示す左の象限から出発しよう．労働供給時間は中心から左に向かって読むものとする．N_{max}は，提供することのできる最大のある物理的労働量を示す．最適労働供給量は，選好と期待実質賃金とに依存する．仮説的実質賃金の全範囲に対して計画が立てられ，そのうちの6つの計画が斜線OY_i^*の傾きによって示される．ただし，$i=1,\cdots,6$である．（N_{max}における各直線の高さが，各賃金において獲得可能な最大所得を示す．）無差別曲線との接点は，各実質賃金の下での家計の最適労働供給を示す．それらの軌跡である労働供給曲線は，ON^sで示され，また各実質賃金における最適労働供給によって与えられる実質所得水準はY_i ($i=1,\cdots,6$)として中央軸の上に示される．

これらの所得水準は右側の象限では，135°の予算制約条件となっており，そこでは，$C_0(Y_0)$は消費（縦軸）と貯蓄の間の優先的処分を具体的に示している．この説明では，調整に付随するラグを伴う所得の変動は一時的とみるか，それとも恒久的とみるかといった問題を無視している．それは純粋に静学的枠組である．ここに示されているのは，所得の6つの最適水準に関連する消費選択だけである．消費関数はこれらの選択の軌跡である．

上記の関数は，完全に新古典派的方法で作成されており，それは完全雇用の状態にしか関連性をもっていない．結局，仮説的パラメーター──この場合には，物価と賃金──を所与として，最適結果を算出することが計画の策定過程の目的なのである．しかしながら，消費関数はより幅広い適用可能性をもっている．それは完全雇用以下の状態にも同様によく適用されるのであり，われわれはいまやそのやっかいな話題に目を向けることにしよう．

失業と消費：われわれは仮説的な実質賃金を変動させるという伝統的手続

第6章 総需要

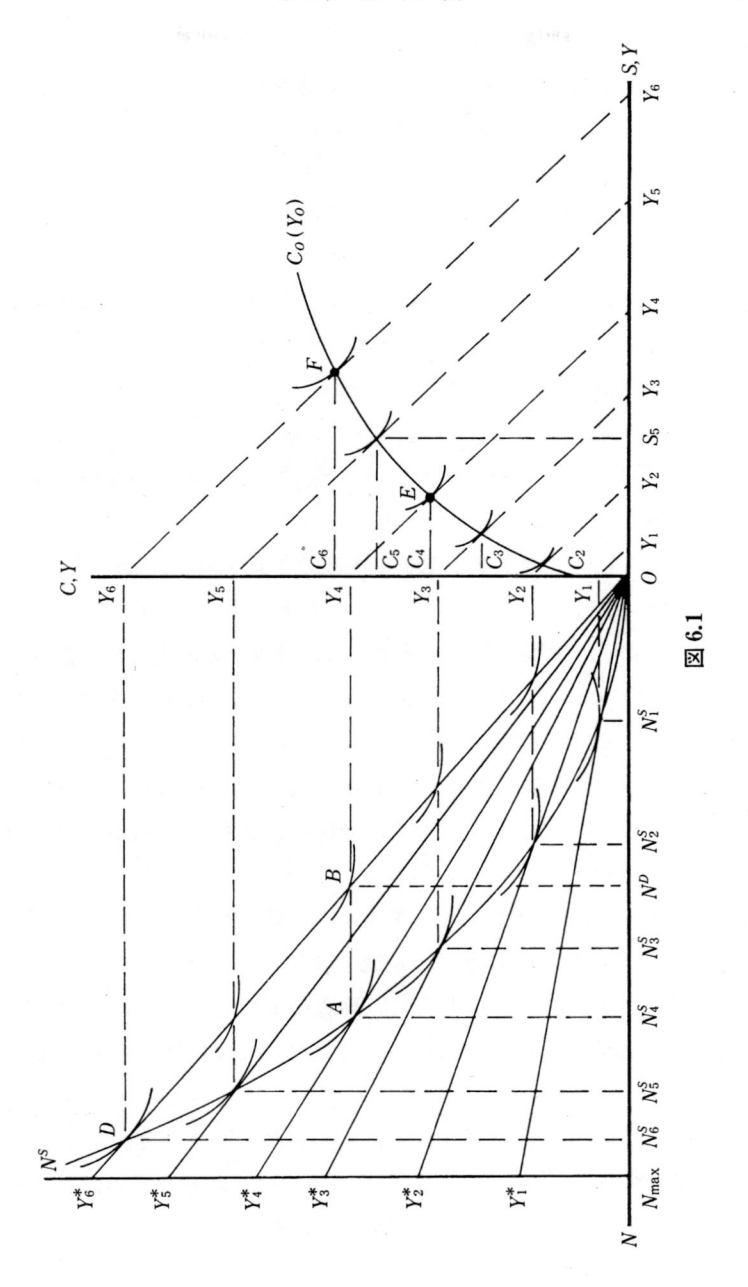

図 6.1

きによって，労働・消費選択の問題を検討した．所得を変動させる他の明確な方法は，賃金を固定したままで雇用を変動させることであるが，その状況の下では，家計の最適労働供給は取り上げられない．事実，ケインズの消費関係と，完全雇用への障害は存在しないとする古典派の主張の両方ともに，雇用が増加するさいの消費行動に関して自明とされた反応に基づいていると主張してもさしつかえないであろう．つまり，つねに売上高の中で雇用は正当化されるのだとする古典派の立場は，実質賃金が変化するときの労働者の行動について主張しているのではなくて，むしろ所与の賃金の下での雇用から発生する所得増加に対する労働者の反応についての主張なのである——すなわち，それは ON^s の右側の位置から出発しており，そこでは労働の不効用が賃金を下回る場合，それが ON^s そのものの上にあるのと同じくらい確実に労働が用意されているということである．

家計は，望ましい労働水準を100％獲得できようができまいが，いぜんとして消費計画を立てなければならない．消費者選択の理論が述べているのは，消費－貯蓄決意は，労働時間とか賃金率におけるその源泉とは無関係に，所得に依存しているということである．したがって，消費決定をするに当っては，雇用の入手可能性を所与とすれば，より高い賃金の下でなら能力以上の仕事をしたいと考えるなどという事実はどこにも存在しないということである．そこで，$C_0(Y_0)$ は ON^s 上の点と同様に，ON^s の右側のすべての点にも妥当するのである．

この主張はきわめて簡単に理解されうる．賃金線 OY_4^* 上の A 点を考えてみよう．その賃金 OY_4 の下での最適労働供給によって生み出される所得は，B 点での組合せ，つまりより高い賃金の下でのより短い労働時間からも獲得することができる．（描かれてはいないが，OY_5^* 上にもう1つの可能性がある．）

無差別曲線は B 点で所得線を切る．もし労働の限界不効用が賃金を下回るなら，無差別曲線の傾きは，図に示されるように，賃金線の傾きより小さいであろう．それらが等しくなるのは，D においてだけである．D は完全

雇用点である．OY_6^* にそった他の無差別曲線が存在するのは，完全雇用での賃金と時間の組合せに対して最初に見出された所得水準の下においてである．（それらはもちろん，すべての所得線にそって描くことが可能であるが，そんなことをすれば図を混乱させるだけであろう．）

　図示された各々の交点は，企業が提供した時間数だけ労働して得られる所得を表わしている．つまり ON^D 時間の労働は，賃金がもっと低いとき，Y_4 がまた N_4^S 時間労働して生みだされたのとちょうど同じように，所得 Y_4 を生みだす．また，雇用されている人たちにとっては，状態 B が完全雇用の状態 A よりも選好されることに注意されたい．それは同一の所得がより少ない労働で獲得されることを示している．（OY_6^* で示される賃金の下では，図の一番上に位置する状態 D は，確実にこれらのうちのいずれかよりも選好されるであろう．）

　雇用と賃金が B 点におけるような状態にある場合の消費を考察してみよう．Y_6 が選好されるとしても，所得は Y_4 になろう．消費は E 点における所得と好みによって与えられ，それは Y が N_4^S だけの労働時間によって生みだされる場合と同様，C_4 である．同じことが図で示された——また示されない場合も——他のすべての過少雇用の点にも妥当する．OY_6^* の下での完全雇用は消費状態 F を生み出すが，その状態はある関数に一層沿った点であり，その関数は完全雇用から完全雇用以下への後退によって変更されることはない．

セイの法則再論

　いま上で論証した結果——すなわち消費関数の位置は雇用水準に関して不変であること——の重要性は，われわれが投資を無視した場合に極めて容易に理解されうる．（このことは，単に説明を簡単にするにすぎない．読者はそのことを容易に考慮に入れることができる．）その含意は，生産費がいまや企業の主要費用と企業の産出物市場との両方に完全に関わる消費者/労働者への売上高によって償われねばならないということである．ここには本質

的に矛盾があることは明らかである．つまり，生産者は安い労働力を欲する一方で裕福な消費者を望むのである．その均衡は有効需要の点で見出される．

総供給曲線は E 点を通るものと仮定しよう（図 6.2(a)）．われわれはそれが E 点以降は $C_0(Y_0)$ より急速に上昇することを知っている．したがって，完全雇用消費は絶対値（F と E を比較されたい）では増大するであろうという事実だけで，F に達するほどの雇用の拡大を正当化するわけではない．いわば，それだけでは十分な増大ではないということである．

この結果は広く知られた解釈と対照を成している．つまり，それは，もし生産者の方だけが，求人を増やせば消費は増加することを知っていたなら，完全雇用状態は達成されうるであろうというものである．この見解（これはとくに，Leijonhufvud, 1968 と関連があるが）では，失業の存在は消費者の決意に関する不確実性に基づく情報不足に起因するものとみなしている．これはケインズの主張ではなかった．

私が最初に抱いていた直観は，その後誤りであることがわかったが，多くの人が魅力を感じてくれるものであろう．私は消費関数は 2 つ，つまり，1 つは失業を伴う需要を表わす消費関数とその上方にくる完全雇用消費関数の 2 つがあるはずだと考えた．このような観念は誤った解釈を生む余地を与える．図 6.2(b) における C_{FE} と C_U はこのような消費関数を示しており，それは Z が労働の完全雇用を示す点 N_{FE} で C_{FE} を通るということが証拠もなく仮定されている．仮に雇用が N_U で達成されている場合，それは単に F の可能性を無視することから生じるにすぎない．この解釈は，消費がその源泉に関係なく所得，すなわち別々の w と N よりむしろ wN に依存するという仮定とは矛盾する．

「不完全情報」の説明では，完全雇用解の存在が何の証拠もなく仮定されたことに注意されたい．本節の残りの議論はこの問題と関係がある．

$C_0(Y_0)$ からの $C_w(Y_w)$ の導出は，先に引用した文節でケインズが複雑すぎるとして考慮しなかったか，おそらく無視したある点を強調するものである．それは物価の役割に関係がある．次章をやや先取りして，ケインズが攻

第6章 総需要

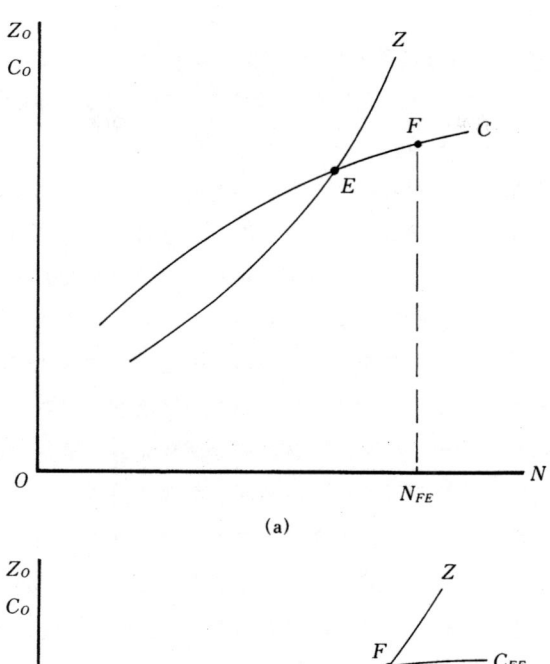

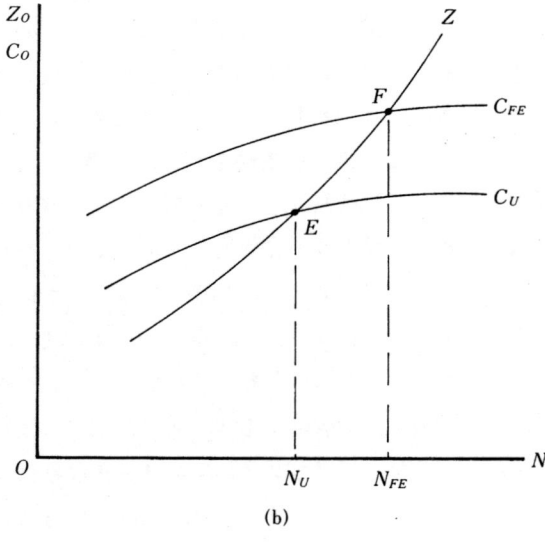

図 6.2

撃していた命題——つまりセイの法則——を再び考察しよう．ケインズによれば，その法則は（消費にのみ関連するその単純な形式において）Z 関数と D 関数（あるいは Z_w と D_w）が一致する（交わるのではなくて一致する）場合に限って成立する．

たしかに，生産の開始が可能となる所得をもたらす生産について，古典派の理論家たちが語った方法は，ケインズもそれを身につけていたとの解釈を示唆するであろう．しかし，彼の体系を押しつけることは間違いであった．彼の体系は，たしかに，所得は必要な資力をもたらしはするが，それを支出したいという欲求もまた存在するにちがいないと主張するに至ると彼らの見方とは対立するのである．需要は予算制約と同様に選好（あるいは各性向）からも構成される．——しかも，消費性向は消費能力と足並をそろえて上昇するわけではない．それだけでも「古典派」を葬り去るには十分である．

今日，誰かが総需要と総供給の非同一性に対するハロッド Harrod ないしはパティンキンの前ケインズ的挫折（第5章を見られたい）をはっきりと言葉に表わすかどうか疑わしい．われわれは異なった教育を受けてきた．そして議論も移り変わってきた．すなわち，セイの法則と異なるものではなく，単に支出能力というよりむしろ需要に基礎をおいた命題が，もし物価と賃金が伸縮的でありさえすれば，均衡解として完全雇用が論証されるであろうという，広く受け入れられた公理となってきた．この見解にしたがえば，ケインズの帰結を生み出した原因は，賃金とか物価の硬直性，ないしはある種の市場の不完全性にすぎないことになる．この現代的（新古典派的）解釈の存在こそが，セイの法則論争をいまだに議論するに値するものたらしめているのである．古典派の主張の本質的欠陥である，需要に関する誤った観念は矯正されてはきたものの，それも価格と賃金の硬直性さえなければ経済を完全雇用に到達させることは可能なのだとする新古典派的考え方に対処し切れてはいないのである．

何が完全雇用均衡にとって必要とされるのかに注目してみよう．第1に，労働者は，その勤労意欲をすべて出し尽すだけの実質賃金の下では，利潤極

大化をもたらす産出量を進んで生産するに相違ないし，第2に，消費者および投資を行う生産者は，企業がその産出量が売れると期待していた価格でその産出量を喜んで購入するにちがいない．

図5.2は，ZとDの観点から完全雇用均衡の位置を描いたものであった．ZとDはちょうど輪郭がはっきりしなくなるところで交差するはずである．いまやわれわれは，第4章と第5章から，Z上の各点はすべて異なった実質賃金を意味していることを知っており，また本章によって，実質賃金が変化するとき消費関数はシ・フ・ト・するということも知っている．かくして，これらの条件によって与えられる均衡は一義的な点であり，需要の選好面を無視して得られる中立的均衡とは異なる．そして，さらにZの端点の下で示唆される所得分配は，その需要水準に固有な所得分配に一致しなければならないから，完全雇用均衡にとって必要な条件はきわめて厳しいものであることが十分明白となる．その範囲全体を通じて，ZとDの一致することについては何らの問題もありえない．幸運にも1つの完全雇用解を見出すこともできるであろう．

この解は，物価と賃金の完全伸縮性という，それを生み出す仮定と同じくらいありそうもないものである．この明らかに当りさわりのない仮定が意味するものは，単に物価と賃金が変動しうるというだけではなくて，それらは，「誤った」物価と賃金に基づいてすべての約・束・がなされる以前に変動するということである．

これは，一般均衡理論の創設者であるワルラス Walras が（きわめて精緻化された）「再契約」の体系によって，立てた仮定であり，したがってもし価格——あるいは賃金——が「正当で」ないなら（すなわち，それが市場を均衡させるものでないなら），それはすべての産出物が現実に生産される以前に変更することが可能である．この仮定から生まれる帰結は，生産者の世界に固有の不確実性をなくし，完全雇用実質賃金の存在を保証することである．新古典派的もしくはワルラス的な世界では，瞬間的に伸縮的な物価と賃金が完全雇用を達成するであろう．しかし，物価と賃金が瞬間的ではなく，

時間を通じて変化する現実世界では，生産は需要の確実性よりむしろ期待に基づいており，期待はある程度歴史に基づいていて，そこでは完全雇用が達成されるという保証はない．これは，一部分は次章の問題である．

消費と非労働所得

非労働所得の中の重要な種類としては，利子，地代および利潤がある．これら所得の源泉が以下の2つの問題を提起する．すなわち，(i)(再び)適正な集計水準，と(ii)上記の中ではやや無頓着に扱われた，消費に及ぼす所得分配の影響，がそれである．

これらの問題の2番目の方が，経済学の文献の中では大きく表面に出されてきた．1番目の問題は，第3章で特に注目した集計の部門別取扱いと関係がある．それは簡単に扱っておいてよいであろう．

仮に消費とは家計が支出するものであると定義するなら，その場合には企業は消費できないことになる．家計だけが労働所得を稼得し，企業だけが利潤を得ることになる．利子所得と地代はいずれの部門の成員にも生じうるが，これらを主として家計所得とみなしても何らさしつかえないであろう．利潤とその残余との間の区別は重要であり，それが重要な理由は，企業が家計に対する利潤の分配を管理しており，この利潤の分配に対してのみ限界消費性向に関するすべての考えが適用されるからである．

企業が留保する利潤は，投資資金を賄うためか，更新投資を賄う目的で金融資産で保有される償却積立金を供給するために使用されるであろう．補足的費用は償われても，それが更新投資に対する同額の注文と釣り合いがとれていない限り，そこには，粗所得と純所得の間のギャップが投資から生じる所得と釣り合いがとれていない場合と同様に，消費に対する間接的なデフレ効果が存在することになる．（それはケインズの第2の主観的要因である．）

かくして，利潤分配率が消費に及ぼす影響は，異なる種類の所得からの限界消費性向の差異を超えている．その純粋な効果は，上述のように工夫することで表現することはできるけれども，それは消費者が事実上管理していな

い資金の処分に対する消費者主権を意味している．同じことは，程度としては小さいが，企業に生じる利子や地代にも当てはまる．

所 得 分 配

　所得分配を考察するには2つの方法がある．所得形態別のもの（「機能的分配」）と所得階層別のもの（「人的分配」）がそれである．前節の最後に暗示したように，それらは互いに独立のものではない．所得が主として利子，地代あるいは分配利潤から構成される家計の平均所得は，ほとんどもっぱら労働所得を得ている家計の平均所得より高い．

　高所得家族は，低所得家族より限界消費性向は低いと仮定すべき理由が存在するし，この見解を支持するクロス・セクション分析による証拠も存在する．したがって，労働所得から，たとえば地代への所得の再分配はその所得水準の下での平均的な限界消費性向を低下させるであろうと主張してさしつかえない．いっそう有力な理由から，利潤へのシフトにはこの効果があり，利潤のある部分（つまり留保される部分）に関しては限界消費性向ゼロがあてはまる．

　仮に限界消費性向が各所得階層で異なるとすれば，所得の再分配は消費関数をシフトさせよう．このことは，図6.3で知ることができる．この図の消費関数は，所得が異なる2つの個人グループの行動を示す．低所得 Y_L の人々は，高所得 Y_H の人々より限界消費性向が高いことに注意されたい．もし総所得が2つの階層間に等しく分配されるなら，平均総所得は Y_L と Y_H との中間の Y のところに位置するであろう．平均総消費 C は，Y の上方で，C_L と C_H の中間，換言すれば，A と B の間の直線上の点に位置する．もし Y が等しく分配されたなら，われわれはこの水準と平均消費額との著しい対照に気づくであろう．所得全体が不変に維持されるとするなら，平均所得は Y にとどまるが，平均消費 C' は，いまや Y における $C_0(Y_0)$ 上の点，つまり D 点で示される．平均（および総）消費は，高所得者が彼らの消費を減少させる以上に低所得者が消費を増加させるために増加する．

図 6.3

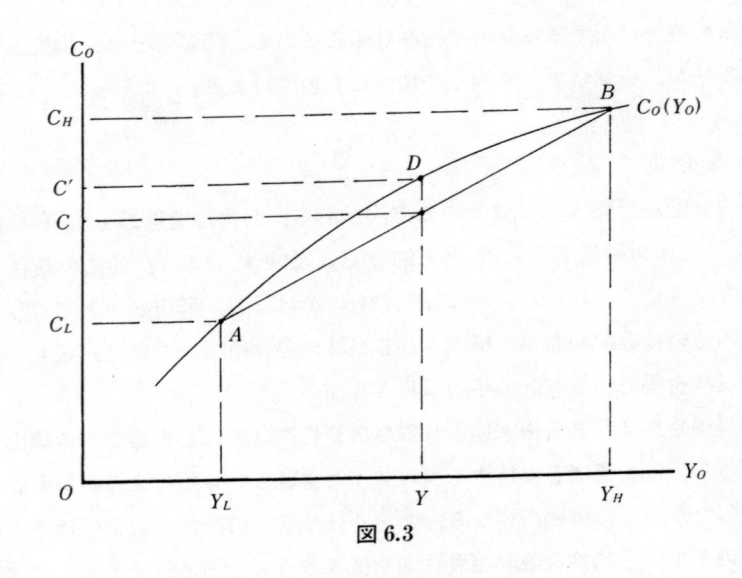

物価，賃金あるいは雇用のほとんどすべての変化は，仮に単にそれがすべての市場（財あるいは労働市場）で同時に発生するとは限らないからにすぎないとしても，所得分配に何らかの影響を与えるであろう．しかし，人々に失業手当てを受けるのをやめて大幅に高い所得水準を得させるように雇用が変化したために生じる所得変化は，おそらく賃金とか物価の変化よりはるかに大きな再分配効果を賃金稼得者の間に及ぼすだろうと示唆してもさしつかえないように思われる．事実，ケインズは相対賃金に対する労働者の敏感さゆえに，相対賃金はかなり一定に維持されるものと仮定した．交渉上の問題として相対性が重要であることはきわめて明白である．

たとえ相対的な実質賃金に重大な変化が生じても，消費関数が所得分配を主要な問題とするのに十分なほど湾曲しているか否か——あるいは，事実再分配の度合が消費関数を直線（つまり一定の限界消費性向）によって近似することを排除するほど大きいかどうか——は依然として実証的な課題である．短期の拡大期間中には不可避となる，幅広い階層間での所得の分配の方がずっと重要性は高いであろうが，もしそれがあまりにも重要性が高い場合には，

$C(N)$ のシフトは第4章の有効需要の原理の説明の基礎を崩壊させてしまうであろう．ケインズは，明らかに消費関数は十分に安定的であると考えていた．

一層長期における消費

拡大の結果生じる所得分配の短期的変化を軽視する1つの理由は，おそらく所得および消費が徐々に快適な水準まで上昇し，そこに維持されるような安定した人口と社会構造への期待に基づいて，一層長期の消費性向の安定性を暗黙のうちに信じたこと——それは戦後の実証研究の中で支持されたものではないが——であった．

安定的人口の仮定は，相対的に低い人口増加率——18世紀には平均0.51％であり，19世紀には1.31％になったが，1920年代と30年代には0.49％に下落した——の経験から影響を受けたのであろう．食べさせなければならない余分な人口や衣服を与えたり，住宅を供給する必要のある多数の人たちからの消費に対する刺戟はそれほどではないというわけだ！

1914-18年の戦争にもかかわらず，安定的な消費パターンの認識を含む社会的安定性が存在するとの認識がケインズの世界を満たしていた．このパターンは主として階級別に決定され，労働階級の消費はかなり密接に経常所得に結びついていた．購入時機の延期が可能であり，またときとして信用が必要な耐久財ははっきりとそれほど重要な役割を果たしていなかった．

1939-45年戦争の後には，「ケインジアン」理論の発展は，より大きな人口増加を伴う（つまり19世紀の年々の成長率は2％から3.5％以上の範囲にあり，1945-75年の平均は英国の増加率の2倍以上であった）アメリカに主として移っていった．これらの増加率は，たとえガルブレイス Galbraith（その他の人々）が指摘した，意図的に刺戟した消費需要の追加的要因および（デューゼンベリー Duesenberry が強調した）「世間の者に遅れをとらない」という部分を多分に内包する社会構造をもちださなくても，本来消費-所得関係の安定性を疑うに十分な高さであったであろう．

消費に関する初期の実証研究：消費性向の上昇傾向は，理論的発見ではなくて，経験上の発見であった．ほとんど『一般理論』が出版されると同時に経験的な推定値が作成されはじめた．これらの推定値は第2次大戦中，緊急の政策的関心事となった．というのは，需要が戦時体制の解除によって減少するであろうとの懸念があったからである．予測された消費水準は実現した需要水準よりはるかに低かった．政策立案者たちは，もちろんこのことに不満ではなかったが，経済学者たちに満足すべき理由はほとんどなかった．戦間期のデータに基づく彼らの推定値は，戦後の消費を予測することに見事に失敗し，このことが，消費と所得の間の単純な関係がどの程度有用かに疑問を投げかけることとなった．そこで諸変数が追加され，「新しい」仮説が提示されたが，その一部は『一般理論』自体の中にきわめて明確に予示されている．

第1に考慮されるべき変数は富と流動資産であった．所得はかなり高いのに消費財は入手できない時期の金融資産の蓄積が，戦時制限によって後に残された繰延べ需要に資金を供給したのだとの主張が行われた．（政策問題として利子率が安定的に維持される限り，総消費関数に金融資産を含めるのはまったく合理的であった．なぜなら，そのような状況の下では資本損失は大規模な販売の結果生じるわけではないからである．）

所得ゼロの下で正の消費水準を意味した，ほんの数年間をカバーするだけの推定値が長期についても確認されることはおそらくありえないであろうという点も指摘された．消費行動の所得変動に対する短期的調整と長期的調整との間では相違が生じる可能性は，『一般理論』の次の文節（p. 97〔邦訳，96-7 ページ）の中で予示されていた．

> 人間の習慣的な生活水準が普通彼の所得に対して第1の請求権をもち，彼は彼の現実の所得と彼の習慣的な生活水準のための支出との間に生ずる差額を貯蓄する傾向があるからである．あるいは，彼が実際に支出を所得の変化に順応させようとしても，短期間においては不完全な調整しか行われないであろう．かくして，初めのうちはあとになるよりもより

大きな規模において，所得の増大はしばしば貯蓄の増大をともない，所得の減退は貯蓄の減少をともなうのである．

長期消費関数が短期消費関数とは異なるとする仮説は，実証的に証明された．クズネッツは彼の有名な研究（Kuznets, 1946）において，1869 年から 1938 年までの 10 年間移動平均を用いて，次のような型の長期消費関数を見出した．

$$C_0^l = bY_0$$

これは有効な切片をもたず，かつまた年次データに適合した関数に関して見出されたものよりも急な勾配をもつ関数である．

したがって，次のようなテキスト型の短期関数

$$C_0^s = a + bY_0$$

は，時間にわたって上方へシフトしてきたと考えられた．そしてもちろん，観察範囲は長期的成長が進行するにつれて右方へ移動し，その結果，期間全体の回帰関係は図 6.4 に示されるように，事実「上方に傾斜している」であろう．そのシフトは，たとえば農村部門の衰退，長期の所得再分配，および新規生産物の導入などに起因するが，これら諸要因の量的重要性は不十分であることが判明したとの意見が出された．事実，デューゼンベリーが提示した「代替仮説」は，ケインズが提案した消費標準の擁護そのものであった．デューゼンベリーが正式に提案したのは次のようなものであった．すなわち，消費は現在および過去の最高所得の関数であり，したがって（消費は，いわば過去のより高い水準への注視と，それに復帰したいという願望とによって支えられているので）消費者は，現行所得のすべての低下によって示される金額以下しか下方に調整しないが，現行所得が過去のピークに達し，かつそれを超えるとき，消費者は完全に上方に調整するというものである．したがって，図 6.4 の関連部分は長期関数であり，それは過去のピークを超過するとき当てはまるものであって，現行所得が下落するときには，短期関数は C_0^l の左側にくる．

ここでは，少なくとも個人にとっては富の役割と関連がみられる．なぜな

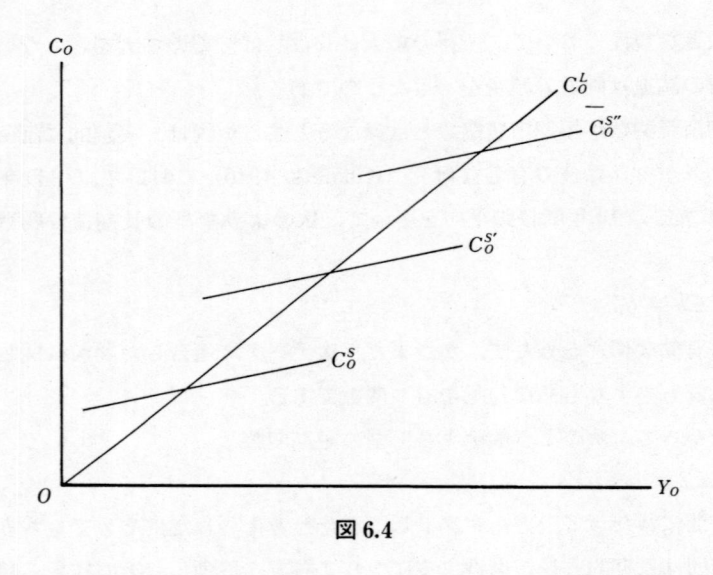

図 6.4 に示すように、グラフには縦軸 C_O、横軸 Y_O があり、原点 O を通る直線 C_O^L と、傾きの緩やかな3本の直線 C_O^S、$C_O^{S'}$、$C_O^{S''}$ が描かれている。

図 6.4

ら，消費を短期的に保護しようとすれば，富の計画的蓄積を一時的に調整する必要があるからであり，負の貯蓄すら必要となるであろう．

フリードマンの恒常所得仮説（Friedman, 1957）もまた，短期と長期との消費行動の不一致を解決することを意図している[4]．もっとも単純化していえば，その仮説は次のようなものとなる．すなわち，人はその長期所得のプロフィールに関する見方を，過去の経験と同一職業における他の人々の一般的パターンに基づいて形成し，そのプロフィールに基づいて長期の消費計画を立てるというものである．変動所得と呼ばれる，恒常水準からの所得の短期的逸脱は不規則であり，消費に影響しないと仮定され，それがまた不規則的要素を内包している．その変動所得が負の人々は，所得規模では図 6.4 の左側の方に位置を移すことが知られるであろうが，彼らの消費はその恒常水準の周辺を不規則的に変動し，変動所得が正の人々も同様に右側に位置が移されるが，彼らの消費は組織的に位置を移さないために，現実の所得と消費の関係は，長期の関係である両者の恒常的な各構成要素の間の関係よりも傾きは小さい．

第6章 総需要

　実証的研究の主たる意義は，広範な期間にわたる単純な消費‐所得関係の安定性が欠如することを例証することであった．長期はケインズの念頭にはないものであったという答えは多くの分野で容認しうるであろう．その説明は，技術的な意味での「長期」と「年数の長期」とを混同すると同時に，ケインズ自身そのいずれの意味でも，彼が想定した長期の消費関数の含意にいくつかの点で関心を示しているという事実も無視している．そのことについての詳細な議論は第17章まで待つほかはない．ここでは，理論的ならびに実証的研究が，短期関数を使って遠い将来まで説明することで発生する深刻な悲観主義——なぜなら，その説明は長期停滞を意味するから——とは対照的に，希望を持ち続けたと言うだけで十分である．

　私の知る限り実証的に探究されてこなかったし，また上記の議論に照らして相当重要であることが判明するはずの消費理論の1つの側面は，所得の変化が雇用，貨幣賃金あるいは物価の変動によって生じるかどうかに応じて，消費行動における体系的な違いが生まれるかどうかという点である．本章の冒頭での研究は，結果が変化の原因に対して不変ではありえないことを予測している[5]．

投　　資

　投資は総需要関数の第2の要素を構成する．

　『一般理論』における投資需要の取扱いについては，私がそのすべてに気づいているわけではないが，よく引き合いに出される多くの批判に遭遇してきた．ケインズが提示する理論は簡単に取り扱うことが可能であるが，私が思うにはそれは実に内容豊かなものである．それは既存資本の評価と新規資本が利益を得て生産されうる価格との間の区別と資本設備の収益率と利子率との間の区別——それはしばしば新古典派理論が混乱する事柄であるが——に依存している．

生産者の意思決定：なぜ生産者は投資したいと考える必要があるのであろうか．さしあたって，たとえば図6.5(a)あるいは(b)のような，連続的な短期平均費用曲線という周知の図を考察しよう．投資によって達成された $SRAC$ から $SRAC'$ への動きは，第1のケースでは主要費用の減少を表わし，第2のケースでは産出量の増加を伴う費用の減少を表わす．そこで，もし需要が D の水準にあったなら，生産者はなぜ投資しないのであろうか．彼の利潤は増加するであろうのにと思われるであろう．それに対する答えは，投資は図には表わされない費用を含んでおり，それは需要が，これも図に示されない，ある時間的長さにわたって D にとどまる場合に補償されるにすぎないということである．この時間的長さは，必然的にいくつかの生産期間（資本の予想耐用年数によってカバーされる期間）を含み，そして投資が生産し始めるようになる，ある将来の時期から始まる．このことは，投資が長期期待に依存し，それゆえ現行所得水準からは独立だという意味である．

投資の利益は，投資に直接帰することのできる将来利潤である．これらは，資本設備の経常費用と対比されるべきものであり，次いでその最終結果は利子を付けて資金を貸出す場合の代替的方法，あるいはもし融資を求める必要がある場合には借入費用と対比されねばならない．

利潤は将来発生するが，費用は現在生じる．しかし貨幣金額は物価安定の期間でさえ，時間の経過を通じて比較することは不可能である．今日の貨幣は明日の貨幣より価値がある．なぜなら，もしあなたが今日それを手にしていれば，それを使用することのできるいくつかの代替的な用途があるからである．特にそれは利子を稼ぐ金融資産の購入に使用することができる．もし今日の100ポンドが5％の利子を稼ぐことで，1年たって105ポンドの価値をもちうるとすれば，その場合には105ポンドの利潤は1年たてば105/1.05ポンド＝100ポンドの現在価値をもつことができよう．つまり，利子率を r とすれば，その貨幣金額は $1+r$ で割引かれる．もし元金と同様に利子が再投資されるなら，その100ポンドは2年たてば $100(1.05)^2$ ポンドの価値になるであろう．その結果，2年後に獲得した貨幣の割引率は，$(1+r)^2$ であ

第6章 総需要

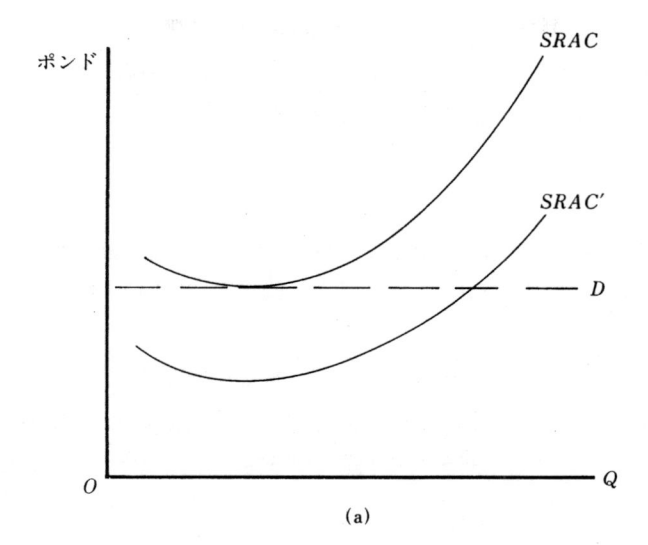

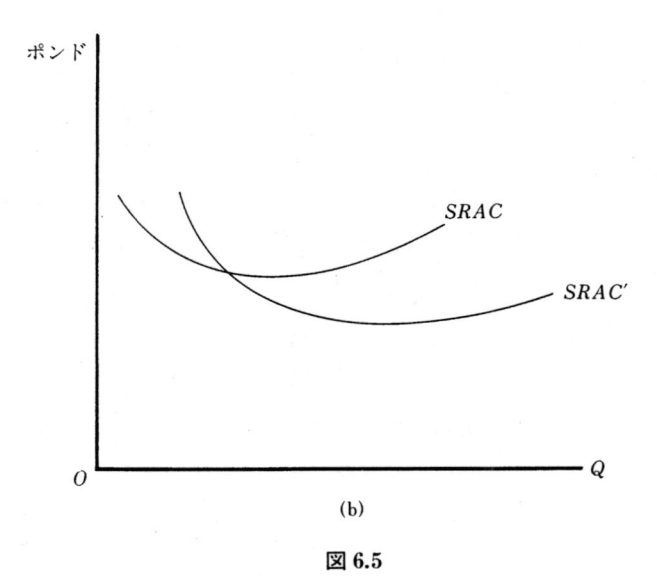

図 6.5

り，以下同様となる．もしわれわれが利潤は各年末に発生するものと仮定するなら，その場合，時点 j で利潤をあげはじめる，機械の耐用年数（n 年）における期待利潤流列の現在価値は次の通りである．

$$\sum_{i=j}^{n}\frac{\pi_i}{(1+r)^i}$$

ここで π は利潤である．もしあれば，さらにそれに残存価額が付加されるが，それは機械の価格との比較の必要上，機械の価値を計算するために $(1+r)^i$ で割引かれる．

仮に利子率が一定と期待される場合には，等価となる別の方法で評価することもできよう．従前どおり，期待利潤流列と新規設備の価格 P_k を使って始めよう．ただし，利潤流列を市場利子率で割引く代わりに，P_k を利潤流列の現在価値に等しくする割引率 d を見出すこと，すなわち，$\dot{d}$ について次式を解くことにしよう[6]．

$$P_k = \sum_{i=j}^{n}\frac{\pi_i}{(1+d)^i}$$

ケインズは d を資本の限界効率と呼ぶ[7]．それは P_k 額の支出に対する収益率の尺度であり，それは利子率と同一次元を有する．もしそれが利子率より大きいなら，機械への投資収益は，現行利子率の下で同額の貸出によって得られる収益より大きいから，生産者は機械に有利な選択をする．

このことはすべてきわめて正確であり，またもちろん投資決意は高度の不確実性に基づいている．理論が示唆するところであるとはいえ，どの企業も $d=r$ となる，ぎりぎりのところまで投資し続けると考えることはきわめて疑わしい．第1に，多くの企業が多くの事業計画を目論んでいるので，その中の1つが限界的であるとみることは疑問である．また，危険をかなり考慮に入れることが合理的であろう．しかしながら，堅実な投資計画だけが企てられるなら，投資量は実際わずかなものになるということはありうることであろう．ギャンブル的な直観が堅実さに平衡力を提供する．事実，「アニマル・スピリッツ」が投資決意を実質上支配するのだというのがケインズの見

解であった．われわれがこれまで説明してきたのは，単に意思決定のうち経済分析が容易な部分に限られる．

金　融：たったいまもっともらしい説明をしたひとつの側面は金融の問題であった．事実，投資の代替的方法は貨幣を貸出すことであったということを示唆する場合に，企業はその選択をするだけの十分な貨幣を所有することが暗に仮定された．内部留保は投資の資金調達において重要となってきている．もし留保部分が使用されるとすれば，利子率は，これらの資金をその投資を企てるためかあるいは，必要資金の他の部分については将来利潤に依存しているので，少なくとも投資を始めるために投下してきた金融資産が十分値下がりしたとき発生する機会費用の尺度となる．資本の限界効率が少なくとも利子率に等しくなる，機械の耐用年数が尽きるところでは，設備を更新（もし更新を望むならばのことだが）したり市場利子率で（P_k に等しい）株主持分への利潤を提供するために十分な資金が生みだされているであろう．

しかしながら，企業部門は全体として純借り手であることがその特徴である．もし企業が借入れによって投資資金を調達しようと企てるなら，利子率はその資金コストを表わす．その投資収益は，借入れを返済するに十分な資金を生みだし，かつまたもし設備の更新を望むなら，再び企業が借入れを可能にするために，（少なくともわずかといえども）利子率 r を超過しなければならない．

減価償却費も借入費用もどちらも資本の限界効率の計算には含まれていないことは指摘しておくだけの価値がある．含まれているのは，設備の購入と稼業に直接関係のある費用だけである．更新とか返済に備えるべき必要性は，資本の限界効率と利子率 r との比較の中に暗黙裡に示されている．利潤が発生すると，それが n 時点で更新投資の資金調達に必要となるまで（現行利子率の下で）金融資産に投下されるか，あるいは融資の返済をするために使用されるかのどちらかであるとの仮定も暗黙裡に示されている．前者は内

表 6.1　　　　　　　　　　　　　　　　　　（単位：ポンド）

年	0	1	2	3	4	合計
利潤 (Π)		100	100	100	100	400.00
Π_1 の利子			10	11	12.1	33.10
Π_2 の利子				10	11	21.00
Π_3 の利子					10	10.00
						464.10
支出	316					316.00
						148.10

表 6.2　　　　　　　　　　　　　　　　　　（単位：ポンド）

年	0	1	2	3	4	残余
利潤		100.00	100.00	100.00	100.00	
利子		31.60	24.76	17.24	8.96	
元金返済		68.40	75.24	82.76	89.60	
元金未済分	316.00	247.60	172.36	89.60		1.44

部資金の使用にあてはまり，後者は借入れにあてはまる．

　考えを整理するために，いくつかの数値例を考えてみよう．耐用年数が4年の機械で，1年目の末から開始して毎年100ポンドずつ支払う場合を考えてみよう．10％のところでのその現在価値は316ポンドである．その事業計画は限界的なもの——すなわち，設備の価格も316ポンドであると仮定しよう．もし企業が設備の購入に内部留保を使用するなら，発生する収益（利潤）を再投資して，企業は表6.1に示されるように，最初の年の売上収益として $100(1+r)^3$ ポンド，2年目には $100(1+r)^2$ ポンド，3年目には $100(1+r)$ ポンドを得る．総収入と原初の支出との差である148ポンドは株主への配当として使用できる．4年間にわたって累積された316ポンドの10％の利子は146.80ポンドであり，それは（誤差は別にして概数で表わすと），潜在的な配当は株主が公開市場で316ポンドを出資して得られる利子率と等価になることを示している．その場合，その企業にはちょうど機械を更新し，その過程をくり返すに足るだけの資金が残されることになる．

　もし契約で，機械の耐用年数が切れるところで，元金および全利息の双方

を返済することが認められている場合には，銀行かどこか別のところから316ポンドを借入れることもまったく同様に有利である．もし返済が行われる必要があるなら，企業は利潤が発生するとき，それを投資する必要がある．

それに代わって，もっと現実的な契約が銀行と結ばれることもあり，その場合融資は継続的に返済されることになろう．表6.2はこの仕組みを具体的に示している．利潤はすべて銀行に支払われる．利子は未済残高の10％であり，残りは元金の返済に使用できる．最終期限に利子と元金を返済することができ，計算の近似的性質から生じるわずかな残余を残すだけである．

集　　計

個別の投資決定に関する分析可能な部分を案内する一般原理は確立したので，われわれは次に総投資を決定する必要がある．そこに移行することは簡単ではない．そこには資本の異質性と資本供給価格の計算という，2つの問題がある．

異質性は重大な困難を惹起するものではない．すべての事業計画およびすべての企業者について計算される資本の限界効率は，（すべての企業者が事業計画の見通しについて同じ見解を取るであろうと仮定すべき理由はないから）上から順にランク付けが可能である．そこで各々の資本の限界効率の値と関連した投資支出額は，資本の限界効率の値に応じて順に決定され，かつ調整されうる．したがって，図6.6でみると，OA ポンドで評価された事業計画は25％の期待収益があり，AB ポンドの価値をもつ事業計画は15％の期待収益をもつ，等々となる．もし利子率が12％なら，OB に含まれるすべての事業計画は実施することが有利となろう．他の残りは有利ではないであろう．したがって，資本の限界効率と利子率が一致するところで投資需要は決定されることになる．

個別企業者にとって，事業計画は市場価格で評価される．ミクロ経済レベルでは，新規設備の価格は容易に確認されるものであり，また企業の需要は典型的には価格に大幅に影響を及ぼすものではないと仮定することができよ

資本の限界効率

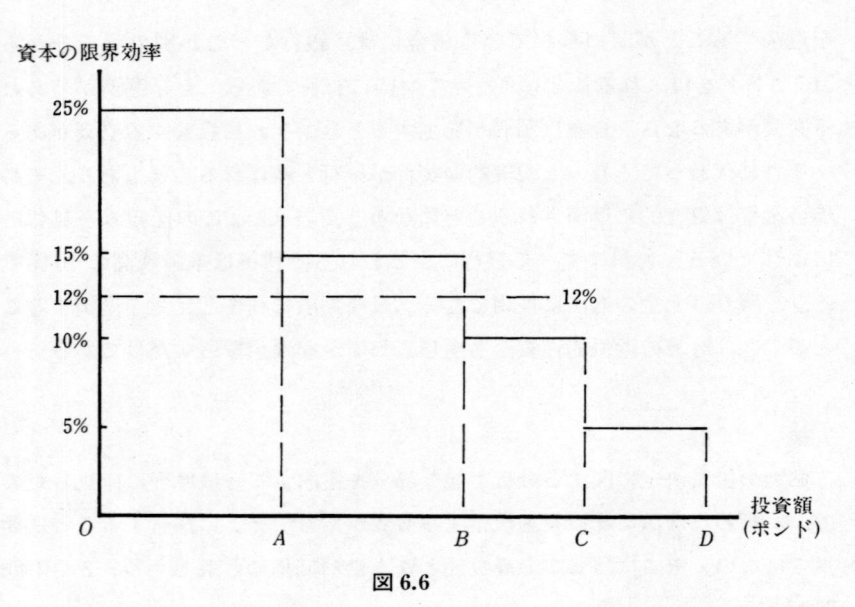

図 6.6

う．しかし，集計値レベルでは，これがそのままあてはまるわけではない．資本設備の価格は，資本財供給者にかけられる圧力の影響を受け，その供給価格は，当然注文量に応じて上昇する．

さて，そのことを次のように考えてみよう．個別企業にとっては多くの資本設備はストックから供給することも可能である．だが経済全体にとっては，これは不可能である．平均してみれば，時間にわたって注文に応じるには新たな生産が必要である．もし人が均衡にしか関心がないなら，資本設備の市場価格を価値尺度として使用しても何ら差し支えないであろう．しかし，移行状態にも妥当するように意図された，一般的な関数にとっては，それと関連する尺度は市場価格ではなくて供給価格なのである——つまり，それは，投資財の需要者が生産された財を入手するために，これらの財の生産者に提供すべきものである．

資本財の供給価格は（もしわれわれが収穫逓減に固執するなら），1企業にとっても集計値でみても，いずれにせよ右上がりの傾きをもつ関数である．

それゆえ，資本の供給価格は，（集計値でみて）資本がどのくらい需要されているかに依存し，その集計曲線は，たとえ個別企業では考慮しないとしても——事実できないが——このことを考慮に入れる必要がある．この事実によって現われてきた論理的欠陥を回避することはできないし，市場の需給両面に関する計画を完全に明示しないでおいて，その欠陥を補うことなどとうていできることではない．われわれは前章でこの問題を考察しており，ここでもそれを同じ方法で取り扱うように提案したい．すなわち，単に厳密に何が必要となるかを指摘するとともに，求めているのは集計関数であるということを叙述することである．企業は，資本財の供給ないしは需要が変動する時はいつでも，投資計画のコストを誤って評価する可能性がある[8]．

　この点での一部読者の不快感は，次のようにまったく合理的な仮定を考察することによって緩和されよう．すなわち，資本財の供給者は実現可能な需要水準に関して公正な考えをもっており，したがって企業に彼らの見積り価格を提示するが，その場合見積り価格と資本の供給価格とは一致しないという仮定である．結局，資本財の供給者は，彼らの産出量への需要に関して前向きな見方をする必要がある．事実，もし『一般理論』の第3章でなされた正確な需要予測の仮定が適用されるなら，当然この仮定がそれに続く．ただし，このような両極端は何人といえども，マクロ経済学で期待することは正当ではない，ある絶対的な論理的一貫性を保つためにのみ必要であるにすぎない．

　資本財の生産者が投資需要を正確に推定する場合に，彼らの供給条件を総投資需要表に具体化するのはどのような意味があるかといえば，それは資本の限界効率と利子率とが一致するところで現実投資が決定されるということである．

　一定種類の資本設備の拡張は，マクロ経済レベルでは次の2つの理由からその設備の限界効率を低下させると予想されうることに注意する必要がある．すなわち，(i)設備の増加は産出量の増大を意味するが，その産出量はより低い価格の下でしか売却できないこと，(ii)資本の供給価格は上昇すること，

がそれである．

諸々の反論

上で説明した投資理論は多くの批判を受けてきたが，その中の3つはここで取り上げるに値する．すなわち，(i)それは期待をモデル化していないこと，(ii)それは利子率の一定性を仮定していること，そして(iii)（明らかにもっとも重大な論点であるが）それは資本ストックの変化に対する需要だけを決定するのであって，時間を通じての変化率を決定するわけではないこと，がそれである．

期待に関する反論は，もちろん完全に正しいし，『一般理論』の方法ともまったく一致する．『一般理論』の，はじめの諸章では長期の利潤期待は所与として扱われ，その後（『一般理論』第17章において）その期待は資本が蓄積されるにつれて，期待について予測された経路を通り，そして低下するとみなされる．しかし，いかなる時でも生産者がいかにそれらの期待を定式化するかは説明されていないが，それだけでもそれらの帰結を示すには十分であった．

もちろんその後，加速度原理がケインズの体系に継ぎ木された——ただしその原理は，加速度原理が需要の予想外の変動に応じて生産者が期待を調整するモデルと見なすことができるかどうかを検討しないままに継ぎ木された．

第2の反論もまた，資本の限界効率の計算に向けられた場合には正しい．明らかに，もし資本の限界効率を現行利子率にたとえようとするつもりなら，利子率の将来の変動可能性を無視することになる——一見したところでは，それは期待に依存するという利潤流列がもつ性格との奇妙な対置である．現在価値法は，利子率を一定値に限定する必要性を回避している．将来の期待利子率の時系列 $r_{t+i}, i=1, \cdots, n$ は利潤流列を割引くために使用されうる．このことが『一般理論』で使用された分析に対する現在価値分析の優位な点として主張されてきたのである．

しかしながら，利子率の可変性を考慮に入れることは絶対的に重要な問題

というわけではない．人がそうすることを望むかどうかは，利子がそれに関連する時間的視野の中で著しく変動することが期待されるかどうかだけでなく，選択される資金調達の形態にも依存している．

ケインズの計算は，理論的にははじめに契約し，機械の耐用期間中も効力をもつ固定金利による融資によって資金が調達される投資にはあてはまる．この場合は，固定金利の仮定はまったく問題ない．だがそれは現状におけるもっとも適切な計算というわけではない．過去10年間，新たな固定金利証券の発行は量的には取るに足らないものであった．企業自身は，インフレーションによって押し上げられた利率での借入れをしぶしぶ約束して，銀行に融資を求めてきた．

もし投資が機械の耐用年数より短期の信用によってまかなわれるものとすれば，利子率の将来の変動は明らかに重要である．なぜなら，当初の融資「借換え」費用は最初の時点では不明だからである．企業が事業計画の資金を調達するために内部留保を使用している場合にも，利子率の将来の変動は，程度としては劣るとはいえ，重要である．その理由としては，設備の更新のために償却積立金として留保される利潤は再投資されねばならず，また収益が予測される必要があるからである．同じことが新規の株式売却による資金調達の場合にも当てはまる．ただし実際には，配当は利子収入の不足を補うためにかなり容易に変更されることになるけれども．

第3の反論はもっとも興味深いものである．それは，最初ホーベルモ (Haavelmo, 1960) によって行われ，さらにウィッティ (Witte, 1963)，ミンスキー (Minsky, 1975) およびウェルス (Wells, 1965) やその他の人々の間でも取り上げられた．その主張は，資本の限界効率の計算は，望ましい資本ストックの水準を——そして現存水準を所与とすると，望ましい資本の変化をも——確定するが，投資にはフローの次元もあるというものである．すなわち，年当りの変化率がそれである．もし限界効率が利子率 r を超えるなら，その変化はプラスになるであろうが，変化率は不明確である．

この主張は，利潤流列のタイミングと供給価格に固有の時間次元の両方を

表 6.3

利潤を得る期間	現在価値(ポンド)
期間 1-4	316
2-5	288
3-6	262
4-7	238
5-8	217

無視している．後者は集計レベルにおいて特に妥当する．時間がさらに将来に延長するにつれて，割引率が上昇するため，現在まさに企てるに値する事業計画も，もし遅れれば計画する価値はなくなってしまうであろう．表6.3に示されるように，1，2，3，4および5の各期末から始めて，4つの期間の100ポンドの利潤の現在価値を比較してみよう．資本の価格が固定されている場合には，明らかなことは，仮にその投資が実行するに値するなら，できるだけ早く利潤流列を生みだすために，直ちに優先して投資を開始すべきである．

しかしながら，新たに供給される資本の価格は固定されておらず，まして設備の据付けとその調整時間とを無視しているため，即時的な投資はその設備をストックでまかなうことができる場合にしか実行できない．それゆえ，マクロ経済レベルでは，瞬時的な投資は不可能であり，ある投資需要は現行生産物によって充足され，そこでは価格は期間当りの供給量と正の関係があろう．仮にきわめて短期の引渡し期日が選択されるなら，その設備は生産者が引渡しまでより長い時間的余裕が与えられる場合に比べて，超過勤務手当を支払わねばならないために大幅に高い価格でしか供給されないことになろう．引渡し期日が長くなる場合には，供給者にとっては労働者の雇用を増やすことが可能であるが，その場合でも，短期の収穫逓減のために諸経費は上昇するであろう．さらに長期においては，諸要素がますます可変的となり，また効率性上昇の潜在的可能性が増大するために，供給価格は低下するであろう．その結果，初期の利潤への欲求とコスト低減の利益との間にはトレード・オフが存在する可能性がある．

図 6.7 は，短期についてこの点を例証している．左側の図は資本財を生産産業の供給曲線を描いている．曲線ははじめ弾力的であり，平均して資本財の量 S_0 は各期ともストックから利用可能であることを示している．それ以後，注文は上昇する供給価格の下で現行の生産物によって充足されなければならない．計画された投資総額は I^d である．これだけの額をストックから供給することは不可能である．もし I^d 全部が，ある期末に引き渡されねばならないとすれば，資本財の供給者は P_1 の価格を付ける．右側の図は，徐々に期日を拡張した場合に引き渡される，4つの期間の最後までの I^d の現在価値を示している．期間1の期末には，$PV>P_1$ であり，そして企業者は供給者の条件を受け入れるであろう．もし引渡しが第2期の期末より長期に延期されるなら，その投資は実行するに値しなくなる．なぜなら，その場合には，提示価格が現在価値より高くなるからである．第 i 番目の期間の末に引き渡す供給者の見積り価格は，その注文の生産が各関連期間全体にむらなく拡がっているとの仮定から導出される．したがって，I_2^d は O と I_1^d の間の中間にあり，I_3^d はその過程の3分の1のところに，そして I_4^d はその4分の1のところにある．

　もし供給曲線がもっと急勾配で上昇し，その結果，SP_k が PV を上から切る場合には，初期の引渡しに対する見積り価格は受け入れられないであろうということがわかる．

　もし PV と SP_k の間に正のギャップが生じ，そして企業者がそれに対応するならば，投資量はそのギャップが除去されるまで増加するであろう．もし SP_k が PV を上から切る（しかもたった1回だけ切る）ならば，企業者は他の企業者との競争を恐れるがゆえに，PV が2つの交点の右側では徐々に SP_k を超えるにもかかわらず，有利な投資ができる最初のチャンスを手に入れるであろう．その結果，資本の限界効率が利子率に等しくなる（すなわち，$PV=SP_k$）点まで投資が推進される限り，一定の総投資率が存在する[9]．

　他方もし総投資量が I_4^d であるなら，在庫からの購入だけが有利となる．

図 6.7

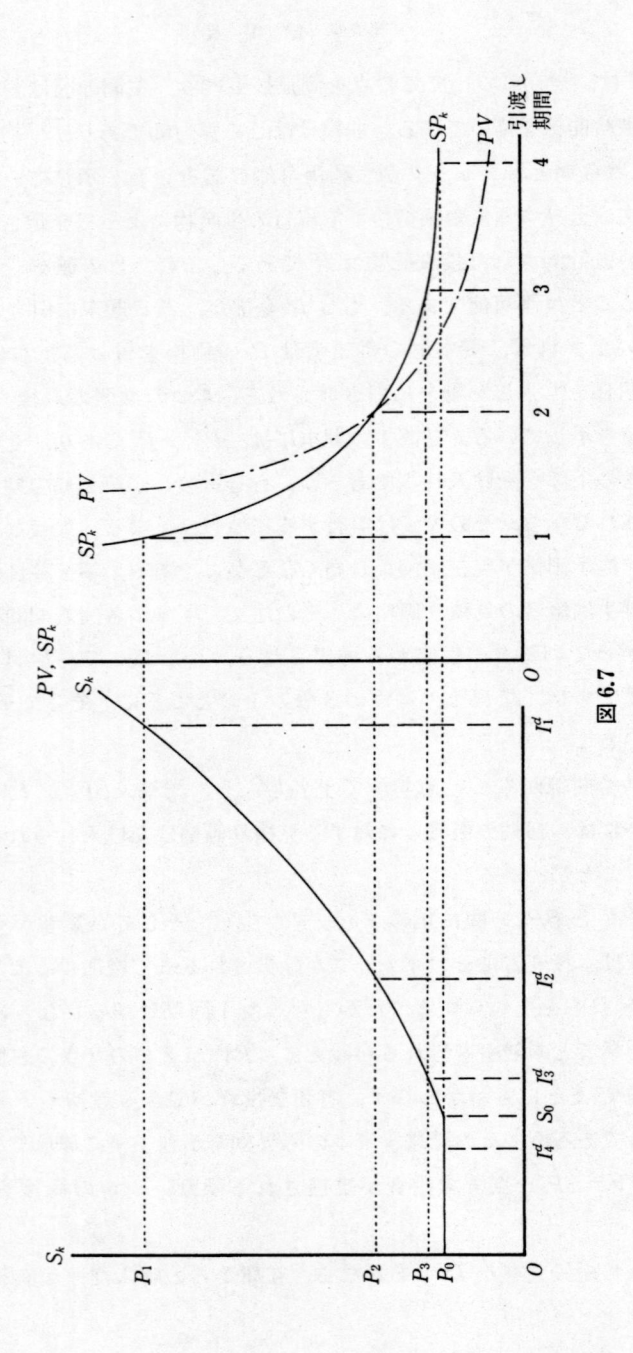

その場合に行われるような投資は,「無限の」割合で行われ,したがって,ホーベルモの反論の正当性が立証されることになるが,このケースはマクロ経済レベルでは不適切なものである.

期　　待

限界効率表は投資を利子率に関係づける——ただし将来利潤への期待は所与とする.しかし,それでは期待を決定するものは何であろうか.ケインズは期待形成の主観的性質,「アニマル・スピリッツ」の必要性,および投資が行われるためのギャンブル的直観に深い感銘を受けていた.投資意欲に関する調査[10]は,楽観主義ないしは悲観主義の一般的状態についての何らかの指標ではあるが,実際には,何が将来に関する企業者の知覚 perception の変動を引き起こすのか,実際には誰にもわからない.期待に関するこれらの変動は,経済全体の循環的変動に関するケインズの説明にとっては決定的に重要である.確信の崩壊（つまり投資需要関数の左方へのシフト）が景気後退を激化させ,確信を回復するための政策は,後に見るように経済活動や雇用を回復させるカギである.

これらの期待は,生産計画が基礎を置く需要への期待と同様の事実に密接な関係をもつことはありえない.産出物は引き続き売却されるのに対して,機械の利益率は,機械の耐用年数が尽きるまで完全に知ることはできない.明らかに暫定的評価がなされる可能性はあるが,それは次のような基本命題を変更するものではない.すなわち,それは,企業が彼らの計画の賢明さないしは愚かさについて何らかの考えを抱く前に,かなりの時間が経過するに相違ない,という命題である.投資を決定する場合の気分や意見の主観的な変化にそうした力を加えるのが,この時間のずれである.消費財の生産者は,資本財生産者ではできないやり方でたえず彼らの期待を市場のテストにかけている.

投資家の期待の範囲は,短期期待の確認ないし反証からのかなりの独立性を考慮に入れている.仮にわれわれが原子力発電所を建設している場合,電

力需要が毎年変動したからといって，その建設計画を断念させられたり，再スタートさせられたりすることはない．このため，ケインズは長期期待は所与であり，短期の結果からは独立であるとの仮定に基づいて産出量と雇用の決定を議論することができたのである．

　経験的証拠：利子率は投資とは無関係であるということが広く信じられている．ヘンダーソン（Henderson, 1938）およびセイヤーズ（Sayers, 1940）による最初の研究が現われたのは早期のことである．アンケートに対する回答の中で，事業家たちは，利子率はたとえ彼らの投資決定に影響があるとしてもきわめてわずかであると証言した．その後計量経済学的証拠は，何もこれ以上の裏付けを与えてこなかった．しかしその考え方を否定する前に，このような影響を把握することがいかに困難であるかを考えてみよう．「他の事情」が，きわめて不確実な，利潤の推定値のことであるとき，他の事情は等しいとして利子率がどのような影響をもつのかを経営者にたずねることには大いに疑問がある．期待収益は限界的でさえある利子率を上回る大幅なリスク・プレミアムを含むにちがいないという事実に加えて，ほとんどの投資が限界的ではないであろう．

　計量経済学の研究者はそれほど気楽ではない．彼は，資本の限界効率と資金供給（あるいは利子率）の両方がシフトしている場合，循環的変動を通してこの問題を研究する．彼が何を観察しうるのかを考察してみよう．第1に，内部資金は外部資金以下にしか評価されないと仮定することは合理的であり，したがって，企業が外部資金を求める必要がある場合には不連続性が存在する．内部資金と外部資金の双方の供給が右上がりの傾きをもっており，しかも企業は可能ならばいつでも内部資金を使用するものと仮定しよう．

　さて，次の4つの循環局面を考察しよう．すなわち，(1)上昇，(2)ブーム，(3)下降，(4)後退，の各局面がそれである．上昇局面では投資は正であっても小さく，超過生産能力が上昇局面で使い果たされるときには増加し，また活動水準が低下するときには逓減して，おそらく循環局面の(4)では負にな

第6章 総需要

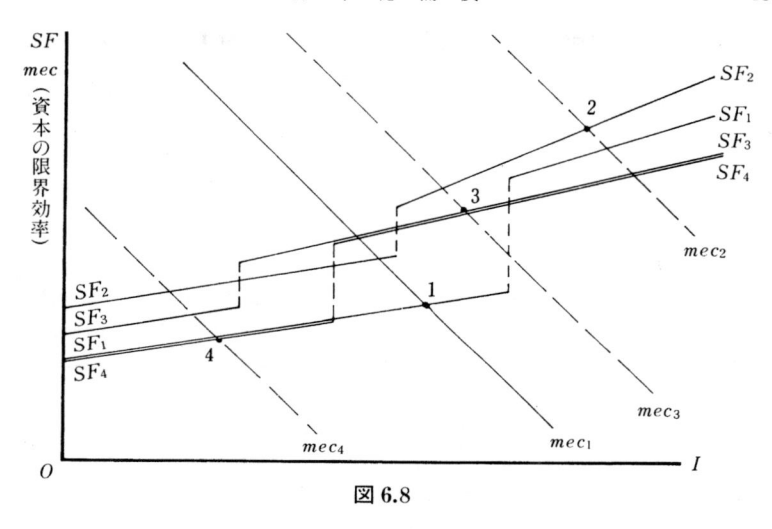

図6.8

ることが予想されるであろう．各循環局面の中間点で測定される資本の限界効率は，図6.8のようにシフトするであろう．（これらの各水準の間の関係は，強い印象を与えることが意図されているにすぎない．）一方，資金供給関数 SF はほとんど確実にシフトしている．この関数の循環的運動を大ざっぱに描写すれば，それは次のことを示している．すなわち，局面(1)では，流動資産ストックは内部資金の急速な蓄積のために潤沢であり，また増加している．配当の支払いは低水準で利潤マージンは高く，利潤は増加している．このことは投資資金の調達には内部資金だけで十分であり，その曲線の外部資金部分は無関係であったことを示しているであろう．局面(2)では，留保利益は安定しており，流動資産残高は減少しつつある．（内部資金は，それが補充される以上の速さで使用されている．）同曲線のうち，内部資金部分の絶対的な範囲は縮小しつつある．SF の外部資金部分の傾きは貸し手の流動性が低下するにつれてより急となり，また内部資金コストも一層高く計算されることになる．内部資金は，下降局面ではさらに減少し，そして滞貨が減らされ，労働者が一時的に解雇される局面(4)では，やや回復するであろう．そして外部資金は一層安価となる．

最終的な結果として出てくるのは，観察された投資と利子率の間には体系的な関係はなんら存在しないということである．観察される水準と比率とは，図 6.8 の点 1, 2, 3, 4 で与えられる．

注
1) 生存のための消費の必要性が，ケインズの心をよぎったようにはみえない．
2) 1970 年代の（UK の）インフレーション時における貯蓄率の動きに対する驚きが私の論点を例証している．バルクリー（Bulkley, 1981）およびその中で引用された参考文献を見られたい．
3) たとえば，安定的な期間には彼らは明日の物価と賃金は今日のそれと同じであると期待することも可能である．
4) 彼の消費の定義は「耐久性」の体系（表 3.1）に従うが，このケインズの定義との対比は当面の目的にとって重要ではない．（他の点ではそれは重要であるが．）
5) この疑問は，クラウアー－レイヨンフーヴッド（Clower-Leijonhufvud）のケインズ再解釈に対する私の批判の下で湧いてきたものである．Chick (1978), Clower (1965) および Leijonhufvud (1968) を見られたい．
6) 多数の解が存在するが，それらは退屈なものといってよい．単純な議論としては，ジョンソン（Johnson, 1971, pp. 38-9）を見られたい．
7) この名称はおそらく不適切である．なぜなら，それは（原則として資本ストックのあらゆる水準に対して測定可能であるが）資本ストックの限界効率と現存資本ストックに対する増加分の効率という，2 つの概念の間の混乱を助長したからである．混乱がどのように生じたか不思議に思う人もあろう．その文脈は，歴史的に与えられた資本ストックに対する限界での付加分であることはきわめて明らかである．短期期待の仮定が緩和され，資本蓄積が考慮される第 17 章では，最初の概念が効果を発揮するが，2 つの概念が同一結果を生みだすのは限界値でみた場合だけである．
8) アシマコプロス（Asimakopulos, 1971）は，資本の供給価格を投資関数に，ある事後的情報を導入することとみなしている．おそらくそれはひとつのレベルで取りあげる方が容易ではあるが，それは理論を連立方程式体系に引き寄せるものである．
9) 資金の供給曲線の上昇もそれと同じ効果を与えるであろう．
10) たとえば，ファイナンシャル・タイムズ *Financial Times* による．

第7章　労働市場：ケインズ対古典派

　第5章および第6章での総需要と総供給のミクロ的基礎に関する研究は，貨幣賃金水準を所与と仮定すると技術的に好都合だということを論述してきた．しかしながら，この仮定を使用することは危険である．なぜなら，それは失業の持続や，その存在ですら賃金硬直性の仮定によるものであるとの広く抱かれた信念を読者に受け入れさせることになるかもしれないからである．『一般理論』が固定賃金に基づいているとする考え方は，ひどく不正確なものである．仮にこの点が第19章の表題「貨幣賃金の変動」から明らかでなければ，次の問題を考察してみよう．すなわち，もし賃金が固定されている場合には，賃金単位をデフレーターとして使用する場合のすべての作業をやり遂げる必要はないであろう，という問題がそれである．ケインズの分析では，賃金は経済的諸力がそれを決定するところではどこでも完全に自由に変動する．本章の中心目的はそのことと関連しており，それは賃金が「粘着的」である——すなわち完全に変動は自由であるのに変動をひどく嫌うものである——という命題が，ケインズ理論の1つの仮定ではなくて予測であり，古典派の労働市場論と，同派による持続的な非自発的失業の否定とを排除する理論と同一のものであることを論証することにもなる．

　賃金と雇用の決定に関する古典派理論に対するケインズの反論は，労働市場に適用される場合——つまり，価格と販売量とは需要と供給の交点で決定されるという——価格理論の基本的教義を否定することと同じことになる．ハロッドは次のように，ケインズに注意を促した．すなわち，

　　あなたの研究の有効性は……もしあなたがきわめて深く根ざした思考習

慣を不必要に根絶しようと試みるなら，減退します．思考習慣の1つは需要・供給分析であります．私は単に年とって時代おくれとなった人たちのことだけを考えているのではなくて，おそらくこの話題についてわずか数年ではあっても，きわめて真剣に考えてきたもっと若い世代のことも念頭においているのです．もしあなたが彼らに向かって，2つの独立した需要・供給関数が1つとなって価格と数量を決定するのではないとおっしゃるならば，彼らの基本的な思考原理を大きく歪曲することになります．1つ以上の解がありうることを彼らに言うべきであります．われわれにはその供給関数がわかっていないことを彼らに言うべきであります．他の事情が一定とするならばという文節は承認しがたいものであり，しかもわれわれはこの場合には s. および d. の分析を無効にしてしまうような，価格と数量を支配する，もっと重要な関係を発見できるのだということを彼らに言うべきであります．だからといって，s. と d. の分析自体に異議をさしはさむべきではありません．

(*C.W.*, XIII, pp. 533-4)

　ハロッドの手紙はきわめて洞察に富んでいた．それは，もしケインズが，その示唆された言い逃れの1つを自ら取り上げて好意を示さなかったなら，ケインズの議論は曲解されるであろう，一般的帰結ばかりか厳密な形式をも予言するものであった．既成のマクロ経済学にしてもミクロ経済学にしても，労働の供給曲線は観測される雇用量ないし賃金に何らの影響ももたないであろうというケインズの主張の分析的基礎をこれまで何とかして把握しようとはしてこなかった．その代わりに，固定賃金の仮定というもっとも安易な経路をとらない人々は，ハロッドの3つの提案の1つに従っているのである．「われわれにはその供給関数がわかっていないことを彼らに言うべきである」という場合，それは，2つの形式で示される．すなわち，それは，労働組合が賃金の下方粘着性の原因であるということか，それとも労働者は貨幣錯覚に陥っていて，賃金の価値を考慮していないか，のどちらかである．他の人々は，労働に関するミクロ経済学はただ関連がないだけであると主張する

が，それは古典派的分析の基礎である．原子的単位の仮定が現実の世界では妥当しないからか，あるいはケインズの帰結を生み出した原因が，マクロ経済レベルにおける需要と供給の相互依存であるからか，そのいずれかのためである．（後者は，「他の事情が一定であればという文節は承認しがたいことを彼らに言うべきである」という形式にあたる．）この後者の論点は，非一義性の可能性（ハロッドの第1の提案）を正当化したものであり，またそれは高賃金経済と低賃金経済との間の選択の概念を生みだした．このどちらの経済もありうるが[1]，それは高賃金経済の方が高い需要をもつと仮定されたために高賃金が雇用を減少させるとは限らないからであった．

　これらの論点にはすべて真理が存在するが，ケインズの議論の中核になるものとしてそれらのいずれに注意を集中することも，まさにハロッドが示唆した通り，ケインズの基本的論点との対決を回避する方法なのである．失業を完全に貨幣錯覚ないしは独占力のせいにすることは，われわれに新古典派的ミクロ経済学とケインズ的マクロ経済学とを同時に容認させることである．マクロ経済レベルにおける集計と相互依存の存在とに関連する諸問題は，新古典派的ミクロ経済学とマクロ経済学におけるケインズ的結論の容認との間にある矛盾についてのすべての感情を未然に防止する役割を果たす．他の人々は彼らのミクロ経済学をマクロ経済学的レベルにまで一般化し，そしてそれに基づいて第1のグループと衝突する可能性があろう[2]．しかし，マクロ経済学的な相互依存点は古典派理論との議論にとって決定的なものにはなりえない．そうでなければ第19章まで引き延ばしておくことなどできなかったであろう．

　大企業あるいは労働組合を考慮に入れるために古典派理論の修正が必要であると強調する人々は，当面の目的からみても非生産的である．これらの修正の実証的妥当性は疑問の余地がないが，それらは，なぜ古典派モデルが妥当しないかの追加的な理由として位置づける必要がある．なぜなら，ケインズは，理論的目的からその条件通りまさに古典派理論に対処するために，原子的企業ならびに家計を完全に受け入れたからである．ある理論とその条

件に従って対決しないのは単なる逃避にすぎないのである．

したがって，それがたとえ不愉快であろうとも，この点は強調しておく必要がある．というのは，『一般理論』の構造全体がその点に依存しているからである．確立した思考習慣を攪乱することは不要なことではないのである．

ケインズの結論を上記諸点から生じるとみなすことは，確立した思考形式への脅威に対する直観的反応に限定されるものではない．多くの誤りはケインズ自身が説明すべきものである．『一般理論』における議論は，経験的観察に基づく行動についての推論と十分に議論が尽されていない理論的命題との双方から成る．さらに，ケインズが現実の観察結果についてか，それとも計画を表わす関数表について語っているのかが必ずしもはっきりしていない．

事実，彼の議論は次の点から構成されている．すなわち，

(i) 古典派理論の労働供給曲線は，正当か否かの疑問を免れるものではないこと．

(ii) たとえわれわれが古典派理論の労働の供給曲線と部分均衡体系とを容認するとしても，賃金は下方に粘着的であり，雇用はつねに完全というわけではない．なぜなら，古典派理論で仮定される調整のメカニズムは現代産業には事実上存在しないからである．

(iii) いずれにせよ，その部分均衡体系は不適当であること．

しかし，あいにく，彼は(i)のあとに(ii)を呈示しており，(iii)は第19章まで登場しない．(iii)は，もしそれが有効であるなら，(i)と(ii)の議論を不要にするであろう．ただし，仮に小企業の行動が，その行動のマクロ経済的効果を考慮に入れているなどということは期待できないという事実がなかったらの話であるが，これは完全情報ないし完全予知モデルではないのである．深く根ざした思考習慣に対する不必要な攪乱がそれほど多くの困難を創出してきたのはこの点においてなのである．

したがって，はじめに(ii)が議論され，次いで(i)がなされ，そして最後に(iii)が議論されるが，そのほとんどはその理論の貨幣的側面を最初に議論することなく呈示されている．本章では，われわれはケインズの準拠枠の外に

は出ないつもりだけれども，上述の不備を補修するために彼の説明から実質的には離れることになろう．次章では，現代の労働市場の重要な特徴を考慮に入れようとして，ケインズの論述を超えて議論を拡大することになろう．

古典派の雇用理論

ケインズが異議を申し立て，代替案を提出した，賃金と雇用の理論を記述することから開始するのがもっとも適切である．これは問題に接近する不必要に遠回りな方法と思われるかもしれない．しかし，モデルを直接認識できれば，それが時代おくれのものではなくて，最新の教義であることが証明されるであろう．それは完全競争的な労働市場モデルである．そのモデルを説明した後で，通常大企業および労働組合の存在に起因する労働市場の不完全競争を考慮した修正が行われる．労働市場はかつて複占理論における問題として記述されたこともある．しかし，他の分析領域と同様，完全競争モデルは依然としてミクロ経済分析の出発点であり，そして最初に学んだモデルが人の思考を支配する傾向がある．それは，賃金の引き上げを強制することは，失業を生みだす可能性があるだけであるからムダであるという考え方に基づくモデルである．したがって，「古典派理論」はそれに対応して当時あった考え方を包含するものと理解されるべきである．

古典派理論は，賃金と雇用は労働の需要と供給によって決定されると主張する．古典派理論は『一般理論』（第2章）において，次の2つの公準からなるものとして記述されている．すなわち，

1. 賃金は労働の〔価値〕限界生産物に等しい．

    いいかえれば，一雇用者の賃金は，雇用を一単位だけ減少させたときに失われる価値（この産出量の減少によって不用となる他のすべての費用を差し引いておく）に等しい．ただし，この均等は，競争と市場とが不完全な場合には，ある原理に従って攪乱されるであろう．

2. 一定の労働量が雇用されている場合，賃金の効用はその雇用量の限

界不効用 *marginal disutility* に等しい．

　いいかえれば，一雇用者の実質賃金は，現実に雇用されている労働量を提供させるのに（雇用者たち自身の評価において）ちょうど十分なものである．ただし，競争の不完全性が第1公準を修正するのと同じように，各労働単位についてのこの均等も，雇用可能な労働単位の側の団結によって攪乱されるであろう．ここで不効用というのは，個人あるいはその集団が，彼らにとってある最低限より低い効用しかもたらさない賃金を受け入れるよりは，むしろ彼らの労働を差し控えた方がよいとみなすあらゆる種類の理由を含むものと理解されなければならない． 　　　　　　　　　（*G.T.*, pp. 5-6〔邦訳，5-6ページ〕）

　この公準を表現する言葉は，計画された経済量と現実の経済量との間にあるのと同様に，あいまいである．ケインズが語っているのは，労働の「需要価格」とか「供給価格」ではなくて，「賃金」であり，そして，「求人」とか「努力の供給」というよりむしろ「雇用」ならびに「現実の雇用労働量」なのである．これらの言葉は，現実の経済量を示している．しかしながら，さらにページが進むと，次のように述べられている．

　第1公準は雇用に対する需要表を与え，第2公準はその供給表を与え，雇用量は［古典派理論では：著者挿入］限界生産物の効用が限界雇用の不効用と均衡する点において決定される．

　　　　　　　　（*G.T.*, p. 6〔邦訳，7ページ〕，強調部分追加）

古典派理論には矛盾は存在しない．つまり，その理論は，現実に観察される賃金および雇用水準は需要量と進んで供給される最大量とに一致するものである．いずれの公準も実際に充足される．もし所与の賃金のもとで進んで供給される労働が供給曲線によって示される量より多くないものとすれば，結果として，古典派理論は，仕事を欲するものは誰でもそれが得られる――すなわち完全雇用が存在する――と主張することになる．（われわれは，一瞬にして完全雇用の概念に立ち返るのである．）

　現実世界で，時おり失業が観察されたという事実は，仕事を見つけるには

第7章 労働市場:ケインズ対古典派   193

時として時間がかかるという「不完全性」をも含む「市場の不完全性」に訴えることで説明された．現実世界がもつこの不完全性が有する特質が，その性質上一時的なものではあるが，摩擦的失業を生むのである．そして人々は，彼らの自由意志で彼らの労働時間を減少させたり，自らを失業状態にすることが自由にできるのである．

> 利用される資源の量は，これらの留保条件のもとで，まさに……2つの公準によって決定される．……雇用量は限界生産物の効用が限界雇用の不効用と均衡する点において決定される．
>
> ($G.T.$, p. 6〔邦訳，6-7 ページ〕)

実質賃金が自由に変動するかぎり，持続的な非自発的失業はありえないと考えられた．この考えは，完全雇用および利潤極大化をもたらす水準——すなわち，2つの公準を満足させる水準——へと賃金を推し進める傾向をもつ「諸力が存在する」ことを前提としていた．

労働需要：2つの公準を満足させる際に何が必要かについて明らかにすることにしよう．第1に，期待された結果は（一時的な逸脱を伴うが），需要される「量」と供給される「極大量」を満足させることに注意されたい．そこには非対称性が存在する．企業が期待する需要（したがって，価格）を所与とすれば，労働需要曲線上の諸点は，各々のありうべき賃金水準のもとでの企業の利潤極大化戦略を表わしている．その結果，企業は概念上は，任意に与えられた賃金に対して，需要曲線によって与えられる量より多くも少なくも望まない．

労働供給：他方，供給曲線は各賃金のもとで（期待価格を所与として），進んで労働に向けられる最大総労働時間数を示している．曲線の左側では賃金の効用は労働の不効用を超過している．未充足の労働需要が存在しても，仕事をもつ人たちは進んで働く——事実，彼らはずっと低い賃金でも働くであろう．図7.1では，N_0 の労働者は w_1 の賃金が支払われるけれども，w_0

図 7.1

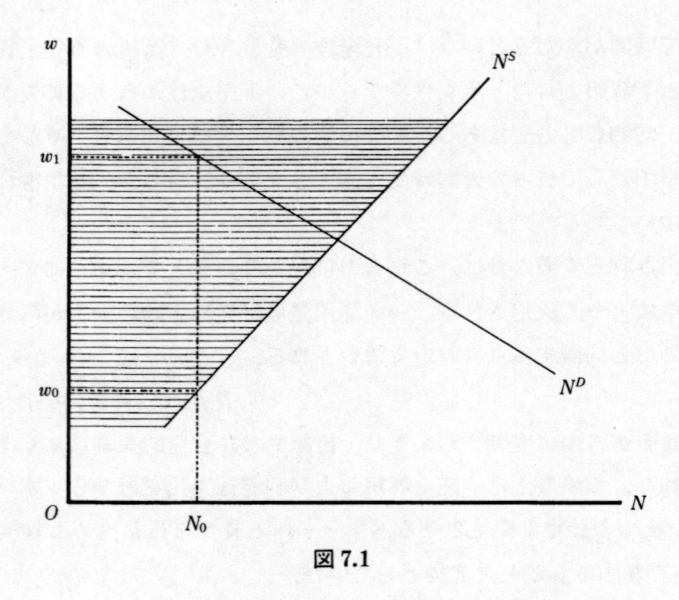

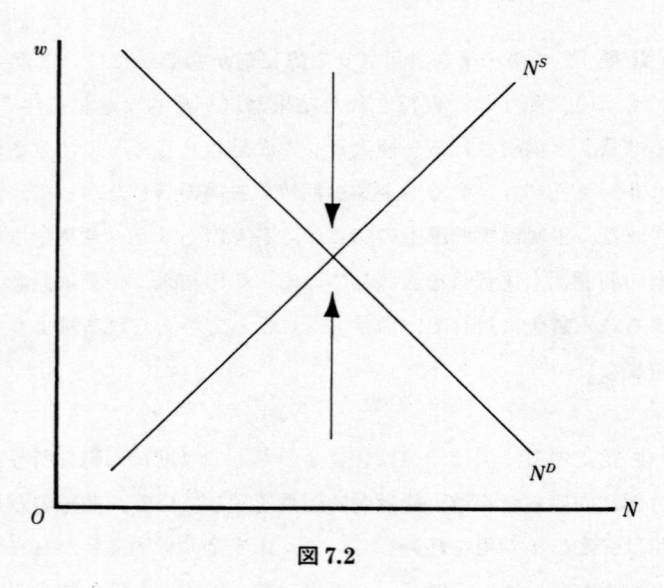

図 7.2

ほどの低い賃金でも働くであろう．したがって，労働供給曲線は1つの辺境と考えることができる．つまり，その左側のすべての位置は，幸運にして仕事が得られる労働者には受容できるものであるのに対して，右側の各位置は受容するわけにはいかない．各賃金のもとでの自発的な労働供給は，原則として無限に稠密ではあるが，N^s において中断する水平線で示される．

古典派的「諸力」：古典派理論は，賃金と雇用水準が2つの公準に一致しないところでは，それらが一致する観測結果を生み出すような諸力が存在するはずだと主張する．需要－供給図式は，図7.2におけるように，これらの諸力を示す矢印によってしばしば補足される．おもしろいことに，それらはつねに垂直であり，それは賃金調整を表わしているが，その後に続くと想定される雇用調整についてはそれほど示していない．それは，「均衡」水準以外の，観察された雇用水準の特徴についてはめったに議論されないからである．われわれはあとでこの点に立ち返ることにしよう．

完全雇用と完全雇用産出量

もしわれわれが完全雇用を，仕事を欲する人が全員（一時的な転職は別として）それを手に入れる状態と定義するなら，その場合完全雇用は供給曲線上の1つの点である——どの点でも，完全雇用水準はその賃金に依存している．これとは対照的に，完全雇用はしばしば一義的な雇用水準であると言われる．完全雇用は失業を測定する測定基準であるし，また1つ以上の測定法が存在するので，この概念は若干議論するに値する．

完全雇用が1つしかない雇用量であるとする考え方は，おそらく唯一の関連する完全雇用水準は労働需要曲線と交差する労働供給曲線上の点であるという，古典派モデルによる暗黙的な思考に由来するものであろう．労働需要曲線は産出量への（期待）需要から導き出される．かくして完全雇用は一義的な労働時間数と同様に，一義的な産出水準と関連づけられることになる．

これらの曲線が実質賃金に関係づけられる場合には，それは古典派分析では当然そうなるはずだが，一定量の完全雇用産出量と労働時間数を見出す方法はもっと遠回りになる．実質賃金タームで明示することは，賃金と物価水準をともに自由に変動させることである．したがって，需要曲線上の点はすべて，生産物需要の増加傾向ならびに高い賃金を進んで支払うことから派生する高い物価水準か，それともこれらの諸変数のもっと低い水準のいずれとも両立する．つまり需要曲線は，それが貨幣賃金と関連する場合のように，所与の生産物需要水準と直接関連づけられるわけではない．しかしながら，その需要曲線は生産物市場の需要と供給から導出され，それが利潤極大をもたらす産出量と価格とを決定する．したがって，その交点が，意図した価格水準のもとで売却される，すべての計画された産出量と両立する雇用量を示している．そのときの賃金は労働者にその産出量の生産とその購入の双方を誘発するはずである．もし完全雇用労働時間（上述の意味での）が確定的なものであるならば，そのとき技術の状態を所与とすれば，完全雇用産出量も確定的となる．

しかしながら，その交点は仕事が欲しい人にはすべて与えられるという意味で完全雇用よりもはるかに特殊である．その概念は労働供給曲線だけで示され，そこでは明らかに労働者の要求に応じるために必要な雇用量は，実質賃金にせよ貨幣賃金にせよ，賃金とともに変動する．上記曲線の交点は利潤極大化と一定の資本ストックの下での唯一の持続可能な完全雇用水準を示すものであって，従業員の観点からみた，唯一の完全雇用状態とはいえない．

完全雇用産出量と完全雇用とは単一の値であるという考え方は，次のような社会慣習によって定義される労働力の概念により補強される——すなわち，それは，たとえば18歳（教育機会によって2～3年の増減はあるが）から65歳ぐらいまでの間の労働能力をもつ全男性に，定義することがもっと容易ではないが，だいたい同一年齢層で慣例にしたがって週35時間から48時間働く女性群を加えたものである．この定義に立脚すれば[3]，総完全雇用を構成する労働時間数は，一定の技術状態のもとで産出量をそれと関連づける

第7章　労働市場：ケインズ対古典派

ことができるように，かなり正確に計算することができるであろう．

　この概念は政策決定をする場合重要である．なぜなら，それは所得をこれこれまで引き上げれば完全雇用が達成されるであろうといった，追求する目標の達成を可能にしてくれるからである．この考え方はめのこ勘定では合理的であるようにみえるが，困難も伴う．紛れもなく，労働力に占める労働者数と彼らが働きたいと望む最大時間数とはいずれも可変的である．雇用と失業の双方に関する統計が存在しており，もし労働力人口が単一の可測値であったなら，それらの1つは過剰となるであろう．実際問題として，労働力人口の規模に変化が生じるのは，その参加水準が，とりわけ賃金率の水準と構造に依存するからである．つまり，右上がりの供給曲線は賃金が上昇すれば，人々を労働力人口へと引き入れたり彼らに労働時間の延長を申し出るように促すことを示している．しかし，賃金の上昇はそれとは逆の効果をもつ可能性もある．つまり，賃金の上昇は，現在雇われている人々の労働時間の短縮（その結果，賃金上昇の所得効果を享受することになる）か，それとも一次的な労働でより高い賃金を受け取ると，二次的な労働は取り止めるか，のいずれかで，より多くのレジャーの獲得を促す可能性がある．もしこれらの効果が発生すれば，労働の供給曲線は後方屈伸型となるであろう．

　もしそれが測定されるとすれば，その曲線の湾曲点が獲得可能な最大労働力人口を示す尺度であり，この数字は「完全雇用」とみなすことができるであろう．事実，それは雇用の飽和水準である．すなわち，だれに対してもさらにそれ以上の時間労働するよう説得する要因，少なくとも金銭的要因はないであろう．この程度にまで労働意欲を満足させるように経済を調節すべきであると提案する人はほとんどいないであろう．右上がりの供給曲線上の点という意味での完全雇用は，それほど理想的な目標とはいえない．

　飽和状態以下の水準では，完全雇用は実体のある概念である．そしてそれは賃金に基づいている．はじめは，自発的失業の概念は賃金に対する感応度に依存しており，この概念についての明快な考えがなければ，ケインズの非自発的失業の概念がもつ深い意味を理解すること，あるいはなぜケインズが

その存在を強調するために大きな努力を払ったのかさえ，理解することは困難である．

超過労働供給

観察された失業は一時的である可能性はあろう．しかし，現行賃金のもとで労働時間を延長したり，労働力に加わる意欲をもつ人々の存在が観察されることは，理論にとって重大な問題であった．なぜなら，それは限界における労働の不効用が現行賃金を下回ることを意味するからである．この現象への古典派の理論的根拠に対するケインズのコメントは興味深い．すなわち，

> 古典派は，次のように論ずる……このような事情は，労働者の間にそれより低い［貨幣：著者挿入］賃金では働かないという公然または暗黙の合意があるためであって……そのような失業は，一見したところ非自発的なもののように見えるが，厳密にはそうではなく，団体交渉の効果その他によって生ずる上述の「自発的」失業の種類に含められなければならない． (G.T., pp. 7-8〔邦訳，8ページ〕)

というのは，皮肉なことに，団体交渉に起因する，交渉力上の独占的要素の「不完全性」は，粘着的な賃金と持続的な失業の両方を説明するために「ケインジアンたち」によって提出された，おそらくもっとも共通の理論的根拠だからである．図7.3に描かれるように，ケインズは，「古典派的」市場を均衡させるはずの賃金のもとでかそれより高い賃金のもとで，古典派の右上がりの供給曲線に代わって水平部分をもつ曲線を用いたといわれる．したがって，需要がその曲線の右上がり部分に達しない限り，失業は需要不足から生ずるとみられるが，しかし同時に賃金の硬直性にも責任がある．図では，失業は AB の距離で示される．固定賃金部分をもつ，このような供給曲線は，ケインズによれば労働者の効用が，仕事から得られる通常の金銭的報酬と同様に最低賃金の成立を労働者に同意させたものをすべて含むことが理解されるかぎり，依然として2つの公準と両立する．

これは効用の概念をあまりにも拡大しすぎるものであると主張する人もい

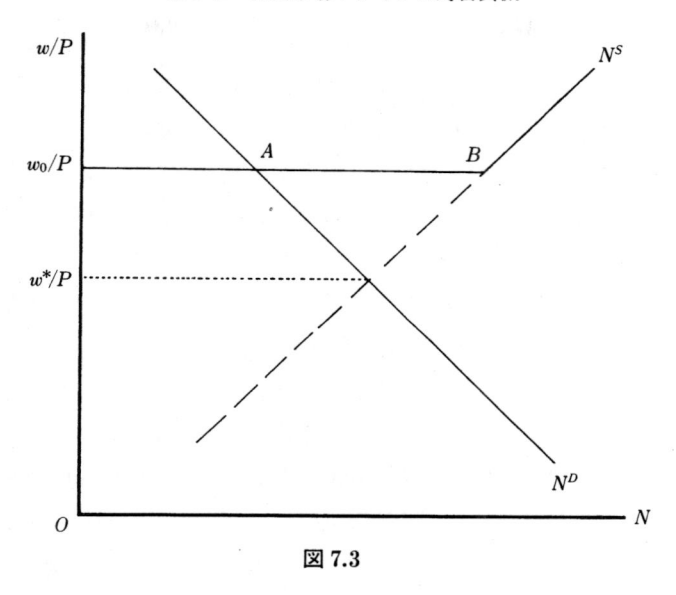

第7章 労働市場：ケインズ対古典派

図 7.3

るであろう（私もそれに同意するつもりである）．それはまた，各賃金のもとで獲得可能な最大の労働時間であるとする供給曲線の定義に異議をとなえるものである．しかしながら，これらの論点は主要な問題ではない．問題は，ケインズも「古典派」もともに労働組合化によるこの効果を古典派理論と両立するとみなしているために，ケインズと古典派との相違をどこか別のところに見出す必要があることに注意することである．

古典派理論に対するケインズの根本的異議

　古典派理論は，一時的攪乱を除けば実質賃金は労働の限界生産物と労働の限界不効用に等しいと主張する．ケインズは――雇用は労働需要によって決定されるという――第1公準を受け入れ，――雇用はまた供給によっても決定されるという――第2公準を受け入れなかった．ケインズの第2公準の否認には2つの内容が含まれている．第1は，「実質賃金と貨幣賃金のそれぞ

れに対する労働者の現実の態度に関連があり」，それには古典派的供給曲線の否認を含んではいても「理論的には根本的なものではない」(G.T., p. 8〔邦訳，8 ページ〕，強調部分追加)．第 2 の異議は，働いて得る実質賃金ないしは労働者が引き受ける労働量を労働者が決定できるという仮定を否認することである．これらの可能性がなければ，賃金が労働の限界不効用に等しくなるという保証はない．

　この第 2 の主張は，労働者がその実質賃金に基づいてどの程度働きたいかを決定する（すなわち，その供給曲線が選好の表現として受け入れられうる）という命題と完全に首尾一貫することがわかる．しかしながら，企業との交渉において，労働者がその計画ないし選好を実現する力を欠いている場合には，現実の賃金と雇用を示す点は供給曲線上には存在しないこともありうるし，またその観察結果は一時的なものにとどまらないかもしれない．この点こそが根本的なものであり，「需要・供給分析それ自体を論難し」，かつまた最初に取り扱われるべきものなのである．

　次のようにもっともらしい議論を構築することもできる．残念ながら，ケインズは次の 2 つの主張を提起しているにすぎない．すなわち，第 1 は，実質賃金は古典派の仮定とは反対に，企業と労働者の間での賃金交渉によって決定されかつ合意されるのではないということ，第 2 には，労働者は働く目的である実質賃金を強く要求する力をもたないこと，である．第 1 の主張は，労働者側の貨幣錯覚の証拠と解釈され，したがって不合理なものとして片付けられてきたものであり，完全な議論の第 1 段階の一側面，すなわち第 1 に失業が現実に観察される可能性があるのはなぜかという側面と関係がある．第 2 の主張は，需要と供給を等しくさせる賃金へと導く「諸力」が存在するという仮定への異議を提示している．

賃金交渉

　実際問題として，賃金交渉が決定するのは貨幣賃金であって実質賃金ではないことは疑いない．実質賃金を決定することは不可能である．この事実は

第7章　労働市場：ケインズ対古典派

貨幣経済に特有のことではない．ある人の雇用主の産出物はその構成要素のなかで人が所望する消費に適合する財の束からできているわけではない．一般的には，産出物はこの束の何らかの部分集合であるか，それとも資本財を生産する企業の場合には消費群以外の生産物である．それゆえ，たとえもし人が，たとえば小麦といった，本人の自己生産物で支払われるとしても，少なくともこの賃金のある部分は賃金交渉で決定されるわけではない物価の下で，他の財と交換されるであろう．これらの物価は他の人々の生産決意と生産的成果，ならびにたとえば天候とか他の人々の需要といった外部的要因とに依存している．物価，すなわちある人の賃金の実質価値は，ある財ないし貨幣で労働や支払いの契約がなされた後にはじめて明らかになる．さらに雇用主にとっての賃金の実質価値は完全に異なる財の束に依存するであろう（「実質利潤」の概念全体は，きわめて漠然としているため，めったに議論されることはない）．したがって，実質賃金交渉では時間を架橋すると同時に異なる諸目的を調整することも必要である．

このことは，ワルラスの分析（Walras, 1926）では，潜在的産出物に対して「チケット」という巧妙な装置を使って達成された．その装置は中央情報収集機関あるいは「競売人」によって提示された，賃金と産出物価格の方向量 vector に応じて企業者が公示するというものである．その場合，労働者たちは，もし彼らが提示された賃金を所与として，表示価格の下でその「チケット」で表わされた財を購入するかどうか，そして彼らが契約で規定された産出物を生産するために必要な時間数を進んで働くかどうかの質問を受ける．その答えが「イエス」になるまではいかなる生産も行われないとする．

それゆえ，生産の時間構造によると「チケット」は資源の先約を防止する装置であり，販売が保証されるまでの賃金の支払契約である．その結果，生産期間の開始と終了時点は結合され，そして開始時に期待された利潤は労働を開始するまでに確認することができる．時間は単一の点に帰してしまっている．それは実質賃金を決定する契約にとっては必要なことである．実質賃金を考慮した交渉には含まれない「貨幣錯覚」の意味も明らかとなる．すな

わち，もし生産期間の終了時にその帰結を知らなければ，われわれは貨幣錯覚に陥ることになる．その意味で，貨幣錯覚とは完全予知に達しない何ごとかなのである．

有効需要と求人

ケインズは経済におけるすべての人に完全予知を仮定するわけではない．彼の理論では，予知は部分的なものである．つまり，企業は一般的な需要水準を正確に推定するものと仮定される[4]．しかし，すでに説明したように，この仮定はもっぱら戦術的理由から立てられたものである．それは，企業がその中で機能を果たそうと試みる，環境の現実的な描写であるという意味ではない．その手順は，期間の始めに推定値を計算し，費用と生産の契約を結び，そして最後に利潤を見出すというものである．（ケインズが仮定した）利潤極大化を図る競争的企業にとって，任意に与えられた賃金に対する労働需要は，その労働の生産物が販売されると期待される価格で評価された（「実質」概念の）労働の限界生産物――つまり，「限界価値生産物」――によって与えられる．

実際の求人数は有効需要の点で与えられるが，しかしその点自体賃金に依存している．それゆえ，賃金の何らかの推定値が企業によって算定される必要がある．もし企業の労働需要が最終期間に充足されたとすれば，昨日の賃金が持続するであろうとの仮定がもっとも妥当なものである．企業と労働者の価格期待は一致し，その結果実質タームで考えているときに，貨幣賃金について語っても何の障害も存在しない．求人の集計値が最大労働供給量を超過しない限り，現実の賃金と雇用は需要と一致している．第1公準が妥当するのである．しかし，先にみたように，これらの水準が，労働者が供給したいと考える最大の数と一致すべき理由は全く存在しない．第2公準は妥当する必要はないし，それは図7.4のAのような点に対しても同様である．

しかしながら，企業は昨日の賃金のもとでの労働の利用可能性を過大評価しており，また企業の需要が供給を超過するものと仮定しよう．すなわち，

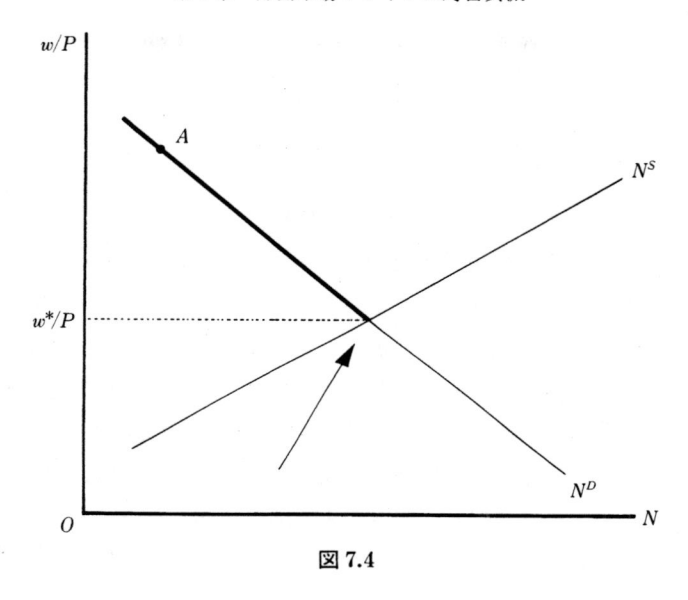

第7章　労働市場：ケインズ対古典派

図 7.4

賃金は現在は需要と供給の交点より下にある．ここで期待される議論は，企業が労働者の望む労働時間以上に彼らを働かせることはできないということである．したがって，市場を均衡させる賃金より下のところでは，現実の雇用はつねにその供給曲線上の点であって，需要曲線上にはないことをわれわれは観察することを期待しうる．（両関数表と両立する価格以外の価格におけるこの観察パターンは，「市場で不足する側が支配する」という文節によって記述される．）このような観察結果は，第１公準の容認と両立しないであろう．

いずれにしても，長期賃金契約によって拘束されない企業は，彼らが旧賃金のもとで十分労働力を確保できないことに気づくとき，賃金の引き上げを自由に提示できるという事実を考察してみよう．仮に賃金は需要を満たすために完全に必要な水準まですばやくせり上げられるものと仮定するなら，市場を均衡させる賃金 w^*/P を下回る各点は（一時的なものを除けば）観察されないであろう．技術と生産物需要についての期待集合とを所与とすれば，

そのとき観察される雇用の潜在的状態は，図7.4において，w^*/P のところで先端が切断された，太線で描かれた部分となる．

それらの「諸力」

観察された賃金－雇用の組合せは需要曲線上になければならないと主張することで，賃金および雇用の決定の問題が解決されるわけではない．それは単に可能性の範囲を確定するだけであり，そのうちの一部は一時的なものにすぎないであろう．これとは対照的に，古典派理論は，w^*/P のもとでただ1つの確定的な賃金および雇用水準が存在すると結論づける．他のすべての観察結果は，ケインズが容認したと推論される上方への諸力ばかりでなく，賃金を引き下げ，その結果，雇用を増加させるために w^*/P の上方で賃金を下方に押し下げるように働く力が存在する場合には一時的なものであることを示している．この力は労働者の側から生じるものと仮定される．すなわち，

> 古典派理論は，労働者は貨幣賃金の引き下げを受け入れることによって，つねに実質賃金を引き下げることができると想定している……労働者は，欲するならば，彼らの実質賃金を……提供される雇用量の限界不効用と一致させることができる． (G.T., p.11〔邦訳，11ページ〕)

ケインズはその理由を詳細に論じてはいないが，彼が拒否するのはこの命題なのである．

ひとつの可能性はそれが企業によって求人が行われ，労働者がそれを受け入れるかそれとも拒否するという原理と矛盾する場合だけである．事実（そして重要）ではあるが，この議論に基づいて既成の正統派を論駁することは，ケインズといえども若干傲慢のそしりを免れないであろう．事実，賃金への下方圧力を行使することが労働者の利益にもかなうのはなぜかを尋ねてみる方が賢明である．それは「雇用してもらうため」と答えるだけでは十分ではない．「その」一部はすでに雇用されていることを忘れてはならない．雇用された者と失業者は利益を異にする，2つの労働者集団を構成しているのである．

労働の限界不効用を超える賃金のもとで職に就いているか職を得る人たちはまったく幸運だと感謝している．彼らは何か消費者余剰に似たものを得ている．労働者たちが集団で行動しないかぎり，雇われた者が失業者の利益のために賃金の低下を受け入れるであろうことを示すには，特に古典派理論の原子的市場では，多大なる「団結」を求めることになろう．

次の3つの考察事項は，失業者の状態と関係がある．すなわち，

(i) 彼らが賃金を低下させたいと考えるのは合理的かどうか，

(ii) それを肯定する場合には，彼らは引き下げ圧力を行使する力をもっているかどうか，そして

(iii) もし彼らが賃金引き下げに成功するなら，彼らは職を得るという彼らの目標を達成することになるのかどうか，である．

明らかに，もし彼らが賃金を引き下げたいと考えなければ，(ii)を議論しても無駄であり，そしてもしそれが達成されるメカニズムが存在しなければ，(iii)は無関係である．

(i) 失業者の多くは現行賃金以下の賃金でも進んで働きたいと考えている．その問題に関する限り，被雇用者も同じである．（効用理論では，賃金が w_0 以下に下落するときに限り，離職が発生すると予測している．）しかし，彼らは次の理由から，より低い賃金のもとで労働することを提案することに抵抗する可能性がある．すなわち，(a)現行の被雇用者がもっと多くの賃金を得ていることを知っているために，それが彼らの自らに抱く人間像を傷つけるから．(b)もし新規賃金が設定されるようになると，それは彼らの人的資本を減価させるであろう（すなわち，彼らの心理的イメージと同様に彼らの将来の潜在稼得力に打撃を与えるであろう）から．(c)より低い賃金で労働意欲を示すことを雇用主がこれら特定の労働者の劣等性の証拠とみなす可能性があるから．さらに，(d)彼らは他の失業者と競争しているのであって，被雇用者と競争しているのではないということである．もし職を得る確率はランダムであり，それゆえ職を得る機会はより低い賃金の提示によって著しく改善されることはないと仮定すべき理由が存在するなら，彼らは現行賃金

をあくまでも要求するであろう．（これは説得力のある議論ではないし，おそらく失業が持続する場合には有効ではないであろう．）

　(ii) 上記の議論にもかかわらず，仮により低い賃金のもとで働くことを志望する戦術が受け入れられるとしても，このような申し出を実現する制度的メカニズムは現代の産業には存在しない．求人は企業が設定する賃金のもとで行われるか，それとも通常は現存の全従業員かあるいは組合との交渉で決定されるかのいずれかである[5]．少なくとも組合では，それが非常に弱いものであっても，失業者が発言権をもつ可能性はある．組合組織の外部では，彼らはすでに雇用された人たちと直接競争する立場にないだけである．それゆえ，雇用に関する個人の見通しは労働需要の増加に依存している．その場合，より安い賃金での労働を志望すれば彼の仲間の失業者より彼には有利となるであろうが，需要によって雇用が制限されていれば，より安い賃金での彼の労働意欲の背後で作用する力はほとんどない．

　したがって，労働者側からの力は存在しないか，弱いものである．しかし，諸君は，企業がなぜ賃金を引き下げるために失業した労働者の存在を利用しないのかとの疑問をもつであろう．最初に想起していただきたいのは，企業は「企業の需要曲線上にいる」ということである——つまり，現行賃金のもとで彼らが必要とするすべての労働者を雇用しているのである．より低い賃金のもとでさえ，産出量の需要が増加すると期待される場合にしか，生産者は追加的な人々の雇用を考慮しないであろう．

　雇用主は，もしもっと安価な労働を手に入れることができれば，価格を引き下げ，需要を拡大することを考慮するものと仮定しよう．もし生産者が，他の人たちが受け取る賃金よりも低い賃金のもとで追加的労働者を雇用するものとすれば，労働に対する均一賃金の原則を破り，そして彼が現在雇用している労働者の間に不安を生じさせることになる．このため報復を恐れて彼は躊躇するにちがいない．潜在的労働者も，当然彼を自分たち自身の賃金への脅威とみなす仲間の労働者たちによって正当に扱われないことを知っているために，それを受け入れることに同様の躊躇を感じるであろう．

代替案としては，雇用主が彼の労働力全体の賃金を提示されたより低い賃金と調和させることである．2つの可能性が示唆される．雇用主は誰か他の者を雇用する前に，現在の労働者たちとの協定によってその企業全体の賃金の切り下げを実現する可能性があることである．この戦略は実際上過去に試みられたことがあるが，ほとんど成功せず，大きな分裂を生みだしただけである．それに代わって，企業は彼らの現在の全従業員よりも低い留保賃金で働く労働者を探し出し，既存の労働者を解雇して彼らに置き換える可能性もある．この戦略は論理的には健全であり，過去には試みたことだってあるにはあるが，労働者の雇用，解雇および訓練に伴う費用が必要のために実用的ではなくなったものである．

　失業の時期に賃金の下落を予想することを正当化する理由はほとんどないし，少なくとも，低水準の産出量需要と結びついた失業および低利潤がかなりの期間持続してしまうまでは，正当化する理由はないことがわかる．

　皮肉なことに，組合がそのすべての構成員を代表して行動するとすれば，おそらく原子的市場以上に古典派的な下方への諸力を生みだすことになろう！ 各組合の連合組織は賃金交渉に関して社会的（国民的）な見方を取ったり，必要な場合には，産業全体ないしは技能者全体にわたる貨幣賃金の削減を協議することだって可能であろう．だが，実際には労働組合は失業者よりも大きな力をもつ被雇用者組合員の反発が予想されるために，賃金を切り下げて失業者に利益を与えるなどということは，個々人がする場合に比べてずっとありそうもないことである．

　上記の検討結果は，企業がたまたま特定賃金のもとで進んで供給される最大の労働量を欲する場合には，観察結果が先の第2公準と一致するという主張を正当化している．その含意は混乱している．なぜなら，供給曲線——すなわち家計の欲求と意思決定と——は，賃金あるいは雇用の決定に何の影響ももちえないからである．w^*/P より下のところでは，供給要因が決定するのは，需要を所与としたとき，賃金がせり上げられるはずの範囲である．w^*/P より上のところでは，供給曲線は不満足度を測る尺度として役立つだ

けで，まったく余分であり，不満をもつ失業労働者たちはその不満を軽減する力をもっていない．

　これとは対照的に，古典派理論は次のように仮定した．すなわち，労働者たちは失業に反応して彼らの賃金を引き下げるはずであり，そしてそれは可能であろうこと，しかもこの行動は雇用を改善するであろうこと，つまり彼らは上記の(iii)の考察に肯定的な結果を期待したことがそれである．現代の新古典派経済学者たちも同様の確信をもっているので，その確信の基礎を説明しておくだけの価値がある．

　(iii) 上記の議論は次のような若干の制度的要因に依存していた．すなわち，原子的競争，仕事に対する均一賃金，通常は企業が賃金を規定するという事実，労働者の方が反対提案をしたがるという，ありそうもない事態が起きても，労働者からの反対提案は欠如すること，そしてすでに雇用されたある労働力が存在すること，などである．ケインズとの相違の厳密な源泉を確定するために，古典派理論を検討してみる価値はある．

　古典派理論が，原子的競争を基礎としていることは周知のことである．すなわち，労働の買い手と売り手は多数存在すると仮定される．労働供給曲線は労働の不効用と，仮説的賃金の全範囲に及ぶ所得の効用との間の個人の選択から導出される集計値を示す．次のような仮説的賃金の文脈の中で，その選択は行われる．すなわち，もし現行賃金がきわめて高い場合，あなたが働く気になる最大の賃金はどれだけか．またその賃金がそれとは異なる金額ならどうするか．そしてありうべき各賃金に対しても同様に考えてみる．労働を提供する際，労働の供給者は，彼自身にとって最高の条件を求めることにしか関心はない．彼の行動が間接的に他の人を失業させることになるかどうかなどには関心はない．労働供給意欲も次の仮定のいずれか一方に基礎を置いている．すなわち，労働は——彼は市場においては「小さな存在」にすぎない——個人にとって無制限に獲得可能であるとする仮定か，あるいは失業は無作為に分布しており，その結果就業の確率はどんな個人の戦略ないし戦術によっても影響を受けないし，また彼の決意は失業の確率によって影響を

第7章 労働市場：ケインズ対古典派

受けないとする仮定，のいずれかである．このいずれにおいても，ケインズとの相違は存在しない．

需要曲線は，次のような各企業に尋ねられた同様の仮説的な設問に基づいている．すなわち，ありうべき各賃金に対して（もちろん，産出量は変数である），「既存の資本設備を所与としたとき，もし賃金がそこそこであったなら，あなたはどれだけの労働者を雇用するであろうか」ということである．これは仕事に対する均一賃金を意味する．

しかしながら，古典派理論における均一賃金が，ケインズを支持する理論において生み出したような，賃金引き下げへの障害要因を創出するわけではない．その理由を知るために，その需要曲線の背後にある概念上の実験を考察し直してみよう．その設問では，各ケースにおいて同一賃金がすべてに適用されると仮定する．その回答は，別の等しい状況での異なる賃金に対する企業の反応を示している．それは賃金の変化に対する反応か，あるいは提示された賃金を変更する機会に対する反応についての質問ではないが，そこでは現在働いている労働者に対処するために何らかの取決めが必要である．実際には，既存の労働者などは存在しない──つまり，企業は手元に労働者はもたないで，つねに新規に開始するのである．

上記の概念上の実験から導出される需要曲線は，日雇労働が通例である産業におけるように，現実社会では毎日すべての従業員が新規に雇用される状況に最もよくあてはまることを認識することが重要である．日雇労働が一般的であり，そこでは雇用者が彼らの欲する労働者を求めて毎日雇用事務所に通うような産業は，以前には珍しいものではなかった．今日ではそれは極めて稀である[6]．だがこれこそ古典派モデルが適合する制度的枠組なのである．比較静学分析は比較する場合に適しているし，また仮説的な問題が関連をもつ唯一の制度的枠組といえば，以前から存在する状況（一定の従業員に，ある一定の賃金が支払われる場合）が何の影響ももたないような枠組だけである．

労働供給曲線は，最近の賃金史について何ら推定に基づく知識ももたないで（あるいは少なくともそれを気にとめないで），独立して行動する個人の

思考実験から構築される．レジャーの主観的評価にもっぱら関心をもつと仮定される労働者たちは，限界不効用を上回る賃金を受けとれば喜ぶであろうが，彼らにはその獲得を強く要求するだけの理由はない．現在いる全従業員が得てきた賃金は彼らの計算に入ってこない．こうした環境の下では，雇用主がより安い賃金を提示する雇用事務所に行き，それを受け入れる労働者を見つけることは容易なことである．代わりに，他の人たちが雇用されないでいることを知ると，他の人たちよりも安い賃金で労働を提供してもいいとする労働者の中から雇用しようかという気持になることもありうるであろう．（雇用事務所は，現代では失業者が被雇用者と直接競争しないようなやり方で，すべての労働者を相互に直接競争させている．）一部の企業は，そのすべての労働需要を満たすために，これらの逆提案を十分に受け入れる可能性はあろう．

現在いる全従業員には何の約束もせず，また最近の市場の動きにさえ何の関係もなく，そして調査費とか訓練費用および賃金以外の雇用・解雇に要するコストが存在しない世界は，企業は利潤動機にもとづいてつねに可能なかぎり最低の賃金で労働者を雇用するような世界である．

これらのことは古典派理論の「賃金の完全伸縮性」にとっての前提条件である．この条件はわれわれが知っている世界では充足されない．この完全伸縮性が見出される世界は，限界的な調整が行われる世界ではなくて，過去の物価と賃金の動きと現在の調整が重要性をもたない，絶対的な変化を要する世界である．「比較静学は変化を分析できない」という警句は合言葉となっており，それはなすべき分析に対する警告や指針ではない．それが確立した思考習慣を攪乱しようとしまいと，もし賃金が切り下げられれば労働者はどのような行動をとるかとか，あるいはもし企業が必要な労働者を手に入れるためには賃金を引き上げねばならないと知ったら，企業はどのように行動するであろうか，ということを分析する必要性は重要な問題であり，また変化を分析できない理論はせいぜい現実妥当性をもたず，かつまたきわめて誤解をおこしやすいとみられるにちがいない．

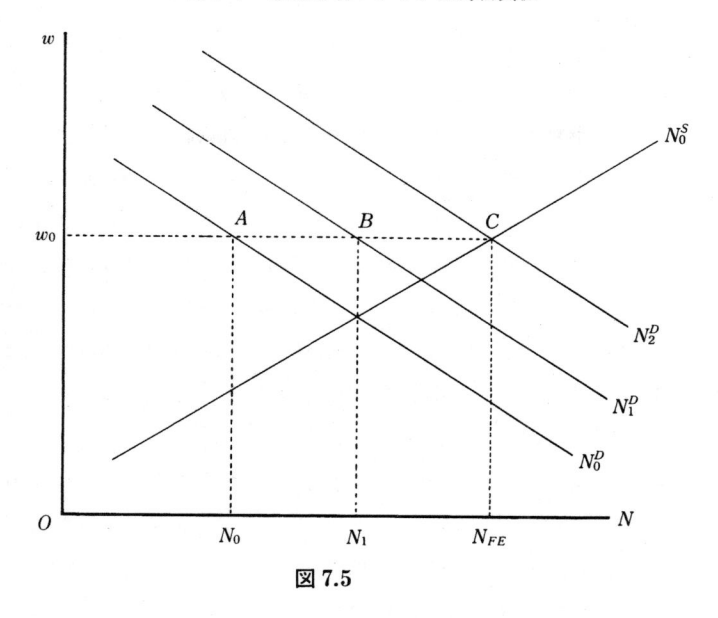

第 7 章 労働市場：ケインズ対古典派　　　　　211

図 7.5

雇用および需要のシフト：観察された雇用は労働者が供給したいと考える最大量と一致する必要はないことがいったん容認されるなら，古典派の難問の他の部分は容易に解決される．労働の限界不効用がいぜんその実質賃金を十分下回っている場合には，より低い実質賃金で求めに応じる各追加的労働者の間にはまったく矛盾はなく，このことが供給曲線を離れて左側へと動くことの意味する内容である．供給曲線上から出発するという古典派の仮定をもってしては，もちろんこのような行動はありえない．

　縦軸に貨幣賃金をとってこの問題を分析する方が容易である．供給関数と需要関数は，その場合，それぞれ財の期待価格に依存している[7]．そこでは N_0^D と N_0^S と両立した価格期待を所与として，失業が存在する，図 7.5 の A 点から出発しよう．ところで，生産者は彼らの生産量に対する需要の増加を期待するものと仮定しよう．そのことは，彼らが産出量を拡大したいと考え，そしてより高い価格を付ける可能性があることを意味する．そのようなより高い価格は，労働の需要曲線をたとえば N_1^D へとシフトさせる．労働者もま

た需要と価格のこの上昇を予想すると主張すべき理由はない．もし労働者が
それを予想しないなら，N_0^Sは依然として適切な供給曲線であり[8]，次に賃
金が変化するであろうと仮定する理由をもたない生産者たちは，従来の賃金
でN_1-N_0の追加的労働者を雇用しようとし，そしてそれに成功する．

雇用が増加するため，AとBの間では貨幣賃金は上昇せず（賃金は上方
に粘着的である），また第1公準と矛盾しなければ，すべての観察結果は需
要曲線上にくることに注意されたい．C点は第1公準と同様第2公準とも
一致した観察結果となるまでは需要曲線上にはこない．C点以後では，賃
金は必ず上昇するであろう．（賃金は固定されてはいない．すなわち，上方
への諸力は存在するものとする．）

古典派理論は，従来からの労働者のひきとめに成功することや，より低い
実質賃金で新規労働者を雇用するといった点について予測しようとはしなか
った．それは，供給曲線上の位置から出発するという，同理論に固有の仮定
のためである．物価が上昇すると，労働者がその労働をただちに撤回させな
いからといって全く驚くべきこととはいえない．たとえ古典派の供給関数が
受け入れられるとしても，はじめに失業が存在する場合にはこれは十分に説
明できる．労働者たちの労働の限界不効用はいぜんとして彼らが受け取る実
質賃金にはるかに及ばないし，またもし失業が広く行きわたっている場合に
は，彼らは自らを幸運と思うであろう．しかしながら，説明される必要があ
るのは，貨幣賃金の切り下げによって引き起こされる所得の減少には抵抗す
るのに，物価上昇によって引き起こされる実質賃金の目減りは進んで受け入
れることである．この点こそ古典派の供給関数についてケインズの疑問が生
じる部分なのである．

　古典派の労働供給関数：古典派理論は，賃金の率と「物価水準」を労働供
給の決定要因とすることで，貨幣賃金が下落しようが，それと同じだけ物価
水準が上昇しようが，それは無差別な問題であると主張する．ケインズの仮
説は，賃金と物価はともに労働の供給決意に関係はするが，それらの影響と

第7章 労働市場:ケインズ対古典派

なると対照的ではない可能性があるというものである.

この仮説を支持して提出することができる多くの理由の中から,ケインズは団体交渉の観察結果に基づいて論証することを選択した.彼がみたように,労働組合の目的は契約交渉を行っている当の労働者集団の相対的地位を守るか,向上させることであった.特定の技能労働者ないしは他の小集団労働者に対する貨幣賃金の変動は容易に説明できる.つまり,それは他の労働者に比してその集団の地位が明らかに変化したことを示している.他方,生産物価格の変動は,あらゆる人がその影響を受ける財貨を生産するために働こうと働くまいと,すべての人に影響を与える[9].したがって,賃金の切り下げに抵抗する労働者たちは,それが消費財価格の変化によって引き起こされる場合には,彼らの実質賃金の引き下げを黙認する可能性は高いであろう.なぜなら,彼らの所得の源泉がなんであれ,物価の変動は労働者全体どころか,すべての消費者にも等しく影響するからである[10].

ケインズなら実質賃金の唯一の目減り対策は,勤め先の企業が一般の消費財価格水準に何らの責任も負うものではないし,また直接それに影響を与えることもできないのだから,貨幣賃金を引き上げることであると指摘し続けることができたであろう.失業が存在する時期に貨幣賃金を引き上げる交渉をすることは困難であろう.だから,たとえ実質賃金の低下を遺憾に思ったとしても,おそらくそれは受け入れられざるをえなかったであろう.

ケインズが提案した賃金と物価への反応の非対称性は,もちろん(ケインズが指摘したように)物価の変動が小さい場合や物価の上昇と同様にその下落も観察される場合の方がいっそう妥当するであろう.物価の持続的上昇(率の相違はあるが)に関して,われわれ自身の経験では,この後者の点を認識することは困難である.もしわれわれがケインズの意味を理解し,彼の理論を適切に変更すべきだとすれば,われわれはやってみる必要がある.1920年代に物価は(うわべだけだが)健全なポンドを維持するために,きわめて急激に引き下げられ,そして物価は不況の深刻化とともに下落し続けたことを第1章(表1.1)から想起されたい.したがって,直接的経験から

表 7.1 UK 物価：循環的平均卸売物価指数（1913年＝100）

期間	指数	期間	指数
1811-18	176	1875-83	103
1819-25	129	1884-89	83
1826-36	111	1890-99	77
1837-46	109	1900-07	85
1847-53	96	1908-13	93
1854-60	116	1914-20	193
1861-65	119	1921-29	154
1866-74	108	1930-37	102

資料：W. Arthur Lewis, *Economic Survey, 1919-39*, p. 202.

形成された期待なら，労働者がおそらくそれに異議をとなえるようなものではないであろう．

　またやや長期的な展望について考察してみよう――それはおそらく 10 年かそこらの経験が生み出すものよりも，社会の集団的期待の中に深く埋めこまれている可能性のあるような経験である．

　表 7.1 は，ナポレオン戦争から第 1 次世界大戦までの，各循環全体にわたって平均した物価データを示している．そこには戦争の影響と，循環的変動を見ることができるが，2 つの戦争の間の，長年にわたる平時の顕著な特徴は，やや長い波動で物価が上昇と下降を示していることである．ある人自身の経験やどちらの方向にしろ物価の長期的傾向を示唆するであろうそれ以前の 2 世代――通常直接交流可能な期間である――の経験に基づいて形成された類の期待は何らの役割も果たさなかったであろう．したがって，循環的変動における，ある人の位置が明白でなかったとすれば，賃金について同意が得られた期間にわたって，物価が相対的に安定していると期待するのは合理的ではないであろう．

　1980 年代には，われわれはやや異なった事実認識をもっている．著しいインフレ期であった，1970 年代における賃金交渉は，予測可能であったために，たとえ高い失業水準が支配的な状況にあったとしても，物価変動による実質賃金の目減りをほとんど黙認しなかった．持続的なインフレ期に，ある人の相対的立場を保護するには，賃金交渉において当然価格期待を考慮に

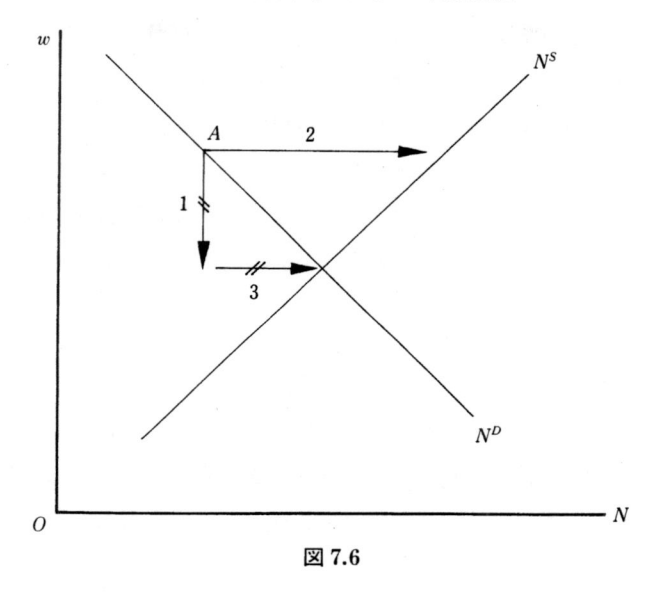

第7章 労働市場：ケインズ対古典派

図 7.6

　入れる必要がある．これ以上のことや，貨幣錯覚に関連する問題については次章で取り扱うことにする．
　これまで，古典派の労働市場論に反対する2つの議論が提起されてきた．それらは図7.6の助けを借りて展望することができる．その議論では，もしA点のように失業が存在すれば，1と表示した矢印で示される下方への力は欠如しているとされる．なぜなら，実質賃金の下落は一般に，労働者の利益にならないし，また意見の不一致はさておくとすれば，企業の利益にもならないからである．そして賃金の下落を知ることに関心をもつ可能性のある人たち（失業者）には，賃金の引き下げを促進する力はない．しかしながら，もし労働需要が増加すれば，矢印2で示されるように，完全雇用へと導く力が存在する．本節で議論するのは，この力がそれに伴う実質賃金の下落に対してそれを相殺する労働者側の反応によって妨害されることはないであろうという点である．しかしながら，その状況は失業が存在することから生まれるわけでないから，それが自動矯正機構を構成するわけではない．

われわれはいまや、ケインズの議論の第3の部分に目を転じるが、それは矢印3と関係がある。古典派の理論では、賃金の下落は雇用を促進するであろう。なぜなら、労働はいまや相対的に安価になったことなどのためである。それゆえ、矢印3は矢印1に依存している。ケインズが矢印1で示される力を否定するにもかかわらず、賃金の変動が総需要関数に影響を及ぼさずにはおかないであろうとの理由に基づいて、賃金の変動による潜在的な雇用創出力の存在もまた否定されるのである。

貨幣賃金が下落する場合

賃金の下方粘着性に対するケインズの関心は、理論的とか説明的というよりむしろ政策処方的であったとしばしば論じられる。ケインズは、貨幣賃金の切り下げは雇用増加に関して所望した目的にとって有害となりうるし、またその目的は代わって物価を上昇させることでもっと首尾よく達成でき、またそれゆえに、賃金は粘着的になるよう促進されるべきことを示したといわれる。事実、ケインズはこれらのことについてすべて述べたが、しかしそう述べたからといって、われわれが上で詳細に論じ、推敲したばかりの議論の理論的・記述的な性格が損なわれるわけでもなければ、また賃金の変動に関するミクロ経済学的分析に対するケインズの反論の理論的性質が割引かれるはずのものでもない。本節の最初の文章における「よりもむしろ」という言葉は誤りである。その言葉が示す「いずれか一方」式の考え方をする唯一の理由は、理論上の争いや貢献の重要性を捨象してしまうことにある。

粘着的賃金は望ましいかもしれないという結論は、貨幣賃金切り下げの要求に対するフィードバック効果を探求することから導き出される。その結論は、賃金切り下げの費用面だけに注目した古典派理論とは対照をなす。賃金切り下げ効果の分析は逆説的にみえるかもしれない。なぜなら、もし賃金が粘着的であるなら、またもし調整のための「諸力」が存在しないか、弱いものであれば、これはそのような議論の必要性を除去するようにみえるであろうから。しかしながら、それは政策による賃金切り下げを促進する可能性を

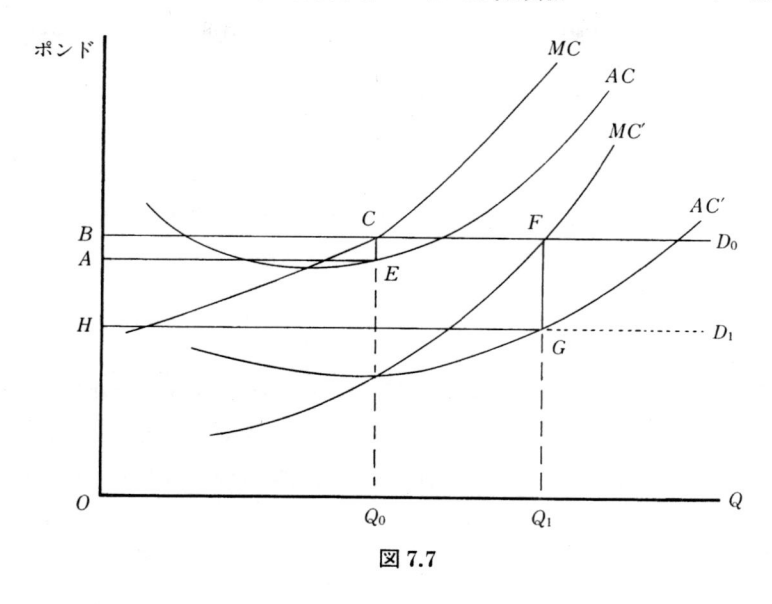

第7章　労働市場：ケインズ対古典派

図7.7

妨げるとともに，「もし賃金だけが伸縮的であれば，すべてがうまくいくであろう」という，古色蒼然とした議論の機先を制する上でも有益であった．この議論は決して消滅してはいないのである．

古典派の議論：賃金の低下は雇用を増加させるであろうと主張する議論はきわめて単純なものである．すなわち，費用の削減は各企業に生産と雇用の拡大を促すであろうということである．しかしながら，それはこれらの企業拡大の結果を十分検討できていない．仮定したように，もし需要条件が影響を受けないなら，市場の供給曲線もまた右方へシフトしており，物価への下方圧力を生みだす．物価は下落し，その結果，個別企業にとっては，企業が拡大しても予想した利潤をもたらさないという事態を生む．図7.7において，D_0 は単一の企業が直面する，最初の需要水準である．MC と AC は，限界費用と平均費用である．生産は Q_0 で行われ，利潤は $ABCE$ である．いまや費用は MC' および AC' に引き下げられ，生産は，需要不変の期待の下

に Q_1 に拡大する．期待利潤は $HBFG$ である．しかし，実現した需要はある不確定量だけ D_0 よりも少ない．もし需要が D_1 を下回るなら，Q_1 では正常利潤さえ確保されない．それゆえ，生産の拡大はこの企業の状態を賃金切り下げ以前に比べて悪化さえさせることが容易にわかる．もちろん，その可能性はないであろうが，その結果はまったく不確実である．しかしながら，確実なことは，利潤が期待以下（$HBFG$）であり，そして Q_1 からの後退がそれに続くことである．

　賃金切り下げが総需要および有効需要に与える直接効果：上記の分析はすべて供給に関するものであった．需要表は影響を受けないものと仮定された．しかし，「争点となっている問題は，まさに貨幣賃金の引き下げが……以前と同じ総有効需要をともなうかどうか」（*G.T.*, p. 259〔邦訳，257 ページ〕）ということである．

　通常ははっきり「ともなわない」という言葉が示されるけれども，正しい答えは，「おそらくともなわないであろう」というものである．賃金切り下げが需要水準に与える影響はきわめて単純に分析されるようになってきた（他方，『一般理論』ではその分析は予測した通り複雑である）．通常の議論は，賃金の下落が労働者の所得を引き下げ，その結果消費需要を減少させ，それが，他の事情を一定としたとき，雇用を減少させるであろうというものである．この議論には2つの重要な欠陥がある．第1は，賃金所得は下落するが，利潤は上昇することである．そうすると（後に，われわれはそれがありうることを論じるつもりだが），総支出は減少するという結果にはならなくなる．第2に，費用が無視されている．もし需要が費用以上に低下するなら，需要の減少は所得の低下へと導くにすぎない．

　それと関連する問題は各々の低下の度合である．もし有効需要点が（図7.8の点 A から B まで）垂直に移動したとすれば，雇用は賃金に関して完全に中立的であろう．ときとして，賃金の切り下げは，供給よりも需要を減少させるので，事態を悪化させる可能性があることさえ示唆される．もし後

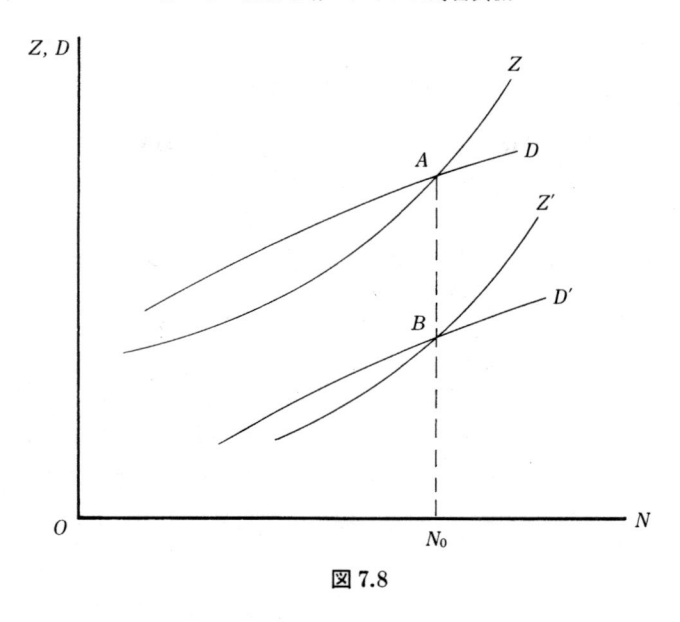

第 7 章　労働市場：ケインズ対古典派　　219

図 7.8

者が真であるとしたら，失業解消のために賃金を引き上げる政策がおそらく歓迎されるはずである．事実，それは労働組合の指導者たちによって主張されてきたことである．

　ケインズは賃金単位のタームでこの問題を分析している．要するに，

　　雇用量は賃金単位によって測られた有効需要量と一義的な相関関係にあり，有効需要は期待された消費と期待された投資との総和であるから，もし消費性向，資本の限界効率表，および利子率がすべて変化しないとすれば，有効需要は変化しえない．(G.T., p. 260〔邦訳，258 ページ〕)

事態のミクロ経済的推移を見て，ケインズは，最初の拡大の結果に失望した企業者は，限界消費性向が 1 に等しいかそれともそのギャップを埋めるために投資が増大しない限り，ちょうど以前の産出量水準まで削減するであろうと主張する．

　この結果には，見たところどこか魔術のようなところがある．Z と D を賃金単位で示すことで，帽子の中から取り出したウサギのように，この結果

を生みだしてきた．なぜなら，賃金の変動という議論の主題そのものが明らかではないからである．各曲線は賃金の変動に関して安定的と定義されてきた．各曲線にそって，賃金は自由に変動することができるのである．この魔術がわれわれに見せてくれるものは，雇用への純効果が存在するためには，賃金の変動が消費関数の位置(すなわち，賃金単位で測った消費関数は安定的ではない)かそれとも投資量に影響を与える必要があるということである．これらを，われわれは間接効果と呼ぶ．それについては，以下で議論しよう．

この結果が何をわれわれに教えてくれているのかを明らかにしよう．集計値分析は個別企業が知覚することから出発する分析とは正反対の極にある．それは，もし供給を増加するさいの他の企業の行動と家計の需要反応との両方の影響のすべてが予知できるとすれば，企業がどう行動するであろうかを予測している．完全知識は，結局，雇用と産出量は不変である，とする古典派の長期的結果をもたらすであろう，といわれる．このことから，われわれは物価は賃金と同じだけ下落し，そして実質賃金は不変であると推論する．その過程が時間を通して進展するとき(事実そうであるように)，現実の経路と，おそらくその結果でさえ，たとえば雇用の変化が生み出す需要効果はどの程度のスピードで伝わるのか，また企業は最初の失望にどの程度すばやく反応するかという調整の度合にきわめて大きく依存している．このような過程の結果は，われわれがここで行ってきた比較静学的演習のいずれによってもとらえられないのである．

賃金切り下げが総需要に及ぼす間接効果：もし賃金切り下げがいずれかの方法で雇用に影響を及ぼしているとすれば，総需要への間接効果——すなわち，消費性向をシフトさせるとか投資計画を変更させる効果——を探し出す必要がある．ケインズはこのような影響をいくつか示唆しているが，その純効果は不明である．これらをここで簡潔に述べておこう[11]．

分析されるべき第1の影響は，所得再分配が消費に及ぼす影響である．ケインズは，「賃金の引き下げは多少物価を引き下げるであろう」と述べ，つ

ぎに賃金の変動自体の効果ではなくて，価格変化の効果に注目するという，やや奇妙なやり方で始めている．しかしながら，貨幣タームでみれば，われわれは賃金の分け前は低下してきたと結論しても差し支えない．新規に雇用される人たちへの支払いのために生じる賃金の分け前の増加は，すでに雇用されているはるかに多くの人たちへの支払いを引き上げることによって補って余りあるであろう．すなわち，需要の弾力性は1より小さいのである．主要費用に入る，他の諸要素，たとえば原材料供給者への支払いは単位当りでは引き下げられておらず，したがって，少なくともこの分け前を維持するであろう．粗利潤は上昇するかもしれない（それはどの程度の調整が行われたと仮定されるかに依存している）し[12]，また調整の拡張局面での相対的分け前としては小さい方であろうが，固定的な要素支払いはもちろん固定されている．他方，これらの固定所得の実質価値は，非賃金主要要素の所得が上昇するにつれて上昇する．さらに確実に，実質タームでみた賃金の分け前は下落し，そして後者の2つの集団の分け前は増加している．貨幣タームでみた場合，総利潤分け前に及ぼす効果は若干混合している．最終財生産者の純利潤は十中八九下落しているのに対して，原材料生産者の利潤は上昇している．ケインズは，価格効果が優勢であり，それがそのため企業者から金利生活者（それに，地主も付け加えるべきであるが）へと実質所得を移転するものと単純に仮定している．

　賃金稼得者の限界消費性向は，さまざまなタイプの所得稼得者の中でもっとも高いと仮定することは合理的である．企業者，地主および金利生活者の相対的地位はずっとあいまいである．先に注意したように，金利生活者は大幅に金融機関にとって代わられてしまい，金融機関が家計に配当金を支払うが，家計にとっては，これらの配当金の支払いは労働所得に対して二次的なものにすぎない．これらの家計は一般的により高い所得階層から生まれており，その結果として限界消費性向は賃金稼得者より低い．企業者もまた，もはや容易に確認しうる階級ではないが，彼らの消費行動を一般化することは容易にできるであろう．したがって，これら3つの集団の間での再分配効果

は疑問である．その場合，識別可能な主たる影響は，全体として高い限界消費性向の賃金稼得者からより低い限界消費性向の集団へと所得を再分配することである．これは先に論じたように，賃金切り下げ自体の効果に加えて，消費関数を下方にシフトさせるであろう．

消費に及ぼすもう1つの影響は，将来の賃金変動への期待である．もし現在の切り下げが一時的なものとみなされるなら，恒常的と考えられるか，もっと悪くすればそれ以上の切り下げが予想される場合に比べて，消費水準を持続しようとする大きな意志が存在するであろう．将来のより高い賃金収入が見通される場合もまた，（たぶん資本を労働に代替することがその状況の下では望ましいであろうとの理由に基づいて）それが投資にとって有利であり，資本の限界効率を上昇させるとの主張が行われる．

需要にとって好ましい，これらの反応はもし賃金の切り下げが不十分であると考えられ，その結果さらに切り下げ期待が高まる場合にはもちろんその方向は逆になる．かくして，「最も不利な場合は，貨幣賃金が徐々に低下しつつあって，賃金が引き下げられるたびごとに……信頼が低下する場合である」（$G.T.$, p. 265〔邦訳，263ページ〕）．もし賃金の切り下げが労働不安を引き起こし，またもし物価の下落が債務負担を耐えがたいものにするなら，確信もまた動揺し，需要は逆の影響を受ける可能性がある．

他方，海外の賃金コストに比して賃金費用が低下すれば，輸出は刺激を受けるであろう．

賃金切り下げの需要に及ぼす間接効果はあいまいである，という命題を例証するための説明は十分示されてきた．残されているのは，利子率を通じて投資に与える効果の可能性の問題であり，事実，それはときとして「ケインズ効果」と呼ばれる．『一般理論』の貨幣的側面はいまだに議論されてこなかったので，後ほど再度言及するとして，この時点ではそのことに簡単に触れておくだけでよいであろう．もし賃金と物価が下落するなら，賃金の支払いと財の購入に必要な貨幣は少なくてすむ．もし貨幣供給量全体が不変ならば，貨幣の一部はその循環の領域から解放することが可能であり，そして証

券市場にその方途を見出すであろう．これは利子率を低下させ，そしてもし新たな賃金水準がかなりの期間持続するとの期待があれば，それは投資にとって有利であろう．もし賃金と物価が元の水準に戻ると予想されるなら，ケインズ効果はおそらく投資に不利になるであろう（それは資本の限界効率への期待の効果に対して反対方向に作用するからである）．なぜなら，その効果は長期貸付を犠牲にして短期貸付を促進することになるからであるが，そのことは予想される物価上昇が長期貸付の実質価値を目減りさせるがゆえに，投資にとってはきわめて重要なことである．

この最後の節が導き出す一般的結論は，次の通りである．すなわち，漠然とした間接効果と，賃金の切り下げだけで雇用増加を達成することは不可能であるとの観点から，たとえ政策的に実行可能であったとしても賃金切り下げをたくらむことは賢明な政策ではないし，またより高水準の雇用（完全雇用よりはずっと下回るが）を容易に回復しうるような自動的な機構が働く「市場」をあてにすることもまた賢明ではない，と．

現在の制度的背景の下では，問題は若干異なった様相を呈する．企業と組合の両方が，失業の心配がある場合には需要を拡大するために財政政策であれ金融政策であれ，政府の「安定政策」を使用することに慣れ切ってしまっている．このような環境の下では，問題となるのは貨幣賃金の切り下げではなくて，賃金と物価の相対的な上昇率である．しかしながら，これらの条件の下で理論を構成し直すために必要な要素は，本章の題材の中にすべて存在している．

注
1) この考え方は，1950年代後半および1960年代初期のフェビアン社会主義と関連していたし，また時おり労働組合の指導者たちによる演説の中にも現われている．
2) 大ざっぱにいって，これら2つのグループは，新古典派的ケインジアンおよび彼らの完全に新古典派的な反対者によって代表される．

3) テイラー（Taylor, 1976, p.14）は，それを「生産能力的見方」と呼んでいる．彼はそれを採用しており，そうすることで何の不安も感じていないようにみえる．
4) 需要の厳密な構成内容については，あらゆる企業の利潤期待が充足されるワルラス理論とは対照的に誤りを免れないであろう．
5) このことと，他の一部の事実に関する記述は個人の技能がきわめて差別化されており，また交渉が個別的である仕事には妥当しないことが理解されるであろう．
6) 建設業にいぜんとしてある程度存在する，かなり変則的な取決めを別とすれば，沖仲仕は最後の主要な実例であった．
7) 期待も財の束も，それらが生産者にとっても，労働者に対するのと同じである必要はないが，しかしわれわれはここではその考察から抽象している．
8) 物価が不規則的に上下し，そのため戦後期を特徴づけてきたインフレ傾向がはっきりと見えない世界では，労働者が物価の上昇を一時的なものと受けとり，それゆえ彼らの期待を調整しないと想定することは合理的である．それに代わって，われわれは物価上昇が予想されるか，観察が行われた後にすばやくそれが期待に織り込まれると仮定することができよう．このことはおそらく貨幣賃金を上昇させる上では十二分だとしても，供給曲線を左側にシフトさせるであろう．われわれは次章でこの後者の可能性の問題に立ち戻る．当面の目的にとっては，それは労働の超過需要を生みだす限りではシフトしないことが必要であるが，しかしそれで十分である．それはテキストで仮定されるように，固定的である必要はない．
9) 現代の用語では，2つの変化は異なる「情報」を伝える．
10) もし物価上昇が一時的と考えられ，そして結果としては恒常的であることがわかるなら，そのときこのような解釈上の矛盾が存在しない古典派モデルによって労働者は「供給曲線」——真の物価を具体的に示す曲線——を離れて右に移ることもありえよう．図7.4の実質賃金によると，観察される雇用は，w^*/P の下の需要曲線上にあるであろう．これは第1公準が当てはまる範囲を拡大する．
11) これらのうちの1つ（(e)点，$G.T.$, p.263〔邦訳，261ページ〕）は，それがシフトすべき理由よりむしろ安定的な消費関数に沿った動きを指示するようにみえる．それゆえ，それは議論されないであろう．
12) ケインズはこのことを論じていない．（それがなぜかは理解できる．）

第8章　労働需要再論

第 1 公 準

　前章では，古典派の第2公準を拒否する理由と，賃金と雇用は需要によって——すなわち，企業によって——決定されるという命題のケインズによる承認を支持する理由とを示した．しかしながら，注意深い読者は，「賃金は労働の限界生産物に等しい」と明記された第1公準にしぶしぶ支持を示したことに気づいていたであろう．これは，それほど高い独占度があるからではなくて——この公準を「限界収入生産物」の意味に限定することはたやすいことである——，いったん考慮すべき既存の従業員が存在すると，変化を取り扱う場合に，変更された公準でさえ由来する理論の一般的脆弱性のためである．すでに見たように，賃金の切り下げは取決めが困難となっているが，そのことが第1公準への意見の相違を引き起こすわけではない．しかしながら，需要が拡大するとき，もし現在いる従業員がすでに受け取っている賃金で追加的労働を自由に入手できないならば，いつだって労働の平均費用と限界費用の間の相違は発生する．この事実が，一般的原理として第1公準を無効にするのである．

　労働の供給曲線は右上がりである．その結果，もし現行賃金のもとでの非自発的失業が存在しない状態から労働需要が拡大していけば，賃金は上昇するにちがいない．しかし，企業が欲する追加的労働を，その追加的労働だけを犠牲にして獲得することはできない．つまり，より多くの労働を引きつけるために必要なより高い賃金がすべての労働者に支払われる必要がある．も

しこれまで支配的であった賃金が x であり,新たにもう1単位の労働を獲得するために必要な賃金が $x+h$ であるとするなら,追加的労働者を雇用するための限界費用は,$mh+(x+h)$ である.ここで,m は既存の従業員数である.この事実は,労働市場における需要独占を分析するために開発された分析に訴えることを示唆するであろう[1].それは供給曲線の上方に限界雇用費曲線 (MCH) を描きだす.しかしながら,MCH と供給曲線のこの相違は,「その労働の供給曲線に到達した」産業内の「小さな企業」に対しても,賃金に個別的影響をもつほど十分大きな企業に対するのと同じように,完全に適合する[2].

「需要独占」分析においては,利潤は,労働の限界収入生産物 (MRP) が労働雇用の限界費用に等しくなるまで労働が雇用されるところで極大となる.そしてそれは供給曲線より上に位置する.供給曲線は支払われねばならない賃金を示している.

ここで,貨幣賃金と雇用の動学的行動を考察しよう.雇用を貨幣賃金に関連づける,図8.1における失業状態 A から出発しよう.各企業は,MRP_0 で示される需要の減少以前に支配的であった賃金を支払っている.もし企業の売上期待が満たされるとすれば,何ら変化は生じないであろう(A は過少雇用均衡である).万一産出量に対する需要期待が上昇するなら,MRP 曲線は右側にシフトする.完全雇用が B 点で達成されるまで,雇用は増大するのに賃金は固定されたままである(各企業には賃金を引き上げるべき誘因はないからである).その後,労働需要がシフトするため貨幣賃金の上昇が必要となるであろう[3].その場合,MCH が活動を開始する.MRP が MRP_3 以上に上昇するまで,雇用と賃金は B にとどまるが,そのとき,利潤を極大化する雇用量は(たとえば,E 点,F 点で)MRP と MCH を均等化することによって与えられる.労働を獲得するために必要な賃金は供給曲線によって示される.需要が上方にシフトするにつれて,賃金と雇用は C までの太線によって示される供給曲線に沿って増大する(CD の部分についてはすぐに論じられるであろう).

第8章 労働需要再論

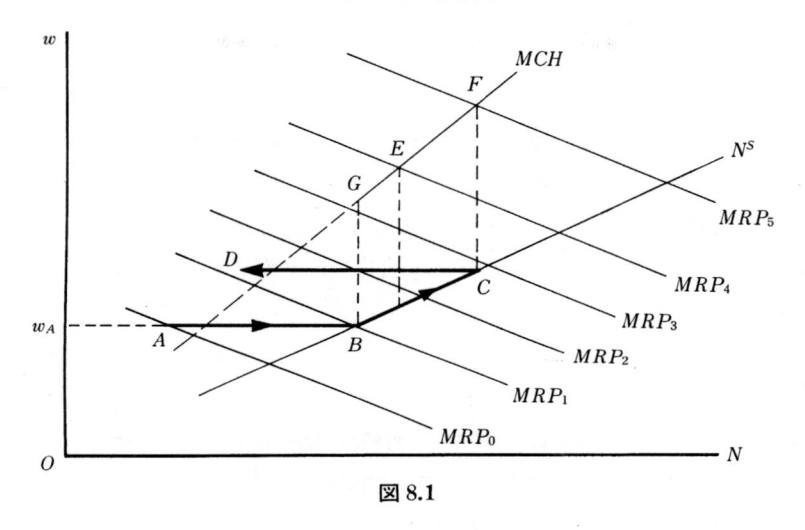

図 8.1

失業の時期を除けば，MRP 曲線は利潤極大化をめざす企業に対する求人数は決定するが，賃金は決定しない．いったん完全雇用に到達すると，供給曲線によって決定されるのは賃金であって，雇用量ではない．したがって，第1公準は全般に妥当するわけではない．労働の超過供給がある場合には，MRP 曲線はまさに利潤極大化行動を示すものであり，この状況下では第1公準が妥当するとはいっても，その場合に限られるのである．

上記の分析では，労働の需要曲線に何ら言及してこなかったことに気づかれるであろう．いったん MCH が効果を発揮し始めると，実際，労働の需要曲線を構築することは困難である．なぜなら，需要は図 8.1 の B 点と G 点の間に暗示される実質賃金の低下に対し全く反応しないし，またそのような非弾力的部分が発生する雇用水準は，すでに雇用された労働量（その存在は新古典派分析では無視されているが）に依存するからである．

賃金と雇用の決定

ケインズの第2公準に対する反論は，N と w の間に一義的な関係は存在しないことを意味している．いったん供給曲線の辺境線の背後に回って調べ

てみると，賃金水準の多くは原則として所与の雇用水準と一致しており，また雇用水準の多くは所与の賃金と一致していることがわかる．ところで，限界生産力に基づく需要曲線もまた，実際にはあまり役に立たないと論じられてきた．それでは，何が w と N を決定するのであろうか．

図8.1の太線 ABC は，失業が存在し，かつまた賃金が w_A であるときに需要が増加し始めると仮定すれば，産出物への需要が増加する場合に観察されるはずの N と w の水準を示している．

その軌跡 $ABCD$ は雇用関数と呼ばれる．これは通常の意味での行動関数ではなくて，失業を伴って始まる拡大のケースにおける，現実の雇用水準を実質賃金に関係づける軌跡である[4]．物価は MRP の各シフトに応じて上昇する．その結果，実質賃金は A と B の間で徐々に低下していき，B の右側では，おそらく貨幣賃金よりも緩慢に上昇していくであろう．

雇用関数は，これまで論じられてきたように，貨幣賃金を引き下げることが労働者にとってだけではなくて企業にとっても困難なことから，可逆的でないことは明らかである．需要の収縮にもかかわらず，その予想される経路は左側への水平移動である．もし需要が，たとえば MRP_5 を生みだした水準から減少するなら，企業は労働を放棄するであろう——限界解雇費用がかからなければ，企業はただちにそうするであろうが，現実には費用はかかる．この要因はあまりにもやっかいなので，図で説明することは不可能である．それゆえ，観察される雇用は，ある特定の点を指摘するわけにはいかないが，太線に沿って D の方向へと減少していく．もし需要が再び増加するなら，雇用は同じ太線に沿って，C へと拡大していくであろう．

本章ならびに前章における労働市場の動きに関する検討の結果，いくつかの不愉快な特徴が明らかになった．すなわち，(1)賃金と雇用水準は一義的な関係をもたないこと．一定の雇用水準は供給曲線上，あるいはその上方のいかなる賃金水準とも一致している．(2)雇用関数は可逆的ではないこと．(3)雇用関数の水平部分の位置は歴史的偶然であること．事実，雇用関数全体は需要と供給の諸力と歴史との相互作用によって与えられる．需要は拡大

しているのか，それとも収縮しているのかが重要である——つまり重要なのはわれわれが到達している点なのである．雇用が拡大するとき，どのくらいの労働者がすでに雇用されているかもまた重要である．これらの事柄はそのいずれも比較静学の方法には含められない．比較静学の方法によると，w と N は非決定である．しかしそれは方法への非難ではあっても，以下のような結論への非難ではない．すなわち，w と N は，一部は広義の解釈に基づく需要と供給によって，また一部には，常識ある人なら誰でも予期するように，歴史によって決定されるものである．

粘着的賃金

上記の議論は，分析上の都合から，仮定により恣意的に固定される賃金と，粘着的，すなわち変動することをきらう賃金との間の相違を論証している．粘着的賃金は，労働市場の制度的特徴に一致する状況では，賃金の変化におけるあらゆる当事者の利害の分析結果として現われる．下方粘着性を支持する，変化抑制的な若干の強力な要因が提示されてきた．つまり，失業の時期の賃金の下落は，実際には失業者のためになるだけである（もっとも，もし需要効果を考慮に入れないとすれば，企業はそれが彼らの利益になると考えるであろうが）．そして，もし失業労働者を雇用できる場合には，誰も企業が賃金を引き上げるとは期待しない．本章にでてくるのは，たとえ完全雇用において，需要の増加に直面しても一時的には完全に[5]上方粘着的であることと，またたとえ賃金が変動しはじめてからでも，古典派モデルが示唆する，より強い粘着性とを擁護するケースである．MCH 曲線は供給曲線よりも勾配は急である．

もちろん，個々の労働者にとっては賃金を引き上げることも労働時間を延長することもいずれも困難である．団体交渉がない場合には，この行動は企業にまで及び，そして交渉が存在する場合でさえ，成功するかどうかは超過利潤が存在するかどうか，あるいは需要増加の期待があるか否かにかかっている．

しかしながら，賃金が粘着的だということは，その偶発的変化を排除するものではない．(したがって，私は相対的に安定した物価水準を仮定している．)景気後退の初めには，企業は現行賃金を支払うものと予想するであろう．なぜなら，各個別企業は将来への悲観的な見解を採用していたかもしれないが，各企業にとって広くこの意見が共有されると期待すべき理由はほとんどないからである．その結果，各企業は自らを価格受容者 price-takers の立場に置くが，それは，たとえ悲観主義が実際には共有されていても，共有されることが期待されていない限り，的確な立場である．それ以降，景気の下降が一般化すると，社員の配置転換とか職場の再編成によりもっと安価な労働の代用が可能になるであろう．すなわち，賃金は下落し始めるであろう．もしその状態が十分長く持続するなら，賃金は，必ずしも市場清算的賃金までは下落しないけれども，確実に下落するであろう．賃金の下落に道を開く実際的なやり方とは，かなりの時間をかけることが可能なタイプのものである．

労働者がその金額の修正後の推定値を受け入れるにも時間がかかる．いったん労働者がそれを受け入れると，その「留保価格」——つまり，それ以下では，労働者が低い賃金を受け入れるくらいなら，むしろ仕事を探し続ける方がよいと考える価格——は変化するであろう[6]．しかし，それは抵抗を受けるであろう．このようなすべての理由から，賃金は硬直的 rigid ではなくても，実際には下方に粘着的 sticky なのである．

上方においても同一のメカニズムが作用する．粘着性の源泉である現存の従業員は，それ自体固定されているわけではない．労働者は，いずれかの理由から他企業よりも容易に賃金を引き上げられる企業へと結局は移動していくであろう．これは残りの人たちの MCH を引き下げ，そして賃金は上方へと動くであろう．

団 体 交 渉

　上記の分析は，個人ベースでの追加的労働の雇用にも妥当する．すなわち，賃金は，余剰労働者を引きつける必要があり，また新たな条件で彼らを雇用することが有利な場合に引き上げられ，そしてそれがすべての労働者に適用される．労働需要は，もはやもっぱら限界生産物によって決定されるわけではないが，雇用量は企業によって決定され，しかも労働者は完全雇用の下でのみ賃金を支配するという命題に抵触するものではないという意味で，それは古典派の第1公準に反する．これら後者の命題は団体交渉の存在によって疑問視されている．もし労働者の結託に直面した場合，企業は「彼らの需要曲線からはなれる」だけでなくて，需要曲線を右の方に移動することは可能ではなかろうか．このことは，不均衡状態においては，現実的結果を支配するのは市場で不足する側なのだという仮定に反しており，したがって，おそらくそれは表面的な検討をするだけでは不十分であろう．

　新古典派分析では，生産性が上昇しない場合には，賃金引き上げの試みは自滅的であり，その結果は失業を生み出すと主張されている．労働組合による組合員の賃金改善の試みは，見当違いかそれよりもっと悪いか，のいずれかとして，つまり，依然として雇用されている人たちのために組合員の一部に対する雇用を意図的に犠牲にすることとして描かれる．労働組合がそれに気づくとき，彼らは不当な搾取から組合員を保護しようとする．彼らは賃金の引き上げを求めて交渉する場合，費用の増大は雇用を損なうことなく吸収できるとの期待の下にそれを実行する．正しいのは誰か．

　新古典派は，通常暗黙裡にすぎないが，完全競争モデルの仮定全体に基礎をおいて議論する．いまや，確実に正しいことは，すべての産業が均衡にある原子的企業経済（そこでは，すべての企業がちょうど正常利潤を獲得している）においては，仮に実際に分配すべき生産性の増加があった場合には，労働組合の要求は，通るほかはないであろう——ただし，彼らの要求が需要

の拡大によって実現される場合を除けば，この最後の条件は重要であり，後にわれわれはそれに立ち返るであろう．

しかし，まず第1に新古典派の見解を支持する条件より，もっと現実的な一連の条件を考察しよう．少なくとも一部の企業や産業においては，独占力の程度，産業均衡に対する不完全な調整，あるいは最近の技術革新による場合のいずれにせよ，われわれは超過利潤が存在するものと仮定する．さらにわれわれは最終生産物需要の増加も認める．全産業での完全競争均衡からの，これらの乖離は，必ずしも雇用を損なうことなく賃金の引き上げの可能性を残している．賃金支払額の増大は超過利潤を減少させるが，それは企業に損失を生じさせるわけではない．もちろん，労働組合は，任意の所与の企業ないし産業が将来においてより高い賃金の支払能力をもつか否かに関しては確信はない．労働組合の要求の基礎である，近時における超過利潤は将来の超過利潤に関する唯一の指針である．企業もまた確実にはわからない．そのことが賃金交渉を面白くする点なのである．

需要と供給のモデル化

大胆に単純化すると，組合組織化された産業における供給の本質というのは，労働は組合賃金率のもとで獲得されるしか方法はなく，それがなくなるまではその賃金率で自由に獲得可能であるが，それ以後は全く獲得できないことである．というのは，賃金は契約によって下方にも上方にも統制されているからである．さらに職務分類を改善するとか，実効賃金 effective wage を引き上げるために超過勤務時間を延長することで，一層多くの労働を獲得することは可能であるが，現実の賃金に関する供給曲線は，たとえば図8.2の Ow_A と AN^s のような2つの垂直部分だけを有する[7]．

賃金の交渉過程は，雇用に対して企業がどんな考え方をしているのか企業の言い分を知るために，さまざまな賃金に基づく供給曲線をよく「検討すること」にある．したがって，賃金交渉の性質には，新古典派理論に固有の，過去の歴史を清算するという特質をもった何かがある．合意した賃金ないし

第8章　労働需要再論　　　　　　　　　　233

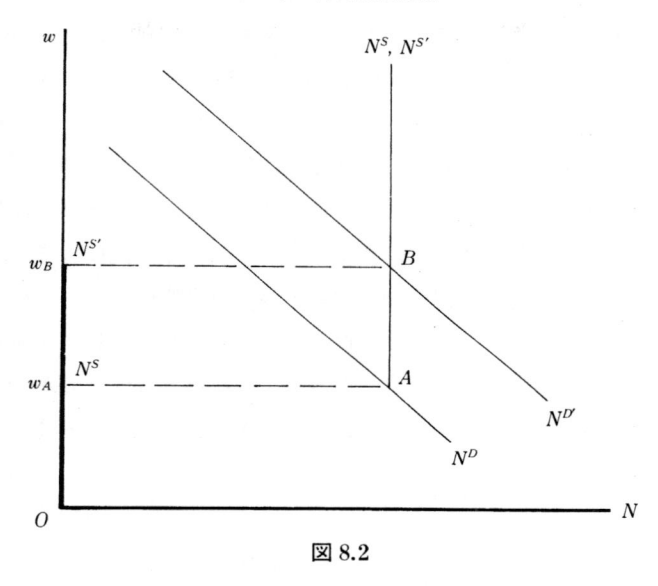

図 8.2

　それに合意する過程は，その産業における最近の賃金の経過とはまったく独立のものであったなどと主張することは愚かなことであろうが，生産者に対して組合が要求を提出するさいに提起される問題は，賃金 x のもとで N 単位の各労働の間での有無をいわせぬ選択か，それとも賃金 $x-h$ のもとでの労働ゼロかということである．企業は N_x を進んで雇用するであろうか，それともそうではないであろうか．これは労働需要が基礎をおく問題に類似している．その類似性は，あらゆる労働の取消しの脅威が生じるだけの時間の長さは新古典派分析では問題にしていないという事実によって限定されてはいるが，それはこの文脈への労働需要曲線の再導入を妨げるほど異なってはいない．

　雇用を減らさないで賃金を引き上げるべしという組合の要求を考察してみよう．企業とか産業は以前には利潤極大化状態にあったと仮定しよう．それゆえ，賃金と雇用水準は，図 8.2 の A 点におけるように，その需要曲線上にあった．その場合，労働組合はたとえば B 点に移動しようと試みる．仮

に企業は物価上昇によってこの新たな賃金を十分カバーするだけの産出量需要の増大を（たとえば，N^D に，あるいはそれ以上に）期待するなら（もちろん，それは抵抗を受けるであろうが），その要求がうまくいくであろうということは，新古典派の理論家によってもたやすく容認されている．集計値レベルでは，消費性向の変化なしに，総需要のこのような上昇は貨幣供給量の増加によって影響を受ける可能性はあるが，それは，実質所得と消費の間の関係を攪乱しないで，支出増加と物価上昇とを可能にする．したがって，労働需要曲線は上方にシフトする．$N^{D'}$ へのシフトは，貨幣タームでは，その要求の成功を保証するであろう．その要求が総実質賃金の引き上げに成功するかどうかは，資本財価格ほどには上昇しない，消費財産業における物価上昇に依存している．

　超過利潤：もっと興味あるケースは，貨幣的理由か嗜好の変化のためか，のいずれかの理由によって，需要の増加が期待されず，しかも若干の超過需要が期待されるケースである．なぜなら，新古典派の人たちは，このケースでは失業を増加することなく賃金の引き上げに成功する可能性をきっぱりと否定するであろうが，合理的な企業は彼らの需要曲線によって示される「極大値」以上の雇用に同意する可能性のあることが示されうるからである．

　このことを見るために，われわれは等利潤線の概念を展開する．一定量の資本設備を前提すると，労働需要曲線上のすべての状態が利潤極大解を表わすが，同曲線上の各点は異なった利潤水準を表わしている．生産物需要のある一定水準に対して，その生産物価格は一定である．したがって，労働が一層安価になり，曲線にそって下方へ移動していくにつれて，産出量と利潤は増大する．

　いま，たとえば図 8.3 の A のような需要曲線上の点を選択することにしよう．A での賃金 w_0 を所与とすると，極大利潤は Π_0 である．しかしながら，同一の利潤水準は別の N と w の組合せでも獲得できる．もし雇用される労働が N_0 より少ないなら，産出量と，したがって収入は少なくなるであ

第 8 章　労働需要再論　　　　　　　　　　　　　　　235

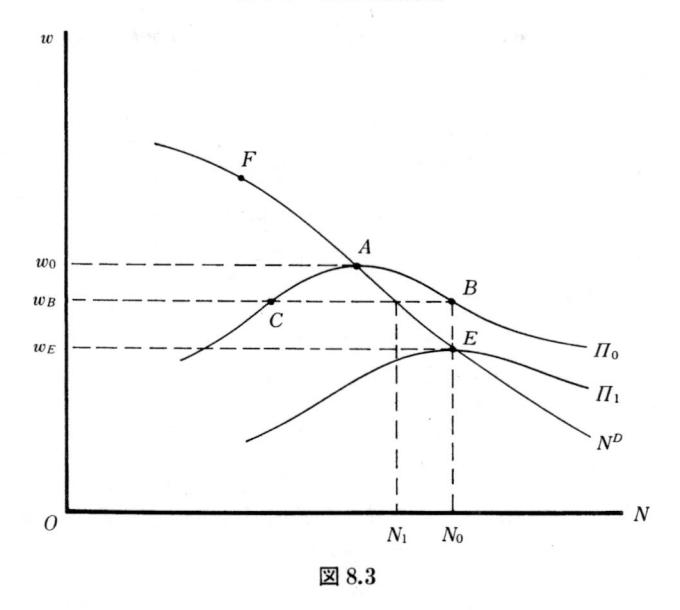

図 8.3

ろうから，利潤を同一に維持するには費用も減らさなければならない．われわれは，w_0A 線に沿って A の左側にある各点は A 点自体におけるよりも利潤が低下することになることを知っているため，等利潤線は w_0A より下に位置する必要があることもわかっている．つまり，費用は雇用の減少以上に引き下げられねばならない．賃金もまた下落する必要がある．

A の右側でも同じ推論をたどってみよう．雇用の増加は，産出量の増大と収入の増加を意味する．N が増大するために費用も上昇し，そしてもし賃金 w_0 がそのまま維持されるなら，利潤は減少するであろう．等利潤線は w_0 より下に位置する．

利潤の水準は N^D 曲線にそって連続的に変化するため，各利潤水準ごとに1つ，等利潤線の集合が存在する．2つの曲線が図の中に示されている（Π_0 と Π_1）．

手近な問題に戻ろう．労働組合は需要曲線の右側のある状態を意味する契約——すなわち，たとえば仕事を失うことなく，賃金を w_E から w_B に上昇

させる，EからBへの移動——は獲得できるであろうか．需要が改善するいかなる予想もない場合には，この要求は利潤の減少を意味するにちがいないが，しかしこの交渉は企業とか産業にとって最適ではなくても，それは労働需要曲線のほとんどの範囲にわたって確実に実行可能であることに注意されたい．ある点，たとえばFでは，正常利潤を含む全費用がちょうど回収される．労働組合が，その点かあるいはそれを上回る点でこのゲームを行うとすれば賢明ではないであろう．しかし，それを下回れば，企業に無理やり放棄させることのできる超過利潤が存在する．

したがって，B点は実行可能である．いま，企業は賃金w_Bにおいて雇用をN_1に削減する方を選好するであろうが，彼らがB点で表わされる交渉を受け入れようとC点で表わされる交渉を受け入れようと無差別な問題であることに注意されたい．つまり，賃金支払後留保される利潤の水準は同一である．かくして，労働需要曲線の左側にある各点は右側の各点より実行可能であるとする主張への擁護論は存在しない．唯一の問題は，企業に彼らの需要曲線を完全に捨てさせることができるかどうかである．一般的な観察は，それが可能なことを示唆している．たとえ企業自体「規模が小さい」場合でも，各個人と企業の交渉を特徴づける力の非対称性は，少なくとも一部は労働者が団体交渉する場合には除去される．マクロ経済理論にとっての成果は，古典派の第1公準に対するもう1つの挑戦状を提出することである．

価 格 期 待

これまでの議論では，全体として非インフレ的状況を仮定してきた．前章で指摘したように，それは1930年代には合理的な仮定であったが，その後状況は変化してきた．1960年代初期までにイギリスで，それ以降アメリカで，物価は一般的に多かれ少なかれ，急速に上昇していくとの期待が支配してきた．理論はこのことを念頭において再検討される必要がある．

第1に，労働供給関数を再考察し，そして労働者の合理性の問題に対する

古典派理論とケインズの論争を衰微させ，かつまたケインズの理論の信頼度を低下させるために利用されてきた貨幣錯覚の問題を再度取り上げてみよう．貨幣錯覚の証拠を見つけたがっている人たちは，賃金交渉が貨幣タームで妥結するという事実と，労働者は物価がわずかしか上昇しない場合には，その労働を撤回させることは現実に観察されないという，2つの点をケインズが強調したことにそれを見出している．

すでに示したように，後者の点は供給曲線の左側のある状態から完全雇用に向かって前進することと関連があり，それゆえ，供給曲線自体と何ら密接な関係をもつ必要はない．現実には，供給曲線はシフトする可能性がある[8]．わずかな価格変化を明示することの主眼点は，それが結果に影響するほど十分シフトしないことである．われわれは供給曲線自体を考察したあとでこの点に立ち戻ることにしよう．

賃金交渉が貨幣タームで行われるという単純な事実は，その必然的帰結として貨幣錯覚を意味するわけではない．どの程度労働を提供するかを決定するさいに，家計はさまざまな貨幣賃金に基づいて，ある範囲の仮説的所得を考慮に入れる．そのことは彼らが貨幣賃金の期待購買力を考慮に入れることを除外するわけではない．組合の交渉ポジションは期待インフレ率に基づいて確立されるし，また相手の提示事項を受け入れることが期待物価水準を考慮に入れることである，ということにいかなる疑問の余地があるであろうか．いや，賃金決定過程において，実質購買力に対する関心を排除するものは本来なにもない．

しかしながら，単なる関心だけで古典派理論を満足させるには十分ではない．古典派モデル（とその現代版経済理論と）は，企業と労働者の双方にとって，貨幣賃金が上昇しようと価格が同額だけ下落しようと，どちらも無差別の問題であると仮定している．この仮定が信頼するに値しない理由はいくつかある．前章では取り上げなかったが，第1のそしてもっとも明らかな点は，企業と労働者とではそれぞれ別々の物価に関心があることである．たとえ仮に物価が交渉のなかに明示的に取り入れられても，交渉が産業ごとに行

われる限り，すべての交渉が重大な意味をもつほど十分賃金財と直接関連をもつケースはほんのわずかにすぎないであろうし，またその交渉が経済全体に及ぶ場合にしか，物価についての取決めが実質賃金の統制可能な構成要素を保証してはくれないであろう．（輸入物価は交渉当事者の統制範囲を超えると仮定される．）

　賃金と同様に，物価に対する交渉のメカニズムが存在しない場合には，実質賃金のいかなる概念も物価の予測を含んでいる．なぜなら，賃金の実質価値を決定するのは，賃金の受領後に支配する物価だからである．古典派理論では，予測は何ら問題にならない．つまり，その理論が「静穏」の世界に妥当するものであり，そこでは物価はしばらくの間そのままとどまるべきであり，またなんらかの確信をもってそこにとどまると期待されうるものであった[9]．期待物価と現実物価は実際上同一のものであり，したがって，貨幣賃金の決定は，実質賃金をも確定する．これとは対照的に，『一般理論』では未来は不確実である．そのため，労働供給意欲は必然的に期待実質賃金に基づいて予測されるのに対して，ケインズの枠組では，発現してくる現実の物価水準は（有利にせよ不利にせよ）労働者の不意を討つ可能性がある．貨幣賃金交渉が実質賃金を決定するわけではない．

　その結果，企業者と労働者の間の相互作用によって実質賃金を決定できるであろうという古典派の主張に対するケインズの攻撃を容認することと，その攻撃が労働供給関数における貨幣錯覚に依存することを否定することとの間には何の矛盾もない．予知は不十分であるという条件に従えば，労働の供給意欲は労働の不効用によって決定されるという理論を否定する必要はない．ただし，一定の労働量によってもたらされる消費の可能性についての労働者の推定値は正確ではないであろうし，また第1に，結果として現実の雇用を供給曲線のどちらかの側に乖離させることになるかもしれないが．

　もし現実の物価水準が，労働者の期待ほど上昇しなかったことが判明すると，一部の労働者は実質賃金の引き上げを獲得するために彼らが提供する以上の労働を提供していたらよかったのにと思うであろう．この現象は，物価

が期待以上に低下する傾向をもつ，景気下降面でおそらく発生する可能性が高いであろう．もし労働者が「昨日」の物価を彼らの予測どおりとみなすなら，現実の実質賃金は期待を上回るであろう．本当の実質賃金がわかるようになると（あるいは，もしそれが予想されるなら），労働供給曲線は右へシフトし，失業を増加させるであろう．なぜなら，もし実質賃金が期待どおりでないなら，労働を撤回させることは十分容易であるのに対して，労働者たちは，個人的にせよ全体としてにせよ，より長い労働時間を主張することはできないからである．不愉快な不意討ちが労働供給曲線を左方向にシフトさせるであろうが，このことが再び何らかの効果をもつ必要はない．もしそれが効果をもつとすれば，それは次回の賃金交渉においてであろう．時間は一方向にしか進まない．賃金交渉は妥結し，雇用はその物価が実質賃金を決定する財が市場に登場してくる以前に調整される．

ケインズの労働市場の理論においては，時間が重要な役割を果たす．失業を伴って開始する拡張期間中に，生産者たちは彼らの労働の必要条件を「昨日」の賃金と「明日」の需要に関する期待に基づかせるものと仮定される．完全雇用が達成されるまで，賃金に関する彼らの期待を裏切るものは何もない．賃金は以前と同じところにとどまっている．しかしながら，労働者の期待は受身である．彼らは昨日の物価を期待すると仮定されており，彼らの期待はこの拡大過程の間にたえまなく裏切られるが，彼らの労働の供給意欲は目立って変化するわけではない．彼らの受動性が，雇用水準は完全に需要決定的であるという理由の一部を成している．

受動的な価格期待は物価の循環的運動の背景の中では合理的であるが，持続的なインフレ期間ではそうでない．たとえ近似的にせよ，貨幣賃金を実質賃金に反映させるには，労働者が積極的に物価を予測することが必要となる．その結果，もし彼らが需要が（右側へ）シフトすることを知覚するなら，供給は左方向へシフトすることになろう．期待物価が高く上昇すればするほど，一層供給曲線は左方向にシフトするであろう．このことは，生産者が現行賃金のもとで彼らが望むだけの労働をすべて入手することはできないと知

る日を早めることになる——そして,すでに見てきたように,その点で労働の供給意欲が,wとNを決定する上では,同じく需要とともに重要である.事実,労働者による価格変化に関する積極的な期待は,それがケインズの議論を排除するわけではないが,彼の議論の非対称性を緩和する.そのためには非自発的失業も一緒に排除する必要があろう.

　たとえ労働者がやがて実現する物価の推定値を正確に計算するとしても,観察されたすべての失業が自発的であるということにはならない.このことがそうなる理由は,第1に労働者と企業とでは関心をもつ価格が異なるからである.つまり,限界収入生産物は生産者価格に依存しており,実質賃金は消費財価格に依存しているのである.そして,たとえすべての企業が「代表的束」の消費財を生産し,そして労働者が企業の実際上つける価格を正確に推定するとしても,そのようにして決定された実質賃金のもとで労働者が購入すると企業が考えるものを現実に購入するか,それとも労働者が期待する産出量を企業が生産するという保証はいぜんとしてない.ワルラス体系の「チケット」[10]のような再契約の取決めだけが古典派的結果を保証できるにすぎない.

　したがって,労働者と企業の間には依然として重要な非対称性が残る.もっとも活動的かつ正確な予測が労働に対して保証できる最善のことといえば,だれも非自発的に過剰雇用されていないということ——すなわち,供給曲線は右方にそれないこと——だけである.さらにまた,企業は交渉時にはより多くの情報をもっている.企業は予想された生産物需要にその求人(および賃金)の基礎をおいて,どのような価格を企業がつける予定かをすでに決定している.したがって,企業は,彼らが提示する賃金が彼らに対して有する「現実的な」含意を知っているのに対して,労働者の方はこうした知識をもたないで貨幣賃金に対する交渉にのぞむのである(そしてミクロ経済レベルでは,ともかくも現実妥当性をもつのは通常彼ら企業の独自の価格設定方針というわけではない).

　生産者たちは彼らの価格設定方針を知って賃金交渉にのぞむだけではない.

彼らはまた，もし企業が計画した以上の高い賃金を支払うことに同意してしまったことを知ると，交渉が妥結した後その方針を変更することだってできる[11]のである．これを行うことのできる実際上の余地はもちろん需要状態に依存している．

原子的企業には，需要が予想以上に大きいことが判明しない限り，価格を引き上げる余地はない．しかしながら，その生産物に対する右下がりの需要に直面する企業は，もしその企業が利潤極大を追求するなら，理由はなんであれ，費用が上昇する場合にはつねに価格を引き上げるであろう．

その原因が賃金費用にある場合には，別の興味ある可能性が生じてくる．多数の組合が期待需要によっては正当化されない賃金の引き上げをどうにかして達成しようとするものと仮定しよう．古典派の帰結では，それは雇用の減少を生むことになる．それと対照的に，労働組合は現在いる従業員を維持する約束をなんとか取りつけたと仮定しよう．その結果，産出量は減少しないで，労働所得は利潤を犠牲にして伸びる．いまや貨幣賃金の切り下げに関する前章の議論は逆に作用することになる．つまり，所得再分配のために（以前のように，反対方向に作用する影響力も存在するであろうが！）おそらく総需要は増加するであろう．賃金の上昇自体は物価を引き上げることで，利潤喪失の一部を取り戻す可能性を企業に提供しうる，何らかの可能性はある[12]．

企業が賃金を引き上げることで失われた利潤を取り戻せる公算は，完全雇用政策ないしは高雇用政策に対する政府の公約によって大いに高められる．政府がこの図式の中に入ってくると，雇用を保持するための——すなわち，賃金の引き上げによる企業への不利な影響を緩和するための——政府の措置による需要引き上げへの組織的な偏向が生じる．もし労働組合も企業もともに需要が政府支出によって支持されるはずだと予測するなら，彼らは事情が変われば受け入れることができないはずの賃金の引き上げにたぶん同意するであろう．

注

1) Rothschild (1947).
2) 原子的市場の不均衡を，価格が「市場で与えられ」ない限り，「独占度」を有する企業と同様のものとして扱うアロー（Arrow, 1959）の議論も想起される．それが完全競争と価格受容との同一視という，まったく不必要で無益な事態を促進してしまうがゆえに，私はこの専門用語に反対論を述べたい．
3) 実際には，賃金は完全雇用に到達する以前に上昇し始めるであろう．なぜなら特定の労働市場にはボトル・ネックが存在するからである．
4) 図7.3の供給曲線，つまりケインズが完全雇用以下では固定賃金を仮定したと信じる人たちによって，ケインズの供給関数として述べられた曲線（たとえば，Patinkin, 1965）とのその類似性は形式上のものにすぎない．概念的基礎はまったく異なる．
5) 以前と同様，われわれはそれをボトル・ネックから抽象している．それはおそらく実際上きわめて重要であろう．
6) 探索理論で主張される言い分を含めることで，私はその理論を十分なものとして容認しない．
7) 極大値として供給曲線の概念を保持するために，水平部分は破棄される．
8) それがシフトするか否かは，価格変化が恒久的とみられるか否かに依存している．
9) 現代の，超厳密な分析では，完全予知が仮定される．
10) 前章を見られたい．
11) 本書の主要な議論に関する理論的方法の範囲内では，この可能性は企業によって否定されており，そこでは，価格と産出量の方針が生産期間の開始時に確立されるべきだとする必要条件が，これら決定の期待に基づく性格を浮きぼりにするために課せられる．実際上，これらの決定はいつでも結果に照らして修正されうる．
12) 企業が元の水準で雇用を維持することには同意しないで，一部の労働者を一時解雇することによって「古典的に」反応する場合には，もちろんこの結果が生まれる確率は大きく減少する——事実，総需要はむしろ減少し，またそれに続く期間における雇用に与える原初の効果を強める可能性がある．

第III部　金　　融

第9章　貯蓄，投資，利子および金融

　総需要の決定は不完全なものであることに気づかれたであろう．なぜなら利子率はなぞのままであり，またそれなくして投資水準は決定されないからである．投資はいぜんとして完全に説明されるとは限らないであろう．なぜなら，投資は短期期待よりさらに不確実な利潤の長期期待にも依存しているからである．しかし，利子率は扱いやすい――それはおそらく扱いやすすぎるほどといってよいであろう．

利子とは何か

　利子とは，ある特定の期間，ある貨幣額を貸付けることに対する報酬である．貸し手の立場からすると，利子は現金を手放し，その代わりに債務証書を保有しようとする誘因を与えるものである．利子は後日貨幣を返済する約束と交換に，現在貨幣を手放すことに伴う金融上のリスクと弾力性の喪失の両方を貸し手に補償してくれる．そのリスクは，負債が満期になる以前にもし元金が必要な場合，債務不履行と資本損失 capital loss を発生させるリスクである．将来の利子率と支出の両方についての不確実性は，後者の種類のリスクに含まれる．

　借り手にとって，利子とはある支出の繰越費用と考えることが可能である[1]．借り手は，後日それを放棄する約束をする犠牲のもとに，現在流動性を獲得する．借り手には，彼が企てる支出が利潤ないしは満足によって，利子および将来の非流動性をともに正当化するに十分値するとの確信が必要である．

ケインズは，彼の利子論は当然利子とは何であ̇る̇か̇ということから生じると主張した．つまり，それは後日貨幣を保有する代わりに現在保有することの代価であり，流動性をもつことの代価である．しかしながら，利子を借入資金の代価として記述したり，貨幣の需要と供給よりむしろ信用とか貸付資金の需要と供給を考察することによって利子決定の理論に接近することは，同じように一見信頼できそうにみえるであろう．貨幣は保持されるか，貸出されるかのどちらかであるから，2つの接近方法は同一のものであるようにさえみえるであろう．これらは興味深い問題であり，後ほど説明する予定である．

われわれはどんな利子率を決定する必要があるのであろうか．仮にわれわれがその利率が何か知っていたとすれば，それは投資に影響を及ぼす利子率のことである．それは銀行信用の利率のことか，長期証券の利率のことであろうか．とくに，われわれが運転資本は投資の一部であることを想起するとき，これらの資金源はいずれも企業にとって実行可能な選択である．これらの源泉と，たとえば政府証券のような他の利子生み資産ないしは利子と同様の収入を生む普通株のような資産との間の関係はどのようなものであろうか．

利子と投資金融

われわれは，暗黙裡に利子率を投資金融と結びつけてきた．奇妙なことに，『一般理論』ではケインズはこの関係をほとんど無視している．すなわち，

> 資本の限界効率表は，貸付資金が新投資のために需要されるさいの条件を支配するものであるということができるが，他方，利子率は資金が当期に供給されるさいの条件を支配するのである．
>
> (*G.T.*, p. 165〔邦訳，163ページ〕)

これだけしか述べていない．資金は現行利子率のもとで，不特定の資金源から入手可能である．

ケインズは投資金融を当然とみなしているようであり，またそれがいやし

第9章 貯蓄，投資，利子および金融

くも「ケインジアン」の分析に入り込んでいるとすれば，われわれは乗数過程の最後に，貯蓄が投資資金をまかなうのだと思わせられることになる．これは明らかに奇妙である．なぜなら，もし第1に投資を生み出すのに資金が必要であるなら，それが発生した後で何らかの資金調達をするというわけにはいかないからである．それは，『一般理論』の第3章で，ケインズの定義に基づいて貯蓄と投資は均等することを確信した読者にとってはなおさら奇妙であろう．それゆえ，一方が他方の金融をするわけにはいかないのである．

その点で，相当多くの説明がされないままになっており，残りの大部分は第14章まで登場しないであろう．しかし，われわれは「金融」に関するいくつかの単純な側面から始めることができる．所得は1つの資金源である．それまでの各章では，所得は暗黙裡に消費をまかなうのに十分であるとみなされた——それはすべての人にとってというわけではなくて，平均上および集計上のことであるが．事実，通常使用せずに残されたおかねがいくらか存在するであろう．（それは，おかねがいくらか残ったといった方が自然な言い方である．）

他方，厳密には，現行所得で投資をまかなわなかったために，投資は利子に敏感であるとして説明された．つまり，以前に蓄積された金融資産が売却されねばならなかったか，あるいはその資金が企業の外部から調達されねばならなかったか，のいずれかである．利子率（貨幣が借入れられる条件）はどのようにして貯蓄（消費されなかった所得部分）と投資とに密接に結びつけられるようになるかを理解することは容易である．

彼らが所得の範囲内で，あるいはそれ以上に支出する限りにおいて，財政黒字か財政赤字のいずれかの状態にある経済的意思決定単位——たとえば，家計，企業，あるいは政府部門——を考えてみることは有用である．黒字単位は赤字単位の債権者である．われわれはしばしば銀行を別個に論じるけれども，さしあたって銀行を含む金融仲介機関は，まさに仲介機能を果たすがゆえに図式を複雑にする．銀行は最終的な債務者と最終的な債権者の中間に立っている．

直接的貸借を赤字単位と黒字単位の間の貸借と定義し，間接的な貸付を金融仲介機関を伴う貸付と定義することは有益である．したがって，抵当証券は間接的であり，権利発行は直接的である．またわれわれは資金の源泉と使途について叙述することも可能である．

　ありうべき源泉にはどのようなものがあるだろうか．所得にはすでに言及した．現行支出は現行所得からまかなわれ，それは「所得の循環的流れ」としてのマクロ経済的図式に適合している．すなわち，賃金の定期的な支払いと財貨の定期的購入とがそれである．金融は支出する者によって生み出される．本章の主題は，潜在的支出者——ここで潜在的というのは，彼らは所得を上回る支出を望むが，それを行う能力は保証されていないからである——とありうべき貸し手との間の金融的関係である．

　この文脈で，「内部資金」について考察しよう．この用語は理論に対するきわめて異なる含意をもつ2つの事柄を意味しうる．つまり，販売から生まれる企業の現金の流れ cash flow，あるいは企業の流動資産保有高，である．ある投資は経常的な現金の流れから融資されうるが，経済全体としては経常的売上げが投資のための主要な資金源にはなりえない．他方，金融資産の保有高も時として重大な役割を果たすことができよう．

　投資金融のために蓄積された資産は，摩耗した設備の更新のための予想支払超過に対する金融的準備を構成し，またそれは何らかの新規純投資をまかなう上でも十分役立ちうる．支出部分を超過する資産の蓄積は，補足的費用勘定におけると同様に新規投資のために貯えておく場合でさえ，それが未分配利潤であるがゆえに一定の粗所得に対する純所得の減少を引き起こす．その資金が支出されるにつれて，2つの所得尺度の間のギャップは縮小する．したがって，純所得によって左右される消費は，これら資産の蓄積と支出のタイミングが変化することによって影響を受ける．

　別の観点からすれば，企業の金融資産は「企業貯蓄」とみることができよう．第3章の集計図式はむしろそれを除外してきたが，特殊な用語法が許されるなら，この貯蓄の構成要素は動機の面から意図した投資に密接に結びつ

けられるであろう．この2つの行動は時間の面で区別されるにすぎない．その区別は，時として重要であるかもしれないが，おそらく貯蓄と投資の間の分離を際立たせるという観点からすれば，ケインズの方が，この資金源を粗所得と純所得の差として扱うさい，その後の理論家たちに比べてずっと賢明であった．

　このアプローチは，部門別アプローチを保持するさいにも有用である．企業間および家計間での貸借およびもっと確実には金融資産の売却が発生する．これらの取引は無数にのぼるであろうが，それらが部門間取引の場合と同様にその経済における重要な諸要因を理解するために重要だというのは疑わしい．単一の家計は黒字単位か赤字単位かのいずれかでありうるが，家計部門全体としては典型的な純債権者である．企業および政府は純債務者である．家計は貯蓄し，企業は投資し，そして投資は借入れによってまかなわれる．以上が基本的枠組である．

　金融資産の種類は豊富に存在するけれども，直接借入れを2つの基本形態をとるものとして記述するのが有益である．つまり，1つは確定満期付きの確定利子契約（債券とか社債）であり，もう1つは利潤（配当）に関連した支出額の見通しをもつ所有権（普通）株である．株式保有者に対する権利発行は厳密な意味で借入れではない．

　われわれは，この2つの証書はそれらの相対的魅力の点から評価すれば，貯蓄者にとっては二者択一の手段であり，以下のごとくいくつかの次元をもつものだという事実を心の奥底にとどめながら，主として前者に関心をもつことにしよう．いくつかの次元とは，確実な利子対不確実な配当，異なる理由による資本利得予想，所得と資本利得への差別的課税，等である．これらの問題は，金融理論ないしはポートフォリオ理論の主題であり，これと大いに関係はあるが，除外した方が賢明である．

　まだ企業者の資金源ならびに家計貯蓄の貯蔵庫として金融仲介機関の可能性が残っている．第1に銀行が重要であるが，それは，現実世界ならびにケインズが古典派および新古典派の利子論と決別した点でともに量的重要性を

もっている．いまやわれわれはその問題に立ち返ることにする．いずれにしても，われわれは本章の残りの部分でもっぱらそのことを取り扱うことにしよう．われわれがそうするのは，教義上の理由からではなくて，この論争を検討することでケインズ体系の構造の大部分が明らかとなり，また制度的変化と理論的発展との相互作用が論証されるはずだからである．

古典派および新古典派の利子論

ケインズも受け継ぎ，また彼の時代に一般に知られていた利子論に対して行った彼の攻撃は，いくつかの理由でそれを叙述することも分析することも簡単ではないであろう．第1に，非ケインズ的理論は，つねにきわめて明確に述べられたわけではないことである．第2に，ケインズの攻撃は，時としてその仮定に向けられ，また時として他の理論の結論とか含意に向けられており，彼が何をしようとしているのかを理解することが困難なことである．事実，彼自身も完全には理解していなかったであろう．カルドア（Kaldor, 1981）は，ケインズ自身の研究を予言するかのように，マーシャル Marshall に関する，ケインズ（Keynes, 1924）の論評を引用している．すなわち，

　　主題に対して特別な才能を与えられ，かつ強力な経済的直観をもっているこれらの個人は，彼らの説明や明示的な陳述におけるよりも，彼らの結論や暗黙的な仮定において正しいことがしばしばあろう．

古典派に関して，ケインズは，彼および彼の同時代の人たちがすべてその中で育てられてきたけれども，次のことに気づいたと語った．すなわち，

　　それを正確に叙述することも，また現代古典派の代表的論著の中にその明確な説明を発見することも困難である．

　　しかし，この伝統が，利子率を投資需要と貯蓄志向とを互いに均衡させる要因とみなしていることはかなり明白である．

　　　　　　　　　　　　　　　　（*G.T.*, p. 175〔邦訳，173ページ〕）

新古典派理論に関しては，それは，

> 最悪の混乱を引き起こした……というのは，新古典派は投資需要表に応ずる2つの供給の源泉がなくてはならないと推論したからである．すなわち，本来の貯蓄——これが古典派によって取り扱われた貯蓄である——プラス貨幣量の増加によって利用可能となる額がそれである．
>
> (G.T., p.183〔邦訳，180ページ〕)

それは全般に若干混乱しているように思われる．

公正さを欠く危険はあるが，古典派理論は次のように理解することができよう．すなわち，利子は「待忍」に対する，すなわち消費を延期すること——換言すれば，貯蓄——に対する報酬であった．企業者がどの程度の「報酬」を支払う用意があるかは，その間に何らかの消費が必然的に延期される，迂回的方法による資本あるいは生産の予想収益に依存した．

それゆえ，古典派理論は，総貯蓄および総投資は利子率によって均等に維持されるというものであった．

> 事実，古典派に属する大部分の人たちはこの信念 [$S=I$：著者挿入] を極端にまで押し進めていた．なぜなら，彼らは，個人のあらゆる貯蓄増加行為は必ずそれに対応する投資増加行為を生み出すと考えたからである．
>
> (G.T., p.178〔邦訳，176ページ〕)

この原理が支持されうる限り，古典派利子論は，先に提示したものとは異なる理論的根拠をもつセイの法則を支持した．労働の全所得を消費したいと考えなかったら誰も働かないであろう，などと主張することはもはや必要ないのである．代わって，貯蓄への欲求は認められるが，貯蓄が自動的に投資と一致するメカニズム，すなわち，利子率の変動が存在するとも主張されるのである．このメカニズムが機能する限り，所得が貯蓄されようが支出されようが問題ではない．つまり，生産されたものはすべて，それが消費向けではなくて，投資向けであっても売れるのである．

古典派理論に対するケインズの反論の1つは，古典派がまったく非貨幣的な方法で利子の理論を論じているのに，利子は貨幣の借入れに対して支払われるとした点であった．少なくとも，新古典派理論は貨幣を分析対象に引き

入れたのである．ところがその理論は，古典派理論の結論ないしは含意がいぜん妥当するよう意図されていた．

とくに，貯蓄はいぜんとして投資に先行するものであった．しかしながら，投資は負の保蔵，あるいは「本来の貯蓄」——すなわち，古典派的な意味での貯蓄——からと同様に新たな貨幣からも資金は調達可能であろう．資金の源泉と使途は，この理論にとって根本的なものであり，したがってそれは貸付資金説と呼ばれた．資金の源泉と使途は，次のような1本の方程式で示される．

$$I+H = S+\Delta M \tag{9.1}$$

ここで，新しい記号 H は純保蔵（すなわち，黒字単位による現金残高の累積から，その他の単位による負の保蔵を差し引いたもの）である．この方程式は問題がないように見える．つまり，「貯蓄」は投資と同様，保蔵に向かうこともありうるし，また投資は「貯蓄」と同様負の保蔵ないしは新たな貨幣によってもまかなわれうる．だから，投資は確かに可能であるが，この学派は，価格変化は，もし投資が本来の貯蓄によってまかなわれたなら存在しないはずの H ないし ΔM を含む資金から生まれるだろうと主張した．これらの価格変化は，彼らが「強制貯蓄」と呼ぶものを生みだした．ケインズは『貨幣論』でその見解を支持したけれども——そして，（皮肉なことに）少なくとも（ケインズが示すように）強制貯蓄を含むものとして乗数に関する1つの説明を解釈することが可能であるけれども——『一般理論』で彼が激しい反論を加えたのは，強制貯蓄の概念に対してであった（その著書の語調については $G.T.$, p. 183〔邦訳，180-1ページ〕を見られたい）．（これは第12章と第14章で議論される．）

無条件の支持ではないが，この理論によってセイの法則が支持されるのもこのケースであり，貯蓄の優先性がその支持者たちによって疑問視されることもなかった（そうしようと思えばできたであろうが）．

貸付資金説を貨幣経済に適合させながら，その理論を利子，貯蓄および投資に関する古典派的見解を保持する試みだとみることがおそらく最も賢明で

あろう．この見方の意義をこの段階で明確にすることはできない．ここで，次の相互に関連する3つの問題を通して，われわれの方向をたどる場合，注意すべき点を示しておくことにしよう．

(i) 貯蓄と投資の一致の問題，ならびに貯蓄と投資の決定要因
(ii) 貯蓄の優先性対独立投資の攪乱的影響，および
(iii) これらの問題とセイの法則との関連性

第1番目を除いて，これらの問題は本章では不完全な方法でしか扱われないであろう．なぜなら，完全な説明を加えるには，第10章から第14章までが必要となるからである．本章の最も重要な目的は，ケインズの理論とそれ以前の理論が定式化される枠組とは異なることを立証することである．もしこれがうまくいけば，ケインズ以後の多くの貨幣理論が立脚する暗黙の仮定を理解することも容易となる．

貯蓄－投資論争

> 貯蓄と投資とは実際には不均等になりうると信ずる新古典派と違って，本来の古典派は両者が均等であるという見解を承認している．
> (*G.T.*, p. 177〔邦訳，176ページ〕)

この点でケインズがどちらの側に立っているかは明白である．彼は，貯蓄と投資が等しいということは常に明らかであると主張したが，彼は，貯蓄・投資の両決意は先進西欧経済においては異なる人々によってなされる，という事実の重要性を強調する場合にも同様に（かつ正当にも）確固たる態度をとった．この後者の主張の論点は，古典派経済学者が「貯蓄」は自動的に投資に流れると示唆するさいに，不合理な推論を行ってしまったことを論証するための根拠を用意することであった．それはまた投資に対する必要条件でもない．貯蓄と投資は別個なものであるのに，それでも均等するというケインズの主張によって引き起こされた大きな混乱（この問題をめぐる論争は各種雑誌において10年間も継続したのだ！）にもかかわらず，驚いたことに彼の主張が優勢となった．彼が伝えようとしたことは，彼の貯蓄と投資の定義

によって促進されはしなかった.

　ここ10年間の議論によって得られた解答は周知のものである. すなわち, 貯蓄者と投資者の意図はどうあれ, この2つの経済量は, 計画された（事前的な）経済量は偶然の場合を除いて均等しないけれども, 事実上, 事後的には等しくなるであろうというもの（むしろ, 購入量と販売量が等しくなるように）である[2]. その数量のうち事後的経済量が, 事前的貯蓄かそれとも事前的投資のどちらに一致するのかという（実際の販売額は需要額なのだろうか, それとも供給額なのだろうか, という問題と同じ）問題が残っている. 容認された解答は, 事前の各経済量間の矛盾は, 在庫の変化によって瞬時に解決されるために, 結果は所望の貯蓄額によって決定されるというものである. つまり, 投資に対する貯蓄の超過分は, 消費財の計画的購入量を上回る消費財生産の超過分と同一視されるから, その結果, 最終消費財の在庫の形態での計画されざる投資が生ずるということである. 貯蓄の不足は, 投資を「貯蓄」の水準にまで引き下げる, 計画されざる在庫べらしを生む.

　ケインズの難問に関するこの標準的な説明が, 安定的な消費関数を背景として, 投資を変化の原動力とする見方を維持することを困難にしてきた. なぜなら, その場合, 貯蓄（非消費）に調整するのは投資の方だからである. その説明が依拠する在庫変化は, 明らかに投資よりも消費需要の変動の方に強い関係をもつ. つまり, 資本財の供給者が「投資の超過分」を充足するために手元に資本設備ストック, いわんや建物を保持するなどということはありそうもないことである. 投資に対する主導的役割についてケインズが立てた命題との矛盾はみられなかった.

　ケインズの難問について一般に同意が得られた解答に伴う他の問題は, それが実質価値と貨幣価値の問題に対処できないことである. すなわち, 在庫を増加させる各計画にいかなる不一致がある場合にも, 物価が変化する必要はないことである.（この解答が, ケインズのモデルは「固定価格」の方法に従うものだとの信念を強化してきた[3].）第4章で注目したように, ケインズはたとえ超短期に対してさえ, このような仮定は立てなかった. かりに

物価が計画の不一致を解決するために変化する可能性があるとすれば，消費者は物価の変化にどのように反応するかという問題が，売上高の変化に対する企業の反応と同様に重要である．計画投資（それは，貯蓄不足とまったく同一というわけではないが）を所与とすれば，計画消費の期待される増加が消費財価格を引き上げるかもしれない．その場合，消費財の購入量がおそらく計画値を下回るであろうし，またそれが消費者の支出の貨幣価値にどのような影響を及ぼすかは明らかではない．したがって，ある一定の貨幣額を貯蓄する計画が達成される保証はない．

　貯蓄 - 投資問題に関する一般に容認された解釈を支持する人たちは，価格変化が問題なのではないと言って反撃するであろう．すなわち，消費者を動機づけているのは実質貯蓄（あるいは，実質消費）だということである．後者の論点は確かに正しいが，では，実質貯蓄とは何であろうか．

　「実質貯蓄」は，通常単に S/P ——両者とも経常値である貨幣貯蓄を物価水準でデフレートしたもの——と「定義され」，そしてそこに問題が残っている．現行物価水準の使用は明らかに以下のことを示している．すなわち，S/P は，消費すればできたであろうが，しなかった財を表わしているにすぎないこと——つまりそれは（本書）第3章で示したように，投資と同一であり，貯蓄と投資のいかなる乖離も説明できない集計概念だということである．

　さらに，この概念は積極的な貯蓄行為には何ら関係がない．このことは分権的経済の下では，計画と決定とはその性格上ミクロ経済的なものなのだから別に驚くには当らない．実質貯蓄の概念は，人々が貯蓄する時，彼らが現実にどのように行動するのかという問題に適用する場合にはまったくやっかいである．貯蓄者の気持では，貯蓄の目的は現在獲得した所得の中から将来消費することができることである．したがって，貯蓄者の観点からすると，貯蓄の実質価値は，現在放棄した財ではなくて，後日購入を期待する財なのである．

　明らかに，もし物価は固定していると仮定されるなら，経常物価デフレー

ターの使用は妥当な代用物を提供する．だがしかし，物価の変動が容認されている場合には，もしその理論が不確実性の世界に妥当するとすれば，そうなるはずなのだから，貯蓄者にとって実質貯蓄は次のことに依存することが直ちにわかる．すなわち，(i)彼の将来支出の予想構成内容，(ii)将来支出の予想されるタイミング，ならびに(iii)予想購入期日における，対象商品の予想価格，がそれである．これら予想のありうべき不正確さ，および各個人間における予想の不一致が，こうした実質貯蓄概念のいかなる使用もはなはだ困難にするであろう[4]．このことを基礎にして投資と比較するための集計値を形成することは確かに不可能である——それ自身異質なもののベクトルとして実質タームで考えることしかできない．

ミクロ－マクロ：分権的経済の下では，計画は個人によってしか立てることはできない．それゆえ，事前的貯蓄はミクロ経済学的概念である．消費に対する所得の超過分は，個人にとっては——消費の定義では耐久消費財の形態での貯蓄は除外するものとすれば——銀行預金や現金を含む，ある金融資産投資にその方途を見出さざるをえない貨幣総額として現われる．これは，われわれがすべて（われわれ自身そのように行動しているがゆえに）理解している貯蓄のプロセスであり，そしてどのようなものでないかというよりむしろ，それがどのようなものであるかによって定義されうる．それが金融資産の獲得なのである．

この貯蓄を貨幣タームで考える方が間違いなく容易である．また原則として，集計することは困難ではないはずである——それとも困難であろうか．貯蓄は貨幣を含む金融資産の獲得である，と明確に定義されてきた．したがって，読者は総貯蓄，すなわち個人による金融資産の獲得総額を測定することは可能なはずだと考えるであろう．しかしながら，各個人は入手可能なものを獲得できるだけであり，未償還の証券ストックは，少なくともまず第1に，これら証書の需要者（貯蓄者）ではなくて供給者（借り手）によって決定される．貯蓄者がなしうる，いかなることもICI社に社債を発行させるこ

とはできない（もっとも，ICI 社のタイミングはその推定需要量に依存するであろうけれども）．銀行は常に預金を獲得するであろうが，預金総額は，少なくとも人々が銀行に現金を預ける範囲と同じだけの借り手の借入れ申請によって決定される．あらゆる現金預金が貯蓄を示すわけではないのである．

また，われわれは貯蓄を測定するさいに，有価証券の再評価をどのように扱うべきであろうか．これらの証書の総供給が固定されているとき，もし貯蓄者が資金を有価証券に投資するなら，証券価格の上昇は定義された意味での貯蓄を表わすが，かりに貯蓄率は安定しているのに，新規の債券発行が行われ，資本価値が下落するなら，負の貯蓄が，たとえ計画されない負の貯蓄でも，生じていると推論するべきではない．もし人々が彼らの獲得した富を支出する計画を立て，そしてその価値が下落していたことに気づくなら，結果として，負の貯蓄が生じる可能性はあるが，金融資産の損失は現金化される必要はないから，いかなる種類の負の貯蓄も存在しないことになろう．

利子率の変動は，その原因がなんであれ，多くの型の金融資産の市場価値を変動させるが，すべての資産価値を変動させるわけではない．もっとも顕著なものとしては，利子を生まない銀行預金とか，利子は生むが，利子率が変化するときその価値を失わない貯蓄預金勘定でさえそうである．したがって，問題は前節で提起された測定の問題よりも深刻化している．貯蓄は金融資産需要の合計であるが，この集計値は複合財の検定には役立たない[5]．つまり各構成要素間の相対価格は不変であり，そのようにして測定された貯蓄の価値は貯蓄者の側になんの行動がなくても変化する可能性がある．

封鎖経済のレベルまで貯蓄のこの金融上の概念を集計していくと，別の径路を経て第3章で得た結果と同じものが生まれることは明らかであろう．ある経済単位の資産は，別の経済単位の負債であり，貯蓄が消滅して投資だけが残る．金融資産の貸借対照表を統合することは，いくつかの単位の生産された財貨を合計する際に遭遇する問題とは根本的に異なる問題を提起する．われわれには始めからそのことは分かっていたのである．

家計ないし企業によって計画されるか管理されるような貯蓄過程とあらゆる直接的関連をもつ部門にとってさえ，総貯蓄を定義する場合には，厳しく，おそらく克服しがたい困難が存在すると結論せざるをえない．希望した通りの実際的な性質をもつ集計値概念を見出すことは，事実上不可能のように思われる．おそらく，結局できるとすれば総貯蓄とは何で・な・い・かということくらいであろう．

いったんある関連の欠如が認識されると，ケインズの説明から生ずる難問は，とくに貯蓄は残余であるとする考え方に帰着する．もしこの叙述が，たとえば「消費はある人の所得への第1の請求権をもつ」のに対して，貯蓄は所得の一時的ないしは予想外の変動に適応するものだという主張に基づいて，個々人の行動に関係があるものと解釈されるなら，そのときには貯蓄はその適応期間中の残余にすぎず，しかも，真の計・画・的・貯蓄は残余ではなくて，どの点からみても計画的消費と同様意図的な決意なのだと言えるであろう．すでに見たように，個人の貯蓄計画総額に関する明確な概念が維持できない集計値レベルで解釈するなら，貯蓄はきわめて確実に残余なのである．それは残余・と・し・て・定・義・さ・れ・る．ケインズが，「事前的貯蓄の概念に関する限り，私はそれに正常な意味を付与することはできない」($C.W.$, XIV, p. 210) と書いた時，彼の念頭にあったのは，おそらく総貯蓄のことであろう．

貯蓄と投資の決定要因：ケインズの理解によれば，古・典・派・理論は，利子率は，それと正の関係をもつ貯蓄と，負の関係をもつ投資とによって決定されると仮定した．ケインズは，現在では信頼感を失っているが，後者の関係を容認しており[6]，われわれが第6章で見たように，ミクロ経済的行動から総投資需要表を展開することに何ら重大な障害は存在しない．

しかしながら，ケインズは貯蓄を利子率の関数とは認めなかった．彼はそれに対して2つないしおそらく3つの反対の論拠をもっていた．彼は時々，あたかもある関数はひとつの決定要因しか含むことができないかのように論じているようにみえるし，また彼が決定していた所得が貯蓄の重大な決定要

因であったために，利子などどんな影響も及ぼすことはできないだろうと論じているようにみえる．

もうちょっと重大な2つの議論は次のようなものであった．すなわち，(i)利子率の変化は，現在および将来の，消費に対する相対的な誘因を変化させる「価格」ないし「代替」効果と，大部分の金融資産の資本価値が利子率とともに変化する場合の富効果の両方をもつこと．貯蓄への効果は反対方向に作用し，その結果は明らかではない．それゆえ，利子率効果はおそらく重要ではない．(ii)人々は，利子を目当てに遊休現金を貸出す時とちょうど同じように，彼らの遊休現金を増加させるとき，真に貯蓄しているのだという事実を彼は指摘した——それは，表面的には明白であるが，彼の流動性選好理論の全体系を支えるために必要なことは事実上，重要な理論的含意をもつことである．このことは，貯蓄関数において利子率が重要でないことを論証するには確かに十分ではないが，利子と貯蓄の間のあらゆる必然的な関係を断ち切る上では十分であった．

利子率を除外するという彼の理由がいかに薄弱であっても——そして所得の重要性を強調するだけで十分であったためにいかに不必要であっても，——彼は，実際に主張したように，利子率が貯蓄と投資だけでは決定されえないと当時主張することができたのである．

貯蓄（あるいは消費）の決意から利子率を除外することは，彼の理論の劇的なインパクトを増幅するのに役立った．つまり，いまや S と I は所得によって均等化されることになり，S と I は利子率によって均等化されるという理論は消滅してしまったのである．誰もがその相違を確認することができた．それはまた，投資が貯蓄の原因であり，その逆ではないという彼の主張を大いに支持するという利点もあった．

しかしながら，その点に目を転じる前に，ケインズの見解では，古典派経済学者たちは，彼らが利子率とは何を意味するのかがそれほどはっきりしていなかったことに注意すべきである．彼らは，利子率を資本の収益率あるいは資本の限界効率と等しいものとみる傾向があった．ケインズはこれらの概

念と利子率との相違をはっきりと区別した．それらは同一次元を有するが，それだけのことである．利子は貨幣的現象である．資本の収益率は生産活動から生じる費用と収入に関係がある．今日，これら2つの概念が同一のものとして扱われる著作を見出すことは難しいことではない．

古典派理論における貯蓄の優先性

古典派理論の人たちは所得が貯蓄に与える影響を認めていたが，彼らは所得決定における投資の役割を無視するとともに，利子論においては所得を先決要因として取り扱っていた．ケインズによれば，これこそが彼らの大きな誤りであった．

（ケインズが描いたように）古典派的図式に暗に示される因果の序列は，きわめて明らかである．すなわち，貯蓄が所得によって決定される限り，それはあらかじめ決定されており，あとは利子率の影響を残すだけである．資金の供給は，多かれ少なかれ限界において，利子を支払う意思によって調整され，そして現実に行われる投資量は貯蓄量によって決定される．

因果の序列づけを逆転するにあたり，利子率が貯蓄と投資とは独立に決定されると主張できることはケインズにとって好都合であった．その場合，順序としては次のようになるからである．すなわち，(i)利子率rから独立した資本の限界効率表の形成，(ii)現実投資を決定するための資本の限界効率とrとのつき合せ，(iii)IのYへの，したがって現実のSへの影響がそれである．

ケインズの理論は，その資本の限界効率がrより大となる，すべての投資計画を維持するだけの十分な資金がrのもとで用意されていると仮定する．その結果，論争を考察する1つの方法は，それが資金供給の弾力性との関係をみてみることである．

しかしながら，この見解は，古典派理論の場合よりケインズと新古典派ないし貸付資金説の間の対立の方にいっそう適合する．貸付資金説との対立からこの論争を分離する，利子率理論に関する「ケインズ対古典派」論争に対

第9章　貯蓄，投資，利子および金融

する単純な解決策はあると私は信じる．

「貯蓄」は，同じラベルを保持しながら，その形態は時間にわたって変化可能であるような，自由に解釈してもかまわないやり方で定義された概念である．古典派理論はその出発点として農業経済を背景にもっており，そこでは貯蓄の原初形態は種トウモロコシ，つまり実物資源である，消費されない生産物であった．（実物であるため，集計上の問題はない．）収穫物である所得はあらかじめ決定されている．トウモロコシが消費されずに保有されているとき，それが貯蓄であり，蒔かれれば，それが投資である．その貯蓄は，物事の本質上投資に（やや）先行して行われ，そしてそれは投資を目的として行われるにすぎず，それにそれは消費の時間選好と投資の期待収益の両方に密接に結びつけられている．

そのような社会では，借入れと貸付は，貨幣の貸付のように，しばしば労働時間契約とか生産物契約の形態をとり，そして後者は，かりにそれが純粋に経済的利得のために企図されても，貯蓄としてよりもむしろ冒険的事業への一参加方法とみなされた．われわれは，貯蓄と投資がはっきりと区別されなかった理由と，利子を資本収益に等しいとみることの妥当性のいずれをも理解することができる．

産業革命はこれをすべて徐々に変えていった．初期の一般的な企業形態であった個人事業とかパートナーシップにおいては，多くの貯蓄は依然として投資をする人たちによって——そして投資する目的で——行われていた．しかしながら，いったん企業者が外部資金を必要とすると，そこから貯蓄者と投資者とは分離する可能性が出てきた．

その場合にはじめて，投資あるいは貯蓄の優先性について議論することが妥当なものとなる．そして，主に貨幣形態での借入れと貸付が出現してはじめて，現在われわれが知っているように，利子率と，将来所得を増大するための事業計画に実物資源を投入することから期待される収益率とを分離することが可能となるのである．

古典派理論の貯蓄の優先性は，産業社会の初期ではよく妥当する．当時は

個人事業主やパートナーは彼らの事業に投資するために貯蓄し，そして外部資金は典型的には債務契約書の発行を通じて貸し手から直接借入れられた．所有者とか貸し手は，投資したり貸付ける貨幣を所有するために貯蓄しなければならなかった．それゆえ，貯蓄行為と投資行為を分離してみても，古典派的因果関係を逆転するには十分とはいえない．逆転の可能性を創出するのは間接借入れなのである．

ケインズ対貸付資金説[7]：ケインズも強調したように，貸付資金説（LFT）は遊休残高の保有が投資への潜在的資金源として役立つ可能性があることを認めた，方程式(9.1)を想起しよう．ケインズが注意を促すその相違は，貯蓄の取扱いと関連がある．LFTは保蔵を「本来の貯蓄」とは別のものとみなしている．ケインズにとっては，貨幣か利子生み資産のいずれを保有することによっても人びとは貯蓄可能なのである．つまり，ケインズにとって，保蔵は貯蓄の1形態なのである．

LFTの保蔵の概念は，おそらくケインズが認めるつもりでいたものよりデリケートであったが，ここでその問題に首を突込むと，われわれは必要以上に深く思想史の領域に踏み込まざるをえなくなろう．それが貸付資金説的考え方の暗黙の枠組と，解明の糸口を与えてくれるケインズの理論構造との間の対立点なのである．

LF理論は資金循環と関係がある．投資と保蔵は，それぞれ支出および保有のための資金需要である．新規に創造された貨幣と，以前に蓄積され，現在保蔵から引き出された遊休残高が供給源である．LFTがすべての貯蓄を投資に利用可能であるとみなしていることは明らかである．すなわち，すべての貯蓄は貸付と同一視されている．純保蔵がゼロであり，また貨幣供給量が不変であるとき，貯蓄と投資が利子率を決定する．以上のことに，LF理論は保蔵を例外的で一時的な現象と考えており，また貨幣供給量が固定されている限り，LFTは古典派理論に近似するという事実を付加しておこう．

ケインズはまた彼の理論を展開する際に貨幣供給量を固定的とみなしたの

第9章 貯蓄，投資，利子および金融

で（貨幣政策を議論する場合には，当然そうではないが），この仮定は問題にはならなかった．（しかし，そのことは，それが当然問題となった以下の第14章で登場してくる．）問題となったのは，賃金の支払いや消費者購入の中で循環しない貨幣——保蔵への脱落は別として——は貯蓄に向かい，またほとんど自動的に投資に向かうというLFTの基礎にある仮定であった．解決されるべき唯一の問題は利子率であった．若干の混成物ではあっても，利子は依然として貯蓄に対する報酬である．

全体の観点は，本質的にミクロ経済的であるか，性格的にはせいぜい部門的なものである．このことは，貨幣が手から手へと循環するか，それとも借入れられたり貸付けられたりすると見なされるときはいつでもそうであるにちがいない．

ケインズの見方はマクロならびにミクロ経済的視点の，未解決であるか，それとも少なくとも暗黙の混合物である．『一般理論』における総貯蓄は金融変数ではまったくない．それは「非消費」であり，非消費は何に対しても融資することはできない．ミクロ経済のレベルでは，貯蓄決意は消費決意と同時に行われるものと考えられうる．その場合，財に支出されない所得をどのように処分するかについて，もっと進んだ意思決定が必要となる．もし人が「マクロを考えている」なら，「貯蓄」を処分する段階までその意思決定は全体の図式には入ってこない．したがって，『一般理論』では，ひとつの重要な分離が行われる．すなわち，それは所得水準が所得のうち消費されなかった（残余の）額を決定し，利子率は，それがどこに投下されるかを決定するということである．もし「貯蓄」が意思決定ではないとすれば，利子率の理論は完全に金融資産需要の観点から展開することができる．

しかしながら，利子率は，現行貯蓄の配置のみならず，以前に蓄積された貯蓄（つまり「富」）の配置にも影響を及ぼす．（手段的資本を所有しない）家計の既存の資産ストックと企業の内部留保もまた金融資産として保有される他はない．貯蓄——つまり金融資産への限界的追加分——は，やや短期間では金融資産ストックに比してかなり小さいものであり，またその資産スト

```
          Y
         ↙ ↘
        C   S    W
            ↘↙ ↘↙
        ⇣   ↙↘ ↙↘
       ΔM^D ------ r ------ ΔB^D
```

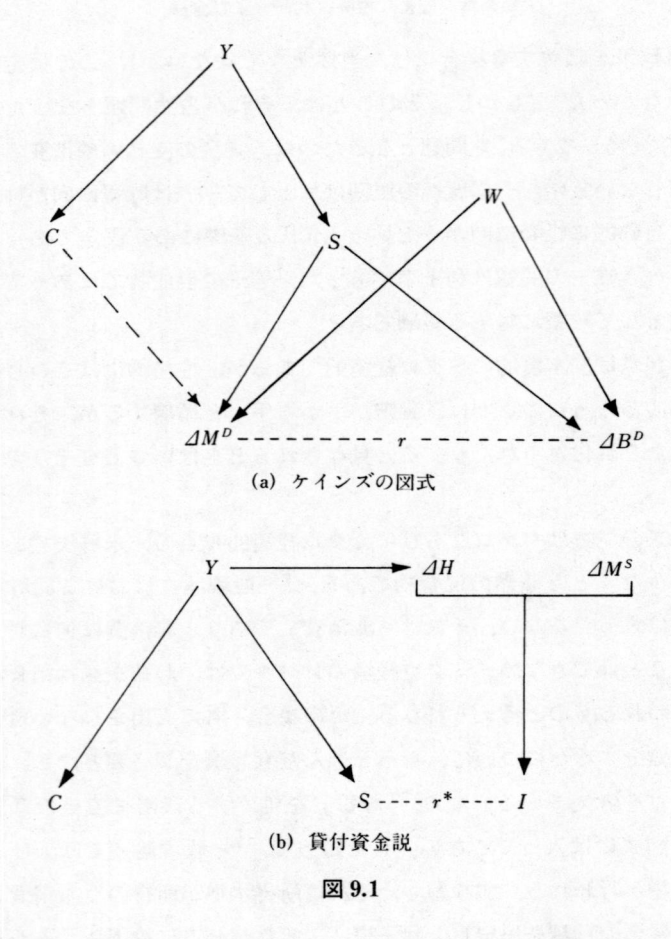

(a) ケインズの図式

```
        Y ─────→ ΔH    ΔM^S
       ↙ ↘           ↓
      C   S ---- r* ---- I
```

(b) 貸付資金説

図 9.1

ック全体が配分される必要があるために，貯蓄はそれに比較すれば取るに足らない．したがって，金融資産需要は別の面で貯蓄から独立している．

　投資とそれに資金を提供する資金循環についても同様の区別が行われた．ただし，それは一連の同定可能かつ弁護可能な仮定よりも議論不足によって一層達成された——後日それはケインズがロバートソンと論争する中で修正された——のであるが．

　図 9.1 は 2 つの見方を示している．『一般理論』における構造を表わすこ

の図式には投資が欠如していることに注意されたい．ΔB^D は利子生み資産の原型である「債券」の獲得を示している．C から ΔM^D への点線は貨幣の取引需要を表わし，W は金融資産を表わす．図9.1(b)は保蔵（ΔH）と貨幣供給量の変化（ΔM^S）の，本質的に古典派的図式への接合関係を示している．ただし，「貯蓄」はもはや実物（たとえば，種トウモロコシ）ではなくて，金融的なものではあるが．r^* は古典派理論が精力を集中する「中立」ないし「自然」利子率である．図9.1(a)の r は現実（名目）利子率である．

　LFT の見方は本質的にはミクロ経済的であるけれども，マクロ経済的要素も1つ存在する．それは貨幣供給量の外生的変化である．このことに関する十分な分析は第14章まで残しておこう．差しあたり，LFT は貯蓄と投資についてのケインズの（あるいは古典派経済学者の）どんなマクロ経済的命題とも直接的な対立（あるいは調和）状態にはないと見なされよう．だが，いかにときとして結合することが困難であっても，マクロ経済学にはミクロ経済学的基礎が存在する．それゆえ，ケインズと LFT との間の論争は追求するだけの価値がある．

　貨幣供給量の役割は別として，ケインズと LFT の間には実際上2つの論争領域がある．1つは，LFT が貯蓄と貸付とを同一視していることであり，もう1つは，保蔵の一時性である．第2の点は次章の資料がなければ議論できないので，われわれは第1のテーマに戻ることにする．

　議論は3つの資産，現金，銀行預金および「債券」の観点から行われるであろう．このうち債券は利子を生む借入証書である[8]．

貯蓄，貸付および既存の資産：利子を得て貸付ける場合と同様に，遊休現金の保有によっても貯蓄できるという認識は，ケインズと貸付資金説の間で決定的な相違があることを際立たせることになるが，それはケインズを弱い立場に放置することにもなる．なぜなら，「遊休現金」が文字通り現金（紙幣および鋳貨）ではなくて銀行預金――それははるかにもっともらしい貯蓄方法であるが――である限り，人は，銀行の貸出金が増加するであろうから，

少し間をおいて貸付が行われるものと直ちに考えるからである．

次の点は，より強固な論拠であったろうと私には思われる．すなわち，各種資産のなかで，金融資産は同質であるために間接の（「堅実な」）証券市場が発達し，そして繁栄してきた．貯蓄者は，それ以前の所有者から買い取る既存の証券からの一定の収益を得ることと，新規に発行された証券からのそれとを完全に無差別と考えている[9]．しかしながら，新規発行証券の売上げだけが借入れと貸付を示しており，残りは現行貯蓄者と既存の証券保有者の間の取引なのである．

さて，投資と借入れ（それは内部資金からの資金調達ではない），貯蓄と証券購入——それは貸付とまったく同じというわけではない——とをそれぞれ同一視することに賛成する限り，われわれは貸付資金説的な世界観を受け入れているものと仮定しよう．そして，貯蓄と投資の均等状態からすれば，企業者の期待は悲観的となるが，一方貯蓄は影響を受けておらず，新規金融証書の供給量は減少し，貯蓄者は既発行の債券供給を求めて争い，利子率は低下するが，貯蓄された資金のすべてが投資資金をまかなう方向に進むわけではない——それは新規発行証券を購入するために使用された分だけである．残りは既発行証券の保有者に対する資本利得となる．

資本利得を得る人々がそれらの利得を（当該期間に）消費に支出する場合に限って，財貨とサービスへの需要は影響を受けないであろう．そうでない場合には，あたかも現金が循環から回収されたのとまったく同じ影響が生じる．そしてこれらの利得の一部は，おそらくその大部分であるが，金融資産に再投資される可能性はきわめて高いものと思われる[10]．

これこそ，ケインズの2つの資産の単純化に関して，先に私が注目した意味なのである．1つの資産で十分だったであろう．新規資産と同様既存の資産も存在する限り，貯蓄と貸付の間の直接的関連は断ち切られる．それらは少なくとも半独立的なものである．（ケインズはそれらを完全に独立的としたが，おそらくそれは行き過ぎだったであろう．）

既発行証券，利子率およびセイの法則

　セイの法則に関する私の例が意味するものはかなり興味深いものである．貯蓄者は，投資しようと意図した通貨を証券に投資することもできるという意味で，貯蓄計画を実行することができたわけだが，同じ額の投資あるいは資本利得からの消費が自動的に行われるという保証はない．

　かりに「実質貯蓄」を「意図した将来の実質消費」と定義するならば，その場合，貯蓄が企図されるときに期待された追加消費財を生産するための十分な投資が行われていなかったであろうと確信をもってわれわれは予測して差しつかえない[11]．貯蓄は意図した将来消費を首尾よく示すシグナルではないというケインズの命題は，遊休残高の形態をとる貯蓄がなくても妥当する．

　もし貯蓄が投資以下に下落するなら，利子率は上昇し，証券の市場価値は下落する．この期間に，すべての投資計画を実行するには資金不足であろうが，そのギャップを埋めたであろう当初の消費計画はいまや，金融資産の価値は下落してしまっているわけだから，おそらく完全には実行されないであろう．貯蓄と投資は依然として利子率を決定するが，セイの法則が妥当する必要はない．

　このモデルにおいて，貯蓄と投資が依然として利子率を決定する主たる理由は，資産保有者が保有すべき代替資産を与えられていないことである．仮にある代替的な利子を生まない資産（現金）が存在するなら，資産の構成内容を変更しようとする意思決定は，貯蓄率と全く独立に利子率を変化させるであろう．この考察に基づく理論は，以下の3章が終了するまでにわかるように，もっと説得的な結果を有するが，既存の金融資産市場が存在する場合に貯蓄と投資のタイミングの変動か，それとも，同様にして，貸付を単に貯蓄行動の部分集合として規定するだけで，セイの法則を打破するには十分である．遊休残高を保有するという選択が，それ以上の理由を説明してくれる．

　貯蓄の優先性再論：あるレベルでは，古典派による貯蓄の優先性に関する

ケインズの逆転は容易に受け入れられる．貯蓄は消費と同様に現行所得に依存しているから，もし所得が上昇すれば貯蓄も上昇するが，消費性向が安定的である限り，それが所得の変化を生みだすことはできない．投資は現行所得から独立しており，短期期待あるいはその結果から独立である長期期待に反応し，したがって，自由に変動し，シフトする．期待はまったく不安定であり，おそらくは気まぐれでさえあるから，投資はまったく突然変動する可能性がある．その結果，所得の変化と，それに伴う貯蓄の変化が生じるであろう．

だがしかし，懐疑的なLFの理論家（DHR）なら確実に投資資金が調達されない場合には，そんなことは発生しないはずだと疑問を呈するであろう．投資は進んで自らを生起させるわけではない．需要には購買力による裏づけが必要なのである．

全くその通りであって，ケインズは『一般理論』でそのことについては何も語らなかった．ロバートソン（Robertson, 1940）は，もし以前の水準を上回る投資の増大が現実に発生するとすれば，その投資は新規貨幣によって融資されねばならないことを示した．（彼の論証については第14章で論議される．）LF的な意味（すなわち，直接貸付）での「貯蓄」を超過する投資は，銀行によって融資されるべきであった．

事実，もしそのことについて考えるなら，直接貸付を超過する場合，貨幣はどこか他から生まれる可能性があろう．（ここで，LF理論家は集計値タームで考えている．）

歴史的な視点に戻ろう．われわれは貯蓄が種トウモロコシであるかそれとも直接貸付の形態をとる場合には，貯蓄は投資に先行しなければならないことを示してきた．（後者のケースでは，適当な証券市場が存在する限り，貯蓄は投資に先行しなければならないが，何もあらゆる貯蓄が投資資金の融資に向かう必要はない．）新規証券発行は遊休資金を証券市場に引きつけるであろうが，依然として貯蓄は投資に先行している．

これは銀行金融の可能性を残している．

明確にすべき点は第12章でさらに議論する予定であるが，ここでは簡潔に述べておいてよいであろう．多くの銀行が存在し，それでいて支払いのための銀行券とか小切手の使用は普及していない，銀行発展の初期段階では，各銀行は預金の範囲内に貸出をきわめて厳密に限定されるために銀行の信用拡張能力は厳しく制限される．したがって，銀行は本源的貸し手から究極的借り手へと貨幣を手渡していく単なる仲介手段にすぎないと言われた．それゆえ，銀行が創造する貨幣によって融資される投資は1回限りの貯蓄によって融資されたのである．

なぜなら，上記の記述が論理的に事実に近いものである限り，銀行の存在は貯蓄が投資資金となり，しかもそれに先行しなければならないという命題は大幅な影響を与えなかったからである．いったん銀行が著しく「貯蓄を超過して信用創造する」ことができたとすれば，逆転は可能であった．

かくして，投資が貯蓄に先行するという命題の正しさは，各銀行によって達成された発展段階に依存している．

奇妙なことに，LF理論は貨幣で融資される投資の余地を認めているが，貯蓄の優先性を支持しているとの印象はぬぐえない．こうした印象は，それが黒字単位から赤字単位への貨幣循環に関するイメージを通じて与えられる．借入れと貸付についての（マクロ経済学上は有用な指針ではないが），経済学者の個人的経験の投影がその残余部分に影響している．貨幣によって融資される投資は「強制貯蓄」を引き起こすと言われる（第12章を見よ）が，強制貯蓄が投資に先行するのは単にこのケースだけではない．

この事実にもかかわらず，因果の逆転はLF的気質の人々からも抵抗を受けたのであり，いまも依然として抵抗を受けている[12]．知的というよりむしろ心理的かつ観念的なものではあるが，この抵抗には十分な理由があった．

貯蓄から直接生まれるというこの投資観の観念的な意味は十分に明らかである．つまり，貯蓄者が資本蓄積率を決定するということである．家計の選択が企業を統制する．つまり，消費者主権が現行産出量を決定し，貯蓄が将来産出量を決定するということである[13]．そして「貯蓄優先」論に暗黙に示

されるラグを無視すれば、家計が支出（つまり「消費」）すると決定しようが、貯蓄しようと決定しようが、総支出は影響を受けないであろう。なぜなら、「貯蓄」は投資資金となるために企てられるにすぎないからである。それゆえ、需要不足に起因する持続的な失業の期間は存在しないことになろう。

この好都合な観念は1930年代までその社会的有用性を保っていたけれども、それにこの新たな考え方への反対者の中に具体的に表現された道徳の権威が付け加えられることになった。ビクトリア時代の節約の美徳は、ケインズ理論によってその土台が崩された。しかし、ビクトリア時代の原則はその基本目的が工業化であったがゆえに、各社会は自分なりの方向を見つけるように潜在意識的に主張されており、そして19世紀の発展段階において、銀行が急速に拡大していく産業のニーズに対処するには不十分であったことは確かである。当時借入れはほとんど直接的であるほかはなく、またそのことは貯蓄優先を意味した。

銀行の発達につれて、理論によって把握さるべき事実は変化してしまった。1930年代の銀行は、貯蓄から独立に投資資金を融資することができた。「正しい」理論は論理ばかりか歴史によっても決定されるものである。

反対の見方——要約：要約するために、この時点でわれわれができる範囲で、LFTの見解とケインズおよびテキストブック的ケインズ主義の両方とを対比してみよう。

LFTは人びとが貨幣総額の形態で所得を受け取るものと想像する。その場合、貨幣は財貨を購入するために使用されるか、あるいは貯蓄される。（LFTはこの資金循環アプローチを反映させるために、消費関数をきまって$C_t = f(Y_{t-1})$の形で明示した。これは、人が以前に獲得した貨幣を支出することを示している。）もしそれが貯蓄されるなら、賢明な行為は貨幣をビスケットの缶に投げ入れることではなくて、それを貸付けることである——銀行預金の保有でさえ、銀行に対する貸付である。借り手は支出するために借入れ、したがって、貨幣は所得の循環的フローに戻ってくる。

（貯蓄と投資を導入することは，この視点からみてもセイの法則を妨害するために何の役割も果たさないことが理解されうる．貯蓄はまさに迂回的な支出方法であり，いかなる資金も遊休化しない．）

テキストブック的ケインズ主義の視点はこれとは正反対のものである．貯蓄はすべて漏れである．それがどこに向かうのかについては何も述べていない．仮にそれがたまたま投資とつり合えば，すべてがうまくいく．そうでなければ，両者が等しくなるまで所得が調整されることになる．事前的な貯蓄と暗黙的な資金循環を用いるこの説明方法は，J.M. ケインズの見方よりも LFT の見方の方により調和している．投資に関してみると，借入れが結果として貨幣供給量の増加ないしはその流通速度の上昇をもたらすかどうかという重要な問題は提出されないけれども，現行所得から投資が独立であるというとき，それは投資が借入れによって融資されることを示唆している．学生諸君は，漏れとなる貯蓄がすべて遊休残高に向かうほかないと推論するであろうが，後に乗数の話をするさい貯蓄は投資資金である！　と教えられることになるのである．

ケインズの視点には，集計的な貯蓄概念であるとともに，価値タームではあっても，実質産出物の，売上高あるいはむしろ非売上高のタームで定義された，貯蓄概念の奇妙な合成物が含まれていた．それゆえ，貯蓄の主たる重要性は消費者の「非支出」によるデフレ的な影響であった．『一般理論』にはまた，資金循環に関係があるが，貯蓄を投資から区別するだけの個人貯蓄の概念も存在していた．集計値レベルでは，利子率に与えるその影響の面でみると，資金循環としての貯蓄に比べれば，現存の資産保有者たちの間での取引の方が圧倒的に大きい．

このような構造から生まれる純粋な効果としては，金融市場での出来事を財への支払い面で生じる貨幣循環から完全ではなくてもきわめて明確に，分離することであった．それらは資金循環によってではなくて利子率を通じて結びついているのである．

利子率——1つの展望

　利子を生まない貨幣形態での貯蓄が可能な経済において，利子率は「待忍に対する報酬」ではありえず，むしろそれは流動性を手離すことに対する——つまり非貨幣資産を保有することに対する——報酬であった．利子は流動性選好と貨幣供給量によって決定される．

　債券の側から利子率の決定に接近することは当然であるとか，あるいは貨幣の観点から分析するか，債券の観点から分析するかは，中立的な問題だ，とかつて考えられていた．ケインズはおそらく（もし既存資産が忘れ去られた場合には），LFの用語で解釈されうる理論を本能的に避けようとしたであろう．その理由がなんであろうと，貨幣の側からの分析が，明示的な資金循環アプローチをとらないで，利子率に対する，活動水準からの完全な影響を可能にしたのである．

　資金循環のタームで事態を見ようとする強い本能をもつ人々は，貨幣が財と労働への支払いの中で循環するとき，ケインズはそれを所得と呼ぶのだということをはっきりと指摘されなければ，『一般理論』に資金循環的側面があることを見落してしまうであろう．そのことは，投機的貨幣需要，および他の金融資産への投機的ならびに資産保有需要にしか適合しない資産保有のポートフォリオの枠組の中で完全に貨幣を分析するよう導いてきた点を見落すことである．

注

1)　利子はつねに現実に支払われるとは限らない．短期債務証書はその満期（あるいは額面）価額以下で売却される．その売却価格は借り手への売上金額を構成し，また利子は暗黙的に売却価格と額面価額との差を示している．このような配置法は，それに伴う一般管理費を所与としたとき，貸付期間があまりにも短期的すぎて，現実の利子の支払いが不可能な場合に使用される．長期負債に関しては，契約による利子の支払い（表面利回り）が存在し，それは定期的に支払われる．市場価格はそれに基づいて利子率が計算される現実の元金であるから，現実利子率は，その額面価額より高いか低い価額でその負債証書を購入

する人にとっては表面利回りと異なる．
2) 事前と事後という用語は，結果をそれに先行する（そしてそれを形成する）計画と区別するためにスウェーデンの経済学者たちによって工夫されたものである．「計画的」とか「現実的」という言葉に対する私の一般的選好は，スウェーデンおよび英国の伝統における「計画」に関する理解の相違に由来しており，貯蓄－投資論争に関する原初の資料を読むさいには，そのことに気づくことが有益である．英国の伝統は，計画を関数表の意味で考えることであり，スウェーデンの場合は，特定の経済量によって考える．本節の議論は暗黙のうちに経済量によって行われており，したがってスウェーデン的概念が妥当する．
3) その方法は，ヒックス（Hicks, 1965）で議論されている．また，ヒックス（1974）とマランボー（Malinvaud, 1977）を見られたい．
4) ケインズの議論の多くが依存していることであるが，大部分の将来支出の構成内容もタイミングも，貯蓄者の念頭では一般に十分形成されていないという事実が，これらの困難に付加される．
5) Hicks (1939).
6) 「投資需要表が利子率の上昇につれて低落することについては疑う人はいない」（G.T., p. 182〔邦訳，180ページ〕，強調は引用者）．
7) ここで提起された問題のさらに進んだ議論は，チック（Chick, 1981）に見出されよう．
8) ケインズは，彼が考察した資産の範囲が狭すぎるとして非難されてきたが，後に見るように，記述的な目的とは対照的に理論的な目的からみれば，いくつかの重要な命題を立てる上では，これでまったく十分といえる．
9) 私は，低価格での新規発行から生ずる「利食いのためのみの新株への応募」を除外するためにこの1節を述べようとしたのである．
10) もし参加者がすべて超過需要の状態に気づいたなら，またもし証券価格がすべて同時に上昇したなら，その場合には既存の資産を売却した人々はその利得を消費に当てるつもりであったと予想することができよう．株式の市場価格を大幅につり上げられるということは，私の仮定するメカニズムがこじつけなどではないことを示唆している．
11) この点は，リプシー（Lipsey, 1972）によって巧みに論証されている．
12) 貸付資金説を再度強調するものとして，レイヨンフーヴド（Leijonhufvud, 1981）を見られたい．
13) この原則の洗練された「現代的な」（すなわち戦後の）叙述については，ハーシュライファー（Hirshleifer, 1958）を見られたい．そこでは，投資は時間選好によって決定されている．初期のモデルの限定された適用可能性については，ハーシュライファー（1980）で明示されている．

第10章　流動性への誘因

　貨幣には固有の用途はない——それは食べるわけにはいかないし，われわれを暖めてくれるわけでもないであろう．その有用性は，それで購入できるものから得られるのだし，またそれが与えてくれる支払いのタイミングへの伸縮性から得られるのである．同様にして金融資産にも固有の用途はない．それが保有されるのは，それが生む利子のためにすぎない．両者とも，「購買力の一時的住処」であり，直ちに支出されることのない所得を持ち越す手段である．現金はすぐ出て行ってしまうかもしれないし，金融資産は銀行通帳か預金箱の中に静かに眠っているかもしれないが，結局はすべて支出されるか，遺贈されることになるであろう．

　購買力をどの住処に住まわせるかを決定する際，それと関連する問題は，どのくらいの期間それが財の購買に必要とされないと予想されるかである．かりに未使用の所得が現金で保有されないとすれば，何らかの利子を獲得し，かつ債券の売買の面倒をみるに値するだけの十分な時間がなければならない．

　時間の問題は，心に描いた支出パターンと大いに関連がある．ケインズはこの関係についてはそれほど明示していない．もしこの問題がある程度詳細に追求されるなら，分析は精度を増すことも可能である．

取引需要，消費，および賃金総額

　一部の支出はきわめて規則的な基準に基づいて行われる．そのうち，企業の賃金の支払い，利子と地代，および家計の家賃ないし抵当権などは契約に

よるものである．他の支出は購入される財の性質からみて規則的なものである．すなわち，食料や家計の必需品は通常規則的に週ベースで購入される．これらの支出はその頻度は変化するかもしれないが，全体のパターンはきわめて予測可能である．ある所得要素も，この所得が家計に対する賃金や俸給であろうと，企業へのキャッシュ・フローを生みだす，ある種の売上高であろうと，その金額と頻度は両方ともきわめて予測可能である．

家計にとっての典型的なパターンは，入ってくるキャッシュ・フローの回数より支払回数の方が多いことである．所得は予測可能であるがゆえに，支出はそのキャッシュ・フローから支払われるように計画して差し支えないのである．これがもっとも単純な種類の取引需要モデルである．ある所与の個人にとっては，「所得期間」，すなわち各受取りの間の間隔を明らかにすることができる．もし支払いが規則的で，かつすべての取引残高が貨幣として保有されるなら，そのとき，その所得期間全体の平均取引貨幣残高は，次式のように所得に比例している．

$$M_T^D = kY \tag{10.1}$$

k の大きさは，その所得期間内の支払いパターンに依存する．つまり，所得が受け取られた直後に支払いが多く行われれば行われるほど，その支払いが次の所得期日により近い家計の現金保有高に比して，手持ちの平均現金額はより少なくなる．

企業の場合，このパターンは逆になり，それは毎日の売上高から着実に蓄積された現金が週給で支払われることを表わしていよう．平均残高に対する結果も同じであり，支払期間を基準としてもつことになる．

取引残高への総需要に対する満足すべき表現を工夫することは，支出パターンが実際にきわめて安定していなければ，簡単な問題ではないが[1]，安定したパターンを仮定しても何ら深刻な害悪を与えるものではなく，その場合には(10.1)の一般的形態が妥当する．

追加的仮定，つまり，(i)所得期間が短期すぎるか，仲介手数料を除く利子率が低すぎるために，債券の取引残高を正当化することができないこと，

および(ii)取引で所得は使い果たされること，の2つが，総貨幣需要量が取引を遂行するために必要になるという，承知の「数量説」的帰結を生みだすのである．その場合，全体としての M^D は所得の一定割合である．

もし人が所得あるいは支払期間をその基準として考えているなら，私はそうすべきだと思っているが[2]，これらは生産期間と同じではなく，基準としてはより短期であり（図2.1に戻って参照されたい），また，もちろん経済全体からみると継続的に重複していることを明らかにすべきであろう．総取引残高に対する k の大きさは，所得および支払期間と生産期間との関係に関連がある．

予備的動機

上記の記述には確実性に関する2つの要素が存在した．つまり，現金の流入と流出の両者の額とタイミングは既知と仮定されたということである．そのことが，家計は所得期間末までにその取引残高を進んでゼロまで減らすものとして記述することができた理由なのである．しかしながら，確実性のそのレベルは一般的に妥当するわけではない．たとえ所得が（労働契約を結んでいる家計にとっては）確実であるとしても，支出はそうではないし，企業も恒常的な売上高を見込むわけにはいかない．予備的残高がかろうじてその支出をまかなうに足る所得をえている人々によって保有されるということは，予測不可能な支出ないし収入に対処するだけの現金をもつことである．

おもしろいことに，予備的需要に関するテキスト的な解釈では，典型的には予想外の支出例として病院の勘定書をあげているが，一方ケインズは予想外の取引を活用するには余分な通貨を保有することが望ましいことを強調した．このことは，ケインズの方が人生に対してやや積極的なアプローチをしていることを十二分に反映している．それは予備的目的からみた貨幣に代わって流動資産を保有しうることと関係がある．1日の予告期間で，流動資産から多くの予想外の支払いにあてることができるのである．

ケインズは，予測不能の平均支出額（およびおそらく彼が付け加えたであろうが，所得変動の幅）は，所得と相関関係をもつものと推論した．それゆえ，予備的残高は取引残高と1つにまとめることができたのである．彼が M_1 と呼んだその合計額——それを後に $M1$ と名づけられた貨幣資産の集合と混同すべきではない——は，先ほどのように一定係数 k によって所得と関係づけられた．つまり，

$$M_1 = kY \tag{10.2}$$

定数 k は，2つの型の残高にとって異なるかもしれないが，その平均が相対的に安定している限り，(10.1)を2種類の残高に適用しても，何ら困難は生じないであろうと彼は推論し，またそれは彼の目的からみて単純さの利点があり，それが投機的需要を際立たせることになった．

この単純さは，何が「活動」貨幣と「遊休」貨幣を構成するのかという，貨幣理論における根本問題をもっともらしく説明することを犠牲にして手に入れたものである．取引残高については何ら疑問の余地はない．すなわち，それは，取引動機のために保有されるすべての残高が所得期間内に支出され，そのために，たとえそれらが短期間遊休状態で保有されるとしても，それは現在流通しているものと見なすことができると定義されてきた方法なのである．それらがたとえ短期間保有されるとしても，それだけでは「貯蓄」，すなわち消費することを差し控えた貨幣所得，として計算されるわけではない．取引残高と消費は密接に関連しているが，その関連する期間には違いがあるのである．

もしその関連が完全であったなら，消費に関する貨幣の流通速度は一定と期待することができるであろう．そこに予備的残高が介入してくる．それは，常にそうというわけではないが，時として支出される貨幣を表わしており，それが蓄積されるのと同一所得期間内には支出されないのに対して，それとちょうど反対のことが取引残高に妥当するというのがその本質的な特徴なのである．それゆえ，この残高は，蓄積される時には「貯蓄」，支出される時には「負の貯蓄」と見なすことができよう．それは，一般的な観念では「遊

休」残高であり，その獲得に付随して生じた偶発的な出来事が発生する時に「活動的」となるにすぎない．

その結果，所得期間は決定的に重要であることが理解される．貨幣残高の各期間の間の変化対期間内での変化に基づいて，上記の区別は行われる．したがって，2つの動機から保有される貨幣を加算的なものとして取り扱うことは，それに関連する測定次元に関する追加的な問題を提起する．取引残高は，詳しく調べるためにだけ累計される，会計士が「仮勘定」と呼ぶものと似ている．これらの残高需要の概念はいずれも所得期間全体の平均を表わすはずである．他方，予備的動機のために貨幣残高を蓄積しようとする意図は，1つの所得期間から次の所得期間まで貨幣を持ち越す意図と同じである．予備的残高は——もしそれが他の目的で保有される貨幣と区別することができるなら——いくつかの所得期間の期末に保有されるストックの平均として測定することができるであろうが，それに対して，期末の取引残高ストックは Y とは関係なく，つねにゼロとなるはずである．

取引需要と予備的需要を1つにまとめるというケインズの工夫は，技術的な見地からも問題がある．しかし，いずれにしてもケインズは予備的動機にはほとんど注意を払わなかった．このことは，失業率が高く，かつ変化しやすい期間には，所得につきまとう不確実性のレベルを考慮に入れると，奇妙なことだと思われよう．しかしながら，予備的貨幣残高は，たとえば代わって利子を生む高度の流動資産が入手可能な，長びく失業期間のような，重大な偶発事に備えて保有されることはおそらくないであろう．失業に備えての貯蓄は，非貨幣的形態で，とりわけ金融仲介機関への貸付によって行われる方がはるかに多いであろうし，またその場合，これらの残高が支出の流れから引き揚げられるかどうかは，仲介機関がそれらをどう処理するかにかかっている．

取引需要，予備的需要，および利子率

現金の代替物としての利子生み資産の利用可能性が意味することは，明ら

かに，取引のために貨幣ないしはそのような資産を保有することと予備的目的からそうすることとの間の選択はおそらく利子感応的な点にあるということである．取引残高の利子弾力性に関する基礎的研究[3]は，常識で予測できることを示している——すなわち，一定の所得期間において，所得（あるいは取引量）が大きければ大きいほど，非貨幣資産に移したり現金が必要となると再び貨幣に戻すさいの仲介手数料や少額費用を償うのには一定の利子率で十分である可能性はいっそう強くなろう．そして，一定の取引量に対しては，所得期間が長くなればなるほど，一定の利子率がもつ魅力はますます大きくなろう．なぜなら，それを稼ぐのに長い時間がかかるからである[4]．同じことは，不確実な支払い流列[5]，すなわち予備的残高にも妥当することが示されてきた．

　取引残高および予備的残高が利子弾力的であることの意義は，方程式(10.1)に示されるように，数量説に対するその挑戦にある．もし投機的貨幣需要が受け入れられるとすれば[6]，このようにして数量説を攻撃する必要は特にない．

　この命題は明らかに興味深いものではあるが，われわれは注意をあっちこっちに向けることは許されるべきではない．それは，利子率を投機的動機とはまったく異なる貨幣需要関数のなかになぜ登場させるのかを説明している．それは「誤り」であると言うべきではない．その現実妥当性は，企業が，たとえば賃金のように頻繁に行われる支払いに対してさえ，利子を生まない現金保有を有効に使用できる，さまざまな方法を開発してきた，企業とか企業の取引銀行の行動によっても例証されるし，また，高金利の時期には，（私は直接の証拠は知らないが）無利子の預金を有効に使用すると言われる家計によっても例証される．しかしながら，そのことは利子を生まない貨幣にしか妥当しない．

　以上のことは，預金勘定の出し入れの自動振替調整が，「仲介費用」を最低に引き下げているイギリス的な背景の下では，とくに不適切である．それはまた，その価値が（多額の）損失を蒙ることなく現金化できるために，い

くつかの目的から「貨幣」と呼ばれうる広範囲の資産の元本の安全性よりむしろ，貨幣の利子を生まないという属性に基づいて，貨幣を他の資産から分離するのである．投機的需要がばかげてみえるのは，明白なる代替的方法が利用可能であるときに，それが，まったく収益を生まない資産を時として投機家が保有することを意味するようにみえるからなのである．

金融的動機

ケインズは（1937年にまた）バティル・オリーン（Bertil Ohlin, 1937）による『一般理論』への論評に答えて，現金を保有したいと考える第3の支出関連動機として「金融的動機」を展開した．オリーンは，利子率は事前の貯蓄と投資から生じる新規の信用への需要と供給に依存すると主張していた．ケインズはこの定式化の「古典派的」含意を受け入れなかったが，彼が投資の前提条件として貨幣需要を考慮していないという点には同意した（*C.W.*, XIV, pp. 201-23）．

しかしながら，ケインズとオリーンが同じことを考えているわけではなかった．オリーンは信用に対する需要を意味したが，一方ケインズは彼の当初の定義と首尾一貫する形で貨幣を保有するための——つまり今度は，日常的でなく（またそれゆえに，現行の所得から融資されることが適切とはいえない）また大規模（あまり大規模すぎて予備的現金残高からは融資できないほど）でもある支出を融資するための——需要を意味した．

この最も明白なタイプの，大規模で非日常的な支出は資本設備への投資である．しかしながら，金融的動機と投資の間の関連は完全ではない．つまり，ある種の家計支出もこのカテゴリーに入るであろうが，一方運転資本への投資は日常的なものとして除外されるであろう．しかしながら，両者が同一のものとは見なされない限り，金融的動機を意図した投資に結びつけることは有益な近似法である．

金融的動機は，その耐用年数が尽きるまで投資計画を支えるために必要な

資金に関係があるのではなくて，ただ事業計画を開始させるのに必要な貨幣額と関係があるにすぎない．つまり，「たとえば，新規鉄道が企てられる時，通常最初の芝生が刈り取られる前にかかるはずの全費用を借入れることは通例ではない」(*C.W.*, XIV, p. 216, n. 2)．

この意味での「融資」——つまり投資決意と工事開始までの間に必要な現金——は，キャッシュ・フローの意味での融資（事業計画に支払うことのできるもの）ないし，所与の資本ストックの固定費を支払うことができるという意味での融資のいずれでもない．そのニーズはどんな個別企業に対しても長期間続かない．続くのは投資決意とその実行との間の時間的間隔だけである．それは流動資産の売却——予備的債券保有を「金融的動機」による現金保有に転換すること——によって満足されるか，あるいは（そしてこのことはケインズが強調した経路であるが），現金を銀行から借入れることも可能である．その結果，この動機は他の動機とは異なるのであり，その点で，それは所得を留保したり，それを（もし1所得期間以上保有されるなら，一種の「貯蓄」である）現金の形で保有する動機ではなくて，一時的に例外的な支出を予想して貨幣を保有する動機なのである．

予備的残高の所望水準の上昇は，遊休貨幣を（もちろん，必要となるまで）保有するために消費と貸付の両方を延期することによって満たされるであろう．このような行動は生産者にデフレ的影響を及ぼし，そして（他の事情が同じならば），資金供給量が減少すると，利子率に圧力を加えることになろう．内部資金によって充足される「融資」へのニーズは，投資する企業から市場への流動資産の供給増加があるために，利子率を引き上げるであろう．所望の借入「融資」額の増大もまた利子率を引き上げるであろうが，それは需要側から生じるものである．いずれの場合でも，「融資」に対する需要はデフレ的なものではない．なぜなら，いかなる資金も財への支出から転換してきたものではないからである．金融的動機が及ぼす，どのようなデフレ的影響もその利子率効果からしか発生しない．

資金の引き揚げは，個別企業にとってはきわめて一時的なものであること

が理解されうる．つまり，設備が購入されたり建設労働者に賃金が支払われるや否や，貨幣は所得流列に戻り，そしてその大部分は銀行に戻るであろう（そのほとんどすべてが，消費および残余の一部をまかなうために使用される）．その資金は（現実のものにせよ，放棄されたものにせよ）利子費用を最小にするため，できるだけ支出時間の近くで借入れるか，売却される流動資産である．この動機を満たすために，銀行の当座貸越を使用する場合には，借入れを行う企業によって，実際に保有される現金は全くない．この場合には支出の流れを妨害するものは何もない[7]．

集計値レベルでの金融的動機の重要性は，投資の可変性から生じる．なぜなら，金融的動機がその効果を発揮するのは，投資を増加（ないし減少）する計画を立てる場合に限られるからである．もし投資量が全般に行きわたっていれば，1つの事業計画から生じる資金源に与える圧力は，他の計画が実行されるときの融資残高の支出によって相殺されるであろう[8]．したがって，それは経済の変化にその重要性の基礎をおいた動機である．他方，取引動機は，安定性，すなわち循環的パターンに基礎をおくとき，きわめて説得力がある．予備的動機もまた安定性に基づいている．つまり，支払いパターンは不規則であり，ある単一の所得期間においては予測不可能であるが，複数の所得期間全体に対しては，ほぼ予測可能であり，したがって，（おそらく）生産期間全体にわたって予測可能である．

ケインズは金融的動機とその他の動機との間にもう1つ区別を設けている．
> 私は，現実活動の増大が貨幣需要に及ぼす効果を［取引需要ならびに予備的需要では：著者挿入］考慮に入れた．しかし，前者に付加される計画された活動の増加の効果を私は考慮しなかった．……
>
> (*C.W*., XIV, p. 220)

この節は多くの論争を引き起こしてきた．議論の余地のない事実は，計画された支出には財務計画が必要だということであり，現実の支出はその資金を調達する必要が終了したことを意味する．デヴィッドソン (Davidson, 1965) をして，計画的消費と計画的投資によって貨幣需要を定式化し直すと

ともに，このように解釈された金融的動機は，取引需要を含む，支出のための貨幣需要モデルと見なすよう提案させたのは，この点である．これを，次のようなシャックル（Shackle, 1968, p. 138）の主張と比較してみよう．すなわち，「もちろん，取引動機は事前の動機である．そうではないと誰が言ったのであろうか．それは機械的な貨幣数量説の支持者だけである」．

　本章で提示された解釈は，これらの各見解の中間に位置している．取引残高は支払いを予想して保有されるものであり，したがって，それは融資残高と全く同じだけの計画支出に関連がある．その相違は，それらを獲得するために特別な努力が払われないことである．つまり，取引残高は，所得ないしは売上げから生ずる．資金市場と，したがって利子率は影響を受けない．それに備えて取引残高が保有される支出は所得期間内に企てられると予想される．その支出は計画されてはいるが，それを（もし所得期間内で考えるなら），はるかに前もって計画されているわけではないか，それともかなり長期の所得期間にわたって一般的条件の下で計画されるかのいずれかと考えることが可能である．しかし，そのことは重要な問題ではない．なぜなら，所得および支払いの流れは安定的と仮定されるからである．取引需要の分析基準は古典派的伝統の「静穏」であり，そこでは事前と事後，つまり計画と現実との間の区別は重要ではない[9]．したがって，金融的動機と取引動機の相対的重要性はどの程度計画が変化しているかに依存することがわかる．

投機的動機

　取引動機，予備的動機，および金融的動機のために保有される貨幣は購買力に対する――確実であっても不確実であっても――相対的に即時的なニーズを満たすものである．これらの動機のうちのはじめの2つの動機のために，貨幣は所得を表わすキャッシュ・フローのなかから保持される．現在ないし近い将来の購買に不必要な所得は，きわめて少ないにもかかわらず，一時的でもある「住処」を見つけ出す必要がある．所得の受取りと購入を行う意図

（いかに，それが漠然と定式化されようとも）との間のより長期の時間的視野の下では，利子所得を追求する方がずっとやりがいのあることになる．一見したところでは，長期間貨幣の保有を正当化することは困難である．いかに利子率が低くても，ゼロに比べればましのように見えるであろう．

金利水準が予備的目的から保有される現金の額に影響を与える可能性があるとの示唆は説得的ではあるが，その論証過程は，長期間保有することを企図した資産の場合には，ずっと強制力を欠くものである．事実，仮に人が完全に正確に自分が少しずつ進んでいる時間的視野を知っていたなら，人は現金が必要となる直前に満期となる証券を保有するように調整することができるであろう[10]．政府証券の存在を所与とすれば，債務不履行の危険でさえ最小になる．（これが古典派利子論を適応すべき理想的な世界であろう．なぜなら，「貯蓄」は常に貸付けられるからである．）

しかしながら，たとえ支出計画が，確定している場合でも長期的視野をもつ場合であっても，その性格上安全な資本価値をもたない若干の資産は常に存在する．普通株およびコンソル公債[11]は永続的な性質をもつものである．それらの価値は需要と供給の変化とともに変動する．これらの資産形態で保有される資産は，常に価値も収益も不確実である．なぜなら，その収益には，配当ないしは利子のみならず，実現した資本価値と，当初の購入価格との差もまた含まれるからである．これら資産の保有者は，彼らの期待収益を獲得するために危険を冒そうとはしない．コンソル公債の利子は契約で決まっていて，確実であり，配当は契約で決められているわけではないが，実際にはかなり安定的に維持されている．主たる不確実性は資本価値が変動することである．

もし資本価値の予想実現期日が伸縮的であるなら，この不確実性をとりたてて憂慮する必要はない．現金を必要とする事態が生じて，とくに不利な時点で証券を売却せざるをえないようなとき，もし購入計画があらゆる面で固定していて期限が延期できなければ，それはきわめて厄介な事態になるかもしれない．

第10章　流動性への誘因

　実現した資本損失のリスクも，期限付き資産の満期日に比して期待支出が将来にわたっていればいるほど少なくなる．その資産が満期になる前に貨幣が必要となる可能性がある限り，その保有者はその資産価値の市場での変動に関心をもっている．そして資産の期限が長くなればなるほど，利子率の一定の変化がますますその資本価値に影響を及ぼすであろう．

　しかしながら，不利な状態での資産の売却のリスクがあるからといって，それが短期資産をもつ経済で貨幣を保有する理由にはならない．人は，終身年金およびより長期の資産の売却に関する最適のタイミングを考慮するに足るだけの，これら資産を保有したいと望むであろう．その役割の中で，それらの資産は，支出のタイミングに関わる不確実性がそれらを保有する誘因となる場合には，一種の——流動資産に対する——予備的需要として役立つ．

　ケインズはこの問題を論じていない．ケインズは手近な目的に適合させるために「貨幣」に何を含むべきかの決定を，読者あるいは分析家にゆだねることで満足している．

> 　この定義を攪乱しないで，「貨幣」と「債権」との間に，個別の問題を取り扱うのに最も便利な点において，境界を画することができる．たとえば，所有者が3カ月以上手離さない一般購買力に対する支配力を貨幣として取り扱い，それ以上の長い期間回収することのできないものを債権として取り扱うことができる．また「3カ月」の代わりに，1カ月とか3日とか3時間とかその他どんな期間によっておきかえることもできるし，また現金としての法貨でないものを貨幣から除外することもできる．実際上は貨幣の中に銀行の定期預金，時には（たとえば）大蔵省証券のような証券を含めることがしばしば便利である．通常，私は『貨幣論』の場合と同じように，貨幣は銀行預金と同じ広がりをもつと想定することにする．

　　　（G.T., p.167, n.1〔邦訳，165ページ，注1〕，強調点は原文のまま）

すべての人がこの弾力性の度合を許容できるとは限らない．流動性選好理論は，予備的目的からポートフォリオの多様化のごときものを包含するよう

にきわめて巧みに装備されてはいるが，それは——上で言及したばかりの問題である——おそらくその中に厳密さがあるものと確信して，具体性を求めたために，大部分その価値が失われてしまったのである[12]．上で引用した文節は重要である．

投機的動機と資産保有の対比

人間は自分自身とその時代を反映した理論を構築するものである．ケインズは，彼自身と彼の大学(カレッジ)のために金融市場と勝負した．1920年代のアメリカでは，株式市場が1929年に崩壊する以前に，それは一種の人気のあるスポーツとなった．あえていえば，個人的経験が理論の発展へと導いたのであろう．歴史的な出来事がその重要性を証明した．

投機家は，その市場取引の目的によって，通常の貯蓄者あるいは資産保有者と区別される．「一般の資産保有者」は彼の主たる所得を彼の労働を売って稼得し，そしてやや遠い将来の何らかの目的から金融資産の形態で「彼の資産を貯える」のに対して，投機家は，「将来起こることについて市場よりもよりよく知ること」（$G.T.$, p.170〔邦訳，168ページ〕）に基づいて資産の売買から生み出される所得を積極的に追求することに資金を使い，その結果——不可避的な誤りを犯しやすいが——彼は証券価格の将来の経路を予測することで資本利得を獲得したり，資本損失を回避する．

これら2つのタイプの間の境界線ははっきりしない．たとえもっとも悲観的な資産保有者でさえ，株式公開買付けのニュースによって積極的な予測や意思決定を行うよう刺激を受けるであろう．彼は資本損失を避けようとして資金をあちこちに移動させるかもしれないが，投機家と同じ迅速さでそれを行うわけではないし，またその対象に同じだけの注意を払うわけでもないであろう．投機家はそのほかにほとんどすることはないであろうし，もちろんその専門のポートフォリオ管理者の仕事というのは，ほかには何もしないことである．当然，後者の意思決定は大いに投機家と同一の原則に基づくことになるであろう．したがって，「投機家」という言葉は，彼を含むものと解

第 10 章　流動性への誘因　　　　　　　　　287

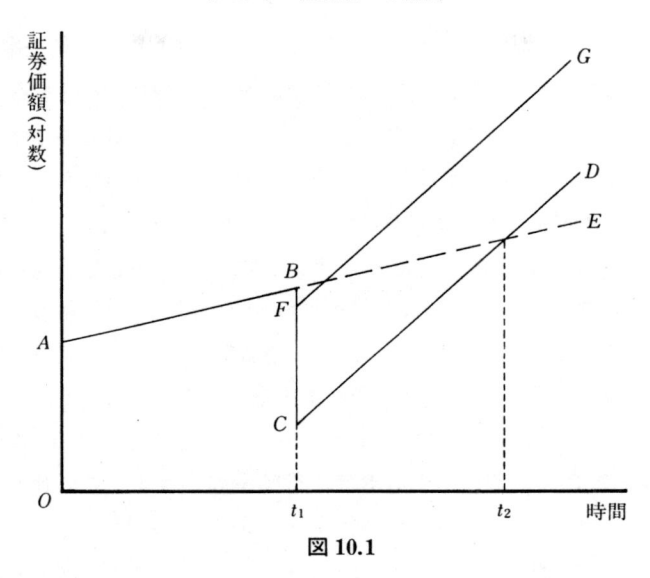

図 10.1

釈してさしつかえない．

　投機家の時間的視野は短い．彼はそのポートフォリオを利子を生むようにひそかに放置しておくわけではない．なぜなら，資本利得で得ることのできる利益に比べて，利子はつまらないものだからである．彼の所得が獲得されるのは最高値で売却し，安く購入することを不断に追求することによってである．安定的なポートフォリオの保有状態に適した長期予測を行うことは困難であるだけでなく，介入時における価格変化を見逃してしまうであろう．これと対照的に，ポートフォリオを管理するさいに，投機家と同じだけ時間を費やしたくないと考える「一般投資家」は長期的な見方をとり，潜在的利得の一部は消えるに任せるであろう[13]．

　時間を通じて金融資産価値に及ぼす利子率の変化の影響を考察しよう．すべての利子支払いは利子生み証券に再投資され，その結果「資産」——つまり，各証券のポートフォリオの価値——はその利子率のもとで増加するものと仮定しよう．そのとき，図 10.1 の直線 AB 線の傾斜がそれを示している．ところで，利子率は時間 t_1 のところから上昇していくと仮定しよう．ポー

トフォリオの価値は，その時点で下落し，それからより高い利子率（CD の傾斜）のところで，以前よりも急速に増加する．AB を延長することによって（点線 BE），やがてより高い利子率が t_1 で生じる損失を補塡するということがわかる．もし資産保有者の視野が t_2 よりも長いなら，t_1 における（未実現の）資本損失は何の損害も与えなかったことになる．

他方，もし彼が t_1 の直前，たとえば t_{1-h} における変化を予測したなら，彼は株式を売却し，より低い価格でそれらを買い戻すはずであり，その期間中，遊休現金を保有するであろう．その場合，彼の資産の成長経路は FG 線に従って進み，明らかに優れた結果を生むであろう．（F は t_{1-h} と t_1 の間の期間では，仲介手数料と喪失した利子とを考慮して B をわずかに下回る．）しかしながら，資産の保有者は，行動を起こさず，その代わりに CD に沿って成長させていくことで満足するかもしれない理由が2つある．1つは，必要な予測に注ぐ時間がないことであり，もう1つは，計算間違いをする危険である．もし彼が予測の変更を正確に行う可能性は五分五分程度にすぎないと考え，また彼の時間的視野がきわめて長いなら，長期的な見方をし，かつポートフォリオをそのままにしておく方が賢明である．（事実，彼の成算は，彼の時間と取引費用を補償するために五分五分よりも多少いい程度にちがいない．）投機家は彼の成算に関して，一層楽観的な見解をもっている．

投機家の行動

投機家は投機をするために2つの資産，つまり資本保証的な貨幣とそうでない債券の2つをもつとしよう．彼は債券価格が上昇する（つまり利子が下落する）と予想する時には債券購入に動き，その価格が下落する（つまり利子が上昇する）と予想する時には，それを売却し，その代わりに貨幣を保有する．したがって，投機家の意思決定は，利子率の水準に基づくのではなくて，利子率の変化への予測に基づいている．これらの予測がどのように行われるかに関しては，考慮に入れることのできる仮説は沢山あるが，われわれはケインズの仮説を単に受け売りすることにしよう．

正常利子率の概念は，投機家がどのようにして彼らの期待を形成するかに関するケインズ理論の中心となるものである．各投機家 i は，「正常」利子率 r_{iN} への期待をもっており，現実利子率 r_t はそれに回帰する傾向がある．ケインズは，正常利子率はどのようにして推定されるのかについては論じなかった．このことがその理論への拒絶を招く原因になり，その最たるものは，デニス・ロバートソン Dennis Robertson によるものであった[14]．それがいかに導出されようとも，ひとつの特徴が決定的に重要である．つまり，それは主観的評価である．いったんこの評価が行われると，投機家は彼がポートフォリオ決意を基礎づける予測を行える立場に立つ．もし時間 t において，現実の市場利子率 r_t が r_{iN} より高ければ，投機家 i は近い将来の利子率 r^e_{t+1} が r_t より低くなると予想し，またもし r_t が r_{iN} より低いなら，彼はその利子率が上昇すると予想するであろう．すなわち，それらの利子率は r_{iN} に向かって回帰すると予想される．正式には，ケインズの期待形成の理論は，次のように書くことができよう．

$$r^e_{i,t+1} - r_t = f(r_{iN} - r_t) \qquad f > 0 \tag{10.3}$$

$r^e_{i,t+1} - r_t < 0$ の時，投機家 i は債券の資本利得を期待し，したがって，t 期においては債券を購入して，貨幣での投機的残高は保有しない．逆の状態では，彼は資本損失が実現することを防ぐために，債券から貨幣へと移動する．いったん価格の下落が生じてしまうと，貨幣は債券に再投資される．

仮にある個人が投機を行っているとすれば，彼は賭け金を掛けつながないことは明らかであろう．もし彼が資本利得を期待するなら，たとえ疑いをもっていても，その利得の追求に彼の投機資金[15]を，すべて賭けるにちがいない．別のやり方をすることは，潜在的利益を失う危険を冒すことである．もし彼が損失を予想するなら，その価格が下落すると予想されるいかなる額の資産を保有することも不合理となるであろう[16]．彼の行動は，結果的に図10.2 の不連続な需要関数を生むことになる[17]．

図 10.2 の水平軸の長さは，投機資金量の合計によって与えられる．個人 i の投機的動機を満たすための貨幣需要は，原点 O_{iM} から右に向かって測定

図 10.2

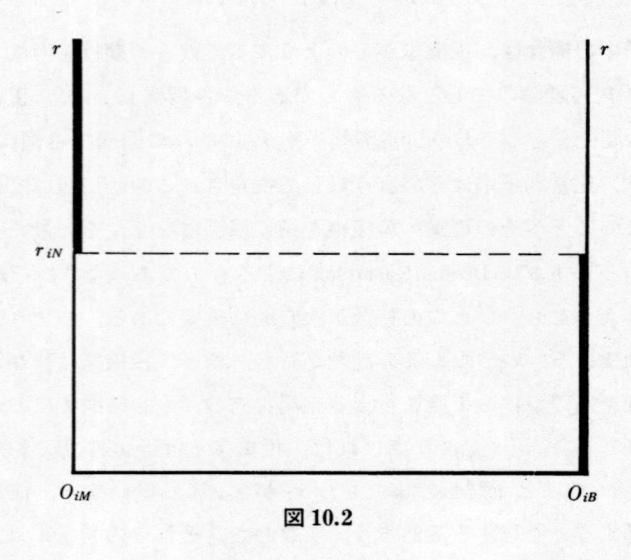

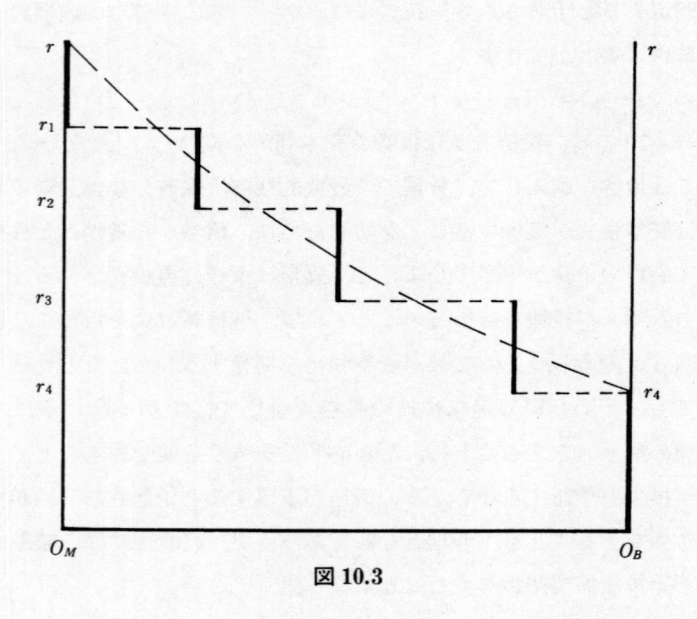

図 10.3

され，投機的目的からの債券需要は原点 O_{iB} から左に向かって測定される．r_{iN} を上回る現行利子率のもとでは，貨幣需要はゼロである．投機的残高はすべて期待資本利得を得るために債券で保有される．r_{iN} を下回る利子率では，いかなる債券も保有されない．

正常利率の異なる推定値は，図10.3 に示されるように，多くの取引者にとっては，一連の垂直線である投機的総需要関数を表わす．r_1 より上では，すべての人（つまり投機を行うすべての人）が，その利子率は高すぎて持続不可能であると信じており，また誰も債券よりむしろ貨幣を保有しようとは欲しない．r_1 はある個人に対する正常利率である．なぜなら，その利子率を下回るところでは，彼は投機的資金を貨幣に切り換えるからであるが，その程度は，その軸と最初の垂直部分の間の距離で示される．r_4 のもとでは，その利子率がそれ以上に下落すると予想する者はおらず，すべての投機家が債券から貨幣に切り換える．

正常利率に関する意見の相違の重要性は十分明白である．もしすべての投機家が同じ見解をもっていたなら，投機的総需要関数 r_N は2つの不連続部分となるであろう．利子率が普通の正常利率を上回るか下回るかのどちらであるかにしたがって，すべての人が債券を売るか，あるいは買おうとするであろう．せいぜいよくても，投機家は，非投機的な投資家から買うかそれとも彼らに売ることになるであろう．その問題を議論するに値させるだけの投機活動が存在すると仮定すると，債券価格は大幅に変動するであろう．もしすべての人が投機家であったとすれば，$r_t > r_N$ の時には（売り手はまったく存在しないから）債券価格は無限に上昇し，そしてもし $r_t < r_N$ なら，（引受け手は誰もいないから）それはゼロになるまで下落するであろう．そのような限定的なケースは実際上ありえないことであるが，それは，証券価格の安定性を維持する場合の意見のくい違いが果たす役割を例証している．

　……利子率の将来に関する意見が人々の間で一致するようになり，そのため現在の率がわずかに変化しただけでも現金保有への動きをどっと引き起こすことがあるからである．経済体系の安定性……が，不確実なこ

とがらについての意見の多様性に著しく依存しているということは興味深い.　　　　　　　　　　(*G.T*., p. 172〔邦訳，170 ページ〕)

高金利と低金利の両極端においては，意見は1つとなる．つまり，各利率はそれ以上，上昇することは不可能であるか，あるいはそれ以上，下落することは不可能であるという実質上の合意に達する．これは，投機的需要関数を凹型の形態とする上で十全である．このことにさらに，投機家に影響を与える考慮事項が低金利の下での長期の資産保有者にも影響を及ぼす可能性があるという事実が付加される．

将来の経験は過去の経験とは著しく違ったものになるという理由があると信じられないかぎり，（たとえば）2パーセントの長期利子率は〔将来低下するという〕希望よりも〔将来上昇するという〕危惧をより多く抱かせ，同時に，きわめてわずかな程度の〔上昇の〕危惧を相殺するだけの現行収益を提供するにすぎない.
　　　　　　　　　　　　　　(*G.T*., p. 202〔邦訳，200 ページ〕)

ケインズによって提示された期待仮説は，正常利率に関する感情が不変である限り，その利子率の現行水準がその利率の変化の代用物として使用されることを認めている．したがって，次のように書くことができよう．

$$M_2 = f(r) \tag{10.4}$$

ここで，M_2 は投機的動機のために保有される貨幣である——再び言うと，これを貨幣の定義と混同すべきではない．次式を得るために，投機的貨幣需要が M_1 の需要に付加される．

$$M^D = M_1(Y) + M_2(r) \tag{10.5}$$

あるいは，一般的形態では，次式のようになる．

$$M^D = L(Y, r) \tag{10.6}$$

流動性選好を決定する要因が，すべていまや1つにまとめられたことになる．

投機的需要に戻ろう．投機的残高需要を定式化するために必要な正常利率の安定性を仮定することは，短期的変動が生産面での長期期待に影響することを認めないとする分析上の戦略に匹敵するものである．投資を支配する企

業者の長期利潤期待が所得の短期的変動に反応する必要がないのとちょうど同じように，あるいは現行の需要が全く安定的な場合には変化する可能性があるのとちょうど同じように，正常利子率とは何かに関する評価は，各利率が日々変動する時でもいぜんとして安定していたり，あるいは反対に静穏な取引期間に予測できないほど変化する可能性がある．

　正常利率の変化は，むろんその関数をシフトさせるであろう．正常利率の上昇は，従来の正常利率を上回り，したがって潜在的資本利得を示したある利子率がいまや新規の正常利率を下回ることを意味している．そこでは，所与の現行利率のもとで，債券の資本損失への確信がいまや一層広範に抱かれているために，貨幣需要は増加してしまっているであろう．同じ論理に基づけば，正常利率の下落は投機的残高需要を減少させ，その曲線を左方にシフトさせるであろう．

　正常利率は主観的なものであるために，貨幣需要は潜在的には変動しやすい．そして資本利得と資本損失が金融資産の保有高全体に影響を与えるとすれば，この源泉から証券市場が攪乱される可能性の方が，経常貯蓄からのあらゆるフローの効果よりもずっと重要である[18]．それは，できるだけ騒ぎ立てないで長期的収益を求める，比較的不活発な長期の投資家の市場取引に対する影響よりも重要となる可能性もある．

　古典派理論は，利子を「待忍」，すなわち消費を延期することへの報酬と見なし，そして利率は資金需要を決定する投資の潜在的生産力と，資金供給量を決定する国民の節約によって決定されると見なした．この見方に立つと，金融資産の買い手は市場心理に気を留めないで，もっぱら「実質」収益の見通しによって支配されたことになる．したがって，資金はもっとも収益性の高いもの，またその意味で「正しい」事業計画ないしは企業に融資することになるであろう．その場合，利子率の全体の水準は，利潤率に一致し，そして投資はその目的に対する「公衆」の貸付意欲と，（利潤に反映されるように）その結果生じる産出物を購入する意欲とによって正当化されるペースで企てられる．

資金の配置に対する投機的なアプローチは，それが長期収益率と資金供給量との間の結びつきを切断してしまうがゆえに重要である．これを十分に論証するためには，この議論に普通株の収益を持ち込む必要がある．ここでは，株式と債券は「貯蓄」と競合するため，利子率と株式の収益率は密接に関連があると言っておくだけで十分である．投機は債券と株式の両方で生じるのであり，投機家が次のように狭く定義されるだけでなく，プロの投資家も一般的に次のように限定される．すなわち，

>……主たる関心は，投資物件からその全存続期間にわたって得られる蓋然的な収益に関してすぐれた長期予測をすることではなく，一般大衆にわずかに先んじて評価の慣行的な基礎の変化を予測することにある．……
>
>それは言ってみれば，スナップとか，オールド・メイド〔ばば抜き〕とか，ミュージカル・チェアに似た遊戯だからである——これらの遊戯では，遅くもなく早くもなくちょうどよい時に「スナップ」と叫んだものとか，遊戯の終らない前にばばを隣りの人に手渡したものとか，音楽の止まったときに自分の椅子を確保したものが勝ちとなる．遊戯しているものはみな，手から手へ回されているものがばばであることを知っており，また音楽の止まったときに遊戯者の中のだれかは坐る椅子がないことを知っているにもかかわらず，これらの遊戯は面白おかしく遊ぶことができる．　　　　　　　(*G.T.*, pp. 154-6〔邦訳，152-4 ページ〕)

投機によって支配される金融市場が示す利子率は，生産の長期収益率より群集心理に負うところが大きいであろうし，またその市場がエネルギーを費やすのは，投資に資金をつぎ込むことよりむしろ既存の金融証書の取引であろう[19]．

投機には2つの好ましからざる結果が生じる．その1つは，投機的要件によって影響を受ける場合，借入費用は投資の社会的効用を反映しないことである．すなわち，それはその時々によって「高すぎる」こともあれば「低すぎる」こともありうる．もう1つの影響は，とくにケインズに関係があるものだが，元本保証的な資産である貨幣の存在が，債券に与えられる収益率が

損失のリスクを十分補償するものではないと考えられる場合，安全な避難所を提供することによって，利子率にある最低値を設定することである．いったんその点に到達すると，投資が刺激されうるためには期待を改善するしかない．つまり，利子率はそれ以上低下することはできないのである．

　投機がいかに重要であるかと，読者はたずねるかもしれない．もちろん，それについて明確には言えない．なぜなら，投機家と長期の投資家とがどう違うかは，目の色とか他のいかなる客観的基準によっても識別することはできないからである．どんな活発なポートフォリオ管理でも，そのなかに投機的要素をもっているはずであり，またたとえそのような遠い将来の不確実性は所与としても，証券を発行する企業の長期利潤の考慮によって行動を支配される人々はつねに存在するのである．これら2つの集団の相対的重要性は，もちろん状況に応じて変化するであろう．歴史は一層正常な気質をもつ社会的・歴史的背景にあくまで反対する投機「熱」に関する，多くの事例を提供している．1920年代後半の投機熱は，疑いなくこのイメージを誘発した．

　　投機家は，企業の着実な流れに浮かぶ泡沫としてならば，なんの害も与
　　えないであろう．しかし，企業が投機の渦巻のなかの泡沫となると，事
　　態は重大である．　　　　　　（$G.T.$, p. 159〔邦訳，157ページ〕）

まさに，株式市場は1920年代以来，全くそのようにはなばなしく行動してこなかったからといって，われわれは投機的需要が重要ではないと結論づけるべきではない．貯蓄の媒介物としての金融仲介機関の重要性の増大と，企業の内部留保の重要性の増大とは，いずれもプロの投資家の役割を高めてきた．プロの投資家は，取り扱うべき資金量を所与とすれば，おそらく満期以前の資本利得を獲得しようとしなくなることはないであろうし，またもし市場を出し抜くことによってそれが手に入るなら，市場での判断がプロの投資家に影響を与えるであろう．

その他の投機的マージン

　『一般理論』では，投機的な貨幣需要は特定の種類の投機，すなわち債券

に関連をもっていた．しかしながら，個人の投機をこの種の資産に限定すべき理由はない．広い意味で，将来転売する考えをもって資産を保有する人は誰でも，投機をしているのであり——物価水準が変動するとき，購買力タームで貨幣そのものがそうなるように——，資本価値が増大したり減少する可能性のあるものにはとらわれない姿勢で臨んでいるのである．投機が必要なのは，次の2つの場合だけである．すなわち，活発な市況とそのゲームを行わせるに値するだけの十分な物価変動，がそれである．

最近，投機が目立ってきた2つの分野として，すぐに念頭に浮かぶのは，不動産[20]と外国為替である．過去15年かそこら，深刻かつ持続的な問題としてインフレーションが出現し（何を「深刻」とみなすかは人によって異なるが），それが投機と長期投資の両方の差益を，貨幣で表示された利子生み資産から，実質資産価値をより保護する資産へとシフトさせてきた．

投機的目的からか，あるいは投機的要素をもった不動産の購入は（信用の大幅な緩和によって煽られた1972年および1977-78年のイギリスの場合のように），インフレーションが予想されるときにおそらく発生するであろう．その結果，経常的に生産される財貨と生産的な投資のための融資の両方から，資金を，既存の家屋ないしは土地のストックへの資本利得に転換することになる．その後の売却において，その家屋が合理的に実現できる価格であると買い手が信ずる価格を超えない限り，物価は上昇し続けるであろう．このことは明らかに，やや性急に売り払うつもりの人にとっては一般インフレ率とほとんど関係がない．なぜなら，インフレーションが発生する時間はないからである．しかし，連鎖の末端の方には，つねに不動産をより長期間保有したいと望む人が存在するものであり，またその価格は彼らの確信に向かって動かされていくのである．もし物価はたえず加速していくとの確信が抱かれるなら，家屋や土地の価格の上昇は結局，不動産を転売しにくくさせるに十分なだけの一般物価水準の，予想された短期的上昇を超え，そして投機ブームは衰退していく．

われわれの話をやや先んじていえば，『一般理論』における投機の理論的

重要性は，それが利子率の一般的水準に関する理論を提供することであった．土地投機は将来の不動産価格への投機であり，利子率への投機ではない．だが，利子率は2つの方法で影響を受ける．1つは明確である．すなわち，抵当利率は需要の増大によって押し上げられることである．(1972年には，これは目立たなかった．というのは，抵当資金供給量の大幅な増加によって不動産ブームが煽り立てられたからである．) ケインズは土地を耕作することについての，あらゆる合理的な期待を超える土地抵当権に対する利子に関する事例に言及している．そして，一般的に貸付市場は，事情が異なっていれば手に入れているはずの資金に飢えており，その結果，すべての利子率にある程度の影響を及ぼす．

インフレーションの時期においてさえ，特定の個人が土地投機に加わることは合理的でないであろう．取引費用は高く，最低の資金量でもそうである．それゆえ金融市場における投機は，おそらく土地投機と共存するであろう．

かつて，普通株はインフレ・ヘッジになると考えられた．事実，ケインズは（第12章で）——それが売買されうる容易さを除けば——あたかもそれを実物資本設備と区別できないかのように取り扱っている．株式は需要インフレに対するすぐれたヘッジとなって，取引にはいいかもしれないが，コスト・インフレにはいいヘッジとはならず，取引に有利ではないことを1970年代のインフレーションの経験は示した．

為替相場の自由化のもとでは，為替相場の変動に基づく投機は，為替の統制を受けない人々にとってはさらに魅力的な可能性を示している．取引費用は低く，市場は活発であり，そして近年潜在的利益は大きくなってきた．もしこの投機の差益が貨幣需要に重要な役割を果たすなら，ちょうど予想された資産その他の価格が先のケースで果たしたのと同じように，期待為替相場はその関数の独立変数となる．もう1つの構成要因は，各国間の金利差である．というのは，資金は利子稼得資産に投下され，そして格差が大きいと金利リスクを補償してくれるかもしれないからである．

為替相場は，異なる国々における，（なかんずく）相対的インフレ率とと

もに変動してきた．長びく不況の脅威があり，政府がその解決の糸口をつかもうと試みている現在のように，あらゆる通貨の先行き見込みの薄いときには，資産を守りたいという欲求は通貨価値の低下に耐えるはずの実物耐久資産の購入に向けられる．その価格上昇をささえる貨幣は，投機家が「貨幣」を遊休化して保有する場合には，ケインズのモデルにおけるとまったく同じように，貸付市場から追い出されて，生産的用途から離れていく．

債券が投機の手段である限り，われわれの資産の貨幣価値を最大化することを考慮して，すべての操作が行われる．もちろん，人はこれを実質価値——つまり，実質購買力——の最大化のために行うが，しかし人が2つの貨幣資産の一方を選択している限り，インフレ率はこれと関連をもたない．これらの資産需要は当然貨幣タームで明示される．ほとんどのテキストに見られる，実質タームで明示することが正当だとする理由はほとんどない．もし人がインフレの脅威を感じるならば，適切な行動は，貨幣で表示された資産の投機的保有を増加しないで，実物財貨ないしは資産のいずれに投機すべきかを見つけ出すことである．

注

1) Ellis (1938) と Fleming (1964) を見られたい．一層ありふれたアプローチは，ミクロの結果は妥当しても，それは正当化しえないことを仮定することである．
2) もし人がこの標準を設定しなければ，人は，それが支出される以前の瞬間を除けば，すべての貨幣が，「遊休」，すなわち非取引貨幣であるとしだいに論じ始めよう．Hicks (1967) と Sayers (1960) は十分この問題に頭を絞ってきた．Tsiang (1966) は，ある特定時点における保有はその意図とは無関係に，私の見解では正しいと思うのだが，支払いと受取りのタイミングの巡り合せにすぎないと主張している．
3) Tobin (1956) と Baumol (1952) を見られたい．
4) Barro (1970) は最適支払期間の研究をしている．われわれはそれと支払いの時間形態は外生的に決定されるものと仮定してきた．
5) Miller and Orr (1966), Patinkin/Dvoretzky (1965), および Niehans

(1978) を見られたい.

6) それは,私が思うに,「真理」とか現実妥当性に関係をもつ何かあるものに対してよりも,経済学者にとって大事な,市場の機能および均衡法の両方に対して,同意しがたい含意をもつがゆえにいっそう,それは広く受け入れられないのである.

7) ただし,ケインズが指摘したように (*C.W.*, XIV, p. 223),もし銀行の意思決定が未使用の当座貸越の存在によって変更されることはないとすれば,という条件付きである.

8) これはケインズのいう金融の「回転資金」である.この資金についてのロバートソンと彼の論争は,消滅する流動性需要と返済される貸付とを混同したために徒労に終わっている.ロバートソンは,貸付が返済されるまで銀行は再び貸出さないだろうと示唆しているようにみえるのに対して,ケインズは銀行への預金の復帰は十分だとみている.この議論は,銀行の準備金ポジションを明示しなければ不完全である (*C.W.*, XIV, pp. 226-34 および Robertson, 1938 を見られたい).

9) その理論は,支出の変動を取り扱うよう十分準備されていないという点で,「機械的」である.なぜなら,その場合支出はもはや機械的なものではないからである.

10) 多くの金融仲介機関,とりわけ生命保険会社やユーロ銀行は,この「満期日の組合せ」方法についてのみごとな技法を作り出してきた.

11) ケインズは株式を,確定利付き証券とはまったく別個に取り扱った.

12) 投機家は,大蔵省証券を保有することができる場合には,現金を保有しないであろうとの根拠に基づく流動性選好理論への批判は,注意深い解釈と常識の組合せが一般化していなかったことを表わしている.

13) この行動は一部の人が考えるように不合理なものではない.(Hicks, 1967, p. 44 を参照されたい.彼はあたかも合理的な行動はただ1つの様式しか存在しないかのように論じており,またもし取引費用(たとえば,仲介手数料)が十分低かったなら,すべての人が投機を行うであろうと主張している.)

14) 正常利率は過去の利子率に基づく何らかの適合的な学習メカニズムによって生み出されるとの示唆は,ケインズによって拒否されるであろうと私は思う.もちろん,投機家は過去から学び,そして低利率の長い歴史は正常利率を引き下げざるをえないであろう.しかし,投機家は,明らかに r_N を得るために過去の歴史を十二分に利用するであろう.

15) 彼は依然として非投機的動機を満たすために,貨幣を保有することに注意されたい.ケインズの理論はポートフォリオの投資分散を除外しているという主張 (Tobin, 1958) は単純すぎる.もしこのような解釈がなかったなら,事実,

人はそのように長時間にわたって保有し続ける必要はない．

16) 記述したようなやり方で行動する場合，投機家は不確実性を無視したり，あるいは危険そのものを完全に楽しむために危険を冒しはしない．(Tobin (1958) は，投機家は危険に対して無関心であるか，あるいはそれを積極的に享受しているかのどちらかであると主張している．) たとえ確信がなくても，あたかも確信があるかのように，彼の最善の推測に基づいて行動すべきことは，投機によって金儲けしようとする決意の単なる結果にすぎない．

17) 1つの条件を付けた上で，本節および次節の説明は，トービン(Tobin, 1958)にしたがう．その条件とは，ケインズの「正常利率」を支持し，トービンの「臨界利率」を拒否するということである．ポートフォリオがシフトするであろう利率である，トービンの臨界利率は，予想資本損失が一部利子所得によって補償されるという事実を考慮に入れている．しかしこの考慮はきわめて巧妙である．臨界利率は時間から独立ではない．もし資本損失が予想されるなら，その資本損失を取り戻すことのできるある時間的長さがつねに存在する．したがって，臨界利率は期待保有期間に依存している．トービンの期間は，暦時間には対応しない恣意的な単位期間である．利子は暦時間を通じてしか獲得できない．さらに，われわれは先に保有期間は恣意的な問題ではないと論じてきた．むしろそれは貯蓄者と投機家の意図の相違の大きさを反映している．仮説上，投機家の時間的視野はきわめて短いため，補償の可能性は無視してさしつかえないであろう．しかしながら，利率がきわめて低い水準に下落するとき，その補償の欠如は一般の資産保有者にとって一層重要となる．低い利率のもとでの損失の危険も増大するので（以下は原文を見られたい），彼らは投機家と似た行動をとるようになるであろう．

18) 証券に向けられた経常貯蓄の流れと，長期のポートフォリオ保有者からの提供と需要との両方に比して，重要なことは投機的保有の規模ではなくてこの源泉から生じる市場への提供ないしはその市場での需要の規模であることに注意されたい．

19) この叙述は，投機は生き残り活動にとって有利であるにちがいないという，フリードマン(Friedman, 1953)のあの有名な命題と決して矛盾しない．ケインズの関心を引いたのは，投資の社会的費用と便益についての「間違った」信号を結果として生みだした，まさに私的な金融上の利益の可能性なのである．企業者は，もし彼らの私的な利益に対する信号が投機家からの「干渉」に従うなら，社会的利益に従って行動することはできない．

20) 投機的手段としての土地の議論については，G.T., pp. 241-2 〔邦訳, 239-41 ページ〕を見られたい．

第10章への補遺　危険あるいは不確実性に対する行動としての流動性選好

　この補遺*の大きな目的は，貨幣需要に対するポートフォリオ理論的なアプローチが，その著者が主張し，かつ広く信じられているように，貨幣需要の利子弾力性に対してケインズが正当化した理由を発展させたり前進させることではなくて，投機よりもむしろ投資欲によって動機づけられた，一連の完全に異なる取引者たちの行動に関係のある，まったく別の理論であることを明確にすることである．それゆえ，原則としてポートフォリオ理論は貨幣の投機的需要に関するケインズの分析に代置する必要はない．それどころか，それはケインズの分析を補完するものとして取り扱うことができるであろう．事実，ポートフォリオ理論は，投資家の行動に関してさえ，不満足な分析にすぎないことが示されよう．

　ポートフォリオ理論は，マーコビッツ（Markowitz, 1952）およびトービン（Tobin, 1958）の独創的な論文以来，大いに精緻化され，拡張されてはきたけれども[1]，われわれはこれらの展開についてはほとんど何も言うべきことはないであろう．われわれが関心を抱くのは基本的な事柄であり，そのためにはトービンの論文を検討するだけで十分であろう．

　多くの点で，ポートフォリオ理論と流動性選好理論の投機的側面は両立する．前者はもっぱらミクロ経済的行動を取り扱っているのに対して，後者は集計値に関心があるが，流動性選好へのミクロ的基礎は存在している．それらはいずれも，いずれかの資産に投下するために利用可能な資源のプールは分析目的上固定されていると仮定している．両者とも，元本保証的な資産とそうでない資産の間の選択の問題を取り扱う[2]ので，後者の資産の潜在的収益には，資本利得ないしは資本損失の可能性が含まれている．

　ポートフォリオ理論とケインズの流動性選好理論との間の相違は，基本的

には前者の比較静学的性質から派生している．比較静学的方法は，限定された抽象的時間（それは現実の時間ではない）の中での分析を必要とし，その「単位期間」の間中，モデルの一定の特徴は変更することができない．ポートフォリオ理論の場合には，所与とみなされるのは危険資産からの収益の確率分布である．ケインズのいう投機家は時間の中で行動しており，利子率の将来の特定値を予測している．

トービンの枠組

トービン論文の基本的枠組を要約することは容易である．可変的価格資産に対する収益は，利子率および単位期間を通じての資本利得あるいは資本損失によって与えられる．蓋然的な収益分布は所与であり，かつ平均値のまわりで対称である．それが利子率であり，それは相互に独立な平均 μ と分散 σ によって完全に記述できる．「貨幣」は平均と分散がゼロであると仮定される．「ポートフォリオ」に対するさまざまな収益と危険（分散）の水準を所与とすると，貨幣と債券のさまざまな比率を選択することが可能である．各選択は，所有者の収益と危険に対する選好に応じて行われる．

危険回避者が規準として採用される．彼はより大きな収益を得る代わりに，より大きな危険を受け入れるほかないであろう．コーナー解はありうるけれども，それらはおそらく存在しないと考えられる．論文の中心目的は，観察される投資の分散現象を説明することである．

危険と不確実性

トービンは，彼の有名かつ影響力のある論文に「危険に対する行動としての流動性選好」という題を付けた．「危険」は正確であった．そして直接的にはこの言葉は，彼が投機的行動を分析しているのではないであろうことを示している．危険と不確実性の区別は存在しないとか，あるいは理解されていない（!）とさえ主張することが流行となっている．理解することは困難で

第10章 流動性への誘因

はない．

　われわれは時の経過の中に生きており，将来は未知であることを承知している．つまり，われわれは不確実なのである．われわれは将来の環境とか行動の結果を確実に知ることはできないために，人生は危険に満ちていることを認識している．これらは容認された用語法である．しかしながら，われわれが話しているのは，「計算された危険」や「危険に保険をかけること」（たとえば，火災による損害）についてである．これらの考え方に暗黙のうちに示されているのは，確率である．これら2つの用語を専門的に使用するときの1つの区別は，危険が原則として保険の対象となりうるものに関係しており——それは確率分布によって表示できる——不確実性はそうした記述以外のすべてのものを含むということである[3]．

　しかしながら，たとえ保険事故とか計算可能な危険の分野でさえ，不確実性は潜んでいる．不確実性は保険事故の発生時間に付随している．人は火災の危険には保険を掛けるが，人が特定の日に家に戻るとき火災を発見するかどうかは不確実である．保険統計数理士は，あなたに対し，あなたが指定する任意の期間中に死亡する確率は教えてくれるであろうが，死亡時間はやはり不確実である．

　これらの事例は時間に関する分野から取りあげてみた．なぜなら，それがこれらの用語に関する混同のもっとも激しい分野だからである．しかし，ポートフォリオ理論の比較静学的枠組は無時間的である．静学的枠組では，不確実性が発生するのは，ある一定の分布から引き出される無作為抽出の結果が未知であるという事実のためである．その分布自体は，時間とは独立に存在する，固定された観察母集団から繰り返し抽出することによって生まれる．

　われわれは時の経過の中で生きているために，実際の抽出は連続的に行われる必要があるが，概念上はもし結果が逐次的に独立して発生するなら，その抽出の順序自体は重要ではない．ここで危険と不確実性の区別に関するもっと都合のいい類推は，薬剤実験を指導する医師と臨床訓練において薬を処方する医師との間の相違である．前者は，彼の「母集団」を予想される薬の

効果の観点から均質的とみなし，そして平均的反応と標準偏差とを決定する．個人の患者を扱う医師は，もし彼が名医であるなら，その確率分布に基づいて，その患者の病が何かを予想して診断しようと試みる．ここでは彼は不確実性を扱っているのであり，薬剤実験はその危険を示している．

単位期間

ポートフォリオ理論に戻ると，確率分布は単位期間中固定されている．人は，資産保有者の選択に及ぼす，さまざまな仮説的確率分布の効果，すなわち異なる危険-収益構成の効果を比較することができる．

あらゆるパラメーター（μ, σ）の組合せに対して，ポートフォリオ理論は単位期間中に保有されるべき最適ポートフォリオを決定する．その結果，それは条件が変化しない限り，その期間はいかなる長さであってもかまわないが，ある1期間の選択を行う理論である．このモデルの内部には変化を発生させるメカニズムは存在しないから，いったんそれが選択されてしまうと，暗黙のうちにそのポートフォリオが永久に保有されることが事実上想定されることになる[4]．

この結論を，ポートフォリオ理論における危険の源泉として，資本利得および資本損失によって演じられる役割と調和させることは困難である．資本利得あるいは資本損失は，その資産価格が期待値と異なるときに生じると言われる．しかし資本利得が関連をもちうるのは，その資産の満期日 T（永代財産の場合，$T=\infty$ である）以前のある将来期日に資産を売却する計画が存在する場合だけである．

もしあるポートフォリオがたった1度だけ選択されるなら，その資産の市場価格の変動は，帳簿上の利得および損失を発生させるにすぎない．それらは決して実現しない．したがって，それらはポートフォリオの意思決定とは無関係である．収益率は，経常購入価格で除した，適当に割引かれた契約利払いの流れによって与えられる．合理的な選択は債券利回りと現行資産価格のみに依存している．つまり，債務不履行のない証券を永久に保有するさい

には危険は存在しない．

　資本損失の危険は，仮にわれわれが単一期間の末にポートフォリオは現金化せざるをえず，そして利得および損失も実現されざるをえないという条件を課する場合（そしてその場合に限って），単一期間の解釈と両立する．もし投資家が，ある予定された期日での資産の売却を拒否することによって損失を実現しないで，物価が上昇するときにはいつでも資本利得を実現するという選択ができれば，その場合には彼は単に有利な価格を待っているだけでその分布によって与えられるような期待収益率以上のものを常に手に入れることができるのである．その場合，平均は彼の期待収益ではなく，また資産価格の標準偏差は彼の真の危険を示す尺度ではない．

　この状況の論理は，われわれが単位期間末に現金化しなければならず，また期末以前は現金化してはならないことを示唆している．いまその資産保有者が関心をもつのは，ある1日だけの価格，すなわち単位期間末における価格 P_n である．単位期間中の価格の進行経路は重要ではない．その分散はただ1つの目的に役立つにすぎない．つまり，それは P_n が期待値そのものとは別のものになる，危険の計算を可能にすることである．

　これは保険の問題である．事実，ポートフォリオ・モデルにおいては，危険回避的な投資家は保険を掛けることができよう．正確に計算された保険は，他の人々の資本利得（プラス仕事をすることへのプレミアム）から資本損失を差し引かねばならなかった人々を平均して補償してくれるであろう．投資家は利子率（マイナス保険額）に等しい収益を獲得するであろう．

　このモデルが投機的行動を説明するものでないことはいまやはっきりしておくべきである．投機家とは，利払いから所得を得るのではなくて，資本利得から利潤を生みだそうと試みる一群の人々であると定義された．ポートフォリオ理論は，長期的な投資家の行動を説明するものである．収益率がきわめて低くなるために実際に投機家になるまで，このような人が現金を資産として保有すべき理由はない．

　同様にして，上述のことは，保険可能な資本利得と資本損失は相殺し合う

ことを示しているので，投機家が保険可能な危険を取り扱うべき理由はない．それらが相殺し合うのは，それが無作為だからである．それが無作為なら，それは予測不可能であり，投機は予測に基づいている．

予測に言及することで，われわれは再び時間を導入したことになる．この分析を時間の領域に移すには，資産価格の分布関数は，所与の物価が時間を通じて発生する相対頻度か，それともある資産の価格が無作為に選択されたある特定期日に，ある任意の値をとる確率のいずれか一方を与えるものと解釈される必要がある．もしこのような動学的解釈のいずれか一方が意図されたなら，各資産価格の時系列がその静学的分布から生まれる過程をポートフォリオ理論モデルが明示すると期待されるであろうが，そうではない．その静学的方法とある動学的解釈との間には，資産選択の文献をみると，根本的なアンビバレンスがある[5]．しかしながら，もしポートフォリオ理論が何らかの現実妥当性を持つものとすれば，われわれが動学的アプローチを選択すべきことは疑問の余地がない．

そうするために，われわれは確率分布が生まれる動学的過程について何らかの仮説を構築することにする．

無作為な発生過程

所与の債券利回りをもつ証券価格は，確率変数であり，次のような需要・供給関係によって発生すると仮定しよう．

$$Q_t^D = a + bP_t + w_t \tag{10.A1}$$

$$Q_t^S = m + nP_t + v_t \tag{10.A2}$$

市場の清算を仮定すると，次のように変形できる．

$$P_t = \frac{m-a}{b-n} + \frac{v_t - w_t}{b-n} \tag{10.A3}$$

ここで，w_t と v_t は，それぞれ平均値 σ_w および標準偏差 σ_v ゼロのもとで正規分布している．単純化のために，次のように定義しよう．

$$K = \frac{m-a}{b-n}$$

および

$$u_t = \frac{v_t - w_t}{b-n}$$

その結果，(10.A3)を次のように書くことができる．

$$P_t = K + u_t \qquad (10.\mathrm{A}4)$$

これは平均値 K，標準偏差 σ_u のもとで正規分布している．かくして，その平均と分散によって完全に説明される分布がえられる．

あらゆる投資家は，確実に(10.A4)の平均と標準偏差を知っているものと仮定されているという意味で，確実性が存在する．しかし，その分布（および他の資産に対するすべての分布）のパラメーターについての知識を完全にもつことは，将来についての完全にして完璧な確実性を意味するものではないことは明らかである．

将来価格は，次式によって与えられる．

$$P_{t+i} = K + u_{t+i} \qquad i = 1, \cdots, n$$

i は長さ n の単位期間内の各日にち（あるいは時間）を示す．完全確実性とは，すべての i に対し u_{t+i} の真の値について知ることを意味する．確率変数の性質上，u を知ることは不可能であるとみなされる．

この分布によってカバーされる，任意の期日 $t+i$ における価格に関する，投機家の最善の予測とは何であろうか．その期待値 K は一定値である．投機家が期待値以上の結果を得るには，彼は個別の u_t について予測する必要があるが，それは不可能である．時間から独立の，2パラメーター分布は有利な投機のいかなる可能性をも排除する．一時的にそれを試みる人もいるであろうが，そのゲームはすぐにつまらなくなるであろう．

自己回帰図式

それに代わって，次のような自己回帰図式の時間依存的な発生過程を考え

てみよう．すなわち，

$$P_t = K + u_t \quad \text{ただし} \quad u_t = \rho u_{t-1} + \epsilon_t$$

である．平均値ゼロおよび標準偏差 σ_ϵ のもとで，ϵ_t は正規・独立分布している．$|\rho|<1$ と仮定しよう[6]．

もしこのような図式が価格の観測結果を生み出すなら，ある日が別の日と同じであるということは，もはや真実ではない．もし ρ が既知であり，u_t が少なくとも一度識別されたことがあれば，「市場を出し抜く」ことは可能である．しかしこのことは2つではなく，3つのパラメーターが意思決定に加わることを意味するであろう．もし ρ が小さいなら，もちろん ρ を無視しても差し支えないが，それが小さければ小さいほど，無作為的発生過程にますます接近することは明らかである．

また，さらに遠い将来を予測すればするほど ρ の重要性が低下するということは，時間的視野の保持に関して第10章の本文で議論したことに照らしてみても興味深いことである．自己回帰的構造は，隣接しかつ接近した観測結果の高い共分散を意味するが，時間的に広い間隔をとった観測結果は無作為性へと接近していく．その結果，長期的な投資家は ρ をたぶん無視してもかまわないであろう．かくして，2パラメーターの仮定はほとんどダメージを与えない．しかしながら，投機家はそれを考慮に入れる必要がある．

もちろん現実世界では，過去の物価の動き以外の情報が主要な役割を果たす可能性はある．このことはケインズの予測モデルでは明示的に考慮されていないが，少なくとも彼は予測モデルをもっている．トービンはもっていない．

トービンのモデルは投機に言及していないことを明らかにしておくべきである．もし現金化を強制する形に変更すれば，トービンのモデルも長期投資を説明するために使用することができるであろう．そのようにその適応可能性を限定すると，このモデルを現金の保有に適応することが長期投資家にとって意味があるのは，継続的な収益が，ある明確に定義された暦時間内の予想された損失を補償するにはあまりにも少なすぎる場合——あるいは，予想

収益で保険料が相殺されない場合——にだけ，このモデルが適用される長期投資家がいかなる現金を保有しても道理にかなっていることは明白である．長期的な投資家は貨幣を保有するであろうが，それは取引および予備的勘定に保有するのであって，資産勘定にではない．（この結論は利子を支払う「貨幣」——すなわち，預金勘定および NOW 勘定——が存在する場合には修正される．）

補遺への注
* この補遺の議論を意味ある形にまとめることができたディスカッションに関しては，ロンドン・スクール・オブ・エコノミックスの J. J. トーマス Thomas に私は深く恩恵を蒙っている．
1) この主題の完全な取扱いについては，Mossin (1973) ないし Sharpe (1970) を見られたい．
2) ポートフォリオ理論は可変的な資本価値をもついくつかの資産を含むように拡大されてきた．ケインズと同様，トービンの論文は，（トービンでは利子も生まない，元本保証資産の）「貨幣」と「債券」との間の選択に単純化している．
3) この区別は，Knight (1937) による．
4) Rousseas (1972, p. 268) もまたこの点を明確にしている．
5) このアンビバレンスはすべての比較静学的問題に行き渡っている．たとえば，われわれが話しているのは，需要がシフトした後の新たな均衡に向かって上昇していく価格——明らかにそれは動学的調整過程——についてである．別の文脈で，トービンは次のように主張している．

> 比較分析では普通であるが，その目的は，パラメーター——この場合には要求払い債務——がより小さかろうとより大きかろうと，それが生み出す相違を説明することである．たとえそれが年代を示す用語を使わないで説明しようとすることが不可能なほど純粋主義的であるとしても，分析は無時間的である． (Tobin, 1963, p. 153)

極端に純粋主義的であろうとなかろうと，無時間的説明だけが厳密にいって正当なのである．
6) この ρ は第 11 章の ρ とは無関係である．それは 1 未満の定数にすぎない．

第11章　利子率の決定

　どの程度投資需要が存在するのかを決定するのが利子率である．それでは利子率を決定するものは何であろうか．ケインズの答えは少なくとも明らかに直截である．つまり，利子率とは，流動性の形態で富を保有したいという欲求を利用可能な貨幣供給量に均等化させるものである．それは十分単純な命題であると考えられるかもしれないが，それは静学的均衡のレベルと動学的均衡のレベルという，きわめて異なった2つのレベルでなされている．『一般理論』の第13章は静学的均衡に関連があるが，利子率の決定はケインズ理論の構造全体を巻き込むことがわかる．われわれは，同一の理論構造を使って叙述できるし，『一般理論』の至る所で単に暗示されているだけの動学的説明に比べればおもしろみという点では劣るけれども，まず最初にそれを提示することにしよう．

　ケインズが彼の利子論を提示するさいの精力の多くは，彼が古典派的ならびに新古典派的[1]と考えるものを論駁することに捧げられている．誰も古い論争をいつまでも続けたいとは思わないけれども，ケインズの理論と典型的な古典派理論との対比は，ケインズの理論の因果構造を理解する上で役立つ．本章で，われわれは流動性選好理論に対する動学的アプローチが，因果関係についてもわれわれに何かを教えてくれることを知るのである．

静 学 理 論

　貨幣ストックは所与であると仮定しよう．われわれがその特徴を検討しよ

第11章 利子率の決定

うとしている静学的均衡においては，それがどのようなものであれ，経済に貨幣ストックが存在するということさえなければ，この仮定は，銀行あるいは貨幣当局の行動について何ごとも意味する必要はない．つまり，それは均衡解によって決定される変数ではない．均衡において，このストックはその経済の個人および組織によって進んで保有される必要がある．まさにその性質上，貨幣はすべての市販される商品や資産と交換可能であるから，その既存のストックは貨幣保有の動機を満足させなければならないし，それ以上の何ものでもない．既存のストックは経済のどこかで保有されているはずだから，それぞれ個々の保有者は貨幣を自由に処分しうるけれども，貨幣需要を決定する変数は，たとえ供給量がどの程度であろうとも，均衡において需要を供給に等しくさせる値をとるであろう．利子率はこのメカニズムによって決定される．

　貨幣の保有動機は，『一般理論』にしたがえば，金融的動機を除外するものと解される．われわれは後ほどその省略を訂正することができる．本書の第10章（あるいはケインズの第15章）によれば，取引需要および予備的需要は所得に依存しており，また投機的需要は利子率に依存している．さしあたり，これらの動機は分離できるとみなし，また所得は発生するのに時間がかかるため，任意の時点，たとえば$\bar{Y}$に固定されているという言い逃れをすることから始めるのがもっとも簡単である．いま貨幣供給量$\bar{M}$は，その所得水準のもとで残高M_1としての需要量を上回ると仮定するなら，その差$\bar{M}-M_1(\bar{Y})$は均衡においては投機的残高として保有されるはずである．投機的需要関数$M_2(r)$は，$\bar{M}-M_1(\bar{Y})$の超過分全体が遊休残高として進んで保有されるに足るだけの，貸付証券の資本損失が生じる恐れを十分に引き起こす利子率とはどのようなものかを示している．この利子率の決定方法は図11.1に描かれている．

　動学的説明の観点からみると，時間の変化が欠如するために所得が固定されると仮定することは有益な工夫であり，後ほどわれわれはそれに戻ることにしよう．しかし，ケインズの静学モデルでは，それは完全には仮定されて

いない．なぜなら，それは投資から所得へのフィードバックを省略しているからである．利子率は先にほぼ決定されているとしよう．このことは，現実の投資需要 I^* の点を資本の限界効率曲線上に確定することになるであろう．

I^* は総需要の構成要素の1つであり，それが消費性向とともに所得，したがって M_1 を決定する．静学モデルにおいては，所得は恣意的に決定されるわけにはいかない．その体系は完全に相互依存的であるとみられているからである[2]．

ケインズはこの同じ点を主張するのに別の方法を選んだ．つまり，それはその後の文献において多くの混乱を引き起こした方法である．『一般理論』の171ページ〔邦訳，169ページ〕において，彼は貨幣需要を2つの別々の構成要素として定式化することをやめて，利子率と流動性全体との間の右下がりの関係について述べている．この両者の逆の関係を示す根拠は，いまや投機的行動だけではなくて，r が低下するとき，I，したがって Y が増加するという事実のために取引需要の増加をも含むことであり，また利子率が下落するにつれて取引残高を保有する機会費用が逓減することを認めることである．後者を考慮することは，原初の取引動機仮説からの逸脱，あるいは修正である．M_1 はいまや Y と r の双方の関数である．しかし，それは，マクロ経済学的相互作用の複雑な集合の結果を単一関数に具体化することに比べればちょっとした配慮にすぎない．それは思い切って加えられた必要な変更なのである．そのことがこのような混乱を引き起こしてきたのも不思議ではない．なぜなら，われわれは皆，連立方程式は解のあり方によって示されるのであり，諸関数の構造によって示されるのではないとする，*ceteris paribus*〔他の事情にして等しければ〕の原則を具体的に示す行動関係に基づいてモデルを構築する訓練を徹底的に受けてきたからである．一般の反応は，ケインズが，なぜ，より狭義の「投機的需要」について述べるべきときに「流動性選好」について述べたのかという点に対する当惑であった．しかし，彼はより広い概念を考えていた．利子率は貨幣量と流動性選好の状態によって決定されるというケインズの結論は，いまや総供給と総需要の状態を

第11章 利子率の決定

含むと理解することもできる．この静学モデルは完全に相互依存的である．

　静学的解は本質的にはあまり興味をそそるものではない．それはあまりにも不自然である．きわめて移り気な投機的需要と，総需要および総産出量に対して，結果として生まれる利子率の十分な影響を混合することは，投機家，経常産出物の生産者および寿命の長い資本設備の需要者たちの，まったく異質の時間的視野を含むことである．その均衡の存在が決定的に依存するのは次の点である．すなわち，貯蓄によって生み出される資金の流れとか，あるいは投資意欲によって生み出される資金需要が，金融資産の量と構成内容を変更し，その結果その議論が流動性選好面にまで広がることを認めないことである[3]．明らかなことは，この分離を来る期間来る期間ずっと維持するためには，われわれは次のような仮定を立てる必要がある．すなわち，これらの要素は現存する大部分の貨幣および負債と比較して小さい方か，それとも各資産に対する需要の富弾力性は1であり，しかもこの蓄積は期待に影響を与えないか，のいずれかである．その「小ささ」は，一時的な短期間を仮定するためには合理的であるが，マーシャル的短期の無時間的構造とは容易に適合しない．そこで，絶対的な時間の経過につれて無効となるものに対して「均衡」という用語を使うことは，あまり有用ではない．第2の示唆は，エール学派によって採用されたものである[4]．

　ケインズはこれらの問題を無視してしまったようにみえるが，それはおそらく彼がそれを解決できないと考えたからであろう——あるいは，おそらく彼は別の問題，すなわち古典派利子論との論争に集中していたからであろう．これについてはもっと後で触れることにしよう．代わって，たとえそれらが第IV部に属するものであっても，流動性選好理論を用いて説明できる動学的説明の方に話題を変えることにしよう．それは，変化に対するありうべき反応，とくに政策効果を評価するためと，ケインズのモデルの因果構造を立証するために重要である．

公開市場操作

最初に，所得を変化させない若干の手段，たとえば公開市場操作による貨幣供給量の増加に対する反応を見てみよう．政府指定仲買人 government broker が市場にとどまる短時間には，所得は確実に固定されており，そして公開市場操作の性質上，貨幣と債券の価値もひっくるめて考えれば，それはまたほとんど変化しない[5]．これはきわめて便利であるが，それは，その場合金融資産の固定総額という前章で立てた仮定がほぼ正しいからである．図 11.1 で見ると，$\bar{M}-M_1$ は公開市場操作による購入額だけ右へ移動し，そしてそれに関連した範囲における M_2 の傾きは，利子率が変化しなければならない範囲を示している．まず，新しい貨幣は，新しい利率が彼らの正常利率を下回る人々によって保有され，その結果近い将来再び上昇すると（彼らによって）期待される．もし r の低下が投資を刺激するなら，企業者は魅力的な利率のもとで，新しい証券を発行することによって，これらの遊休残高を再び取り返そうと試みるであろう——おそらく，その利率は弱気の投機家がまさに期待したものである！ また投資が増加するにつれて，所得も増加し，それとともに M_1 も増加するであろう．これは M_2 の部分をより少なくし，そして r の最初の低下は一部分逆転するであろう．つまり，利子率の当初の決定は一時的なものにすぎなくなる．

所得に影響を与える唯一の源泉は，利子率の投資に与える影響を通して生じることに注意しよう．貨幣の増加が直接支出を刺激するわけではない．債券保有者が彼らの売却代金を支出することは容易に想像できるため，このことは直観に反するようにみえるかもしれない．しかしながら，ケインズの理論では，債券を政府指定仲買人に売却した債券保有者は，広義の投機家であったと仮定される．それゆえ，彼らが債券を売却するとき，債券の売却代金を遊休化して保有する．集計された富の総額は資本利得によってしか増加せず，またそれは遊休化して保有されるために，投機に向けられる，利用可能な資金（債券と M_2 残高の合計）の超過分であり，財の購入に使える部分は存在しない．

第 11 章　利子率の決定　　　　　　　　　　315

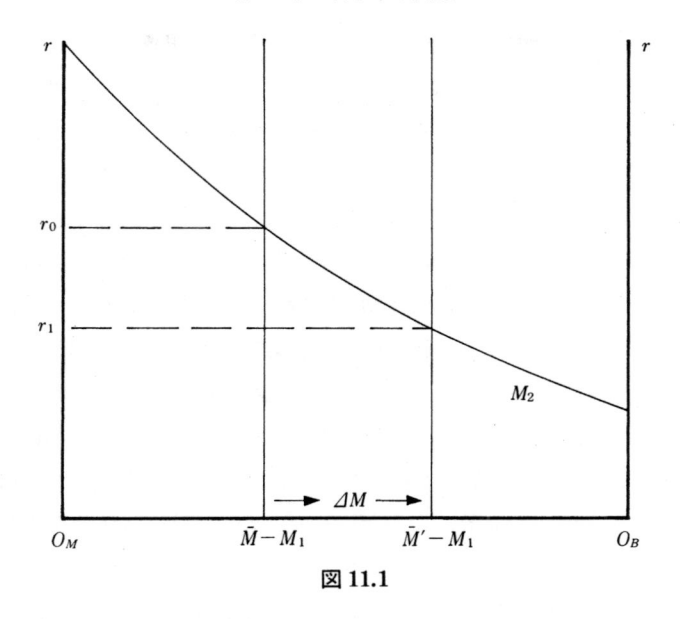

図 11.1

　ケインズは無視したが，支出への直接的な効果は，われわれが資本利得をえた結果生じる支出のタイミングの変化を明示的に考慮に入れれば，考察することができるであろうし，したがって，もしそれがもっぱら所得の関数であれば，変化していなかったはずの M_1 と M_2 の間の壁を突き破ることもできるであろう．減債基金を流動資産として保有する企業は，資本利得を実現した後は一部の投資事業計画を次期に繰り越すことも著しくありそうなことである．しかしながら，一部の企業や個人によっては，全売上代金を支出する可能性があるが，経済全体としてみると，その支出への影響はおそらく全債券の購入規模よりむしろ実現された資本利得の範囲内に限定されよう．資本利得以上に支出しようとするいかなる試みも，富からの負の純貯蓄を生み出すことになるであろうし，また集計値のレベルでは，そのような行動はおそらくありえないであろう．もしそれが起きるとすれば，物価は上昇するはずである．なぜなら，「実質」支出は生産された産出量の範囲内に限定されるからである．

政府赤字

公開市場操作に続く因果的連鎖は，M_1 の所得弾力性が1未満であるかぎり，いかなる貨幣の創出活動に対しても修正された形で繰り返される．たとえば，政府は増税することなしに，あるいは利付き債券を増加することなく支出を拡大すると仮定しよう．その融資は新しい貨幣から生まれる必要がある．したがって，貨幣と所得は，はじめは同額だけ増加するが，ΔM_1 は $\Delta \bar{M}$ より少ないであろう．（もし諸君がこの点でストックとフローについて不快感を覚えるとすれば，諸君の状態は，動学的な考え方に慣れていないことを示しているのである[6]．）所得がさらに変化するだけの時間がたつ以前に，その超過分は遊休残高として保有されるか，あるいは証券の購入に使用されるか，そのいずれかとなるにちがいない．証券の購入——今度は政府指定仲買人よりはむしろ公衆によるが——は，M_2 が新しい貨幣を吸収するだけ十分拡大するまで，利子率を低下させる．

この因果的連鎖は図式で表現することが一層困難である．というのは，獲得可能な総資産ストックが増加しているからである．つまり，M_2 がプロットされる水平軸の全長は $\Delta \bar{M} - \Delta M_1$ の額だけ，あるいはもし $M_1 = kY$ なら，$(1-k)\Delta M$ だけ，拡張される．図11.2において，$\bar{M} - M_1$ は原点 O_M と O_B から測定した原初の資産供給量を表わしている．政府支出が行われると，水平軸の長さは $(1-k)\Delta M$ だけ左側へ拡張される（なぜなら，債券ストックは不変であるが，貨幣は増加するからである）．いまや $\bar{M} - M_1$ も原点 O'_M および O_B からの，新たな資産供給量を示している．いまや M_2 関数は新しい参照点をもち，またそれは債券と貨幣に対する需要の富弾力性に依存する額だけ左へシフトしなければならない．新しい関数 M'_2 と $\bar{M} - M_1$ との交点は，政府支出が行われた直後で，それ以上の影響が生じる以前の利子率を示している．このようにして，決定された利子率 r_1 は新しい投資水準を決定する．しかしながら，投資の増加は所得と M_1 を増加させるであろう．$\bar{M} - M_1$ は再び左側へ戻るであろう——どの程度戻るかは，どの程度時間が経過したか，乗数過程がどのくらい急速に進んでいるかに依存する．利子率

第11章　利子率の決定

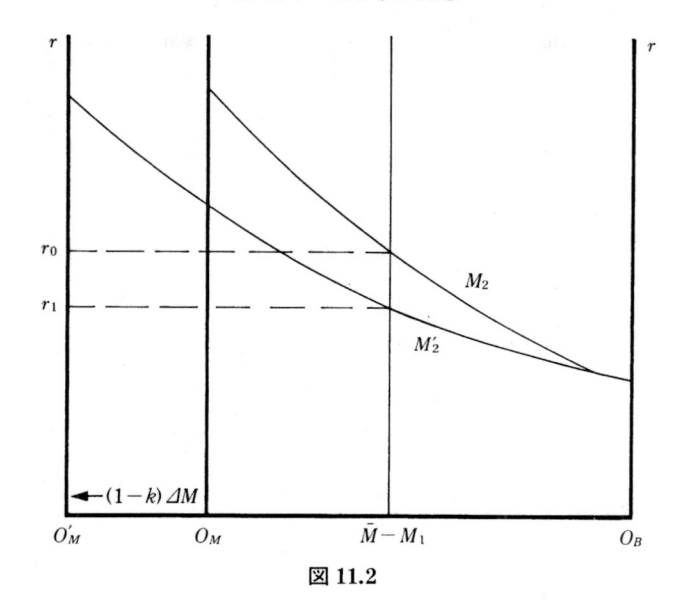

図 11.2

の当初の下落は，一部分逆転し，投資は縮小される可能性があり[7]，そしてわれわれは——どこかで——終わる．（この動学的説明は『一般理論』の200ページ〔邦訳，198ページ〕において，もう少し凝縮した仕方で述べられている．）

投資の増加

投資支出の増加は，貨幣供給量の増加をもたらす銀行信用か，あるいは遊休残高の活動化のいずれかによって資金調達されうる．銀行信用は次章で扱うつもりである．投資を行う企業が，公衆からの直接借入れで資金調達して投資を増加する場合には，証券の発行を伴うが，しかし，公開市場操作のケースとは対照的に，証券の供給量は増加するが貨幣供給量は不変である．これは総資産価値を増加させ，図11.3における M_2+B の範囲を拡大させる（それは図11.2と同様であるが，右側に ΔB だけ拡大する）．M_2 関数は，再び富弾力性によって決定される仕方で，右側へシフトする．その間，金融的

図 11.3

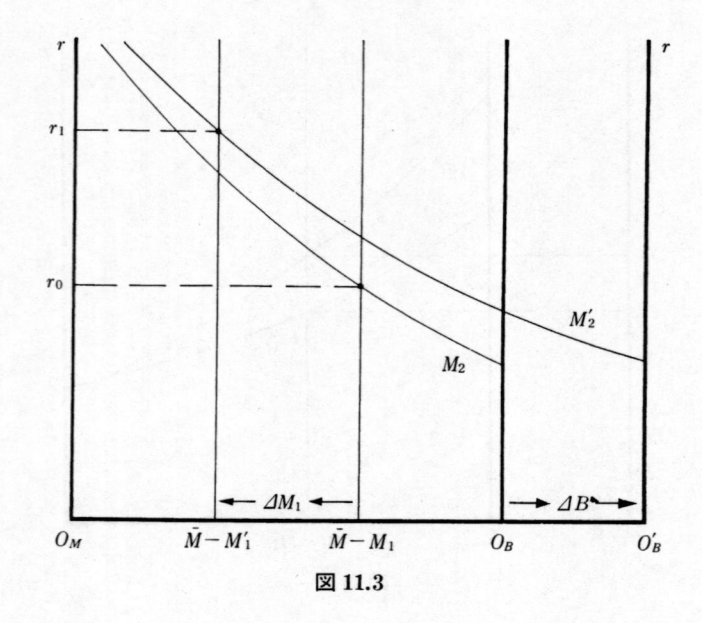

動機を満足させるための資金需要は，経常所得から独立な，企図された投資に等しい貨幣需要の増加として現われる．それは Y から独立しているにもかかわらず，便宜上われわれはそれを M_1 に付け加えることにしよう． $\bar{M}$ は不変であるから，$\bar{M}-M_1$ は左にシフトする．その純効果は，利子率の r_0 から r_1 への上昇となって現われる．

説明を整合的なものにするためには，企業は，借入資金に対する需要の増加の結果生ずるはずの，借入資金コストの増加を予想していたと仮定する必要がある．その説明から得られる教訓は十分明らかである．つまり，利用できる遊休残高が存在するかぎり，投資は貯蓄率を変更しなくても行われうるということである．

投資をまかなう上で，今日では 1930 年代に比べてずっと大きな役割を演ずる内部資金によって，遊休資産の存在は保証されている．利付き金融資産の売却による，資金調達の過程は，先のケースと類似してはいるが，同一ではない．公衆全体に入手可能な資産の総額は不変であり，また $\bar{M}-M_1$ は金

融的動機のために左へ移動する．利子率はその移動の間に，M_2によって示される範囲まで上昇する．もう一度いうと，資産を移転することで投資を十分行わせることが可能なのである．

流動性選好のシフト

われわれが述べてきた動学的説明の中で，攪乱の源泉として作用してきた変数は，貨幣数量と投資欲である．政策的措置を行う場合の貨幣数量は純粋な外生変数として扱われてきた．投資がその役割を果たすのは，期待が変化する場合である．なぜなら，これはすべての経常変数から独立に起こりうるからである．投機的需要もまた予測不可能なシフトの仕方を示しがちである．r に関するその安定性は，正常利率に関する，一般世人の考えの集合がどの程度安定しているかにのみ依存している．理由はなんであれ——たとえば，政府の経済政策の変化，より広範囲の政治的出来事，新しい発見など——もし著しく多数の投機家が，何が「正常」かについての見方を変えるなら，その関数はシフトするであろう．

平均正常利率の，たとえば r_N から r'_N への上昇は，図 11.4(a) で M_2 を M'_2 へシフトさせるであろう．

この見解をとる人は少ないであろうが，たとえば r_1 のような，高い利子率は依然として下落すると期待されるであろう．しかし，すべての世人の考えを考慮すると，以前下落が期待された，r_2 のような利率は，いまや大多数の人々によって，おそらく上昇するとみられる利率と解釈される．換言すれば，資本損失の可能性は以前よりずっと強いであろう．需要は債券から貨幣にシフトするであろう．反対に，正常利率が下落するなら，より多くの資産保有者が，以前より低い利率で債券を保有する方が安全と感じるであろう．すなわち，関数は左側へシフトする．資産供給量が不変の下では，利子率は貯蓄あるいは投資のいずれからもまったく独立に変化する．

一般的な楽観主義ないしは悲観主義も，また関数をシフトさせるかもしれない．経済見通しの改善は債務不履行の危険を小さくし，また証券の保有意

図 11.4

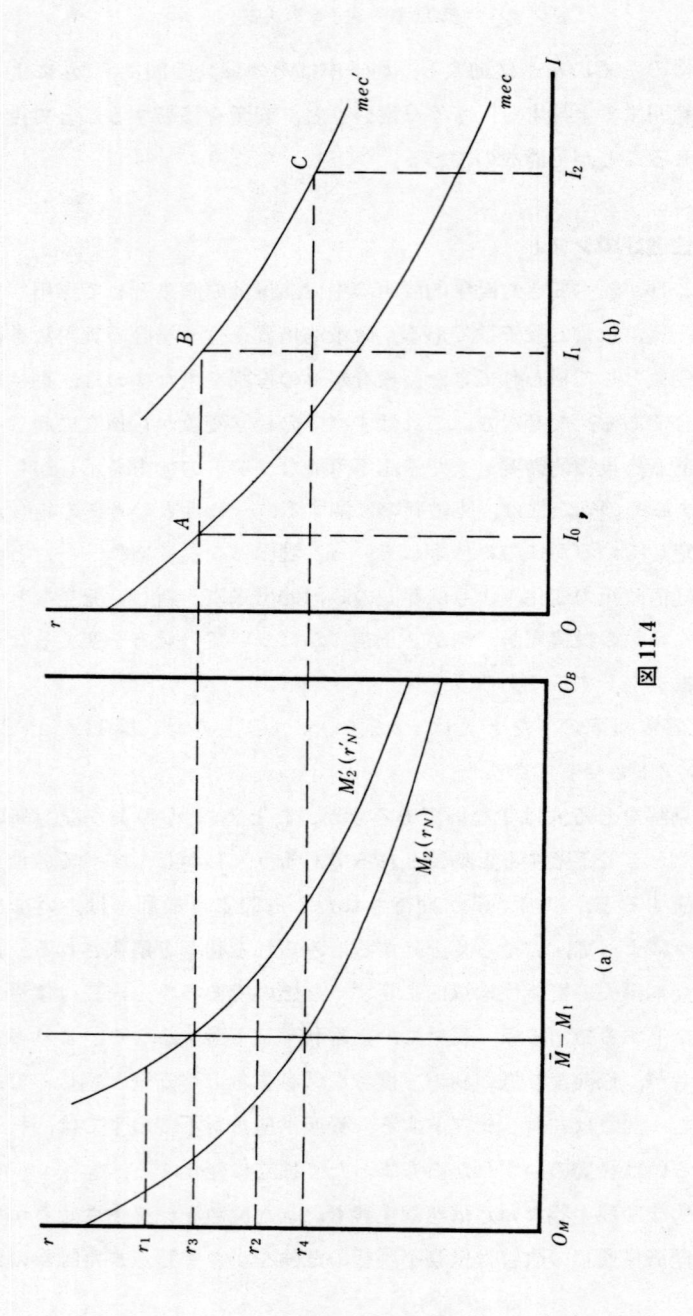

欲を高める．配当予想の改善は株式の保有を促進し，流動性への需要は減少するはずである．利子率が，正常利率を低下させるのに十分なほど長い間おそらく低かった景気後退の底では，その経済の何らかの有望な変化は，それと同じ有望な変化が資本の限界効率に好ましい影響をもっているのとまったく同様に，その曲線をさらに一層左側にシフトさせることができるであろう．図 11.4 (a) と (b) から，M_2 が左側へ，そして資本の限界効率が右側へ同時にシフトすると，投資にきわめて好ましい影響を与えるであろうということがわかる．もし M_2 が，利子率が r_3 のもとで，より高い位置に固定されたままであったなら，投資は単に I_0 から I_1 に上昇したにすぎないであろう．流動性選好の下落につれて，利子率は r_4 に低下するので，投資は I_2 へと上昇する．

　楽観主義と悲観主義が「変化しやすい」場合，上述のような同時的なシフトは，おそらく下方において起こるであろうが，それほど望ましい結果をもたらさないことが理解されるのである．投資の変動は，M_2 のシフトと同時には起きない資本の限界効率の変動に対比すると，この影響によって激しさを増す．

「本来不安定な変数」とは

　投機的需要関数の位置は一般の人びとの考えに依存している．それはきわめて人を苦しめる．なぜなら，そのことは，利子率が純粋に主観的な理由から変化しうることを意味しているからである．その場合，この一般世人の考えはどのようにして形成されるのであろうか．もしそれが長期の投資収益率に基づいていたのなら，それは次のように論ずる方が魅力的である．すなわち，もし長期利潤が，強気筋と弱気筋の両者が「正常なもの」としてそれに調整するだけ十分長い間ある一定率で持続したなら，利子率は，事業活動を営む場合に伴う，より大きな責任を考慮に入れた利潤率に関連をもつ，あるレベルに落ち着くであろう．その場合，このレベルは安定的でありうるであ

ろう．変動のないことが繰り返し観察されれば，証券の元金の安全性への確信を増加させることとなり，そしてその場合，貨幣の投機的需要はゼロにまで低下するであろう．貨幣は取引動機と予備的動機からのみ保有されることになろう．遊休資金はすべて利付き資産の形態で保有されるであろう．そこで，われわれは新古典派的認識に戻ることになる．

しかしながら，シャックル（Shackle, 1968）は，ある「長期」，「均衡」利子率への収斂過程は，前のパラグラフで暗に仮定したように，その利率自体が影響されないままの状態にしておくことはない点を指摘した．なぜなら，いったん均衡利率が確定すると，投機的活動は停止するという意味で強気筋も弱気筋もともに姿を消すけれども，利子率が不変であろうと信じられている場合には，弱気筋は債券を買おうとし，また強気筋はそれを保持しようとするからである．かくして，利子率は引き下げられ，期待を裏切る．均衡への移動過程はそれを破壊する．この理由から，シャックルは利子を「本来不安定な変数」と呼ぶのである．

シャックルが指摘する理由は，現実利子率の観察と正常利率との間のフィードバックに起因する $M_2(r)$ 関数が本来もつ不安定性と関連がある．本章で述べた動学的説明は，本来的不安定性に関する彼の記述を正当化するさらに別の理由も示している．利子率の当初の動きは，r の変化が所得に与える影響を通じて逆転する．それゆえ，理論の問題としては，本章のはじめに提示された種類の静学的均衡が存在しうるが，一方その実証的かつ理論的な関連性は希薄であるということはどれほど強調してもしすぎることはない．その主たる目的は，方法論の観点から古典派理論の土俵上で古典派理論と対決することであった．代案の樹立は，動学によって一層よく達成されるのである．

インフレーションと利子率

流動性選好理論は，「靴ひも」理論 'bootstrap' theory と呼ばれたり，あるい

は現実性を取り去られたチェシア・キャット〔ルイス・キャロルの『不思議の国のアリス』に登場するにやにや笑う猫のこと〕のにやにや笑いにたとえられてきた（予想どおり，後者の比喩はデニス・ロバートソンのものであっ・た・）．その反論は，他のすべてのものが依存する「正常」利率に関する理論が一切欠如することに向けられた．「正常利率」は単一利率でさえなく，まったく主観的に決定される個人的な正常利率の集合にすぎなかった．何が正常だったのであろうか．長期にはそれは3％だったのであろうか．平時における長い年月からみれば，今ではばかげたことだと思われようが，それはまちがった推測ではなかったであろう．その利率のもとで，投機としてではなく投資として証券を保有する持続的意欲が存在するのかどうかがその試金石である．

ラドクリフ報告（Radcliffe Report, 1959, para. 442 ff.）もまたこの問題に取り組んだ．歴史上のさまざまな時点において，利率は，一般的に「低速ギア」，「中速ギア」，あるいは「高速ギア」の状態にあった．それらは，われわれが増速駆動に向かうことを予知していなかった．

ラドクリフは，ケインズが行った以上のどんなギア転速装置の説明も示・さ・なかったが，おそらく読者は靴ひも理論にはある真理が存在することを感じ始めているであろう．ケインズが想定していたのは，「正常」利子率を何か客観的なものと結びつけるものがほとんどないということであった．つまり，一般世人の考えが，その適正な水準は3％であると信ずる限り，それを3％に向かって推し進める強力な力が生み出される．もし適正水準が17％とすれば，同じようにそうなるであろう．

客観的な事実が，前者にとって代わる点というものが存在する．利払い負担は，もし将来所得が利払いを回収するだけ十分に上昇する場合に，容認されうるにすぎないものであり，またもし人が最も驚くべき賢明な事業計画に投資していなかったら，17％という数字はインフレがなければ不可能である．したがって，利子率についての確信は，インフレとか物価の安定性についての確信と密接に結びついているのである．

現代のマネタリストたちは，この問題に対する，アーヴィング・フィッシャー Irving Fisher のアプローチを一般化してきた．フィッシャーは，もしインフレ率がたとえば5％と予想されたなら，5％プラス若干の容認しうる実質収益率未満では，貸付ける人は誰もいないであろうと主張した．そして同様の確信をもつ借り手たちは，インフレと並行して産出物（あるいは，彼らの労働）の価格を引き上げられると期待するとき，この利率を支払う用意をするであろう．

金利水準（それは慣例的に「名目利子率」をさすが，現実世界では利子率は名目しかありえない）は，もしこの理論が正しいなら，ある「実質」収益率 ρ と期待インフレ率 $\dot{P}$ の合計となる．すなわち，

$$r = \rho + \dot{P} \tag{11.1}$$

決定的に重要なステップである，次のステップは，投資（そしてもし徹底するとすれば，貯蓄も）は r ではなく ρ の関数であると想定することである．そのことを立証する事例がある．それは先にあげたものと同じで，インフレが名目利子率の上昇をカバーし，投資の「実質」収益が ρ をカバーするであろう，場合がそれである．

投資利潤は，最もいい時でも定義することがもっとも容易な変数とはいえないし，また1970年代央のインフレ会計に関する論争をたどった人なら誰でも，物価が安定していないときには，利潤がどんなに当てにならない概念になるか知っているであろう．投資方程式に ρ を代入することは，これに関連した多くの論点を回避することになる．

さらに，インフレーションが利子費用をカバーしてくれるかどうかは，どんな種類のインフレを経験しているかに若干依存している．もし産出物の価格だけが上昇するなら，フィッシャーの理論が妥当すると仮定しても差し支えないであろう．しかし，賃金，原材料および資本設備の更新費用の高騰に対する準備金も気にする必要がある．これらの問題のどれも本格的に着手されておらず，また理論が想定するように，貨幣の借入需要は名目利率に対して無差別であるかどうかまったく不明確である．おそらく，資本の限界効率

第11章 利子率の決定

は期待インフレ率と足並みをそろえて上昇することはありえないと言うべきである.

　最後に，そして1970年代のイギリスの経験にきわめて関連することであるが，理論が仮定するのは，インフレーションへの期待は借り手と貸し手によって共有されており，しかも彼らの時間的視野は同じだということである．期待の共有を仮定すべき理由は特にない——ただし，貸し手が借り手よりも高いインフレーションを予想すると仮定するかそれともその逆を仮定するかの先験的な理由はないが．しかしながら，時間的視野の問題に関しては，体系的なゆがみが存在する．

　「正常な逆ざや」と呼ばれるものの存在は，金融活動の容認された特徴であった．つまり，借り手は，彼らの有価証券の売買契約と現金フローによって立っている位置を知るために，長期の借入れを望み，また貸し手は相応な収益と両立するよう，できるかぎり短期の貸付を望んだ．個々の貸し手はいつでも証券の売買契約を解消して，現金を手に入れることができるのに対して，一方，長期の事業計画に対する融資を必要とする借り手は，事業計画がまだ進行中であるのに，再び借入れを必要とする危険を望むわけがない．

　そのために，長期利子率が短期利子率を超えることが予想され，したがって，それが予想されるのは典型的には物価安定の期間である．しかし，物価が安定していない場合，時間的視野のちがいは次のことを意味している．すなわち，借り手は借入期間の間中インフレ率を推定せねばならないのに対して，一方たとえば10年物の債券を購入する貸し手は，最初の数年間のインフレ率を推定する必要があるにすぎない．（正確には，どの程度の長さかは明らかではない．なぜなら，インフレ期待の変化は債券の資本価値に影響を与えるけれども，市場が現在に対して何年分の期待を割引くのかわからないからである．）ケインジアン的なある種の投機的理由からみて，証券の存続期間全体にわたる期待が，現在の価格に完全に反映されるということはおそらくないであろう．

　長期利率が短期利率以下に低下していた，1970年代におけるイギリスの

経験[8]が示唆するところでは，企業は利子率が現在の高い率で継続するとは信じていなかったし，それゆえ彼ら自身長期の借入契約を望まず，しかも貸し手は現行利率が長期にわたってインフレをカバーしてくれそうもないであろうと懸念していた．たとえば，1972年以降，インフレーションが企業に役立つ種類のもの（すなわち，ディマンド・プル）ではなかったことも事実である．

思うに，インフレ期待が利子率に影響を及ぼすことを否定する人はいないであろう．もうちょっと疑問に思われるのは，それがどのような影響をもつ可能性があるかということである．

しばらくの間，フィッシャーとケインズに戻ろう．フィッシャーの理論に必要なことといえば，インフレ期待が，共有されるということだけでなく，ある長期収益率が，18世紀と19世紀の大部分3％であったように，借り手と貸し手の両方によって受入れ可能であり，かつ正常であるとみなされることである．

理論上の「実質利子率」は，物価の上昇と下落によって特徴づけられる循環的変動を通じて，利子率がそこからどの程度乖離しているかを示す一種の規準なのである．フィッシャーの枠組は，古典派理論と新古典派理論の安定した世界に属する．ケインズの主観的正常利率は，その世界からの乖離に対してきわめて異常ともいえる自由を許容している．それこそは，なぜそれがかくも人を当惑させるような概念であったのか，そして現在もそうなのかを示す理由なのである．しかし，それはわれわれの時代には正しい概念であるのかもしれない．

注
1) 「利子率の古典派理論とはどのようなものであろうか．……私にはそれを正確に叙述することも，また現代古典派の代表的論著の中にその明確な説明を発見することも困難である」（*G.T.*, p. 175〔邦訳，173ページ〕）．
2) ハンセン（Hansen, 1953）は，ケインズがこの相互依存性を無視していると

不平を鳴らしたが,『一般理論』第14章および171-2ページ〔邦訳, 169-70ページ〕の定式化を見られたい.
3) 後の第14章で見るように,資金循環効果が認められるとき,ストック・フローの問題がすべて発生する. Chick (1973a) を見られたい.
4) そう呼ばれるのは,それがエールにおけるトービンおよび彼の同僚たちによって主に展開されてきたからである.
5) 民間の手に留まる債券の再評価に起因する,何らかの変化が起きるであろう.
6) ディジョン大学のバーナード・シュミット Bernard Schmitt は LSE のセミナーにおいて,われわれも物理学者と同様に量について考えるべきであると示唆した. 乗数と流通速度の問題(あるいは,支出 - 資産トランスファー問題)へのこのすばらしいアプローチは,当時は十分に受け入れられていなかった.
7) 以下の第14章を見られたい.
8) それはウィルソン報告 (Wilson Report, 1980) およびベイン (Bain, 1981) で立証された.

第12章　銀行組織

　銀行組織は，マクロ経済学においてきわめて重要な役割を占めるに至っている．*IS-LM* 分析に基づくテキスト的解釈では，貨幣は外生的なものとして扱われており，「貨幣」は政府によって完全に供給されるか，あるいは銀行はハイパワード・マネーの供給によって完全に支配されることを暗黙のうちに仮定している．この仮定は，ときとして貨幣供給量が利子率に反応しうるように修正される．ただし，この修正は，実際には些細な技術的種類のものにすぎないし，銀行あるいは中央銀行の行動に対してほんのわずかに言及することによって正当化されているにすぎないけれども．ケンブリッジおよび，とりわけカルドア教授[1]と関連をもつ，もう1つの学派は，ケインズとは正反対に貨幣供給量の変動は完全に内生的なものと仮定する．すなわち，貨幣は主として投資したいと望む企業によって，集計値では，支配される借り手志望者への銀行の融資の結果として増加するものと考える．これらのアプローチの最初の方が，『一般理論』に一層近い．なぜなら，ケインズは，『貨幣論』における広い範囲にわたる分析とははっきり異なって，『一般理論』では銀行組織についてわずかに論じただけだからである．

　彼が銀行融資を軽視したのは，その主たる重要性が金融的動機を満足させることにあり，そのことは主要な議論に関しては静学的方法に対するよりも動学的説明の方に一層よく適合するという理由からであろう．あるいは，おそらく彼は，その問題はそれ以上の議論を不必要とするほどすでに『貨幣論』で徹底的に研究したと感じていたであろう．しかしながら，これは疑問である．というのは，銀行の役割に関する彼の見解は，彼の2冊の著書の間

で本質的に変化しているからである．つまり，『一般理論』における彼の分析は，彼が『貨幣論』において（彼はその政策の現実妥当性については疑いをもっていたかもしれないが，1つの理論的命題として）支持している概念である，「強制貯蓄」の教義に主として向けられている．

「強制貯蓄」という用語は，今日ではめったに見られない．それは銀行が信用を創造するとき，意図しない貯蓄が生まれる過程と関連がある．それは，いまなお議論されている問題であるが，それは，やや異なる言葉，つまりその議論を経済思想上のその先行者たちから分離させるような，異なった言葉を使って議論されている．その問題は興味深いものであり，われわれは本章の大部分をそれにささげることにする．

別の節は，金融の「回転資金」を提供するものとしての銀行に関する概念に当てられるが，その概念は『一般理論』以後に発表された2つの論文(Keynes, 1937, 1939) において詳細に説明されているにすぎず，その中でさえ完全に明らかにされているわけではない．その概念は，一般に受け入れられているマクロ経済学では何ら評価されてこなかったが，再考に値する概念であると思われる．

しかし，まず初めにもっとも明確な仕方で，すなわち，それらが貸付けるために用意される利率を通して，銀行を金融取引関係に統合することにしよう．

銀行資産，利子および貨幣供給量

銀行の貸借対照表の資産側には，「前払金」と同様に，「投資」のポートフォリオおよびより短期の証券が記載される．これらの各項目の間の均衡を生み出す原因にはあらゆる種類がある．われわれに関心があるのは，そのうちの1つだけ，つまり利子率である．明らかなことは，金融資産の利率が上昇するとき，銀行が貸付けるために準備する利率もまた上昇しなければならないということである．というのは，銀行は金融資産のうちより大きな割合を

保有する選択権をもっているからである．そのようにして，金融資産の利率が銀行の貸出金利の水準を（ある程度の伸縮性をもって）設定すると言ってさしつかえない．その結果，その源泉を明示することなく，「この」利子率を借入費用として言及しても，われわれがダメージを受けることはほとんどない．

先にわれわれは，楽観主義と悲観主義の波が，おそらく同じような仕方で企業者と投機家に影響を与え，それが利子率を何ら変化させることなく，投資の変化を生み出す可能性について議論した．銀行貸付に関しても同様の可能性が存在する．貸付意欲は貸出金の利子率のみならず，銀行の貸倒れリスクに対する認識にも依存している．現実のリスクは景気拡大時には下落し，また景気後退時には上昇することが予想されるであろうから，新しい信用の供給曲線は（他の事情が等しければ）ブーム期には外側へとシフトし，確信がゆらぐ時には元に戻るとも言えよう．資金需要はおそらくその間同様の仕方で反応しているであろう．

しかしながら，供給がシフトしても，もし銀行がその流動性ポジションによって制約され，これ以上の拡大の危険を冒すことができないなら，役に立たないであろう．この状況は図12.1に描かれており，そこでは貸付金供給関数（S_A）の右上がりの部分は右方向（S'_A）にシフトするが，それは非弾力的となるためにまったく役に立たない．銀行はすでに目いっぱい貸付けており，それ以上高い需要水準（D'_A）を満たすことはできないからである．

これらの両極端の中間では，もし企業者の期待が銀行家の期待以前に変化するなら，それは読者が予想するはずのものである．つまり，利子率はブーム期には上昇し，景気後退時には低下する――すなわち，利子率はインフレ期待によって影響を受けないのである．

貨幣当局は，もちろんこれらの結果を変更するために介入することができる．その極端な状態では，当局は利子率を安定化するために行動することも可能であるが，そのことは，信用に対する需要の増加を満たすだけの十分な流動性を銀行および金融資産市場に供給することを実際上意味する（そして

第12章 銀行組織

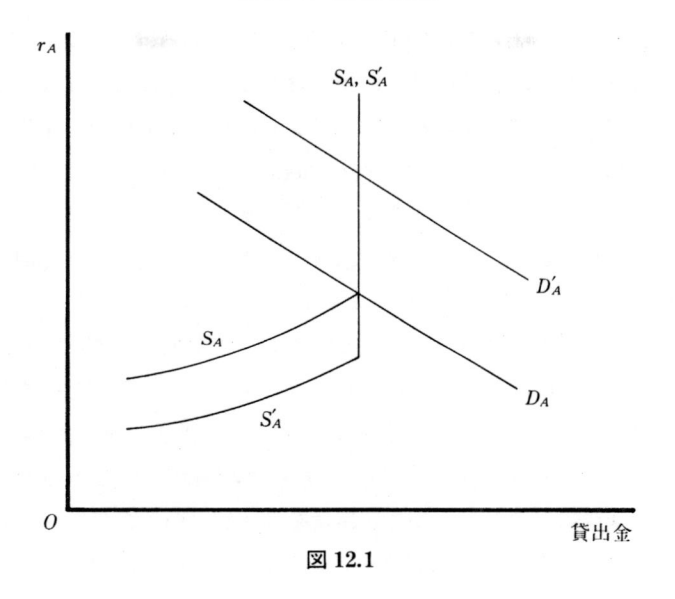

(図 12.1: 縦軸 r_A、横軸 貸出金。曲線 S_A, S'_A、D_A、D'_A を含む)

図 12.1

需要が減少する時には、公開市場の売り操作によって流動性を削減することを意味する——ただし、このことは実際よりも一層対称的であることを意味しているが)．この措置は、楽観主義と悲観主義の同時存在モデルの効果を強化する．なぜなら、銀行はいまや実効のある流動性制約には直面していないからである．

外 生 性

銀行からの借入れは預金の増加を引き起こす[2](そして当座貸越の返済はその低下を引き起こす)．銀行信用に対する需要は、おそらく投資(あるいは、一般的には赤字支出)とともに増加するために、一部のケインジアンたちは、貨幣供給量は経済の活動水準か、あるいはもっと具体的には、投資によって決定されるし、またそれゆえに「内生的」であると主張してきた——内生的とは「民間部門によって統制される」という意味である[3]．

これはもちろん極端な見方であり、それは貨幣供給量は所与と見なすこと

ができるという，ケインズの仮定と同様に極端である．(われわれは，第14章で示されるように，投資の独立的増加は，銀行信用によってまかなわれるという結論が不可避であるために，ケインズは矛盾していたと主張することもできるであろう．) フリードマン (Friedman, 1963, 1980) も同じように極端に次のように主張している．すなわち，ケインジアンの見解は，貨幣と信用とはあたかもまったく無関係であるかのように，両者を「混同」したものである，と．

問題は正しい均衡を見つけ出すことである．貨幣供給量のかなりの部分は銀行信用によって創造されるとしても，そのすべてがそうだというわけではない．(それはむしろ，読者が貨幣をどのように定義するかに依存しており，それが昨今重要な問題となっている．) 銀行は，慣れているかいないかは別として，金融資産を購入するときも預金を創造しているのであり，先に説明したように，買い慣れた証券を購入することは新たな信用ではない．

このことは，銀行は，多かれ少なかれ，随意にその貸借対照表を拡大できることを仮定している．しかし，もしそうであるなら，銀行が無制限に拡大することを阻止するものは何であろうか．(それ以上銀行を阻止するものは何もないであろう．) 理論は，求めに応じて現金を供給するという彼らの契約が，現金に対して銀行がもっている支配権のほんの一定倍数しか預金を拡大できないように銀行を制限するものであるとしてきた (それは，手元の現金，すなわち短期資金か，あるいは決して使用されることはなかったが，銀行が貨幣を利用できるようにするために当局への気安めとして中央銀行に預ける預金，のいずれかである)．(他の資産は正式に必要な現金準備に含まれるであろうが，それは国や期間に応じて決まってくる．現在，イギリスの資産項目はきわめて幅広いものになっている．) 当局がこれらの準備資産の数量を統制できた範囲で (図 12.1 のように)，銀行預金の拡大にはっきりした抑制装置が必要であると考えられた．もし当局が銀行預金を統制できたなら，その場合 (そのことは議論されたが)，たとえ民間部門によって供給されるものであっても，確実に預金は外生的なものとみなすことができよう．

第12章 銀行組織

銀行の準備資産が現金（紙幣および硬貨）と中央銀行への各銀行の預金から成る場合には，その主張は，きわめて単純かつ正しいように見える．なぜなら，これらの資産は確実に当局が統制できるものだからである．その主張には古くからの流れがある．はじめに意図されたことは，紙券信用は悲惨な（つまりインフレ的な）帰結を生むのではなかろうかという恐れを和らげることであった．本来の貨幣（つまり金）に，要求次第兌換しうる紙券信用は，その理論が示したように，「乱発」できなかった．銀行信用（したがって，預金）も同様に抑制された．（『貨幣論』には，この見解について自信に満ちた，洗練された説明がある．)

このケースは，換金可能な資産を銀行が保有していることが認められる場合には，一層不明瞭になるが，貨幣当局の直接的統制の下にはない，これら資産の一部が準備金として計算される場合には，なおさら不明瞭となる．たとえば，短期資金への直接的統制は存在しないし，また一般に考えられるように，イングランド銀行は大蔵省証券の残高量を統制することはできるはずであるが，当局はそれを誰が所有するのかを統制することはほとんどできない．

貨幣当局は要求に応じて，多年にわたって現金を供給してきたが，それは，このことは預金の流動性への確信を維持する上で不可欠であるという，はっきりした信念と，現金に対する需要は公衆の便宜上の必要によってのみ支配され，かつ季節的に変動するという暗黙的な信念のもとで行われてきた．その需要のうち，確認不能な部分が銀行の信用の乱発によって創造され，そしてこのような行動に固有な，上方へのバイアスをもつ場合，要求に応じて現金を供給する可能性は，貨幣当局が認識も（これは信用しがたいが），議論もしていないことである．それが起きるかぎり，銀行信用の拡大は，銀行がある特定時点で所有する現金準備とほとんど関係がなく，またもし銀行が供給される現金準備を当てにするなら，拡大への統制は存在しない．

もちろん，これは極端なケースであるが，しかし貨幣当局の現金供給が完全に弾力的であるかぎり，何らかの統制の望みがどこかに残っているにちが

いない．銀行準備の残余部分は，その供給全体が原則として貨幣当局によって統制される，若干の資産と，銀行自身によって創造される他の資産とから構成されている．イングランド銀行ができる，ほぼ最大限のことといえば，必要な条件を満たすために，流動資産の売却にはより費用がかかるように利子率を操作することであると結論づけられる．

しかしながら，他の理由から当局は利率の変動を認めたくないと考えるものと仮定しよう．彼らが利率を安定させるかぎり（彼らは完全にはそうしないかもしれないが），貨幣供給量は民間部門および，主に需要によって決定され，貨幣当局がしばしば，それが典型的でさえあるのだが，利子率を固定しないでその目的に向かって行動する複合戦略を行使するものとすれば，当局は預金に影響を与えることは可能であっても，統制することはできない．

かくして，貨幣は純粋に外生的でも，また純粋に内生的でもないと結論づけられる．どちらがより適切な描写であるかは状況に依存する．過去において，貨幣は主として外生的であったというケインズの仮定は，投資が不振であり，しかも企業は，たとえ貨幣組織が今日と同様に機能していたとしても，ここ数年間企業が使用してきた程度には銀行融資を使用していなかったという事実によって，彼の時代には正当化されるであろう．しかし，そのこと自体は疑問である．

銀行の信用創造と強制貯蓄

因果的順序づけの問題——すなわち，投資が貯蓄の変化を引き起こしたのか，それとも貯蓄が投資の先決条件であったのか，という問題——への回答には，銀行組織が発展したために，因果的動因として投資の方が選ばれることが第9章で議論された．貯蓄の優先性を支持していた銀行業務に関する見方，すなわち銀行は貯蓄のパイプにすぎなかったとする見方は，銀行の数が多くて規模が小さい，銀行業務の発展の初期段階での銀行には適切なものであった．銀行の規模が銀行組織と呼ばれることを正当化するほど十分大きく

第12章 銀行組織

なり、しかもかなりよく統合され、また銀行の債務が有力な支払手段となっている場合には、それは事実に反することになる。その場合、銀行は現金準備を失うおそれがほとんどなく信用を拡大することができる。

銀行が現金を失うのは、信用を与えられる人がその貨幣を支出し、そして彼が購入する相手がその小切手を他の銀行に預ける場合である。貸付を行う銀行は手形交換高に見合うだけの現金を失うことになる。借り手がそれを支出したあと、銀行がその銀行自身に再び預金される資金を当てにできる割合は、それが預金全体に占めるシェアに依存する。高度に集中化した銀行組織をもつ昨今では、現金の喪失は最小限である。いわんや、銀行がほぼ同時に貸付を拡大する傾向がある時には、個々の銀行は他行の拡大の結果として流入する現金によって、その銀行自身の営業活動から生じる現金喪失の一部を補填することが期待できる。したがって、銀行全体では所有する現金準備の乗数倍にまで信用を拡大することができる。彼らは、いまや単に預金として受け取った現金に基づいて貸出を行っているだけではないのである。

預金もまたその役割を変化させてきた。現金が一層幅広く支払いに使用されたとき、預金が一種の貯蓄と考えられることは理解できる。つまり、預金は所得期間内には使用されなかった、一種の予備的残高であったであろう。したがって、銀行は貯蓄のパイプにすぎなかったという考え方は、銀行の歴史的発展における特定期間に対する一般化としては有益だったであろう。

預金が広範に使用され、また銀行組織が統合化されるにつれて、この考え方はその有用性を喪失したが、それに取って代わったのは、先行する貯蓄を超過する銀行貸付が結果として「強制貯蓄」を生むという命題であった。

『一般理論』のケインズはこの考え方を放棄した。何人にも預金の保有を強制する者はいない、と彼は主張した。それゆえ、強制貯蓄は存在しえなくなる。彼の見解では、新たな銀行信用の発行が貨幣供給量の変化を引き起こす過程は、銀行とその債権者——すなわち、その預金者——との間の両面からの取引とみなされるべきである、と。

だが、そのことは厳密にいって現在そうなってはいないのである。新たな

預金の保有者に，彼らが総貨幣供給量の増大を望むかどうかをたずねた人はいなかったし，またその質問は受取り手にも行われてはいない．まさに支払いの源泉が当座貸越であるという理由から，売却への支払いを拒否する者はいない——さもなければ，当座貸越の承認はほとんど無駄になるであろう．しかし集計値でみると，誰も蓄積することを意図しなかった以前よりも，今日の方が貨幣量は増大している．その意味で，それは「強制されて」いると言うことができよう．

所得も増加しており，またもし信用で投資資金が融資されるとすると，総貯蓄も増加するが，それは意図とは無関係である．

所得の増加は M_1 を増加させるが，M_1 残高の限界保有性向はおそらく 1 にはならないであろう．したがって，超過預金が存在することになるが，それは，信用により融資される支出の乗数効果がそれを取引残高に吸収するまで，一時的にさまざまなやり方で支出される可能性がある——ケインズの枠組では，その貨幣は債券市場に流入するであろう．第 1 に利子率，それから次に所得水準は，たとえ新しい貨幣の獲得が意図されたものではなかったにせよ，それが最後まで「進んで保有される」ように調整される．

新しい貨幣数量への調整が進行しているとき，物価は上昇している．所得の最初の増加は，消費財の一定の供給に見合うものであろう．その供給が拡大するにつれて，物価は低下するかもしれないが，その後収穫が逓減するにつれて再び上昇しよう．

古典派経済学者および現代のそれに近い立場の人たちは，超過貨幣残高の一部は債券ではなくて財に支出されるはずだと主張するであろう．すなわち，超過貨幣供給量は，一定の所得水準のもとでは，支出計画に影響を与えるか（ケインズはそれを拒否するが），あるいは金融資産の増加が支出に影響を与えるかのどちらかである（この後者は，もしそれが所得からの消費性向のシフトとして表わされるなら，ケインズの枠組の中で受け入れることができる．金融資産から行われる消費はマクロ経済学の問題ではない）．

これらの効果が考慮されるとき，強制貯蓄はさらに意味をもってくる．な

第12章　銀行組織

ぜなら，いまやそれは単に貨幣供給量の増加の望ましさとか，あるいはそれが支持する信用の方向については考慮されなかったといった問題にとどまらないからである．第1に信用を獲得する人々，そして第2に借り手に対して商いをする人たちは，旧価格で財を獲得し，さらにボーダー・ラインまで落ちた人々の消費をより高価なものにしてきたということが明らかとなるのである．消費財物価の上昇は旧物価水準のもとでの消費能力に比べて消費能力が低下することを意味する．今日の用語では，これは「クラウディング・アウト」の変形である．ロバートソンはそれを「自動的欠如 automatic lacking」と呼んだ．

　ケインズはこの議論の重要性を次のように軽く片づけている．すなわち，
　　また時には，投資の増加にともなう貯蓄の増加は，通常物価の上昇とも
　　結びついているから，好ましくなく，不公正であると主張されることが
　　ある．しかし，もしこれが事実だとすれば，産出量および雇用の現存水
　　準を高める変化はどんなものでもすべて反対すべきものとなる．……だ
　　れも，産出量が低いという理由だけで低い価格でものを買うことのでき
　　る正当な既得権をもってはいない．（G.T., p. 328〔邦訳，328ページ〕）
これは，意図しない貯蓄は銀行信用の拡大の結果生まれるであろうが，その純効果は一般的利益に対して生じるものであるという命題，つまり，所得は増加するであろうし，また消費に与える物価高騰の当初の効果は，所得上昇の効果によって相殺される，という命題にそれほど敵対する主張ではない．

　ケインズは，所得に対する最初の貯蓄比率は例外的に高くなることを率直に認めている（p. 83）．しかしながら，結局貯蓄は完全に自発的なものであろう．彼が，「公衆は彼らの所得の増加を貯蓄と支出とに分割する割合について『自由選択』を行うであろう」し，また「この決意から生ずる貯蓄は他のすべての貯蓄とまさに同じように真正のものである．人々は……新しい銀行信用に対応する付加的貨幣を所有することを強いられるということはありえない」（G.T., pp. 82-3〔邦訳，83-4ページ〕）と言うとき，彼はまったく議論の第1段階について語っているのではなく，それが投資とその後の影響

によって引き起こされる所得の処分, およびこの過程の最終段階での貨幣保有について語っているのである.

これは, いかにも無時間的な比較静学分析がわれわれを引き込む種類の混乱状態を示している.「強制貯蓄」の教義は,「真正のもの」にせよ,「強制的なもの」にせよ, いずれにしても, 現実の貯蓄が投資の先決条件であるという命題の一部を成した. 銀行組織に関する話は, 投資が貯蓄意欲に先行しうるように, 貯蓄を「強制する」可能性に関するものである. 銀行の業務過程はケインズの説明にとって不可欠のものであるにもかかわらず, ケインズは, 現実の貯蓄と投資はつねに等しくなければならないし, すべての調整の最終段階では, 現実貯蓄と意図した貯蓄とは等しいために, 銀行は貯蓄を強制できないと主張するのである.

それは暗黙的な政策によって創出されうる混乱をも説明している. ケインズの見解は上で引用した文節によって示されている.「強制貯蓄」に付随した出来事は, 信用の拡大過程の開始時には銀行に対する, 一般公衆による統制が本来失われていることと関係していた. それはすべて公衆と銀行双方に関する「政治経済学」のひとつの例証なのである.

価格変化を通じて実質非消費を「強制すること」に関する議論は, 需要の拡大によって加えられる圧力に応じて, 現実関連性の点で変化が生じる. これは, 明らかに労働ならびに設備の超過能力の程度に依存する (なかんずく——第15章を見られたい). その議論は, その根底にある政治的問題とともに, 信用の急速な拡大と物価の急速な上昇の時期にはきわめて重要である. マネタリストたち, つまり古典派的思考をもつ現代の後継者たちとは, それを「クラウディング・アウト」として復活させる人々であった. しかしながら, 彼らが焦点をおくのは, 銀行信用と投資にあるのではなくて, 新しい貨幣によって融資される政府支出である. その他の点では, 議論はまったく同じであり, 唯一の固有の問題は, 物価の上昇を犠牲にして産出量と雇用を増加させることが可能かどうかということである. たとえ分析は安定しているとしても, その回答が時間にわたって安定しているわけではない.

銀行と回転資金

　銀行に以前貸付けられた部分を越えて銀行が信用を拡大する能力についての議論は，銀行以外の金融仲介機関 NBFI の役割に関して，1950年代後期および1960年代初期にくり返し行われた．その一般的結論は，原則として銀行以外の金融仲介機関は銀行と似てはいるが，実際には，それらの仲介機関の貸付によって生まれる資金がこれらの仲介機関に戻る程度は，銀行の場合に比べるとずっと小さいということであった．NBFI に対するこのより高い「喪失係数」は，NBFI の負債が家計の貯蓄に果たす役割の重要性の低下と関連があった．

　その事例に関するそのような説明方法は，銀行業務の重要な特徴――すなわち，その預金はそれらが貯蓄を表わすのと同程度に消費をも裏書きしていること――を見落している．第10章はこれら2つのことを分析的に分離する方法を示唆しているが，実証的にそれらを分離する方法はない．つまり，預金を受け入れる銀行は，預金者が意図した預金の使途まで察知することはできないし，また統合された銀行組織においては，意図した使途が銀行流動性にインパクトを与えることはほとんどない．

　銀行が小さくて孤立していたときには，預金は貯蓄であったのか，それとももっとはるかに一時的な購買力の住処であったのかが，銀行の現金準備の予想安定性にとって重要であった．つまり，現金引出しによる預金喪失のおそれは，もし預金が「貯蓄」であれば減少したであろう．

　ケインズの時代までは，その区別は実際上ほとんど重要ではなかった．支出のための預金引出しは，支出から生まれる流入によってまったく規則的に均衡していた．預金が支払手段として幅広く利用されるという事実は，銀行の流動性ポジションが貯蓄に依存しないことを意味している．

　ケインズは，投資の均衡水準は銀行信用の「回転資金」によってまかなわれると主張する（Keynes, 1937, 1939）さい，この事実を利用している．こ

こで回転というのは，貨幣が支出されるや否や銀行流動性が回復される——すなわち，貨幣が銀行組織に戻ってくる——からである．投資決意とその実行との間の「金融的動機」のための貨幣保有だけが流動性を減少させる，と彼は言う．彼は，銀行流動性の回復は銀行への返済と何らかの関係があるという点を否定した．

　これは，きわめて奇妙なことだとして，デニス・ロバートソンを驚かせた．おそらく，理由は異なるけれども，それには私も驚いている．第1に，ケインズは金融的動機から保有される貨幣を，会社の金庫の中にしまっておいた札束と解釈しているように思われる．もし企業が公衆から借入れなければならなかったら，その場合，人は企業の銀行預金が増加すると予想するであろう．そしてもし金融的動機が貸出限度額によって充足される場合には，それさえ不必要である．銀行から現金を引き出さない金融的動機は——もし議論の残りの部分が正しいとすれば——銀行流動性を変更させないであろう．

　それは正しいであろうか．もし貸付金を支出することが，正確に以前の貸付ポジションまで銀行の貸出能力を回復させるなら，銀行貸出をストップさせるものが何かあるであろうか．借入れは支出目的から企てられることは間違いないから，貸出はつねに銀行にとって有利である．

　私が思うには，返済の仮定は，暗黙的にケインズが説明する過程で示されており，それはまた当然とみなされている．回転資金はある一定水準の投資を続行させることを想起しよう．また彼の投資理論は，返済するために十分な資金を生み出すことができると信じられるだけ，投資が行われることに基礎を置いている．ここに誤りの生じる余地は存在するが，失敗への系統立ったバイアスは示唆されていない．したがって，いつでも，以前企てられた投資計画の返済は開始しているのに，一方新しい事業計画は資金調達を必要としている．それと同時に，一部の企業者たちは金融的動機から保有した現金を解放しているのに，他の企業者たちはそれを求めている．

　確立した背景のもとでは，ケインズの時代まで，銀行はもはや彼らの貸出能力については貯蓄に依存していないと主張することは正しかった．「回転

資金」は，所得の循環的流れ，すなわち投資と同様に消費も，賃金と同様に利潤も，そのほとんど全体に銀行組織を通じて進んでいくという事実を反映している．

それは，賃金の現金での支払いが大幅に減少した，今日の方がずっと当てはまる．

われわれが始めに言及したことにちょっと戻るために，銀行のポジションを住宅組合のそれと比較してみよう．住宅組合は時々，抵当貸しはその組合に経常的に行われる「貯蓄」額によって制約されると主張するが，銀行がこのようにいうことを耳にすることは決してないということである（ただし銀行は預金獲得競争はするけれども）．

銀行が預金獲得競争をするとき，銀行は，所得の支払いとして，すでに以前一度彼らの勘定を通して循環したことのある貯蓄を取り戻そうとしているのである．この競争はケインズが語っていた現象の結果として起きてくるのであり，そのレベルでは銀行とNBFIとは事実上よく似ている．だが，支払いのために預金の使用に依存するという，根本的な相違は依然として残っている．

減債基金と流動資金金融

投資貸付金の終局的返済の仮定に関しては，ケインズ理論の重要性が強調されねばならない．それは暗黙的なものであったが，その理由はそれが資本主義にとって基本的な義務だったからである．利子を支払うために現金の流れを生みだすことができ，また元金償還に減債基金をあてることができる，と期待されない投資が企てられることはなかった．すなわち，それこそは資本の限界効率と利子率 r との均等性の基準なのである．

しかしながら，資本の限界効率が基礎を置く利潤期待が実際に満たされることを保証するものは何もない．それが不足することについては，まったく別々の2つの理由が存在する．すなわち，その投資が最良の環境においてさ

え賢明な着想ではなかったか，あるいは一般的状況が予想したほど有利なものではないことがわかるか，のいずれかである．その設備の資金調達をするために負債の義務を負う企業の観点から見ると，それが及ぼす効果は同じことである．すなわち，これらの負債の義務を満たす能力が損なわれることである．

現金不足に直面したときに取る賢明な反応は，すぐに挫折（ないし債務不履行）を認めることではなくて，需要はやがて再び増加するであろうという希望のもとに，次のような，2つの先を読んだ行動のうちの1つを取ることである．すなわち，利子支払いのより直接的な需要を満たすために，減債基金を節約することができるか，あるいは同じ目的に役立てるために，さらに借金を背負いこむことができるか，である．後者は「困窮による借入れ」であり，たぶんそれは通常の借入れとはきわめて異なった動きをするであろう．

投資の寿命，あるいはその資金を融資する負債を全体としてみると，われわれは利子と元金が事業活動から回収される程度に依存する，3つの金融上の成功ないしは失敗のレベルを区別することができる．成功する投資というのは利子を支払い，そしてそれ自体の減債基金を準備するものであろう．それほど成功しない投資は，利子の支払い期限がくるとき利子の支払いを充足することはできるかもしれないが，十分な減債基金を準備することはできないであろう．実際に問題のある投資は，利子費用の支払いでさえ十分満たしえないものである．これら3つの状態に対応する金融ポジションはミンスキー（Minsky, 1982）[4]によって，それぞれ(a)ヘッジ金融，(b)投機的金融，および(c)ポンツィ金融[5]と呼ばれている．デヴィッドソン（Davidson, 1978）[6]はそれらを(a)減債基金金融（SFF），(b)流動資金金融（FFF），および(c)逓増的資金金融（RFF）と呼んでいるが，それは，資産保有者が以前の負債残高を返済するためにのみ現在の負債残高を増やさざるをえないからである．

もし経済状態が悪化すれば，SFFポジションはFFFかあるいはRFFポジションとなることが可能であり，金融組織の「脆弱性」[7]を増し，企業に

倒産の脅威を与えることになる．しかしながら，マクロ経済学の観点から見ると，投機的金融は常に悪いわけではない．デヴィッドソン（前掲書）は次のように重要な点を指摘している．減債基金は粗所得と純所得との間のくさびの働きをするものである．つまり，補足的費用は消費に利用できない所得であり，またその基金が置換支出を超過する限り，それはデフレ的となる．かくして，逆説的ではあるが，それらはマクロ・レベルでは負債義務を満たすさいの困難の源泉となりうるのである，と．

　政府は，「不健全」財政にかかわることに，かつてほど躊躇しないことを学んできたことは，おそらく幸運なことである．

　民間部門におけるあまりにも行きすぎた金融的誠実さは，需要を維持するために政府が「不健全」財政にかかわることによってもちろん相殺されうる．事実，『一般理論』におけるケインズの一層辛辣な文章の一部を挑発したのは，大蔵省が不健全財政にかかわることに躊躇したことであった．1960年代央までの持続的な成長期間は，FFFとそれに政府によって容認を得ているRFFでさえ大いに関係があった可能性がある．（もちろん，長期費用，つまりインフレーションは存在する．第19章ではこの問題を取り上げる．）

　以上の発展には貨幣組織に対する多くの分派があり，それはケインズの時代以降劇的に変化してきた．「回転資金」はたえず増加しているように思われる．その事実が示す含意の一部は，第17章で考察されるであろう．

注
1) たとえば，Kaldor (1970) を見られたい．
2) 借り手の預金は増加しないが，彼らが支出するとき，「赤字になる」．当座貸越は銀行の貸借対照表の資産側に記入される．それは負の預金ではない．しかしながら，借り手が支払ってきた人たちの預金は増加する．
3) この意味を，その用語の技術的用法と対比するには，Chick (1973b), pp. 84-5 を見られたい．
4) ミンスキーが行った厳密な明示化とはやや異なっているが，本質は違わない

と，私は信ずる．
5) ポンツィは，1914-18年戦争のすぐあと，ボストンで「ピラミッド型」の金融方式を促進した．
6) 第2版への補遺．
7) これはミンスキーの用語である．

第13章　静学モデル：簡単な要約

　『一般理論』における静学モデルのすべての要素が，いまや提出されている．しかしながら，枝葉末節の問題に関する，多くの条件や議論は残っている．静学モデルの主な特徴を明らかにするためには，もっとも最近導入された要素から出発し，逆方向に作用させながら，それを再述することが望ましい．図13.1はそのモデルを図式で示しており，またそれをたどるための言葉による説明を補ってある．

　貨幣供給量と流動性選好とによる利子率の決定からはじめよう．貨幣供給量は外生的に決定される．しかしながら，M^Dは2つの変数Yとrの関数であり，したがって，われわれは所得水準を仮定するという措置を講じなければならない．たとえば，それは最後の期間の所得と同一であり，もしわれわれが均衡解を取り扱っているなら，それは賢明な仮定である．rはその後で決定される．

　長期期待もまた外生的である．資本財産業の生産可能性は，技術と賃金率によって与えられる（ここで，われわれは再びわれわれの説明に先行することになるが）から，資本の供給価格は，投資をもくろむ生産者によって推計可能である．それゆえ，投資の水準が決定される．

　消費関数は家計の選好によって決定される．それは，ほとんど同一のことであるが，雇用ないしは賃金単位で測った所得とともに変化する関数表である．この関数表と投資水準が，雇用水準の関数である総需要を示す．

　経済の技術は所与であり，過去から受け継がれた資本ストックK_0が存在する．下に書き添えた0は，あらかじめ決定される（歴史的に与えられる）

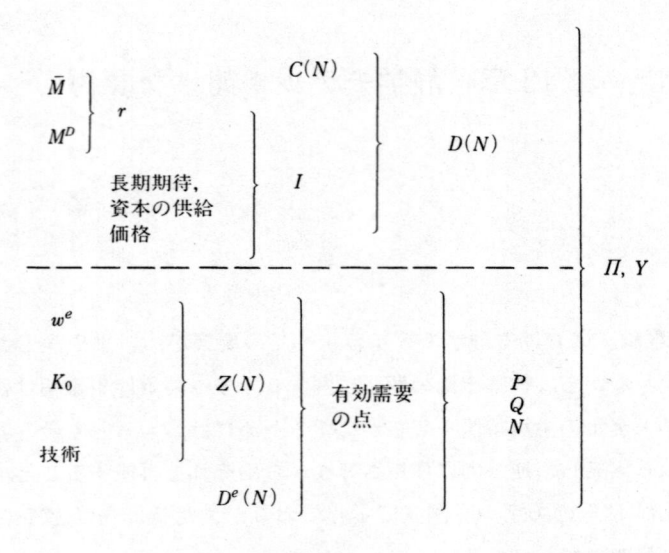

```
  M̄  ⎫              C(N) ⎫
     ⎬ r                  ⎥
  M^D ⎭              D(N) ⎥
      長期期待,    I       ⎥
      資本の供給            ⎥
      価格                 ⎬ Π, Y
─ ─ ─ ─ ─ ─ ─ ─ ─ ─ ─ ─ ─ ─
  w^e ⎫                    ⎥
      ⎥              P    ⎥
  K_0 ⎬ Z(N)   有効需要 Q ⎥
      ⎥        の点    N  ⎥
  技術 ⎭                    ⎥
              D^e(N)
```

図 13.1

変数を,バーによって示される(政府機関によって決定されるとか,たとえば貨幣当局によって決定される貨幣供給量のように,考慮されない要素によって決定される),外生的に決定される変数と区別するために使用されている.

雇用主が望むだけの労働者を獲得するために必要だと彼らが予想する賃金を w^e とする.もっとも単純には,この賃金も過去から受け継がれると仮定することである——それは,物価安定と大量失業の時代には妥当な仮定であるが,一般的にそうだというわけではない.

短期に限定するという方法にとって基本的な,資本ストックは受け継がれたものとするという仮定とちがって,賃金も受け継がれたものとするという仮定は変更されうるが,それには分析をきわめて複雑にしてしまうという犠牲を払うことになろう.

賃金,資本ストック,および技術が,産出物の価値を雇用水準に関係づける関数である総供給を決定する.雇用と産出量の間の関係を決定するのは,

技術と資本だけである．もしわれわれが使用者費用から除外するとすれば，主要費用の決定因である賃金が，ある任意の生産水準が利潤極大化となるために支払われなければならない価格を決定する．（もし望むなら，ここでいくつかの他の極大値を代用することもできよう．）

企業は，彼らが直面する需要水準の推定値をもっている．$D^e(N)$ は総需要関数であり，これらの推定値はそれと両立している．それは単一のレベルというよりむしろ雇用の関数である．なぜなら，集計値レベルでは，雇用量が需要を変えるであろうし，また生産者はこのことを知っているからである．生産者がもつ，彼ら自身の需要水準に関する推定値は，ときとして多かれ少なかれ彼らの特定産業にとって有利な，需要の構成要素の変更と同様に，経済活動の一般的で全体的な水準に関連して，導出されるものと仮定される．

$D^e(N)$ と $Z(N)$ の交点で有効需要の点が与えられ，そしてそれが産出量および雇用を決定する．生産者が付けようとしたり，あるいは受け取ることを期待する価格も決定される．われわれは，それとは逆に生産者が価格を設定し，それを固守するが，第1次的な定式化では，ストックの取り崩し，ないしは積み増し以外の手段による調整を考慮に入れるものと仮定することもできよう．

しかしながら，ケインズの第3章のモデルの文脈では，期間内での価格調整の問題は発生しない．なぜなら，そこでは総需要関数は正確に推定されると仮定されているからである．推定が正しかろうとそうでなかろうと，産出量および雇用はその期間中に決定される．なぜなら，それらはその期間内には変更することができないからである．

いまや図13.1の2つの部分は1つになる．つまり，産出物は販売のために生産され，そして提供される．需要期待は総需要に対比される．売上高と，したがって総所得が，現実の利潤水準とともに，決定される．

このようにモデルを提示するやり方は，その因果構造を強調することである．なぜなら，われわれは外生変数と先決変数から出発したからである．しかし，図式を逆転させる特徴が1つ存在する．所得を決定してから，われわ

れはいまや最初を振り返り,最後に得た所得水準が,利子率を決定するときに仮定した水準と同一であるかどうかを見てみる必要がある.もしそうであればその場合に限って,またさらにもし需要の推定値が正しいなら,われわれは均衡所得水準を決定したことになる.

われわれは外生変数あるいは先決変数（資本ストックを除いて）のさまざまな値を選択することによって,比較静学のゲームをし続けることができる.賃金の変化は非常に複雑である.最高のゲームは,貨幣供給量を変化するか長期期待,したがって投資を変化することである.われわれは前者についてはきわめて多くのことを行ってきたし,標準的なテキストでは,後者もきわめて一般的である.家計の消費－貯蓄選好関係が変化すると仮定することによって,消費性向についてもゲームをすることができる.ただし,これは政策とか投資家の期待の変化ほどは起こりそうにないであろうが.

ケインジアンはすべての攪乱は投資の変動性から不可避的に発生するものと信じているという,マネタリストたちがしばしば主張する事実からみて,形式的な観点から,われわれは独立支出か貨幣供給量のどちらか一方を等しく自由に変化できることを明示しておくだけの値打ちはある.どの変数をわれわれが選択するかは,何を考えることが重要かに依存している.ケインズの時代には,現在の基準からみれば貨幣供給量の変動はほとんど存在しなかった.いまやそれは事実に反する.貨幣の変化が外生的なものであるかぎり,貨幣の変化を分析するために,このモデルの使用を阻止するものは何もない.もちろん,人びとがもし貨幣供給量が完全に内生的に決定されると信ずるなら,M の変化が大きすぎて無視できない場合には,ケインズに代わるものを探し出さなければならない[1].

動学的過程

上で提示したモデルは静学的であり,無時間的であるが,それは単一の生産期間の範囲内でさえ,動学的過程を表わしている.なぜなら,労働は最初

に雇用され，そして売上高と利潤は，最後になってやっと決定されるにすぎないからである．この特徴が，ケインズのモデルと，雇用と利潤期待が満足されるまで実質賃金を「ひとくくり loop back」にし，そして変更する新古典派モデルとの間の決定的な相違を引き起こすのである．このようなやり方をしないことがケインズ・モデルの本質である．そのモデルは，狭い意味でだけ静学的なのである．つまり，そのモデルが要求する条件は，取引残高が別の直線的な因果連鎖の最後に決定される所得水準と両立し，かつまたその点で解は同時に存在することである．産出量と雇用に関するモデルではなく，利子率の形式的モデルにおいては，因果関係は一時的なものではなくて，同時的なものである[2]．

モデル化を行う過程では，各出来事は，それらの原因と結果とともに，一時的に順序付けられる．多くのことは，期間全体にわたって取り消すことのできない期首に発生する．たとえば，投資決定に関係する利子率は，日々新たに決定されうるが，重要なのは，生産者が必要とする資金を獲得する日に成立している利子率だけである．その観点からすれば，過去の所得（と，当該期間の所得は大幅に異なることはないであろうとの期待と）は，新たな期間の最初に取引目的から保有される金額を決定し，次いで投資に関連する利子率が決定されるのである．

雇用もまたその期間の最初に決定される．もし物価がその期間中に上昇し，労働者がそれを予想しなかったとしたら，労働条件に関する再契約は行われない．この事実は，たとえ実質賃金を積極的に推定する労働者（ないしは彼らの組合）でも，雇用者の方が実質賃金に対する支配力を労働者よりもっているという理由の一部を示している．期末には，総所得とその分配が決定される．（賃金総額の規模は期首に決定されるが，利潤はその所得に沿って期末にしか決定されない．）いまやわれわれは，総支出が所得水準と同様に分配にも依存しており，またもしわれわれが静学的条件の中で処理するとすれば，分配は総需要関数の位置と一致しなければならないことを知っているが，現実世界においては，これを前もって知ることはできない．もし総需要の位

置と所得分配とが一致していないなら，それは将来の期間における，両者の変更のうちにはっきりと現われるであろう．

需要の推定値についても同様である．つまり，産出量と雇用は，推定値が正しいか正しくないかにかかわらず，その推定値によって1期間に決定される．もしその推定値が正しくないなら，調整のためにさらに数期間が必要となる．たとえそれが1期間では正しいとしても，事態が確率的誤差を含む一般的傾向は，合理的な生産者が1期間の結果を，その産出政策の正しさの証拠とは見なさないものだということを示唆するであろう．したがって，静学的均衡は，単一期間によってモデル化されるとしても，その基礎をなす一連の期間を前提とすることになる．

多くの期間が存在し，そして投資はそのすべての期間で行われているが，この投資が生産可能性を変更することは許されないことがこの方法にとって決定的に重要なのである．なぜなら，その場合 Z はシフトしてしまうはずだからである．それゆえ，このモデルによって決定される均衡が同時に永続しないことは明らかである．その均衡は短期の分析装置に関して定義されるものであり，それ自体時間的長さによって定義されるものではない．

IS-LM

静学モデルは，ヒックスの有名な論文（Hicks, 1937）において，事前的な貯蓄と投資の均等と，貨幣の供給と需要の均等を表わす2つの曲線によって提示された．このモデルは，時として労働の供給と需要および生産関数を含むものに修正されるが，ケインジアンの経済学となってきたと言ってもそれほど誇張することにはならない．

近年，IS-LM に関して多くの批判が行われてきた[3]．私の現在の見解では，それは時としてそうであるほどミスリーディングなものとはかぎらない——たとえば，長期期待を含むことは完全に可能であり，期待が変化する場合には，IS 曲線を単にシフトさせるだけである——し，また私がかつて本

第13章 静学モデル：簡単な要約

質的に貸付資金的理由から考えた（Chick, 1973a）ほどミスリーディングなものでもないが，それは生産者の産出量決定に関するすべての重要な側面と，それらが基礎を置く短期期待とをいぜんとして見落している．

純粋な静学的観点からは，消費者によって購入されない部分（つまり貯蓄）が他の部門によって購入される部分（つまり投資）に均等するとき，産出量は均衡水準にあると言っても十分正当である．説明されていないのは，その産出量水準が，第1にかつて生産されたのはなぜかということである．

供給側を除外することによって，産出物価値と所得とが等しくなり，そして，たとえば物価が固定されているという，恣意的な仮定による場合を除いて，貨幣所得を産出量と物価とに分割することを決定することは不可能となる．

IS-LM は動学的，歴史的過程の静学的表現というよりはむしろ「純粋」静学であるから，賃金は過去から受け取られるものであり，それが変更することも可能だという事実は，はっきり見えなくなっている．固定賃金は固定物価ほど極端な仮定ではないが，もし非自発的失業の唯一の理由が賃金を動かすことができないことであると信じられているとすれば，その責任がすべてあまりにも安易に労働組合に押しつけられることになる．歴史の光に照らしてみると，ケインズの体系は明らかに，賃金が固定されていると仮定しているのではなくて，むしろ賃金はなぜ変動しそうもないのか，また物価とか需要水準について，企業と労働者の間で再契約が行われないものとすれば，なぜ失業は長期期待か政府の行動を何かが変化させるまで変動しない可能性があるのか，ということの理由を示している．

IS-LM がきわめて適切に把握していることは，貨幣的諸要因が利子率を決定する場合に，方法論の問題として，それらの諸要因をモデルの他の部分から分離することである．「ひとくくりにすること」によってわれわれが扱った取引需要を通じて生じた相互作用は，*IS-LM* においては厳格な同時性によって扱われる．したがって，それは，「ケインズ効果」として知られるようになったものを反映するのに理想的といえるほど適している．ここでケ

インズ効果とは，多かれ少なかれ取引残高を必要とする，活動水準の変化によって引き起こされる，利子率への効果である．

それを，おそらくもっとよく知られた，別の方法で表現すると，*IS-LM* は，投資であろうと公共事業であろうと，拡張的な独立支出が乗数を通してその効果を完全に発揮するためには，利子率を上昇させない方法で資金が調達されなければならないという，命題を簡単に立証してくれる．この点は次章および第 18 章で取り上げられる．

拡張されたモデル

IS-LM に生産関数と労働市場を付け加えたことが悲惨な結果を生んできた．というのは，ケインズにおいては，労働需要は総供給と予想需要に依存するとしたことが，労働「市場」と産出物「市場」の均等状態（Patinkin, 1965 におけるような），ないしは労働市場を因果関係でみて優先性をもつとさえみる方向へと（Warren Smith, 1956）変形されているからである．スミスのモデルはわれわれの目的に十分役立つであろう．それは，モディリアーニが彼のきわめて影響を与えた論文（Modigliani, 1944）において使用した——おそらく展開した——種類のモデルの凝縮した解釈である．

スミスの体系は次の 5 つの方程式からなる．

$$y = c(y, r) + i(y, r); \quad IS \text{ 曲線} \tag{13.1}$$

$$\frac{M}{P} = L(y, r); \quad LM \text{ 曲線} \tag{13.2}$$

$$y = f(N); \quad \text{生産関数} \tag{13.3}$$

$$\frac{w}{P} = f'(N); \quad \text{労働需要関数} \tag{13.4}$$

$$N = \phi\left(\frac{w}{P}\right); \quad \text{労働供給関数} \tag{13.5}$$

y は「実質所得」である．われわれの用語では，それは産出量の単位で測定された貨幣所得であり，それは，(13.1)式の右辺において，産出量単位での

$c(\cdot)$ と $i(\cdot)$ および支出に独立変数として入ってくる．方程式(13.3)における y は物的産出量である．

(13.2)式は，外生的な貨幣供給量 M と，実質所得と利子率 r の関数である実質残高需要 M/P との均等を要約している．ケインズの流動性選好関数のこの変形は，私がほかで（Chick, 1973b）提出した問題を提示している．簡単に言うと，その論点は次の通りである．つまり，それはケインズの定式化より改善であるともいえるし，そうでないともいえるが，それは別のものであるということである．それゆえ，変更擁護論が提起されるべきであるが，(13.2)式が広範囲に使用されたにもかかわらず（あるいは，おそらくそれだからこそ），それはなされてはこなかったのである．

スミスは，(13.4)式と(13.5)式から出発する．両式の交点が雇用と実質賃金とを決定する．われわれはこれらの両関数に共通に含まれる貨幣賃金を恣意的に固定する方を選択することもできる．その場合，雇用はそれらの関数のより少ない方との交点によって決定される．その場合，(13.3)式は産出量を決定し，そして IS-LM は物価と利子率を決定するために使用される．市場は，もし賃金が前もって固定されているなら，過剰決定となる．スミスは，IS-LM によって決定される物価水準が，労働市場によって決定されるものと同一であるとき，その場合の均衡を幸運な一致と定義する．

一層重大な誤りは，労働市場を（静学，つまりモデルの同時的な性質にもかかわらず），総供給と期待需要より因果的にみて優先性をもつものとして扱うことである．ケインズの因果関係と新古典派の同時性との間の本質的な相違はここにある．ケインズの理論においては，労働需要は産出量に対する期待需要から導出される．われわれは Z と D^e から労働市場までを対象としている．特定技術によって与えられる Z の集合（各々の賃金に1つの Z が対応する）が，（第5章の補遺で示されるように）労働の需要曲線を完全に決定する．雇用は生産者の売上期待に基づいて，生産者によって選択される需要曲線上の点で示される．これらの期待は，家計の財およびレジャーに対する選好と一致するかもしれないし，一致しないかもしれない．

ほぼ普遍的に抱かれている信念とは反対に,企業の計画と家計の計画との不一致は,ケインズにおける賃金の硬直性によって引き起こされるわけではない.むしろ,結果的に賃金の安定性が生まれるのは,生産者が必要とする労働を昨日の賃金で手に入れ,かつその結果生まれる産出量を売却することができるときである.また通念とは反対に,伸縮的な賃金と物価が,失業の問題を解決するわけではない.ケインズの第19章が示すところによれば,賃金は即時的にしかも多方面にわたる完全な知識とともに変化するのではなくて,時間を通じて,しかも不確実性の下で変化するとき,ZとDは両方ともシフトするが,その結果は漠然としたものである.

注

1) もし貨幣が外生的ではないとすれば,貨幣,利子および投資に関するケインズの理論の土台はしだいに崩されていくであろう.この事実は,奇妙なことに,結果として完全に練り上げられた代替理論を呈示するには至っていない.
2) Hicks (1979) を見られたい.
3) もっともよく知られかつもっとも広範囲に及んでいるのは Leijonhufvud (1968) である.*IS-LM* の弁護のために,Jackman (1974) を見られたい.

第IV部　運行中の体系

第14章 乗　　　数

　第II部と第III部は，完全雇用であるか過少雇用にあるかは別にして，総所得水準の決定に関する静学的分析を示したが，それは一般に行き渡っている期待および所与の供給条件と一義的に一致している．本章で，われわれはその所得水準が変化する——とくに上昇する——ための前提条件を導入する．

　われわれはこれまで，利潤極大化を追求する企業は，間違って行う場合を除けば，有効需要点を超えて生産することはないし，仮に超える場合でも長い間ではないことを見てきた．短期的には，賃金が変化しなければ Z の位置は所与であり，また賃金引き下げによる成果は，確率が低い場合と同様に疑わしいものである．産出量と雇用の拡大に対する最善の期待は，総需要が上昇することである．

　明らかに，消費需要は当てにすることができない．なぜなら，多くの消費は，われわれが獲得したいと思う所得の変化そのものによって引き起こされるからである．事実，問題はまさに所望の所得水準が高ければ高いほど，それと所得誘発的な消費水準との間のギャップはますます大きくなることである．より高い水準の下で生産することが有利となるように，そのギャップを埋めるために気をつけなければならないのは，独立的な支出要因である．消費の独立的要因は，その影響が比較的小さい要素か，あるいはゆっくりとしか変化しない主観的要素（たとえば「嗜好」）のいずれかと関係があると考えられる．したがって，われわれが目を向けるのは，投資の方か，それともそれが十分に刺激されえない場合には，政府支出の方である．いったん支出の独立的増加が起きたなら，誘発的消費——したがってストーリーはそのよ

うに展開していくようになるが——は当初の支出を増加させ，その結果，所得の累積的変化は，究極的にはその増加を引き起こした支出の乗数倍となる．

静学的乗数と動学的乗数

乗数は，おそらくケインジアンのマクロ経済学ともっとも密接に関連するたった1つの考え方であろう．テキストは，乗数体系の事例と練習問題——後に流動性選好関数によって修正された政府支出乗数，租税乗数，外国貿易乗数など，その後流動性選好関数とともに修正されたもの——で満ちている．だが，もっとも基礎的な記述段階では，乗数とはどういう意味か，そしてそれを理論化する方法を具体的に示すものは何かを説明するまったく異なる方法が2つある．

独立支出が変化する場合には，何が生ずるであろうかを記述するものとして，乗数にはある過程をもつという特徴がある．それは動学的である．代替的な方法は，乗数を，あるあらかじめ決定された新しい水準への所得の拡大か，あるいは任意の特定水準における，所得維持のための必要条件を叙述するものとみなすことである．

後者の解釈は，総所得水準は「所得」が「支出」に等しいときであるという叙述から出発する，簡単な比較静学的証明と一致している．すなわち，

$$Y = C+I \tag{14.1}$$

であり，また C に行動上の仮定を代入すると，

$$C = a+bY \tag{14.2}$$

となり，次式を得る．

$$Y = (I+a)/(1-b) \tag{14.3}$$

もし a がきわめて安定していれば，すなわち消費性向が適切なところに固定しているなら，(14.3)式は有効需要の原理が示す内容を正確に表現することになる．つまり，所与の所得水準が維持されうるためには，所得と消費の間のギャップは投資によって埋められなければならないということである．

第14章 乗　　数

（測定単位についてのあいまいさに注意されたい．これが「所得」と「支出」を括弧でくくってきた理由である．われわれは後でこの問題に立ち返るつもりである．）

　テキストでは，通常(14.3)式は増加分の形で表現される．すなわち，
$$\Delta Y = \Delta I/(1-b) \tag{14.4}$$
これは，一定の大きさの投資の増加はそれ以上の大きな所得変化を生み出すという，一層動学的な解釈を示している．

　新たに持続可能な（均衡）所得水準は，新たなより高い投資水準とちょうど等しいだけの貯蓄を引き起こし，その結果，その2つの経済量は事後と同様に事前的にも等しくなると言われる．第9章に照らして，投資水準は，新たな，より高い所得水準を生み出すことを正当化するために（ちょうど）十分な追加的需要をもたらすと言う方が一層適切であろう．その場合，(14.3)式は動学ではなく，2つの有効需要点の比較であることは明らかである．つまり，2つの所得水準の間の格差は，消費性向の傾きによって投資量の差に関連づけられている．それは純粋な比較静学である．

　しかしながら，原初の雇用乗数分析（Kahn, 1931）は動学的過程として提示された．支出-乗数の文脈では，無限の期間にわたって，たえず減少し続ける消費支出額は，独立支出水準の当初の変化が所得に与える影響によって誘発される．連続的な誘発的支出金額の（無限）級数の和に独立支出の1単位を加えると次のようになる．
$$1+b+b^2+b^3+\cdots+b^n = 1/(1-b) \tag{14.5}$$
乗数式は変わらないけれども，この解釈は，「もしこれ以上外生的変化が起きなければ，投資の増加はどのくらいの新たな所得を生み出すであろうか」という問題と関連している．

　証明に関する2つの手続きは論理的に等価であるが[1]，この論理的特性と代数的類似性のために，一定とみなされる変数がシフトする可能性すらある，概念上の相違がおおい隠されてはならない．つまり，比較静学分析は，新たな所得水準を維持するために，どの程度の投資が必要なのかを問うべきであ

る．過程分析が問うのは，投資の一定の変化に対し，どの程度の所得変化をわれわれは得るのかということである．

ケインズは，これら2つの解釈を区別しておらず，それぞれを支持するような文節がある．次のように，2ページにわたるスペースの中に，これらの叙述がある．すなわち，

> 乗数は，公衆にこの必要な余分の貯蓄をさせるのに十分な実質所得の増加をもたらすためには，どれだけ雇用が増加しなければならないかを示すものであって……（$G.T.$, p. 117〔邦訳，116ページ〕，強調点は追加）
>
> k を投資乗数 investment multiplier と呼ぶことにしよう．それは，総投資が増加した場合，所得は投資の増分の k 倍の大きさだけ増加するということを示している．
>
> （$G.T.$, p. 115〔邦訳，114ページ〕，強調点は追加）

最初の文節は静学的解釈を支持しており，2番目の文節は過程分析を支持している[2]．本章の補遺には，その区別を例証するために，さらに多くの引用文を提示してある．

もしそれが有効需要の原理に何も付け加えないなら，ケインズがなぜ乗数概念を用いたのかまったく不明確になる．事実，われわれはこれら2つの考え方の展開を同じこと，すなわち，累積的拡大ないしは収縮は収束することを論証すること，への2つのアプローチと見ることもできるであろう．カーンは「所得の循環的流れからのもれ」を考察することによって，その問題に接近したが，ケインズは総供給から総需要を無理やり分け，そして限界消費性向が1より小さいという，彼の根本的な心理法則を広めることによって，問題に接近した．

「所得」の意味

経済現象を観察する場合のミクロおよびマクロ経済学的方法についてすでに語られてきたことに照らしてみると，そのアプローチの相違は，後で論証されるように，重要でないことはない．さしあたり，読者には第6章を想起

してもらいたい．そこでは，賃金単位で測った消費 C_w の傾きは1より小さく，また Z_w の傾きは1であった．(14.1)式から(14.4)式までの方程式が貨幣タームで測った総需要と総供給に妥当しないことは明らかである．なぜなら，Z の傾きは1ではなくて，雇用および産出量とともに増加するからであり，また貨幣タームで測った消費関数は安定していないために，定数 a は所与とみなすことはできないし，またいかなる確実さをもってその傾きを推測することもできないからである．

「所得」と「支出」は，慣例的な乗数では，きわめてあいまいな意味をもっている．消費は「実質」であると想定されているが，それはほかのものがすべて貨幣錯覚を含むであろうからである．しかし，乗数の背後にあるストーリーは支出と関係があり，そしてそれは貨幣的なものであるにちがいない．「所得」は，ミクロ経済学的マネー・フローか，それとも産出物の売上げ（現実あるいは期待の？）価値のいずれであるかははっきりしないが，それはマクロ経済学的意味での所得である．

期待売上高と現実の売上高の均等に代わって，貯蓄－投資の均等を代用することが，あいまいさを生む1つの原因である．なぜなら，それは供給サイドがまったく省略されることを事実上認めているからである．つまり「実質タームで測った所得」は単純に貨幣所得を物価水準で除したものにすぎない．われわれはこのようにして，個別実質所得と総実質産出量との間に，不運ではあるが，気楽に入り込むことができる．慣例的な乗数分析の場合のように，価格水準が固定されており，しかも実質タームで測った所得は常に上昇している（かあるいは下落している）と仮定されるなら，この方法の方がはるかに簡単に行われる．

ケインジアンの分析における固定価格の仮定は，物価に対する景気拡大の帰結に向けられた，『一般理論』でのスペースの多さからみると，きわめて奇妙である．つまり，価格の上昇は，再三再四くり返し述べてきたように，短期における景気拡大の不可避的な帰結である．おそらくそれには次の3つの根源がある．すなわち，(i)ケインズが，賃金単位で測った供給曲線を使

用したこと．それは Z_w が原点から出発するという保証は何もないが，その勾配が1であり，それゆえ45°線を生み出したとみられる．(ii)収穫不変への確信が増大したことであり，それが貨幣タームでさえ Z に勾配1を与え，そして Z_w の原初の意味を人びとに忘れさせることになる．そして最後に，(iii)賃金単位で測ったケインズの消費関数（それは雇用乗数を示す）を「実質」（産出量）タームで測った消費関数に転換したことである．国民所得勘定における産出量と物価でデフレートされた支出の（概念上の）同一性は，控え目に言えば，多くの問題を回避するやり方で，また大げさに言えば，違法なやり方で，最終的に乗数の支出による説明を産出量に結びつけることになる．

（「ケインジアン・クロス」による図式に関するコメントを，ここで挿入しておく必要がある．もし45°線は Y に照らして Y をプロットする直線にすぎないと単純に解釈される場合には，それに反対してまったく何も言うことはできないし[3]，またわれわれはそれをやがて使用することになろう．しかし，このような直線に対比して総支出関数をプロットすると，次の点を問うことだけは許されることに注意されたい．すなわち，所得はそれがどのようなものでもありうるが，それに対する需要は十分であろうか，過大であろうか，それともちょうどぴったりであろうか．価値タームにせよ量タームにせよ，いずれにしても産出量は完全に恣意的である．総供給はなんらの役割も果たさない．）

乗数が実質産出量の変化を叙述するためには，産出量は支出と足並をそろえて増加しなければならない．すなわち，企業はその期間内には投資需要と，恒常価格のもとでの消費財の販売高のあらゆる増加との両方を満たすために生産するよう反応する必要がある．これは，費用を一定と仮定するだけではなくて，並はずれた洞察をも仮定することになる．

事実，ケインズは，彼の議論の重要な要素として消費財生産者の側の洞察を仮定しており，われわれは後ほどケインズの取扱いに戻ることにしよう．いまやテキストの乗数をそれ自身の用語で考えてみよう．それは死に馬にム

チ打つためではなくて——すぐ上で述べてきたことからみればそう思われるかもしれないが——，内部構造を明らかにする上で有益な過程を分析するためである．

慣例的な乗数：2つの動学的解釈

静学的概念と動学的概念は，過程分析が妥当すると想定される状況についての，まったく異なった2つの解釈を提供することによって調和させられてきた．1つの解釈では，第1期に投資の増加が生じ，その後この高められた水準は維持されず，そして投資は以前の水準に後退する．「所得の変化」は，I の独立的変化とその帰結とが発生しなかったなら，所得が達成されていたはずの水準を超える，期間毎の新たな所得水準の差を累計したものをあらわしている．これを動学的乗数 DM_1 と呼ぶことにしよう．

別の解釈（DM_2）では，引き上げられた I の水準は無限に維持され，新たな Y の水準が，極限で，恒久的に確定されることになる．これらは同じ数学によって示されるまったく異なる説明方法であるが，テキストをよく読むと，それらの共存は何ら大きな不便を引き起こさないようにみえることがわかる．

(14.1)式と(14.2)式を表わす図14.1では，I_0 から I_1 への投資の増加は，第1期には所得を Y_1 へとその投資増加分だけ増加させる．それに続く各期には，支出が $C+I_0$ 上の点に後退し，それからその関数に沿って左方へ後退するにつれて，Y_0 が徐々に回復する様子が描かれている．各期間は下付きの添字で示されている．Y_0 は最初の位置を示す．図14.2に描かれた，連続的な新投資は総需要曲線を上方へシフトさせ，新たに持続可能な所得水準 Y_n を決定する．

この2つのモデルは，消費行動については同じ仮定を，しかし投資については根本的に異なる仮定を取り入れている．DM_1 では，期待あるいは利子率のどのような変化が第1期の投資を刺激したにせよ，その投資は企業の資

図 14.1

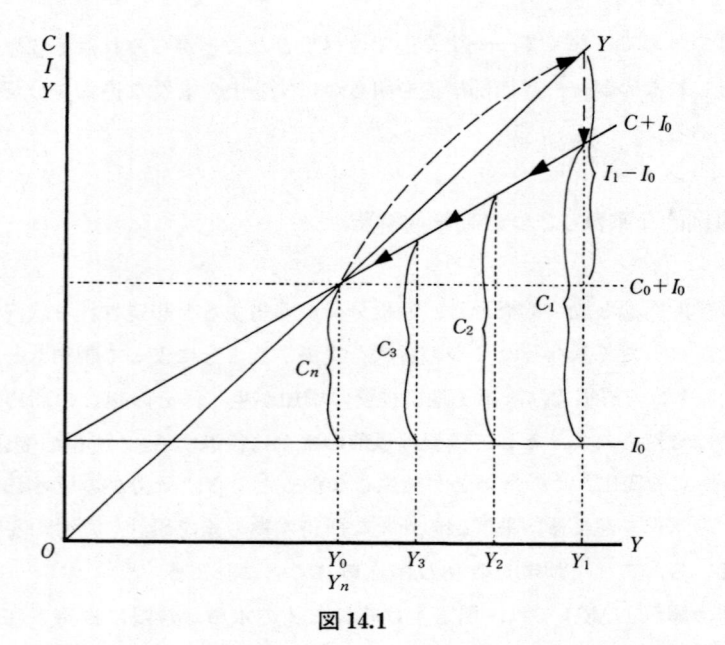

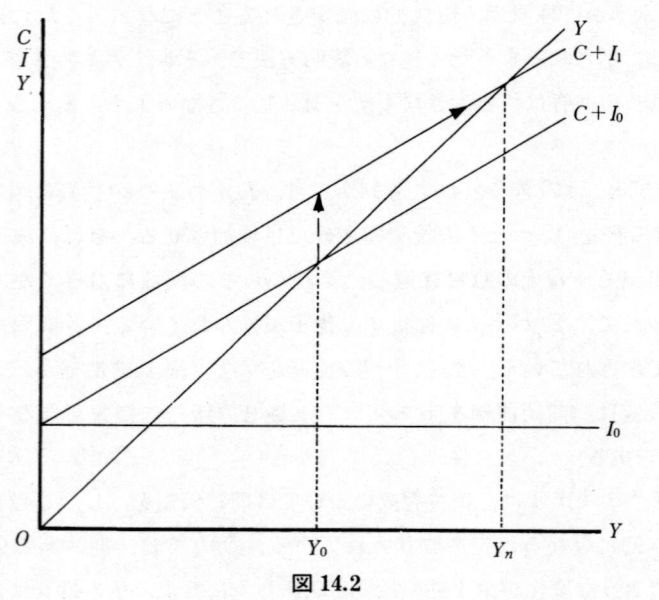

図 14.2

本ストックを最適水準に回復すると仮定されているのに対して，DM_2 は，連続的な蓄積を促す，たえず上昇傾向をもつ期待によって特徴づけられる．だがしかし，この2つのモデルは，揃ってテキストに示されており，そこには明白な不一致感，つまり何か説明すべきことが残っているという感じはない．

われわれは後ほど投資行動の問題に戻ることにしよう．

金　　融

2つのモデルはきわめて独特な金融上の含意をもっている．しばらくの間，第9章と第12章で重大な疑問が投げかけられた問題を容認することにする――その問題とは，貯蓄と金融を同一視すること，つまり DM_1 で一度かぎりの投資は，累積的貯蓄が投資に等しくなるまで十分無限に長期にわたって発生するが，一方 DM_2 では，すべてそれ以前の期間の投資をまかなったのは何かという問題を解決することなく，1期間において経常的に生み出される貯蓄額が，1期間の投資水準に等しくなるとき，その体系は停止することになると想定されている，ということである．確かに，これらの含意は何らかの懐疑主義を生みだしたであろう．

このような矛盾を含む所得が，独立投資または政府支出がともかくも自己金融しているという，確固たる印象をどのようにして与えることができたのかを知ることは困難である．その命題には，おそらく誤解させるにまさに十分な真理が存在するのであろう．

乗数の金融的側面に悩まされたことのある論者はほとんどいない．そのことを研究していけば，第 III 部でなされた多くの論点が例証されることになろう．ロバートソン（Robertson, 1940）がそれに悩まされたが，彼のモデルは貸付資金的アプローチを解明しているいい例である．それは厳密な期間分析であり，個人の決意に特有の行動を基礎としている．したがって，消費は最終期間の所得からまかなわれ，そして，貯蓄は残余かあるいは消費との共同決定のいずれであってもかまわない．b は最終期間の所得の限界消費性向

表 14.1

1 期間	2 投資 (以前の水準)	3 「可処分所得」すなわち，先行期間に受け取られた所得	4 そのうち，貯蓄される分	5 それゆえ新たに創造された貨幣 (2−4)	6 経常期間の所得
0	1	—	—	1	1
1	1	1	$1-b$	b	$1+b$
2	1	$1+b$	$1-b^2$	b^2	$1+b+b^2$
3	1	$1+b+b^2$	$1-b^3$	b^3	$1+b+b^2+b^3$
⋮					
n	1	$1/(1-b)$	1	0	$1/(1-b)$
$\sum_0^n$				$1/(1-b)$	

を表わすものとしよう．おそらく定常状態での更新投資に加えて，単位価値をもつ投資量が存在しており，それは期間ゼロに始まり，毎期くり返される．そこで，われわれは表14.1のような数列が与えられるが，それは1単位の投資という仮定を除けば，ロバートソン (1940) から直接得たものである．

この表から明らかなことは，ロバートソンが貸付資金的な方法で，貯蓄を投資金融のための貸付と同一視していることである．貯蓄と投資の間のいかなるギャップも，新しい貨幣によって資金調達されなければならない．その結果は，新たな投資の連続的な流れが所得の増加に等しい貨幣ストックの増加をあとに残すことになる．もはや新たな貨幣を創造する必要がなくなるとき，その過程は停止する．各期間の新たな貨幣の創造は，その期間内では意図せざる貯蓄となる．縦の列4と5の合計は事前的貯蓄であり，それは投資に等しい．

その過程は銀行貸付から始まる．（企業は，政府に紙幣を発行させて，それを支出させることはできない．新たな貨幣は銀行貨幣でなければならないのである．）ロバートソンが遊休残高を保有する余地をまったく残していないとすれば，この資金源を抜きにして乗数過程が開始することはありえないことがわかる．それに続く貯蓄（＝貸付）がその場合，さらに行われる新たな投資を一部分まかない，残りは銀行が引き継ぐ．期間 n においてのみ

第14章 乗　数

（またその後もし投資が $n+1, n+2, \cdots, n+k$ において1に維持されるなら），貯蓄（すなわち債券の購入）は，これらの期間に企てられた投資に影響を与えるために必要な資金を期間毎に提供するであろう．

　貯蓄，すなわち最終期間の所得（つまり，家計へのキャッシュ・フロー）から繰り延べられた貨幣が，遠く離れている債券市場を通じて資金を供給する．その継起は，利子率に何の影響も与えることなく進行する．（もし利子率が変わるとしたら，それは，投資計画が影響を受けないのはなぜかを説明する困難を増大させることになろう．）ロバートソンのモデルは，暗黙のうちに遊休貨幣を保有する，いかなる動機も除外しているが，それは資金は投資家が債券市場から需要するのと同じ利率で供給されることを示唆している．貯蓄者は，（経常生産物の価値という意味で）所得が増加しているために，一定の利子率でさらに巨額の資金を貸し続ける．銀行の貸付供給関数は完全に弾力的である．

　所得の成長は，各期間における新たな貨幣と釣り合っている．したがって，ロバートソンのいう貯蓄者はその新たな貨幣の一部を貸付け，それが所得を生みだすとき，残りを消費をまかなうために使う．（ここに，ケインズは，消費の領域で循環する貨幣を無視し，それを（個人）所得の局面として当然とみなしているように思われるという，先に指摘した点の1つの事例がえられる．）

　もし消費をまかなうために使用される貨幣が，消費者と，売却した財への支払いを受け取った企業との双方によって，銀行預金として保有されるとすれば，銀行はその準備金を維持し，したがって彼らの貸付能力を貯蓄からではなく，この源泉から得ることになる．消費および所得支払いの，循環時における貨幣残高の回転は結局銀行の手に帰するのに対して，一方ロバートソン的な貯蓄はすべて銀行組織から引き出されて，直接信用市場につぎこまれることになる．もし賃金および他の費用を支払った後，売上高からの残余（すなわち，粗利潤）がプラスであるなら，銀行の貸付残高の一部分はその源泉から償却されうる．貸付金の返済は消費によって可能となる．貯蓄（つ

まり直接貸付）は，追加的支出のための新規の資金を供給しうるにすぎない．

ロバートソンのモデルでは，銀行流動性の「回転資金」は完全に支出によって補給されるのに対して，ケインズのモデルでは——貯蓄かそれとも取引残高として——どのような理由にせよ，保有される貨幣は，それが銀行に戻るとき，回転資金を再び満たすことになる．これまで述べてきたように，ロバートソンは遊休貨幣残高を考慮していない．

熟練したケインジアンなら，貨幣のようなストックの変数と——所得，貯蓄および投資といった——フローの変数との「混同」の中に，ロバートソンのモデルがぎしぎしと軋っているのを見出すであろう．もちろん，次のような2つのやっかいな貸付資金の問題を，ケインジアンの体系に導入することから面倒な問題が発生する．つまり，それは投資がどのように融資され，そして「貯蓄」はどこに行くのか，という問題である．これらの問題には，資産ストックの動きが含まれている．かくして，われわれは時間とがっちり絡み合った概念である，流通速度の概念に巻き込まれることになるのである．

ロバートソンは，単純な工夫をこらすことで，技術的なストック-フローの問題を回避している．その例は所得期間に基づいて構成されており，所得は貨幣の形で受け取られる．したがって，流通速度は1で一定に保たれている．

総所得，すなわち生産物の価値は，原則として貨幣の流通比率が変動しうるかぎり，いかなる貨幣量とも両立している．貨幣の流通速度の変動は，原則として平均生産期間（あるいは暦時間の恣意的な長さ，たとえば会計期間でさえ）に関連をもつ平均所得期間の変動によって達成されるであろうが，これらの他の期間はロバートソンでは現われてこない．

もしストックが別に保持されていれば，あたかも所得，投資および貯蓄を純粋に「フロー」であるかのように述べることで問題を回避することができる．時間が連続的であるか，あるいは中断されるかは，会計上の目的からにすぎない．ラーナーは，ずっと以前（Lerner, 1938）に全体的な分離を宣言した．すなわち，乗数はフローとしか関係はなく，貨幣的分析はストックと

第14章 乗数

表 14.2

t	I	ΔM^s	Y	ΔM_T^D	ΔM_s^D	消費	貯蓄
0	1	1	1	k	$1-k$	b	$1-b$
1	0	0	b	kb	$1-kb$	b^2	$b(1-b)$
2	0	0	b^2	kb^2	$1-kb^2$	b^3	$b^2(1-b)$
3	0	0	b^3	kb^3	$1-kb^3$	b^4	$b^3(1-b)$
⋮	⋮	⋮	⋮	⋮	⋮	⋮	⋮
n	0	0	0	0	1	0	0

だけ関係があるというわけである．それは安易な解決法であった．流通速度と乗数分析を「結合」しようと試みる諸論文は失敗してきた[4]．しかし，それが失敗しているのは，ラーナーならそうしたはずだが，問題を考え違いしているからではない．それが失敗しているのは，流通速度一定以外に便利な仮定の単純化が行われておらず，そのことが投機的貨幣保有を除外し，かつまた平均取引残高の変化の取扱いを困難にさえしているからなのである．

テキストの取扱いでは，頻繁にではないが，ケインズによって促進された分割線にそって貨幣を乗数と統合しようとすら試みている．表14.2は，貨幣で融資された，1単位の新投資を1回だけ注入した結果を示している．（以前と同様，IとYは，以前のある均衡を超える水準を意味するものとみなされる．）この暗黙の仮定は明らかである．つまり，期間1から期間nまでの間に所得を生みだす消費は，現行所得に基づいていることである．取引残高は次の(10.1)式によって所得に関連づけられる．すなわち，

$$M_T^D = kY$$

残りはすべて投機的需要である．

最初の注入とその後生じる消費とはいずれも貨幣供給量の最初の増加によってまかなわれる．流通速度はしだいに低下する（が，ロバートソンの例では，それは一定である）．新たに創造された，すべての貨幣が遊休状態で保有されるとき，その過程は停止する．

最後の2つの列は，ケインジアンの消費概念と貯蓄概念がこの図表の中に統合することは容易でないことを示している．事前的貯蓄は，出発点では決

して投資と等しくはない．そこでわれわれが貯蓄はどこへ「行く」のかとたずねるとき（それは貸付資金タイプの質問であるが），重大な問題が生まれてくる．貯蓄に含まれるべき部分は活動貨幣ならびに遊休貨幣の保有合計を下回っているが，それはこの合計が新たな所得に等しいからであると結論づけることができる．貨幣が債券として保有される余地はない．集計値では，人びとは供給される貨幣量を保有するはずである[5]．しかしながら，貯蓄は，もし $k=b$ なら，遊休残高に等しいにすぎない．ケインジアンなら k と b が次元的に等値でないことに異議をはさむであろう．つまり，ケインジアンは k をストックに，そして b をフローに関係するものとみなすのである．それは完全というわけではないが，ほぼ正しい．第10章で論証したように，k は（ミクロの）所得期間に関連があるのに対して，一方 b は（マクロの）生産期間に関連があり，それらは同じものではない．

この論点を第9章で提起した，ミクロ－マクロの問題と結びつけるために，金融に関するこの図式の含意を考察しよう．

2つの意味で貯蓄が投資資金になると理解してもかまわないであろうが，どちらの意味でも，この図式の中ではそうはならない．第1の意味は，貯蓄が投資支出を支えるために最初の資金を提供するという意味である．この意味では，貯蓄が投資資金となりえないことは期間分析で明らかである．なぜなら，貨幣はあらかじめ必要とされる（金融的動機）のであって，最後にではないからである．

第2の意味では，貯蓄は明らかに第1の意味での資金源である銀行貸付への返済に使用されうるであろう．しかし，これには2つの異議がある．1つは，ロバートソン・モデルの文脈の中で提起されたもので，企業は銀行借入れを売上高から返済するにすぎず，貯蓄からではないということである．もう1つは，たとえもし企業が貯蓄を手に入れることができたとしても，貯蓄が十分になるのは最後になってからにすぎないことである．モデルが示すように，貸付は返済されていない．（銀行は，どの程度頻繁にこれらの事態に資金を供給する用意があるのだろうか，といぶかる人もいるであろう．）

第14章 乗　数　　　　　　　　　　　　　　　　　371

　企業は，債券を発行することによって貯蓄を獲得できる．投資に続いて行われる債券発行を含むように，説明内容を修正することにしよう．利子率を一定に保つためには，需要に等しい債券の供給を選択する方が（ちょっと不合理だけれども）好都合であろう．その場合，ストーリー全体が異なる様相を呈する．銀行貸付で最初の資金が与えられ，そして過度の金利費用を支払わなくても長期の借入れを可能にするだけの十分な貯蓄が獲得できるにつれて，次第にその投資の「資金は供給される」．（このシナリオを，最初に全額を借入れた場合と比較してみよう．そこでは利子率効果はかなりのものだったであろう．）

　その過程の最後には，投資資金は完全に供給されている．私がケインズの晩年の2つの論文[6]を読んだところからみると，「資金が供給される」というのは，これとの関係で彼が「資金が調達される」ということを意味したものと同じであり，そこで，われわれは，最初に購買力に対する支配という，より一般的な意味では資金を供給できないまでも，誘発された貯蓄が資金の供給源であると主張されることの意味は理解できると確信している．

投　資　行　動

　テキストの2つの動学的乗数がもつ，対照的な投資行動を再び考えてみることにしよう．というのは，それらはケインズ自身の扱い方への適切な架け橋を提供するからである．DM_1においては，誘発された消費の一部は意外なものとなり，かつまたそれは，より一層の投資を刺激するものと期待しうるという事実にもかかわらず，最初の期間以後，投資はその初期の水準に戻ることを想起しよう．DM_2では，所得がたえず逓減的な率で上昇してくるという事実にもかかわらず，投資は一定率で維持されている．いずれの場合にも，投資は発生している事態に反応していない．その経路は，消費あるいは所得の動きと独立に設定されている．

　DM_1のケースでは，誘発された消費が投資家の期待を十分満たすものであることはまさにありうることである——それはむしろ十二分ともいえるも

のであり，その結果投資家は投資が利益を生むまで無限に待つ必要はない！しかし，誘発された消費が投資の正当性を証明してくれるであろうという保証はなにもないし，もし保証してくれたとすれば，投資は成功したのだから，それはなぜくり返されないのかということになろう．

しかしながら，DM_2 の場合には，投資計画が達成されていくにつれて，消費が自動的に増加するのでなければ，結局投資は失望に終わる運命にある．なぜなら，投資支出の結果は所得の落込みと消費額の減少とを引き起こすであろうからである．

一見したところ，DM_1 は可能ではあるが，立証されない勝利者であり，また DM_2 はある敗者である．しかしそのことは，たとえその他の欠陥はどうあれ，乗数分析で把握される，ケインズの所得の1側面を見落すことになる．すなわち，それは長期および短期の期待から独立であるという側面である．（この点において，第2章でのクレーゲルの論文で行われた議論をもう一度参照されたい．）投資は，それを誘発する期待とそれを正当化する資本回収期間とが，まさに投資支出の行われている期間外のものであるがゆえに，それが行われている間に進行しつつある変化にもかかわらず，現状のままなのである．

この独立性は，とりわけ継続的な投資に対しても，正当であることが，最後から1つ前のパラグラフからもわかる．

長期期待の変化

もし長期期待の独立性が有用であることを証明するものがさらに要求されるなら，長期期待が最近の経験に依存するというモデルを考察する必要がある．そのモデルは洗練されてはいないが，有効であろう．

ある生産者が t 時点で投資計画を目論んでいるとしよう．彼は望ましい資本ストック K^* がその企業の現存ストック K_t より大であるべきかどうかを決定しようとしているとする．新しい資本は遅滞なく産出量を生み出すために備え付けられうる——かそれとも古い資本はスクラップ化される——もの

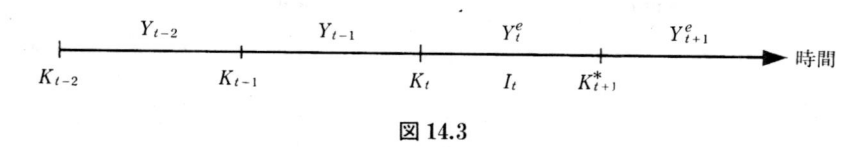

```
|————————+——————————+——————————+——————————+—————————→ 時間
           Y_{t-2}     Y_{t-1}     Y^e_t       Y^e_{t+1}
K_{t-2}   K_{t-1}     K_t    I_t   K^*_{t+1}
```

図 14.3

と仮定しよう．その場合 K^*_{t+1} は，その水準が継続すると期待されるとき，その設備の取付け，すなわち Y^e_{t+1} の直後の期間の期待需要に依存している．

同じ時間を表わす添字をもつ各期間の開始時の時点をはっきりと定めよう．期間を一定方向に保つのに役立つ図式が，図 14.3 で与えられている．

われわれが想定する生産者は，経済学者の専門用語上の意味で経験を欠いていると仮定しよう．つまり，彼は明日は今日とまったく同じである——あるいはむしろ彼が知っているものと同じである——と信じているものとする．t 時点で，彼が知っているのは Y_{t-1} である．したがって，われわれは一般原理を次のように想定する．すなわち，

$$Y^e_t = Y_{t-2}$$

彼は，t 期にははっきりしてくる所得水準もわかっていないが，彼は Y_{t-2} に基づいて $t-1$ 期における所得水準を予測しており，そしてその予測を基にして，固定資本 - 産出高比率 v を基礎として K を K_t の量に調整する．

t 期中の投資が K^*_{t+1} と K_t の間の差であるとすると，われわれは次式をうる．

$$I_t = K^*_{t-1} - K_t = v(Y^e_{t+1} - Y^e_t) = v(Y_{t-1} - Y_{t-2}) \tag{14.6}$$

これは単純な加速度である！（これは粗投資を決定し，スクラップ化ないし更新の決意は，拡大とか収縮の決意とともに不可欠のものであることに注意されたい．）

この単純な形式での加速度メカニズムの仮定は，不合理といっていいほど硬直的である．この硬直性を修正することを意図した文献は相当数に上るが，すべてわれわれが明確にしようとしている要点，すなわち加速度が 1 つの期待仮説として理解されうるという要点からはかなりずれている[7]．このこと

は，もし投資が最近観察された事実に応じて変化するとすれば，何が起きる可能性があるかを，あとは苦もなくわれわれが論証することを可能にしてくれる．乗数と加速度の相互作用が，新しい均衡への単調なアプローチと同様に循環ないしは「爆発」をも生み出しうることは周知のところである．

しかしながら，加速度モデルはいぜんとして長期期待と短期期待の間の形式的分離をそのままにしている．つまり，Y^e_{t+1} が「長期」であるのは，それが生産期間外だからである．能力いっぱいまで K_t を使用すべきかどうかを決定するという目的からは，t 期において推定される Y^e_t は短期である．$t-1$ 期に推定されるものは，もちろん長期である．

長期期待が，最近の過去について知覚された誤りに調整されるときに何が起こるかは，言うまでもなく，ハロッドの「動態理論の一試論」(1939年) の主題である．その主題は「成長」であるけれども，「自然率」はちょうどゼロであってもよいし，またその場合に示されるのは，実際には Z にそった，より高い雇用水準への動きである．投資は純粋に需要現象である，というハロッドの仮定は本質的に短期である．かくして，ハロッドの有名な「ナイフ・エッジ」の定理は，投資行動に影響を及ぼすものとして短期期待の誤謬が認められるとき，有効需要の一方の水準から他方の水準への変動は危険なことであって，おそらく成功しないであろうということを示している[8]．

これら2つの例が，テキストの乗数に関する一見奇妙にみえる仮定を，きっと多少なりともより有利なものにしてくれることであろう．

『一般理論』における乗数

一般に行われている説明とケインズの説明とを対比してみよう．慣例的な乗数は支出とだけ関連づけられているけれども，ケインズの分析は投資財産出量の増加から始まっている．第10章の第6節まで，彼は追加的に次のように仮定している．すなわち，総投資の変化は，

　十分に前もって予想され，そのため消費財産業は資本財産業と同一歩調

第14章 乗　　数

で拡大することができ，消費財の価格には，収穫逓減の状態のもとで生産量の増加にともなって生ずる変動以上に大きな変動は起こらない．

（*G.T.*, p. 122〔邦訳，121 ページ〕）

かくして，支出と生産量とは，（『一般理論』）第3章の次のような工夫によって関連づけられている．すなわち，需要予想は実現されるという仮定がそれである．同じ章の第4節において，彼は予見の仮定を放棄している．そこでは，消費財産業は資本財産業における拡張に遅れをもって反応するにすぎない．

「同一歩調で拡大する」という言葉は，変化の過程，つまり投資と消費の両方の着実な増加を示している．このような過程は，明らかに DM_1 でも DM_2 でもいずれでも把握されない．このモデルが提起する問題は，有効需要の1つの均衡点から別の均衡点への移行である．もっとも厳密な解釈は，Y_0 から Y_1 への拡張期間中（図14.4）に，供給が集計量の場合と同様構成内容においても，連続的に需要と釣り合っているということである．投資財産業は投資水準 I_n に向かって次第に「拡大」し，そして消費も同様に C_0 から C_n へと増加するが，その間ずっと，需要によって支配されるペースを正確に維持しており，その結果，2つの産業の費用構造が異なる場合に限って，相対価格を攪乱させるにすぎない．（供給条件は 45°線図には描かれていないので，相対価格の経路は決定されない．）図14.4 では，拡大は $C+I_n$ にそって進み，その位置は C と I の下付き添字で示されるように，異なる期間を示している．これは，ハロッドの問題と関連するケースであるが，ケインズは，このような成長経路が実現可能となる条件については腐心していない．

その後，ケインズは連続的な投資のケースを分析している．それは，「社会が新しい不変の総投資水準に落ち着いた場合」（*G.T.*, p. 123〔邦訳，122 ページ〕）の乗数である．投資が I_n に落ち着いていると仮定しよう．このような点は連続的な投資を意味しており，また明らかに投資は永久に進行することはありえないが，ある意味で DM_2 は，乗数がその論理的な結論に訴え

図 14.4

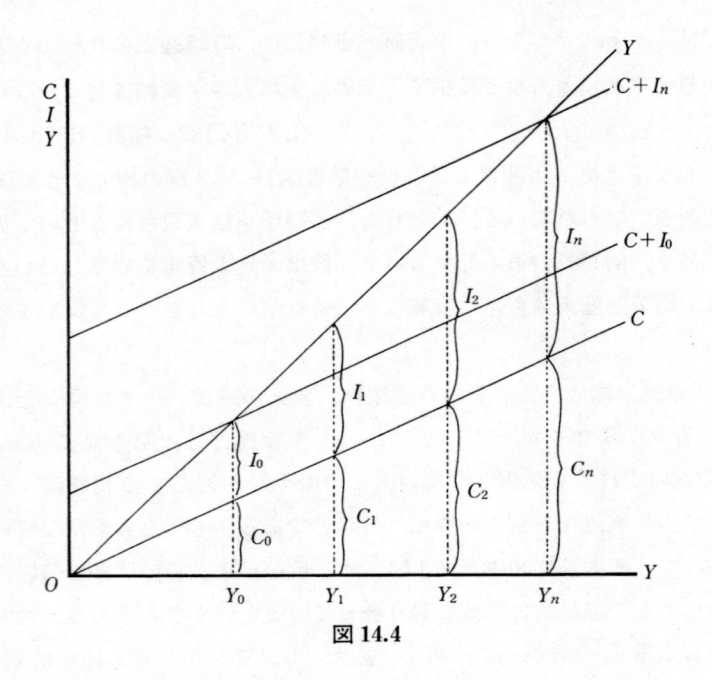

る場合に意味するように,適用可能である.

「連続的な投資」は,おそらく次のような見地に立つともっともよく理解されうるであろう.供給価格を引き下げるために,徐々に引き渡してもらう(か生産してもらう)ように資本財への注文を出すことが,企業の資本をある,より高い水準に引き上げようと意図する企業にとっては有利な戦略であろう.(第6章を想起されたい.)その場合,以前よりも高い水準の下での新投資の流れは,1組だけの投資決意を実行することであると理解することができる.これらの事業計画が完成するとき,状況は変化する.

その場合,もし誘発された消費需要の最終レベルは予知されていなくて,むしろ期間毎の消費者支出の各増加が予知されていれば,すべてが賃金単位で明示される限り,われわれは DM_2 を正当化する仮定をもつことになる.もし DM_2 が,通常の場合と同様に実質タームで解釈されるとするなら,そのときにはわれわれは費用一定を仮定しなければならない.

第14章 乗　　数　　377

　消費財産業による予測の，完全な欠如という極端なケースは，ケインズの(第10章) 第4節の仮定によって分析される．消費需要はもちろん（テキストの説明で記述されるやり方で）増大し，そして，たとえ一時的に超過需要が在庫によって満たされうるとしても，一部は市場の需給を均衡させるために，そして一部は在庫を置換するために増加した生産物の費用をカバーするために，結局物価は上昇するであろう．ケインズの分析（pp. 123-4〔邦訳，121-2ページ〕）は，現実需要と期待需要の間の不一致を扱う（本書の）第4章の分析と，価格変化が消費に与える再分配効果に関する（本書の）第6章の所見との組合せである．すなわち，

　　　この均衡は，一部分は高い物価が消費の繰延べをもたらすことによって，一部分は物価上昇の結果生ずる利潤増加の効果として貯蓄階級に有利な所得の再分配が行われることによって，そして一部分は物価上昇が在庫の枯渇を引き起こすことによって達成される．

$$(G.T., \text{pp. 123-4〔邦訳，122ページ〕})$$

　もちろん，消費の繰延べは，現実の事後的な限界消費性向をそのより長期の値から乖離させることになるであろう．物価の変化は消費関数の位置をも変化させるであろう．実際に結局われわれが Y_n に到達するのかどうか，たずねてみるのも合理的といえよう．

注
1) Patinkin and Leith (1977) における Samuelson, p. 83.
2) 「あらゆる瞬間に時の遅れなしに継続的に妥当する乗数の論理的な理論」（$G.T.$, p. 122〔邦訳，121ページ〕）という第3の解釈もある．これは Y と I の間の必然的な事後的関係を示しており，そこでは，限界消費性向は消費と所得の現実の各変化の間の関係を示している．もし所得が思いがけず変化するか，それとも消費は知覚されたか予想されさえした所得の変化に調整するのに時間がかかるなら，この「限界消費性向」は，消費者の一層熟慮した行動を示す関数の傾きとは何ら必然的な関係はないことになる．事後的な「限界消費性向」は「真の」限界消費性向より平坦であることが予想されるであろうが（第6章

を見られたい），言えることはそれだけである．「論理的な理論」とはまったく理論ではなく，必然的な事後的関係の記述にすぎない．それが不均衡状態に妥当するのに対して，乗数の方は均衡状態にしか妥当しない．
3) 標準的なテキストの取扱いが混乱していることを説明するものとして，Lipsey (1972) を見られたい．
4) たとえば，Lutz (1955)，Tsiang (1956)，Archibald (1956) は「無効」を宣言している．また第11章の注6およびそれに関連する本文を見られたい．
5) 読者は，乗数過程を通じて利子率に関する，この含意を解明すべきである．
6) 〔Keynes〕(1937) と (1939)．
7) コディントン (Coddington, 1979) が，この点をあまり明確にしていないとしてむしろヒックスを非難して，この主張の正しいことを示したことを私に指摘してくれたのは，デヴィッド・レイドラー David Laidler である．おそらくそれはヒックスにとってはあまりにも明白であるために指摘するに値しなかったであろうが，加速度に関する多くの説明をみると，それは明らかなどとはいえないことを示している．
8) クレーゲル (Kregel, 1980) は，ハロッドとケインズの方法はいずれも矛盾しており，しかも私が今行った推論はハロッドの方法に背くものであると主張している．私は思想史的な観点からはクレーゲルの主張に納得するとしても，私はハロッドのモデルはケインズのモデルとケインズの方法とについて何か価値があるものを私に教えてくれるものだと感じている．

第14章への補遺　ケインズの乗数に関する2つの見解

　以下のページの引用文はすべて『一般理論』からのものである．傍点は私が追加したものである．

I. 均衡条件としての乗数

　……一定の雇用量を正当化するためには，雇用がその水準にあるときに，全産出量のうち社会が消費しようとする量を超える部分を吸収するのに十分な量の当期の投資が存在しなければならない．なぜなら，もしこの量の投資が存在しないならば，企業者の受取額は，彼らに一定の雇用量を提供させるのに必要な大きさよりも少なくなるからである．したがって，社会の消費性向 propensity to consume と呼ばれるものが与えられているなら，雇用の均衡水準——すなわち，全体としての使用者にとって雇用を増加したり減少したりする誘因のもはや存在しない水準——は当期の投資量に依存するということになる．(p. 27〔邦訳，28ページ〕)

　……消費性向と新投資量とが与えられるならば，均衡と両立する雇用水準はただ一つだけ存在するであろう．(p. 28〔邦訳，29ページ〕)

　完全雇用と結びつく有効需要は，消費性向と投資誘因とが相互に特殊な関係に立つ場合にのみ実現する特殊な場合である．……この特殊な関係は……それが存在するのは，偶然や作為によって，当期の投資が，完全雇用から生ずる産出物の総供給価格のうち，完全雇用のときに社会が消費に支出しようとする額を超える部分にちょうど等しい需要量を提供する場合に限られている．(p. 28〔邦訳，29ページ〕)

……貧しい社会はその産出量のきわめて大きな割合を消費する傾向にあり，したがって完全雇用の状態を実現するにはごくわずかな程度の投資で十分であるが，他方，豊かな社会は，その社会の豊かな人々の貯蓄性向がその社会の貧しい人々の雇用と両立するためには，いっそう豊富な投資機会を発見しなければならないからである．(p. 31〔邦訳，31ページ〕)

乗数は，公衆にこの必要な余分の貯蓄をさせるのに十分な実質所得の増加をもたらすためには，どれだけ雇用が増加しなければならないかを示す……(p. 117〔邦訳，116ページ〕)

一定の消費の増分が一定の貯蓄の増分をともなうという関係は，限界消費性向によって与えられる．投資増分とそれに対応する総所得増分——両者はともに賃金単位によって測られる——との間の比率はこのようにして決定されるが，その比率は投資乗数によって与えられる．(p. 248〔邦訳，246ページ〕)

II. 動学的過程としての乗数

k を投資乗数 investment multiplier と呼ぶことにしよう．それは，総投資が増加した場合，所得は投資の増分の k 倍の大きさだけ増分するということを示している．(p. 115〔邦訳，114ページ〕)

しかし，国民所得の比較的小さな割合の投資量の変動が，どのようにして総雇用および総所得に対してそれ自身よりもはるかに大きな規模の変動を生み出すことができるかについては，その説明を乗数の一般原理に求めなければならない．(p. 122〔邦訳，120-1ページ〕)

……変動の発端となる資本財産業の産出量の増加が完全には予想されていなかった場合を考慮に入れなければならない．明らかに，この種の始

第14章 乗　　数

発的動因はある期間にわたって初めて雇用に対して完全な効果を及ぼすのである．(p.122〔邦訳，121ページ〕)

……限界消費性向が大きければ大きいほど，乗数はますます大きくなり，したがって投資の一定の変化に対応する雇用の攪乱もますます大きくなる．(p.125〔邦訳，123ページ〕)

……投資乗数．これは，与えられた投資の増加が全体としての有効需要をどれだけ増加させるかを示している．(p.298〔邦訳，298ページ〕)

これはどこに適合するのであろうか．

この大きさ［限界消費性向］はきわめて重要である．なぜなら，それは産出量の次の増分が消費と投資との間にどのように分割されなければならないかを示しているからである．(p.115〔邦訳，114ページ〕)

第15章　物価と産出量

　いまや，需要の拡大はいかにして現われるのかを問う時である．すなわち，産出量の変化としてか，物価の上昇としてか，それともその2つの混合物としてなのか，である．ケインズを解釈しているのだと主張する論者たちによって——彼らはケインズではなく，新古典派的ケインズ主義に言及していることは，しばしば明らかなのだが，この問題についての驚くべき量の無意味なことが書かれてきた．ケインジアンの経済学においては，完全雇用に達するまで物価は需要の拡大によって影響を受けず，またその後は物価だけが影響を受けると仮定されている．ボトルネックを考慮に入れた場合，この命題は修正される．流布している通念では，ケインズは「物価によってマーシャル的調整を無効とし」，その代わりに数量調整を提案したことになっている．このことを学んだ読者は誰でも，単にそれだけではないことを認識すべきである．

　固定価格を正当化するために，さまざまな方法が見出されてきた．費用一定を支持するための経験的証拠が例として挙げられ，時としてそれはさらに利潤極大化行動の理論によって裏打ちされてきた．あるいは，新たな物価情報を印刷したり，流布するといった価格調整のための費用も引き合いに出される．あるいは物価が上昇すると再び低下させることは困難な，「市場の機能を損なう」場合を異時的に考察することも重要であるとみなされる．これらの諸点は（とくに，もしそれらが真実である場合は）簡単に片づけるべきではない．しかしながら，ケインズが想定しなかった仮定を正当化するために，それらを使用する必要もなければ，広範囲にわたるさまざまな信念とか

第15章　物価と産出量

明らかにされる事実を取り入れるために，ケインズ理論をわれわれが修正することを阻止するものもない．ケインズの仮定を取り上げてみると，彼が提示する体系は双務的な交渉を除けば，費用および価格形成政策に関するほとんどあらゆる経験に基づく仮定と調和するだけの，十分な幅の広さをもつことがわかるであろう．認められないのは固定価格の仮定である——なぜなら，それ以上言うべきことはないし，現代のようなインフレーションの時期には，『一般理論』を研究すべき理由もないからである．

われわれが以前に述べたように，ケインズは企業が利潤極大化を目ざしており，かつ小規模であると仮定した．彼の価格および産出量決定の理論はマーシャルから乖離するどころかマーシャリアンの線に厳密に従っている．主たるまぎらわしさは，賃金が所与ではなく，また内生的に決定されるものでもないことである．それは，歴史的事実から独立に，雇用水準に一義的に関係づけられてはいない．賃金単位をデフレーターとして使用することは，理論上，賃金は流動的変数であるという事実を大いに隠してしまうことになる．その水準は歴史的に決定される．しかしながら，最適な価格と数量は，費用と需要によって決定される．それゆえ，価格水準が決定されるためには，賃金は既知でなければならない．ケインズが使用した静学理論の道具(ツール)は，歴史を除外しているために，価格水準を決定するという課題には適切ではない（また，どんな単純な動学体系もその理論が価格水準をも決定する諸要素を十分に取り込んでいるかといえば疑わしい）．それゆえ，ケインズは，処理しやすい問題，すなわち需要の変化はどのようにして価格および産出量の変化に示されるであろうかという問題，を問うのである．この問題は出発点を無視しており，それゆえ，諸変数の水準を決定するものではない．

ケインズは，その問題に答えるために，次のような3つの「弾力性」の間の関係を導出している．すなわち，総需要の変化に対する，価格，産出量および賃金の反応がそれである．その結果生じる問題は，分析のための枠組だけであり，それには状況にしたがって変化しうる経験的仮定が与えられる．

e_p の 決 定

ここでいくつかの定義が必要であろう．読者は，『一般理論』で使用されている記号に合わせるために記号が変更されていることに気づくであろう．いまや Q の代わりに O が産出量を表わしている．また次のような弾力性に関する諸定義を記憶しておくようにも示唆されている．

$e_p = \dfrac{dp}{dD} \cdot \dfrac{D}{P} = \dfrac{d \log P}{d \log D}$ ：（期待）貨幣需要に対する価格の反応

$e_o = d \log O / d \log D_w$ ：賃金単位で測った（期待）需要に対する産出量の反応

$e'_o = d \log O_w / d \log D$ ：（期待）貨幣需要に対する産出量の反応

$e_w = d \log w / d \log D$ ：（期待）貨幣需要に対する賃金の反応

$P =$ 貨幣タームでの産出物の価格

$P_w =$ 賃金単位で測った産出物の価格

$D =$ 貨幣タームでの予想需要

$D_w =$ 賃金単位での予想需要

$O =$ 産出量

$w =$ 貨幣賃金率

定義[1]によって，

$D_w = P_w O$ および $P = P_w w$

であり，そこから次式を得る．

$$P = D_w w / O \tag{15.1}$$

次に対数をとり，$\log D$ に関して微分すると次式を得る．

$$\dfrac{d \log P}{d \log D} = \dfrac{d \log D_w}{d \log D} - \dfrac{d \log O}{d \log D} + \dfrac{d \log w}{d \log D} \tag{15.2}$$

いまや

$$\dfrac{d \log O}{d \log D} \cdot \dfrac{d \log D}{d \log D_w} = e_o$$

であるので，(15.2)式は次のように書ける．

$$e_p = (d \log D_w/d \log D)(1-e_o) + e_w \tag{15.3}$$

上の定義[2]から

$$D_w = D/w$$

であり，この対数をとって，$\log D$ に関して微分すると，次式を得る．

$$d \log D_w/d \log D = 1 - e_w \tag{15.4}$$

(15.3)式に(15.4)式を代入すると次式を得る．

$$e_p = (1-e_w)(1-e_o) + e_w$$
$$= 1 - e_o(1-e_w) \tag{15.5}$$

(15.5)式について，最初に一言注意しておこう．『一般理論』第21章「物価の理論」をみると，305ページ〔邦訳，305ページ〕に次の方程式が出てくる．

$$e_p = 1 - e_o e_e (1-e_w) \tag{15.6}$$

そして第20章の285ページ〔邦訳，285ページ〕には(15.5)式がある．それらは $e_e \equiv 1$ でなければ，もちろん両方とも正しくはありえない．それは正しい場合もありうるが，その場合には，$e_e \equiv 1$ のはずである[3]．

ケインズは後にその方程式を「不満足なもの」と呼んだ（C.W., XIV）．『一般理論』の新版（1973年）において，読者にやんわりとそれについて警告しているけれども（p.385），それは結局鋭い知覚をもった人や良心的な人を迷わせることになる．

やや自信を取り戻したと思うので，(15.5)式とそれが何を意味するかという問題に立ち戻ることにしよう．はじめに弾力性自体について議論しよう．これはわれわれが通常考えているようなやり方での弾力性ではない．なぜなら，それは，他の事情を一定とした単一の関数にそって必ずしも測られているわけではなく，すでにシフトしており，かつまた1つ以上の関数関係を含む場合すらありうる，関数上にない点かある点のどちらかを含みうるからである．

e_w を考察しよう．これは総需要および総供給の各図表（図4.1）によって

賃金が反応する場合である．賃金は，$e_w=0$ を意味する，ある特定の Z 関数に対して固定されている．しかし，e_w をゼロのところに固定する必要はない．もし賃金が最終生産物に対する需要の増加に反応して変化しうるなら，Z_{FE} の左側にある総供給曲線の全体の集合が活動するようになるであろう．もしそれが失業状態から出発するなら，拡張は所与の Z 曲線にしたがうだけである——か，あるいは，依然として（それが Z_{FE} にしたがう場合には）拡張の前後で完全雇用状態にとどまる．

それゆえ，総供給・総需要分析は，拡張が所与の Z にそっている限定された場合を除けば，拡張時における価格と数量の相対的重要性を決定するという課題には適切なものではない．(15.5)式は出発点を提供する[4]．第 1 に注意すべきことは，需要のいかなる増加も，価格あるいは産出量の変化のいずれかに吸収されねばならないということであり，かくして，もしわれわれが需要の測定のために一貫した単位を使用するとすれば，

$$e_p + e_o' = 1 \tag{15.7}$$

となる．それゆえ，e_p の大きささえ決定するだけで，「実質的」な拡張の含意を推論するには十分である．

それは(15.7)式に出てくる e_o' であって，(15.5)式を導出するために使用された e_o ではないことに注意されたい．まさに，e_p から e_o を推論することはできないがゆえに，われわれはそれらを結合させる要因，すなわち賃金の動きを導入することができるのである．

e_p と e_o はそれぞれ Z と Z_w にそった動きの性質と関係があり，その動きは（期待された）D と D_w の増大によって引き起こされる．もし収穫逓減が除外されるなら（そうすることを望まない人もいるであろうが），e_p は非負に制約される．

産出量の弾力性 e_o は，本質的に物理的ないしは技術的なものである．その単位は定義されているように，1 を超えることはできない．いかに多くの需要の増加が期待されようとも，またいかに生産の拡大が利益を生むものであろうとも，産出量の増加を妨害するものがあるときは，それはゼロである．

この場合，2つの障害がありうる．すなわち，機械・設備の完全利用，または追加的労働の絶対的な利用不可能性，がそれである[5]．もし労働者の価格期待が静学的であるなら，労働制約は，労働供給曲線が後方に湾曲する点に対応している．つまり，それが絶対的な完全雇用の点である．賃金の引き上げは，労働力不足を緩和するのに何ら役立たないであろう．したがって，e_0の値をゼロにする，この原因はe_wから独立である．

完全資本生産能力というのは，資本側がその用役の撤収を選択しない場合には，一層当てにならない概念である（私はその労働についてほぼ述べた）．可変的要素をさらに追加しても，それ以上の産出量を実現できない点がありうるが，この純粋に技術的ないしは物理的な概念を選択することは不必要に限定的である．完全生産能力は，あいにくこれらの弾力性には明示されていない使用者費用をも考慮に入れる必要がある．資本は完全に使いつくされ，同じ生産能力は維持されない可能性がある（労働者をこき使うことができるようには）が，そうすればその寿命は短縮される．かくして，完全生産能力とは，追加産出量の売上げから期待される利潤が，当該期間において期待された変化が生じた後に，需要が新しい水準の下で無限に継続するであろうという仮定に基づいて，限界使用者費用と正確に釣り合う点ということになる．この点は，この資本に付与される労働の限界生産力がゼロに低下するか絶対的完全雇用に到達する以前に，到達されうる．

貨幣需要の増加に対する産出量の反応e'_0は完全に技術的なものというわけではない．需要の弾力性もその図式に入ってくる．それゆえ，e'_0がマイナスになることもありうる．たとえば，需要の増加に対する独占者の適切な反応が，価格を引き上げ，産出量を低下させる場合もある．集計値レベルでは，たとえ大企業経済の場合でも，おそらく賃金が上昇しない場合には，このような反応は起こりそうもない．

需要の増加が賃金の上昇に吸収される度合は，e_wによって与えられる．$e_w=0$というのは，「労働供給曲線の背後にある」拡張を示している．$e_w=1$の場合，賃金が需要の全増加を吸収してしまい，利潤を拡張の報酬として残

さないケースである．もし $e_w=1$ なら，その場合にはたとえ上記の意味で設備が不完全利用の状態にあるとしても，拡張するには値しないであろう．拡張による全生産物が主要費用の高騰によって帳消しにされてしまうのである．したがって，たとえ物理的には可能であっても，もし $e_w=1$ であるなら，すべての潜在的利潤は費用の増加によって吸収されてしまうので，企業者は拡張によって何も得られないことになる．

e_w は生産関数と労働供給曲線をともに含む複雑な概念である．労働供給曲線の背後にある点も含まれている．もしわれわれが，

$$e_s = \frac{d \log w}{d \log N}$$

とし，そして

$$e_N = \frac{d \log N}{d \log O}$$

であり，また，e'_o は以前のように定義されるものとすれば，その場合，

$$e_w = e_s \cdot e_N \cdot e'_o \tag{15.8}$$

となる．これらの弾力性を右から左へと読み取っていただきたい．さしあたり，e'_o は現実的ないしは最適な反応としてではなくて，純粋仮説的に解釈し，「もしわれわれが，われわれの予想する売上高の増加と足並をそろえて産出量を拡大するとするなら，その帰結はどうなるであろうか」という問題を提起するために，e'_o を1に設定しておこう．その帰結は，求人の必然的な増加（e_N）と労働を得るために必要な賃金（e_s）に関する，例の決定の含意によって与えられる．

e_N は短期生産関数の逆関数にそった尺度である．その大きさは収穫逓減の程度によって示される．収穫不変なら，e_N は1であり（産出量は雇用の比例的増加に応じて上昇する），また収穫逓減の場合には，完全資本生産能力の下で，それが無限大に達するまで上昇し，そこでは，いかなる追加的労働量も産出量を増加させることはできない．

e_s は労働供給曲線の弾力性の大きさを測定すると思われるかもしれない

が，それよりずっと弾力的な概念である．その値は，当初の賃金ないしはそれを上回るところで労働供給フロンティアの背後から，その線上の点までで測定されうるか，あるいはもしわれわれが完全雇用から出発していたら，労働供給曲線自身に沿って測定されうる．初めに失業が存在し，そして最後になってせいぜい完全雇用が達成されるにすぎない場合には，e_s はゼロである．右上がりの供給曲線に沿った部分では，e_s は正である．追加的労働がまったく入手不可能な場合だけ，それは無限大となる（いずれにせよ，その場合には $e_o=0$ である）．

したがって，一般的に $e_s \cdot e_N$ において e_w を1に限定するものは何もない．しかしながら，もし $e_w > 1$ なら，産出量は需要の増加に反応して下落する他はないであろうし，物価はそれに比例する以上に上昇するであろう．ところで，労働供給曲線がコスト・プッシュ・インフレーションの下でシフトする場合，e_w は1をかなり超過するであろう．われわれは後にそのケースに戻ることにしよう．しかしながら，需要の増加に対する反応として，合理的な安全性をもつ上限と考えられうるのは1である．

したがって，主要な弾力性の限界として，きわめてありそうなのは0と1であるということがわかるのである．この限界は，ケインズが当然とみなしたものであった．両極端を考察することで，どのような結果が得られるかを見てみることは興味あることである．

極端なケース

(15.5)式から，もし需要の増加が完全にインフレーションで無駄になるなら（$e_p=1$），その場合 $e_o=0$ か $e_w=1$ のいずれかになることがわかる．もしその結果がもっぱら実質産出量の増大になるとすれば（$e_p=0$），$e_o=1$ と $e_w=0$ の条件はともに満たされるにちがいない．

これら2つの極端なケースは，しばしば「古典派」のケースと「ケインジアン」のケースと呼ばれる．それらは両方ともきわめて特殊であることがわかる．とりわけ明らかなことは，（労働の）完全雇用まで固定価格を仮定す

る「ケインジアンの経済学」と完全雇用産出高の固定的水準のもとでの「古典派的」行動とを同一視することは，現行賃金のもとでの労働供給を完全に雇用する，同じ産出量水準のもとで資本の生産能力に到達するか（それは同時存在にすぎないであろうが），あるいは（「屈折点」という意味で）現行賃金のもとで絶対的な完全雇用に到達するか，いずれか一方に起因する——そしてこれが達成可能であると想定すべき理由は何もない——短期費用の明確な非連続性を仮定することである．

　新古典派的ケインズ主義における物価安定を弁護する，きわめて多くの都合のいい仮定が想定されてきたことは驚くにあたらない．一般的なケースにおいて，需要の増加が価格と産出量の両方に影響を与え，しかも各々の影響がどの程度であるかという問題に知的な回答をするために，機械的な連立方程式モデル以上のものを必要とすることは全く明白である．また短期の仮定と相対的に固定的な貨幣供給量の仮定を放棄する以前になすべきことといえば，これがすべてのである！

中間領域

　この枠組の利点は，まさにフリードマンがそれを嫌悪するところのものである（注4を見られたい）．価格と産出量の変化に関する説明を完成するためには，経験的な知識が必要である．それに関連する弾力性は理論上の長期と短期の間におけるように両方とも異なっており，また循環を通じて，そしてさまざまな歴史的出来事(エピソード)においても異なっていることは明らかである．e_w は景気後退期にはきわめて低くなり，ブーム期には上昇すると予想される．ただし，一般的に収穫が必要労働量を過大にするに十分なほど逓減するまでは依然として1より小であるが，労働供給が完全に非弾力的になってしまうことはなさそうに思われる．

　資本の使用者費用を考慮に入れる場合には，循環的変動も e_o にはっきりとあらわれる．不況状態においては，遊休機械の使用者費用は事実上ゼロである．多かれ少なかれ，需要の恒久的な改善への期待が拡張への見込みを高

第15章　物価と産出量

めるが，それがまた使用者費用をその図式の中に持ち込み始める．しかしながら，高い稼働率とその率を継続することへの期待の下では，使用者費用は，ブーム状態におけるその水準に比較して，いぜんとしてきわめて低い．なぜなら，もし産出量が増加していれば，設備が酷使されればされるほど，必要な維持費がより急速に増加するだけでなく，その後の期間におけるその価値と更新費用も高くなることが予想される場合には，設備の寿命を長びかせることが一層望ましくなるからである．これらの要素はすべて景気後退期にくらべてブーム期における使用者費用の水準を高め，その結果，労働費用からは独立に，ブーム期における物価上昇と景気後退期における物価安定とに寄与することになろう．それに加えて，原材料の期待価格の動きも，同様にして景気後退期よりもブーム期において使用者費用に一層貢献するように作用する．

費用は一定ではないかもしれないが，賃金と原材料価格の相対的一定性と，使用者費用の動きのために，おそらくブーム期よりも不況期の方が一層一定性に近づき，その結果，それは（労働ないしは資本の）完全生産能力とかボトルネック（それはまさに部分的な産業集団における完全生産能力にすぎない）のいずれも生じさせる必要のない，ブーム期とくらべて不況期にはわずかにしか価格は上昇しないという一般的な仮定に従うことになろう．ボトルネックは，もちろん発生し，そして完全生産能力に到達する以前に，需要が増加すべき付加的な理由を生み出すであろう．しかし，上記の分析は，通常の説明を特徴づけている「完全雇用」には依存していない．その枠組はまた，上記の準拠枠において無視されるか承認されていない，コスト・プッシュ要因の可能性にも門戸を開いている．

その議論はまた，上昇の期待の重要性をも明確にしている．つまり，それは，次期の需要（あるいは今後数期間の需要）が分析の出発点であるだけでなくて，明日上昇すると期待される資本財および原材料の価格が，今日の価格に繰り上げられていることも，使用者費用が示していることである．

インフレーション，真正と偽り

　ケインズは，短期の状況下では物価が必ず上昇することを，いかなる拡張にも当然付随する現象とみなした．しかしながら，収穫逓減をカバーするために必要な物価上昇は，インフレーションと見なされるべきではないとした．産出量のいかなる拡大も伴わない物価上昇が存在するときにのみ，われわれは「真正インフレーション」(G.T., p. 303〔邦訳，302ページ〕) の点に到達したことになる．この言葉の狙いは，赤字支出が見通されると，それが「インフレーション的」帰結を生むがゆえに，政府部門には大きな警鐘が鳴らされるはずだということであった．「真正インフレーション」を $e_p=1$ という極端なものと定義することによって，ケインズは「インフレーション的」という言葉に括弧を付けるという細工を施し，「インフレーション的という意味を単に物価の上昇と解」(G.T., p. 304〔邦訳，303ページ〕) するほど単純な考えをもつ人々を彼は軽蔑した．このことが，費用一定の仮定（彼にとっては受け入れがたいものであるが）のもとでのみ，雇用の増加は物価の何らかの上昇なくして達成可能であることを指摘する余地を彼に与えたのである．

労働供給曲線のシフト

　しかしながら，未利用資源がある場合には，需要の増加に対する物価の反応は避けがたいが，おそらくそれはわずかであろうということと，そのことがまったく起きないであろうと主張することとは別のことである．物価は完全雇用以下では一定であって，（物的）完全生産能力の下でのみ上昇するとみる都合のいい仮定は，多くの害悪の原因を成す．なぜなら，それは遊休生産能力が存在するかぎり，政府は非難を受けることなく支出できるということを示唆しているからである．ある意味で，ケインズの政治的トリックはあまりにもうまく作用しすぎた．これまで分析の基礎がおかれてきた仮定は，

ケインズによって明示されたにもかかわらず，見落されてきた．それは労働供給曲線の安定性に関する仮定である．

ケインズは次のような解説を加えた．すなわち，

> 現実世界の目的にとっては，貨幣数量説が産出量の変化の関数である物価の変化と，賃金単位の変化の関数であるそれとを区別していないということは，その理論における大きな欠陥である．
>
> ($G.T.$, p. 209〔邦訳，206ページ〕)

事実，またそれは「ケインジアン」の理論の欠点でもある．ケインズはその相違を認識していたが，ほとんどそれを人に納得させようとはしなかった．なぜなら，彼は第1の源泉を推敲したにすぎなかったからである．第7章で指摘したように，ケインズの労働供給関数は従順な労働力を前提としており，もし物価が上昇したら，不意を打たれたのだというわけである．今日の労働者はこれとは異なっている．完全雇用に対する政府の関与に関する長い経験と最近のきわめて高率のインフレーションの経験とのために，労働組合はインフレ期待を明示的に考慮するようになった．

労働者が物価は上昇すると予想する場合，労働供給曲線は左側にシフトする．もし労働者が組織されていなければ，進んで供給される最大労働時間の左側へのシフトは妥当性をもたないであろう．なぜなら，最大労働時間だけがそれによって決定されることになるからである．もし需要が依然として最大可能領域の左側にとどまるなら，第7章で議論した賃金上昇に対する障害が妥当し，そして e_w はゼロとなる．しかしながら，賃金が組合交渉によって設定される場合，組合は通常，失業労働者が存在するにもかかわらず，その雇用されている組合員のために，予想物価上昇に対する補償を獲得しようとするであろう．もしそれに成功すれば，$e_w>0$ となろう（e_w は異なる曲線上の2点間で測定される）．またもし企業が彼らの立場を維持するものとすれば，物価上昇は不可避となる．同様にして，もし組合が組織されていないケースで，最大労働時間が実現することになれば，必ず賃金は上昇し，そしてそれについでおそらく物価上昇が生じる可能性はきわめて高いであろう．

しかしながら，企業が賃金の上昇を容認できるのは，次のような場合だけである．すなわち，(i)もし企業が超過利潤をえており，しかも賃金の上昇を認めることによって利潤を減少させる方が，ストライキよりもましだと信ずる場合，あるいは，(ii)もし企業が需要の増加を期待し，それが物価上昇の進行することを認める場合，がそれである．戦後のイギリス経済史において，われわれはケース(ii)についてはほんのわずかしか経験してこなかったが，ケース(i)については，若干経験してきた．

ケース(i)の本質は，期待は結局労働者によって保持されるのであるから，賃金は需要増加の期待に反応して上昇することである．もし同様の期待が企業によって保持されるなら（期待が同一であるか，それとも当事者のいずれもが正しいという保証は何もないが），ケース(ii)となる．

民間需要の外生的変化を別にすれば，もし企業が賃金の引き上げを認めるなら，企業が予想しうる需要の源泉には2つある．第1は第6章で議論されたのと同じ再分配的根拠に基づいているが，いまや正の方向で，賃金の上昇自体から消費への押し上げが生じる．第19章でケインズを集中的に考えさせた需要に及ぼす間接的効果は，もっと問題がある．間接的効果に頼ることは賢明ではないであろう．

もしこれらの「靴ひも」効果 'bootstrap' effect が企業の依拠しうるすべてであるとしたなら，賃金の上昇はまったくのリスクとなろう．賃金の一部は消費者ローンの利用を通じて前もって支出されうるであろうけれども，賃金は，それが需要に大いに影響を与える可能性をもちはじめる前に支払われなければならない．しかしながら，さらに適切なことといえば，各企業は，その企業の労働者の所得が増加する結果，その企業自身の生産物に対する需要が増加すると期待することはできないし，また企業は他の企業が賃金を同時に引き上げることを当てにすることはあえてせず，したがって需要を維持するために必要な総所得を提供するという事実である．

需要に対する政府の支持が雇用を守ってくれるだろうとの見通しは，ビバリッジ Beveridge[6]とサッチャー夫人 Mrs. Thatcher の間で，どちらの方が根

拠薄弱だというものでもなかった．最近まで，失業を生み出す原因が需要側にあったにせよ，それとも費用側にあったにせよ，これは少なくともある程度手近に用意されてきた．（失業は，主な原因はなんであろうと，常に需要不足の問題とみなしうる．）もし「需要管理」によって費用の増加を政府が補償してくれると期待することができるならば，企業は賃金の引き上げに抵抗する理由は弱まる．もし政府がきちんと補償してくれるなら，$e_w=1$，$e_o=0$，および $e_p=1$ である．（各々限定された範囲の生産物を生産する企業が沢山存在し，その需要はその費用が増加した企業の手許には届かないかもしれないという事実のために，問題は依然として残るのである．需要管理はいずれにしても，その需要が主として海外から生まれる企業に対しては有効に働かない．）

困った問題は，しばらくすると賃金要求に対する政府の「承認」が企業だけでなくて，労働者によっても予想されはじめ，それに応じて，彼らが要求を調整する可能性が出てくることである．その場合には，価格と産出量の変化に関する理論はもはやそれほどうまく機能しない．なぜなら，労働者は彼らが企業から何を得ることができるか推測（推定，あるいは予想）しており，そして企業は買い手と（決定的には）政府の政策の反応を推定しているからである．

（将来妥協が成立することが見込まれるように，マークアップを盛り込んだ数字を使って交渉が開始され，また政府がはったりで賃上げが緩和されることを望みながら，強硬な措置をとることができ，その結果があらわれたときには後になってそこから撤退するとき，その過程の性質はややあいまいなものとなる．）

もし労働組合が幸運から見離され，そして企業が判断を誤るなら，その場合には，$e_w>1$, $e_o<1$, $e_p>1$ である．これらの要素をケインズのアプローチに取り入れることは完全に可能だが，ゲームの理論の方がもっとすぐれた枠組を提供してくれるであろう．ケインズの枠組は，それに関連をもつ当事者相互のはったりや，後知恵によっては説明しにくい単一の期待経済量（た

とえば需要とか費用）の変化のために攪乱が生じるとき，きわめて適切なものとなる[7]．

しかし，少なくともその中には，失業とインフレーションの結合に関する理解を実際に妨げるものは何もないということが救いである[8]．その枠組は，IS-LM モデルによって与えられるものと比較して，十分に役立つものであるが，それは，完全雇用の下で労働の超過需要か，あるいは貨幣の超過供給が存在するときに限って，物価上昇を予測するにすぎない．『一般理論』からの本流を主張するもうひとつの学派[9]（それは正当な根拠をもっているが，この点に関してはそうではないと思う）は，ケインズの理論が，物価は賃金プラス固定的マークアップに依存しており，その結果，賃金が労働の超過需要に反応して上昇しようと，独立して上昇しようと，賃金が上昇するときにのみ物価は上昇するとみなしていると主張している．

物価に関するケインズの理論は，かなり確実な費用のデータと，期待需要に依存する可変的なマークアップとに基づいているといえるであろう．費用は技術および労働と原材料の価格とに依存している．現在（1980年代）の状況の下では，技術的な要件は，賃金および原材料価格をとりまく不確実性を別にすれば，とるに足らないものである．この文脈で，価格設定を説明するには，それに関連する期待のすべてがどのように形成されるかについて何らかの認識をもつことが必要であろう．ケインズの枠組はその要件を明確にするのに役立つにすぎない．

より長期における物価

短期の限界を超えると，費用関数は過去の投資計画が「操業を開始する」につれてシフトすることも可能であれば，また生産能力の制約も取り払われうる．いっそう長期においては，労働時間あるいは労働力の構成内容に関する社会的規準は変わるかもしれないし，また出生率も変動するであろう．これらの要因は労働供給曲線の位置に影響を与えるであろう．

第15章 物価と産出量

　持続的な経済拡大の期間は，ほとんど常に技術的変化を伴うものである．純粋な資本拡大——つまりすでに存在する型の資本量の増大——への報酬は，需要に対する外生的刺激（たとえば，人口の伸び）がなければ持続することは一層困難である．したがって，持続的拡大の期間においては，もっと効率的な技術が古い技術にとって代わるにつれて，費用の低下が期待されるであろう．かくして，供給価格を引き下げるとともに，新たな設備にとって最適なより高い生産水準に到達するために必要な，より多くの需要量を獲得することが可能となる．

　万一この期間が労働力の流入と一致するなら，賃金の上昇は緩和され，物価の低下傾向は強化されるであろう．

　対抗力として，投資に伴って発生し，そして現行設備ストックの耐用年数が尽きるまで利益を生まない貨幣の増加が生じるが，そのときまでに，新投資が行われて，それに等しい新たな信用への需要が生まれるか，あるいはスランプが生じる可能性があるし，また（規準としての，安定的な貨幣供給量の点から考えると）返済ないし債務不履行が信用残高を帳簿から抹消するとき，M の減少が生じる可能性がある．このことはすべてきわめて単純化されすぎており，前章で議論した漸次的な資金の供給過程を無視することになる．

　短期の文脈では，投資量の1回限りの変更を考察するときには，われわれは投資の貨幣供給効果を無視してもかまわない．しかし，任意の期間持続される拡大状況の下では，おそらく貨幣供給量は著しく増加するであろう．

　そのような増加が生む効果は，貨幣が金融市場にその方途を見出すか，それとも（貨幣）需要の増加に反映されるかに依存している．貨幣増加が物価ないしは産出量に与える影響を分析するために必要なことといえば，次のように M の変化に対する需要の反応を示す[10]，

$$e_D = d \log D / d \log M \tag{15.9}$$

というもう1つの弾力性を導入し，それから，従前通りに進めることである．

　M の D への影響は次の3つの内容から成っている．すなわち，(i)新し

い貨幣が M_1 か M_2 に吸収される度合，(ii) M_2 への吸収と関連した利子率効果，(iii)投資の利子弾力性，がそれである．したがって，ΔM がすべて M_1 に入るとする数量説的な理由からか，それとも「政策効果波及経路 transmission mechanism」が純粋に受身の役割を果たす M_1 をもつ(ii)と(iii)を通じて，ケインズのルートになるための，いずれかの理由から e_D は1となる可能性がある．（この考え方は第18章において展開されている．）

もし $e_D=1$ なら，貨幣増加が物価と産出量に及ぼす効果は，従前通り技術と労働市場の状態に依存している．数量説的命題である，$d \log P/d \log M =1$ が（すべての貨幣価値が一夜のうちに変わってしまう比較静学の世界と対比して）進行中の生産経済の中で妥当するためには，$e_D=1$ でなければならないだけではなくて，e_P もまた1でなければならない．$e_P=1$ となるために必要な短期的要件はやや厳格であるが，長期には，技術変化および人口の伸びの方が物価に対する短期の上昇圧力より重要であろう．

他の極端なケースでは，もし $e_D=0$ なら，M の増加は需要にまったく影響を与えないであろう．これが，(i)新しい貨幣のすべてが遊休状態で保有されるか，(ii)投資が利子非弾力的であるか，のいずれかの場合なのである．

通常，e_D は0と1の間にあると予想するのが合理的であろう．持続的拡大の下では，継続的な貨幣増加が，貨幣需要を増加させ，それゆえ，通常は物価と産出量の両方を引き上げるように作用することがはっきり認識されるであろう．かくして，貨幣的影響とは，新たな設備ないしは設備の拡張にとって最適な，もっと多量の財を販売するために価格を引き下げるべき必要性の全部または一部を緩和することである．それは同時に，技術変化によってもたらされる価格の低下傾向に対立するとともに，投資計画の成功の可能性を高めることである．もちろん，物価がどうなるかはっきりとはわからない．

……国民所得と貨幣量との間の長期的な関係は流動性選好に依存するであろう．そして物価の長期的安定性ないし不安定性は，［諸費用：著者挿入］の上昇傾向の強さと，生産組織の能率の増加率との比較に依存するであろう．　　　　　　　　(G.T., p.309〔邦訳，309ページ〕)

第 15 章 物価と産出量

フィリップス曲線

　フィリップス曲線に言及することなしに物価変動の議論をすることは，読者には全く奇異に思えるであろう．1960年代なかば頃から，インフレーションを議論する経済学者は，自動的にこの分析用具に手を出している．
　私がそれを使用してこなかった理由は，いくつかある．基本的には，私は，フィリップス曲線はその目的のために意図されたものではないと考えるからである[11]．第2に，ケインズのモデルは物価を説明していないと信じ，フィリップス曲線が代わって1つの説明仮説を提示するものだとみなして飛びついた人もいるが，ケインズのモデルが物価を説明していないと考えられたのは，ケインズに対する IS-LM 的解釈から供給および利潤追求の側面が無視されたからにすぎないと私が信じるからである．物価（あるいは賃金）を説明するために，IS-LM に（そのリプシー的解釈での）フィリップス曲線を付け加えることは，私には，精粉にビタミンを戻し，その製品を「ビタミン強化小麦」と呼ぶのとちょっと似ているように思われる．
　最後に，ケインズの弾力性アプローチは，労働市場，資本生産能力，および資本蓄積と貨幣に関する近年の歴史的状況についてのかなりの数の実証的仮定を立てる必然性を，それを使う人に明らかにしている．フィリップス曲線は1つの誘導形であり，それはインフレーションに関するコスト・プッシュ，ディマンド・プルおよびマネタリストの諸理論とも両立可能である．それは，誘導形としての単純さの魅力を備えているが，その単純さそのものの中に賃金および物価ないしはそのどちらかの決定要因としてしか労働市場要因を見なくなる危険性もあるのである．
　マネタリストたちは，オリジナルなフィリップス曲線は（労働市場の逼迫ないしは弛緩の程度を表わす）失業と，実質賃金よりはむしろ貨幣賃金との間の関係を明示しており，したがって——マネタリストが主張するように——労働市場の動きに貨幣錯覚を組み込むことになるという事実を強調して

いる.彼らは,問題を矯正するために価格期待なる用語を付け加えることを推奨している.このことは,価格期待が賃金決定に影響する要因となった,1960年代後半以降のような状況の下では,すべてきわめて適切であるが,それは企業者の需要期待を彼らにふさわしい首位の座へと復帰させるうえではほとんど役立っていないし,また生産能力,ないしは貨幣的拡大率の変動を明示的に考慮する場合,貨幣賃金によるフィリップス曲線ほど秀れてもいない.

注

1) (15.5)式の導出は,Friedman (1972), p.931〔邦訳,229ページ〕にしたがっている.
2) ここには,同質的労働に関する暗黙の仮定がある.第4章を見られたい.
3) e_eは賃金単位で測った需要に関する雇用の弾力性である.第4章における賃金単位の議論を思い起こすとき,Z_wが原点を通るとすれば,$e_e \equiv 1$であることがわかる.あるいは,もっと正確には,それは原点に接近することができないために,Z_wは原点に並列していることになることがわかるであろう.
4) Friedman (1972, pp.930-1〔邦訳,226-7ページ〕)が次のように述べているのは正しい.すなわち,「弾力性は単なる定義にすぎない.それらを結びつける公式は……恒等式から,導き出された自明の理である」.分析は,方程式(15.5)から出発する.それはそこで終わりではない.読者は自分自身で,フリードマンの次のような愉快な評価を判断してもよいであろう.すなわち,「[弾力性を]物価水準に関するケインズの仮定の「理論的根拠」と見なすことは,$(a+b)^2 = a^2 + 2ab + b^2$ を落体の法則の理論的根拠と見なすことに等しい」.
5) 完全さを求めるなら,原材料を獲得することの不可能性が付加されるべきである.
6) 彼の2つの報告書,「社会保険と関連サービス」(1942年11月)と「自由社会における完全雇用」(1944年)は,完全雇用政策に対するイギリス政府の公約を勝ち取る上で影響力があった.1944年の「雇用法」は,合衆国政府の側での同様の公約を表明したものである.
7) 現代の賃金決定を説明する場合に,現代理論の貧困さを暴露するためには,Wiles (1973)を見られたい.また「現代」理論は,ここで概説したアプローチよりもずっと弾力性を欠いている.

8) この問題をケインズの枠組に簡単に転換して，説明したものとしては，Chick (1973b, pp. 140-5) を見られたい．
9) この学派は，S. ワイントロープの研究によって代表されうる（たとえば彼の 1958 年の書物を見られたい）．
10) ケインズは「有効需要」($G.T.$, p. 304〔邦訳，304 ページ〕）と言うが，D は期待総需要を示すはずである．
11) 私は，フィリップス曲線は時間の領域における出来事には関係がないと主張するデサイ (Desai, 1975) の議論を信じている．フィリップスの技法は，循環的変動を「横切り」，そして各失業水準に接近してきた方向とは独立に，賃金の変化率と失業との間の関係を描いている．$\dot{U}$ が 6 つの各サンプルの中で平均がゼロとなるような U の 6 つの代表的なレベルのまわりで観察することによって，フィリップス曲線は U の水準がしばらくの間その代表的水準にあったときの $\dot{w}$ と U の間の典型的な関係を示している——これは時間の領域ではめったに観察できないことである．

　フィリップス曲線に関するすべての現代の理解に，その解釈の基礎を提供したリプシー (Lipsey, 1960) は，フィリップスの結果について，時間の領域にあり，したがって，たとえ短期のデータについてさえ，現実世界の状況に直接適用可能である正当な理由を示している．

　読者は，フィリップス (Phillips, 1958)，リプシーおよびデサイを参考にして，自分自身の考えを形成すべきである．

第16章　循環的変動

2つの文脈における循環

「景気循環に関する覚書」(『一般理論』第22章)の,一見無味乾燥な冒頭の文章が,ケインズのアプローチと古典派および新古典派の著述家たちのアプローチとの根本的な相違を示している.すなわち,

> われわれは,以上の諸章において,任意の時点における雇用量を決定するものはなにかを示したと考える.したがって,もしわれわれが正しいなら,われわれの理論は景気循環の現象を説明することができなければならない. 　　　　　　　　($G.T.$, p.313〔邦訳,313ページ〕)

ケインズにとって,景気循環は経済的経験の不可欠の一部分であり,彼の得心が行くように,一般的に雇用と産出量を説明したのと同じ準拠枠で理解されるべきものであった.古典派ないしは新古典派の経済学者にとっては,循環的変動は規準からの乖離であり,一時的な逸脱であった.彼らの説明は,正常な経済的諸関係の中で何がうまくいかなかったかを正確に示すことにあった.たとえば,生産性と節約の間の「正常」な関係を攪乱する,貨幣・信用の関係における何かあるものといった,相互に無関係な説明が見出された.

かくして,景気循環はまた,「貨幣的」理論と「価値」ないしは「実物」理論の分離に寄与するものと理解することもできようが,そのことをケインズは遺憾に思っていた.ケインズにとって,貨幣組織は経済生活上つねに存在する事実,すなわち現実の,そして時には不愉快な帰結をもたらす事実であった.

第16章 循環的変動

しかしながら，基本的にはその相違は，古典派の考えでは，長期の特徴にとって何ら重要性をもたない，一時的乖離と見なされた出来事から長期を分離することの相違と理解することができる．

ケインズの見方はそうではなかった．つまり，彼は古典派の経済学者たちが信じていたように，本質的に定常的な長期を彼は暗黙的に信じていたのだが，われわれが獲得しうる経済的厚生の水準と，われわれがそれに接近する速度は両方とも，定常状態に向かう場合どの経路をとるかによって変わるというものであった．長期は一連の短期の結果にすぎなかった．

それゆえ，不況が悲惨だったのは，その時に蒙った惨めさのためばかりではなくて，よりよい生活水準の達成が遅らされたためでもあるのであり，それは資源を遊休化させることによって引き起こされたものである[1]．超楽観主義を阻止することによって，不況を回避することに賛成する人々がいた．彼らは，ブームが超楽観主義的期待がくじかれることによって期待の反転を引き起こすほど十分事態が進んでしまう以前に，ブームを阻止することに賛成の議論を展開した．ケインズは，社会的浪費という理由から彼らを猛烈に非難し，ブームが進行しているときには，利子率の上昇を阻止するのではなくて，ブームの継続を促進するために利子率を引き下げることに賛成した．なぜなら，ケインズは次のような目的をもっていたからである．

> 私自身は，資本のストックを，それが稀少でなくなるまで増加させることが大きな社会的利益であると信じている．
>
> （G.T., p. 325〔邦訳，325ページ〕）

景気循環はこの目的にとっての障害であり，また完全雇用を促進するためになしうることはすべて実行されるべきである．これが，彼の心に描いた帰結であった．すなわち，

> 実際に，きわめてありうることであるが，イギリスや合衆国のように豊かな国においては，完全雇用に近い状態が何年にもわたって持続することは，現存の消費性向を仮定すれば，ついには完全投資の状態をもたらすほどの巨額な量の新投資が行われることと結びついている．ここで完

全投資の状態というのは，どんな類型の耐久財についても，これ以上の増加からは，合理的計算を基礎とするかぎり，取替原価を超える粗収益総額を期待することがもはや不可能な状態を意味する．その上，この完全投資の状態は比較的速やかに——たとえば25年以内に——到来するかもしれない． (G.T., p. 323-4〔邦訳，323-4ページ〕)

景気循環

1968年に，ロンドンにおいて「景気循環は時代遅れか」(Bronfenbrenner, 1969) というテーマに関する会議が開催された．それは時代遅れではないというのがその結論であった．しかし，疑問が提起されたということは，まず第1に，「循環」という記述を生みだした周期性の意味が，もはや確実ではなかったことを十分に示していることである．1960年代には，ケインジアン的な介入が循環を一掃したのだとの確信が広まっていた．

ケインズは当時，19世紀の経験を念頭において執筆していた．19世紀的変動は十分に周期的であり，またその変動の特徴は「危機」——急激な下落を引き起こす循環の山での突然の変化——の現象をも伴うものであった．同様の激しさは，スランプが回復に転じるときには見られなかった．これこそ，ケインズが『一般理論』の枠組の中に位置づけようとした事実であった．

一見したところでは，それをやっても成功の見込みはありそうもない．『一般理論』には，十分発達した静学理論と乗数の過程分析の端緒とが含まれている．循環の説明はどこから生まれるのであろうか．「景気循環に関する覚書」と呼ばれる章に，包括的な理論を期待することはできないが，興味あることは，ケインズが循環に関する文脈の中で彼の考え方をどのように扱っているのかを注視することであり，また彼のアプローチをその後のアプローチと対比することができることである．(ここでわれわれは，その点にはちょっと触れるだけであるが．)

循環の周期性の原因となる，若干の物的諸事実の帰結，ならびに危機にお

いて重要となる心理的側面，をめぐる議論こそが要請されるのである．

若干の周期性

さしあたって，われわれはその原因については説明しないでおくが，資本の限界効率の低下によって引き起こされる資本設備への新投資の減少から始めることにしよう．需要は減少することが予想され，そして——もし投資の減少以外に他の理由がなければ——予想通りとなる．したがって，期待は確認され，企業は縮小する決意を固める．

その縮小とそれに続く回復に伴う，次のような，4つのタイプの資本と4種類の投資が存在する．すなわち，（きわめて寿命の長い）資本設備と生産の3段階に対応する3つのタイプの資本，つまり原材料，仕掛品，および最終財のストック，がそれである．

もし景気後退が深刻なものであるなら，資本設備の消耗が基礎的な問題となる．物理的な意味では，それはスクラップ化されないが，それを生産的に保持するのにちょうど見合うだけの維持費を使って減価償却することが可能となる．生産が需要の減少に直面して低下する場合には，一部の設備はまったく遊休状態のままに放置されるであろう．（いまや乗数は，マイナスに作用しており，投資需要と同様に消費も影響を受ける．）

売上げからのキャッシュ・フローが減少し，しかも固定費が減少しない場合，他の形態の資本を捜し出すべき緊急の必要性が生まれてくる．しかし，仕掛品はいぜんとして完成途中にあり——生産は減少しているが，まったく停止しているわけではない——，したがって，需要の減少を所与とすれば，最終財のストックは，当初は累積されよう．原材料に対する注文は急速に削減されていくであろう．

結局，仕掛品の量は需要と産出量の新しい水準と一致しており，また原材料の供給は最小にとどまっている．もし景気後退が深刻であれば，時間がさらに経過し，同時に資本設備がさらに減少するまで，それらはこの水準にとどまるであろう．景気の谷を特徴づける低水準の産出量でさえ，現存資本に

よっては維持されえない場合には，更新投資は景気の回復に刺激を与える．われわれは，なぜ景気の山に比べて景気の谷の方がずっと長くかつより水平となりうるのか，また循環の形態がいかにして資本の耐久性とともに変動するのかを理解することができる．

読者は，循環の他の局面が進むとみられる経路を具体的に考えることができる．

ケインズはこのことについて新しいことは何も述べていない．このことを記述するうえで重要なことは，心理面および金融面の事象の物理的背景を指摘することである．この後者の事象は，物的減耗や流れ作業に関する諸事実と結びつけられておらず，はるかにずっと変わりやすいものである．循環の周期性は，物的諸事実，つまり危機に起因するとみなされており，循環の発端は資本の限界効率がもつ，主観性と潜在的な変わりやすさとにあると言うことができよう．

期待と危機

景気の下降を説明するにあたって，ケインズは自らの理論を，一般的に循環を，そしてとくに危機を利子率の観点から見る傾向のあった，当時の有力な理論と対比している．いまや，投資は資本の供給価格，利子率および長期期待の関数であり，ケインズは景気の上昇が進むにつれて[2]，このうちの最初の2つの上昇が投資に抑制的に作用することを認めている．しかし，ケインズが直接注意を向けたのは資本の限界効率の急激な衰退である．

ゲームが開始するのはこの点である．なぜなら，これに関連して，資本の限界効率は2つのうちの一方を表わすことができるだろうからである．第10章と第11章で省略した問題（私は，それを問題とみるのだが）は，ともに資本の限界効率の観点から，株式および資本設備に対する需要に関するケインズの扱い方と関係がある．

そうした扱い方への弁護論の根拠は，株式保有からの期待所得が期待利潤に関連がある，というものであると私は考える．第10章および第11章では，

第16章 循環的変動

配当は利子と同様に扱われたが，それはそのテーマが保有者に対してこれらの証券が魅力をもっていたからである．しかし，企業の観点からすれば，株式の権利発行による借入費用は，株価によって表わされる．資本の限界効率の重要な構成要素である期待利潤の低下は株式価格を低下させる．投資への影響の点から見ると，資本の限界効率の低下は，利子率の上昇と同義である．

次章では，なぜそれらは別々に扱われるべきなのかについて詳しく検討されるが，それまでは放っておいてもかまうまい．当面の目的にとって重要なことは，ケインズの見方では，実際に問題を引き起こすのは株式相場の崩壊なのか，それとも企業者の需要に関する長期期待の急激な後退なのか，がはっきりしないことである．

次の一節は，明らかに生産者の期待を指している．

> 幻滅が生ずるのは予想収益の信頼性が急に疑わしくなるからであって，それはおそらく新しく生産された耐久財のストックがたえず増加するにつれて，現行収益が低落の徴候を示すからである．もし現行の生産費が後におけるよりも高いと考えられるならば，それは資本の限界効率を低下させるもう1つの理由となるであろう．
>
> ($G.T.$, p. 317〔邦訳，317ページ〕)

この節では基本的な加速度メカニズムは大切に保持されている．

しかしながら，他のところでは，責任を負うべきなのは株式市場の方だということになる．

> 過度に楽観的な，思惑買いの進んだ市場において幻滅が起こる場合，それが急激なしかも破局的な勢いで起こることは，組織化された投資市場の特質である．そこでは買手は自分の買っているものについてまったく無知であるし，投機家は資本資産の将来収益の合理的な推定よりもむしろ市場人気の次の変化を予測することに夢中になっている．
>
> ($G.T.$, pp. 315-6〔邦訳，316ページ〕)

上記の文節の脚注で，この問題は解決されている．すなわち，

> ……個人投資家は新投資に対してみずから直接に責任を負うものではな

いが，それにかかわらず直接に責任を負うはずの企業者は，たとえ彼ら自身がよりよく事態に通じていたとしても，市場の考えに従うことが金融的に有利であるし，またしばしば不可避であることを発見するであろう． (G.T., p. 316〔邦訳，316ページ〕)

　株式相場の崩壊はさらに影響を及ぼす．すなわち，それは消費性向を低下させ，不確実性が増大するために流動性選好を上昇させる．前者は需要を直接抑制し，そして後者は貸付意欲の低下をもたらし，それが利子率の有効な下落を妨害し，その上昇さえ引き起こす可能性がある．

　利子率がどちらの方向に向かうかは，資金需要に依存している．ケインズは，利子率は上昇するであろうと述べている．おそらく，彼は頭の片隅で，投資資金需要の減少は，企業者とか株式市場での投機家たち双方の困ったあげくの借入れによって相殺されるはずだと考えていたのであろう．

　利子率の絶対的な方向は枝葉末節な問題である．ケインズが強調したいと思った本質的な点は利子率の上昇ではなくて，利潤期待の急激な低下なのであり，それこそが彼の考えでは危機の原因なのである．ここにおいて，彼は利子率の引き下げ政策を取れば，十分景気回復を開始させることができる，という景気循環に対するマネタリー・アプローチおよびその政策的結論に反対するのである．

　投資需要は，2つの変数，すなわち資本の限界効率と利子率 r との関数である．（ケインズの考えでは）それは r の減少関数であり，したがって原則として刺激を与える装置としては，低利子率政策の中に期待を裏切るものはなにもない．その関数は，また，おそらくいかなる利子率効果をもはるかに無効にしてしまうほど左方にシフトしていることも確かである．また流動性への逃避が，その間低利子率政策の実行を極度に困難なものにしている．

　資本の限界効率の変動のように，おそらく生産者が抱くと思われる期待より，ずっと変わりやすく制御しにくい期待に基づいて，株式市場の行動を記述する方が，1929年の鮮やかな記憶をもつ聴衆に語りかけた，ケインズの議論に大きな力を付け加えることになる．

しかしながら，景気後退は株式市場における幻滅に依存しているわけではない．資本ストックがかなりの期間にわたって増加するときには，供給曲線を上昇させる短期的要因と資本の限界効率を逓減させる長期的要因とが十分存在するであろう．ただし，これら諸要因の作用した結果はおそらく劇的なものではないであろうが．徐々に進む景気後退を急速な危機に転換させるのは，金融的側面の特別な貢献によるものである．

乗数－加速度の相互作用

分析上，「実物的」影響を金融的な影響から分離することで（それらの共生は認識していても），循環のもっともポピュラーで単純な説明，すなわち乗数－加速度理論との対比による評価が可能となる．近代景気循環論の方が，上記の名称をもつ，単純ではあるが，ポピュラーな理論をケインズの枠組と比較し，かつ対比するという，われわれの目的に合致するモデルよりもはるかに豊かな内容をもっている．

サムエルソンは，次のような用語を使って彼の有名な論文（Samuelson, 1939）を考えた．つまり，乗数はまったく申し分ないものであったが，それは乗数倍されるべきもの，すなわち投資を説明していない，と．

形式的に示すと，以下が彼のモデルであった．

$$C_t = \alpha Y_{t-1} \tag{16.1}$$

$$I_t = \beta(C_t - C_{t-1})$$
$$ = \alpha\beta(Y_{t-1} - Y_{t-2}) \tag{16.2}$$

政府支出を1と考えると，定義から，

$$Y_t = C_t + I_t + G_t \tag{16.3}$$

であり，上記の2つの方程式から，次式が得られる．

$$Y_t = 1 + \alpha(1+\beta)Y_{t-1} - \alpha\beta Y_{t-2} \tag{16.4}$$

このモデルは，いくつかの興味ある性質を備えている．(16.1)式からわかるように，消費関数はミクロ経済学的な貸付資金タイプのものである．投資

は，現在および過去の最終需要水準の関数であると仮定されている．つまり，投資は消費財を生産するために企図されるということである．しかしながら，第14章で示された図式を使ってみると，現行投資は，おそらく前もって知ることのできない需要水準に基づいて決定される．つまり，C_t と I_t は同時に発生することになる．長期と短期のいずれにせよ，生産者の期待ははっきりと欠如している．これらの特徴は，明らかに非ケインジアン的である．

これらの諸点に関する，先の議論（第9章と第14章）に照らしてちょっと修正することは，決定的に重要な(16.4)式を変更しなくても可能である．次の仮定，すなわち，

$$C_t = bY_t \tag{16.1a}$$

および

$$I_t = v(Y_{t-1} - Y_{t-2}) \tag{16.2a}$$

を代入し，また，$G_t = 1$ の仮定を維持することにしよう．それらを(16.3)式に代入すると，形式的には(16.4)式と同一の次式をうる．

$$Y_t = \frac{1}{1-b} + \frac{v}{1-b}(Y_{t-1} - Y_{t-2}) \tag{16.4a}$$

(16.4)式ないしは(16.4a)式のような2階の定差方程式はもっとも考えられるものであり，それは（16.4式における）α と β か，あるいは（16.4a式における）b と v の間の関係に依存している．Y の経路は，収斂，発散，ないしは振動する場合が考えられている．それが振動しうるために，このモデルは景気循環論と関連をもつこととなったが，事実，それは近代景気循環論の最も重要な考え方であると言ってもよいであろう．そのモデルが Y の発散経路を生みだす可能性があるという事実は人びとを悩ませるものであったが，完全雇用天井や，粗投資ゼロによって与えられる底には，もっと不愉快な結果が含まれていた．

ところで，これは，私が警告した通り，循環理論にとってきわめて不当であるが[3)]，その理論の本質的な性格は以下のように十分明らかである．すなわち，

(i) それは本質的に支出決意を処置することである．総供給は何ら重要な役割を果たしていない．したがって，短期期待に関するいかなる明示的な取扱いも欠如している．短期期待は充足されると仮定される必要があるが，物価はモデルに入ってこないので，それは産出量の変化によって満たされることになる．

(ii) 長期期待の問題は，われわれが示してきたように，組み入れることは可能であるが，それも省略されている．

(iii) 金融的要因——つまり投機およびその他すべての貨幣を扱うもの——はまったく欠如している．ケインズによって提案された「危機」と関連した非対称性の原因は存在しておらず，またそれにとって代わるものも何もない．

(iv) 投資決意は固定資本 - 産出量比率 v によって産出量に合わされている．このことは，需要が減少するとき，資本が過少利用のままに放置されるよりむしろスクラップ化されることを意味している．循環の長さを資本設備の平均寿命に結びつける説明の仕方は不可能である．

(v) この理論は機械的である．このことの意味は，各パラメーターおよび初期条件（最初の 2 つの所得水準）を所与とすれば，それが完全に解けるということである．それは，シャックル (Shackle, 1965, p. 125) が「エンジン」と呼ぶものであり，それは「その循環の全局面，すなわち変動の全パターンに関しては，単一の構想原理」に依存する理論である．学習は何ら行われず，(いやしくも期待を認める理論を再構築するとしても) 期待が形成される方法についての変更も行われていない．

この失敗は，ケインズの扱い方と極めて明確な対照をなしている．資本の限界効率が低下する結果，消費性向と流動性選好は双方ともさらにシフトしていることに注意されたい．在庫管理政策もその循環を通じて変化している．

ケインズの循環論は，第 2 章でわれわれが移動均衡と呼んだものの，最初の例である．重要な行動諸関係の間の相互作用は，急激な景気後退と漸進的な景気の上昇との間の非対称性に対する原因を金融的側面と共有している．

金融面と実物面とは完全に統合されている．

しかしながら，アーヴィング・フィッシャー（Fisher, 1933）とハイマン・ミンスキーによって強調されたように，債務負担の増大に起因する金融的内破[4]，ないしは合衆国での「大収縮」[5]においてきわめて重要な要因であった，銀行倒産[6]の可能性は存在しない．

ミンスキーが最近主張しているように[7]，危険な時代に流動性を供給するために，慎重かつまったく強力な措置を講じることによって，金融的内破を回避することをわれわれが学んできたというのは，たぶんほんとうであろう．1974-75年の危機におけるイギリスの「救命ボート」作戦[8]がその適切な例である．しかしながら，いま「危機とは時代遅れか」と問うことは，おそらく時期尚早であろう．

注

1) この考え方を，1960年代の初期にアメリカ人の心の中に首尾よく印象づけたのは，アーサー・オークン Arthur Okun であった．ただし，そのときまで決して定常状態には落ち着かない，持続的成長というのが受け入れられた規準となっていたが．
2) 資本の供給価格は，資本財産業が完全生産能力の近くで操業するときには上昇する．利子率は，活発化した活動を支えるための貨幣需要が増加するとき，上昇する．
3) 適切な矯正をするためには，マシューズのすばらしい著書（Matthews, 1959）と，ゴードンとクラインによって編集されたリーディングス（Gordon and Klein, 1966）を読んでいただきたい．
4) この論題に関するミンスキーの論文集が今年（Minsky, 1982）出版される予定である．
5) これは，フリードマンとシュワルツの「アメリカ合衆国貨幣史」（Friedman and Schwartz, 1963）の中の1929-33年を扱う章のタイトルである．
6) 18世紀以降のヨーロッパおよびアメリカの危機に関する概観と分析については，Kindleberger (1978) を見られたい．
7) これは，ラトガース大学の1981年4月のセミナーに提出された論文である．
8) Bank of England (1978) を見られたい．

第17章 貨　　　幣

　ケインズの生産と雇用の理論の中には，貨幣の影響が浸透している．貨幣量と流動性選好とが，それに必然的に伴うすべてのこととともに利子率を決定する．そしてその完全な存在が，第1に非自発的失業の可能性と，それから過少雇用均衡の可能性と蓋然性——おそらく，その不可避性ですら——を論証するうえで役立つ．貨幣経済は物々交換経済とは根本的に異なっている．

　われわれは貨幣経済の中で生活しているのだから，その運命を注意深く観察することが賢明である．貯蓄したいという欲求の方が，結局投資への貯蓄に対する有利なはけ口を上回り，所得を完全雇用水準以下に押し下げることになる——「長期停滞」仮説——とするケインズの回答は，経済成長が永久に継続しうると信じられた1960年代には，まったく支持されなくなってしまった．ケインズの予測がいかに不愉快なものであっても，彼の厳格な主張は検討されるべきであり，またその含意は長年にわたり事情が事情であったからといってあっさりと片づけられるよりも，むしろその主張自体のタームで評価されるべきである．その主張には，1950年代および60年代の急速な技術進歩が不明瞭にしたものをまさに顕在化させる何かがあるといえよう．

　長期的展望を必要とする，この問題を提出する前に，失業は単に一時的な混乱を示す現象にとどまるものではないという可能性を立証する場合に，貨幣が果たす役割を要約しておくことが賢明のように思われる．

貨幣とセイの法則

非自発的失業の可能性を立証するために，セイの法則を論破しておくことが必要であった．その論破は，3つの部分と，3つの異なった分析水準で行われた．それらは，先の第4章，第7章，および第9章で別々に議論されたが，各分析段階で貨幣の役割に注意を集中するために，おそらくこれらの各章の議論を1カ所で要約しておくことが有益であろう．しかしながら，簡潔さのために，過度に単純化することもやむをえまい．

セイの法則のもっとも単純な叙述は，生存水準に近い経済に適用しうる類のものである．すなわち，労働者は消費するためにのみ働き，それゆえ，労働の提供は財の購入意欲を表現することと同義であり，したがって，働く意欲をもつ労働者に雇用を提供するうえで何の躊躇もありえない．なぜなら，彼らの産出量への需要は保証されているからである．

労働者が常に彼らの所得のすべてを支出するとは限らないことはただちに反論することができるが，それは話の第2の局面である．労働者は所得を全部支出するものと仮定しよう．雇い主は，求人が需要を生みだすはずであることをいかにして推測できるであろうか．かりに労働者は現物で支給されるとすれば，彼らは消費したいと望む財を報酬として直接受け取ることも考えられる．そうした状況の下では，雇い主は彼らが雇用する労働者がもつ需要面での含意を知るだけでなくて，労働者もまた1時間当りの労働が生む潜在的消費について知っている．すなわち，労働者は当事者双方にとって既知である実質賃金で需要され，そして供給されるのである．

このきわめて好ましいが，完全に抽象的な状況の下で拡大がストップするのは，収穫逓減のために実質賃金が労働者にそれ以上の労働を思いとどまらせるほど十分低下する場合である．つまり，これが古典派の完全雇用均衡である．しかしながら，実際的な点からみると，たとえ物々交換経済においてさえ，これらの条件は決して満たされないであろう．人間は，パンのみにて

生きることを望まないために，彼が受け取る財を他の財と交換するであろうが，彼には，その交換価値を推定することしかできない．物価がきわめて安定している時期には，その推定もむずかしくはなく，そこでわれわれは第1のケースに接近するが，だからといってその特定の状態から一般論を引き出すわけにはいかない．労働者の賃金が貨幣で支払われることが典型的な場合には，賃金の完全な「実質」価値は，労働に同意する時点では，推測の問題にすぎない．労働者は，彼の労働力を引き渡す以前に自分の実質賃金を知ることはできないのである．

　さらに労働時間を獲得することができるという事実から，この労働への支出が売上げに反映するであろうことを知ることは雇い主にだってできないことである．労働者は彼らの雇い主だけから財を購入するわけではない——事実，もし企業が資本財を生産していれば，労働者は雇い主からは全く購入しない．個別企業にとって，雇用の拡大がもたらす利益率は，企業が労働者に提供する賃金の実質価値と同様に推測にすぎない．したがって，各産出物を混合した物は需要の構成内容と一致しないであろう．しかしながら，貨幣経済においては，問題は，構成内容の問題とは限らないであろう（あるいは，このことの反映として，財の相対価格は供給と需要を均等化させるようなものではないであろう）．貨幣経済においては，個別企業の期待が裏切られるだけではないであろう．セイの法則で必要となるように，求人が行われたときに，平均してみると，総支出が企業の期待したものと同じになるという保証はないのである．

　この結果は，貨幣の存在が実物資産の保有に加えて，「富を貯蔵する」1つの方法を提供するという事実に大いに依存している．貨幣のない経済では，消費と所得の間の，ある程度の独立性を確保する唯一の方法は，（再び実物での）返済の約束に照らして，労働力か，あるいは耐久財のどちらか一方を貸付けることである．（これらの取決めは，通常単純な経済においてさえ見出されるであろう．なぜなら，それらの取決めがなければ，財が異なれば生産するにも消費するにもかかる時間の長さは異なるために，生産は事実上自

給自足的努力の結果に限定されるはずだからである．）労働の提供は，現在ないしは将来の需要を指示するものであり，また将来需要のタイミングと財の構成内容はかなりの程度明示されるか，あるいは暗黙のうちに理解される．貨幣を保有するという選択は，将来の需要のタイミングないしはその構成内容のいずれについてもなんの合図も示さない可能性を表わしている．

　古典派の理論は，利子を付けて貨幣を貸付ける可能性があるために，貨幣は消費のタイミングを変化させる（すなわち，「富を保有する」）目的で保有されるわけではないと主張するであろう．しかしながら，たとえそれが利子を生まないにしても，貨幣は安全な資産であり，ある期待のもとで，利子生み資産を保有するリスクが，利子所得によって十分に補償されるわけではない．したがって，貨幣は問題を生じさせるほどの長期にわたって支出の流れから引き揚げうるのであり，したがってまた利子率が高すぎて完全雇用投資量を企てても利益がえられないこともありうるのである．

第17章：利子と貨幣の本質的性質

　『一般理論』の初期の解説者によってもっとも嫌われた章の中で[1]，ケインズは異なった視点からこれらの問題に立ち返っている．ケインズがセイの法則を論破するために用いた貨幣の理論は，純粋に一時的な文脈の中で考察することができよう．事実，これが確立した解釈となった．すなわち，一部の貨幣は一時遊休残高に吸収されるかもしれないが，結局それは支出と所得の流れの中に返ってくるであろう．その理由は単に次の2つのいずれかによる．すなわち，すべての貨幣的資産は支出されるためにのみ蓄積され，そして，それが財と交換される時がやって来なければならないからか，それとも，ある特定の遊休残高量および貨幣量と調和した所与の利子率が持続することで，遊休残高が吐き出されるまで現実利子率に向けて徐々に正常利子率が変化していくか，のいずれかである．

　第1の議論は，個人の行動からの一般化であって説得力はない．つまり，

個人は最後には彼の貯蓄を支出するであろうが，社会はめったにそうしないからである．第2のそれは，投機的需要とその含意とを骨抜きにする，現代新古典派経済学者の主要な方法であって，その利子率が「正常」と考えられるほど，安定的な利子率が十分観察されたか否かに依存している．人々がその利率について確信を抱いている場合には，遊休状態で貨幣を保有しなくなることは明らかであるが[2]，その確信はケインズの枠組とはほとんど無縁である——あるいは現実には，かつて，戦争と復興の期間中に固定された利率は，1950年代初期には自由化された．その代わりにそれが示しているのは，ケインジアン以前の経済学者に，遊休残高に対する論理的根拠を否定させた条件を再び主張することである．ケインズの理論は，利子率の変動性によって生み出される不確実性に依存している．

　ケインズのマクロ経済学における均衡は，それらの将来の経路に関する変数あるいは世論のいずれの変動もまったく発生しないことを前提にして定義されているわけではない．現実世界においては，変動およびその結果としての不確実性は常に存在しており，一般的な安定条件の下で重要性が増減するだけであって，ケインズの静学的かつ定常的なモデルはそうした事実に適合させるために構築されたものである．それゆえ，遊休残高は『一般理論』の大部分で展開された（マーシャル的な）短期均衡体系と完全に一致している．その体系が示しているのは，かりに総需要が完全雇用を生み出すだけ十分になければ，そのギャップを埋めるために潜在的消費に期待しても無駄だということである．また，投資は利子率と資本の限界効率（あるいは，長期期待）が不変であるかぎり，そのままの状態にとどまるであろう．体系には，本来それらを変更させるものは何も備わってはいないであろう．したがって，投資を左右する期待が現状のままにとどまるかぎり，介入がなければ失業は解消しないであろう——そしてそれはきわめて長期にわたることもありうるであろう．

　第16章で議論された移動均衡モデルは，『一般理論』では概略を述べているにすぎないが，たとえば正常利子率や資本の限界効率などに関する期待の

修正を取り扱うものである．それは第1に，漸進的な資本蓄積が産出率と資本の限界効率に与える効果の分析を可能にする．

第17章は，この長期的現象を本格的に取り上げる．この文脈の中で，ケインズが問題にしているのは，失業均衡はすでに立証されてきたために，それがありうるかどうかではなくて，その体系が究極的にこれを解決する方向に向かう傾向があるのかどうかということである（たとえ完全雇用が時として短期に達成されることがあるとしても）．

これを問題にする場合，長期の完全雇用に関する古典派の主張には，さらに別の，そしてより深いレベルで疑問が提起される．ケインズの回答は，貯蓄者たちが完全雇用所得から富を蓄積したいと考える，集計された欲求が満たされるまで，投資の収益率が十分な投資誘因を提供しつづけることは，おそらくきわめてありえないことだというものであった．この原因は（ケインズが主張するように），貨幣経済には，蓄積欲が完全雇用所得の下で満たされるまで，必要な投資収益率を持続させるには「高すぎる」ところに，おそらく利子率を維持し続けさせるような何かが内在することである．この問題は，「産出量が増加するにつれて自己利子率の低下しにくいなんらかの資産」（$G.T.$, p. 229〔邦訳，227ページ〕）が存在することと関係がある．貨幣経済においては，おそらくその資産が貨幣である蓋然性はきわめて高いであろうとケインズは結論づけている．

議論は，ケインズが展開した通りに従うことは容易ではないやり方で進行しているが，それは，1つには少なくともその一部はいまや解決されてきたものの，若干の論理的困難さが存在するためであり[3]，また1つには，彼の議論の構造が完全には明らかになっていないためである．大雑把にいって，彼は，「利子率に関して，特有なものとは何か」という問題から出発する．それはさらに，「貨幣に特有なものとは何か．貨幣の本質的特性とは何か」といった設問によって解答が行われる．これらの設問から，ケインズは経済体系の機能と長期的方向に対する含意とを引き出しており，われわれはそれらの現代との関連性を考察すべきであると思う．したがって，われわれはそ

の対象が最後に現われうるにすぎない，やや不可解な議論に飛び込んでいくことになるので，ここで読者に寛容を願うしだいである．

利子概念の一般化

質問の用語は完全に一般的なものである．すなわち，貨幣は交換手段であり，そして現行所得を上回る購買を可能にするために，将来ないしは個人によって使用されうるであろうし，またそれに対する，対価として利子も支払われてきた，将来の貨幣総額への請求権に対する広範囲にわたる市場も存在している．

資本の限界効率を所与とすれば，投資の速度を決定するのはこの利子率である．それはなぜであろうか．貨幣への利子率に特有のものとは何であろうか．結局，すべての資産が暗黙的な利子率をもっている．なぜなら，ちょうど貨幣への利子率が，「たとえば，1年先というような先渡契約の貨幣額が，その先渡契約額の『現物』価格あるいは現金価格……を超過する百分率」（$G.T.$, p. 222〔邦訳，220ページ〕）であると同様に，「（たとえば）『現物』渡しの100クウォーターの小麦と今日同じ交換価値をもつ1年後に引き渡される確定量の小麦」（$G.T.$, p. 222〔邦訳，220ページ〕）が存在するからである．

原則として，それに照らして資本の限界効率を測定する基準として，当該投資が企てるに値するかどうかを決定するために，そのようないかなる利子率を使用することもできるであろう．いかなる潜在的投資もテストするような，最高の「利子率」を使用することは適切なことである．もしわれわれが計画的な投資の期待収益以上の収益をあげられるなら，その投資は企てられるべきではない．その議論は，時間がたち，資本が蓄積されるにつれて，貨幣への利子率がそれらの利子率の中でおそらく最高となり，その結果，適切な比較の基準になるであろうと期待すべき理由を与えることになる．そこで，ケインズは，貨幣の特性は，長期に利子率がおそらく完全雇用投資水準を用意するだけ十分落下しそうもないといった類のものであると主張することに

なるのである．

資産保有の一般理論：もし耐久資産が存在せず，また将来財を引き渡す約束をしていなかったなら，現行所得を超過する方途は存在しないであろう．消費と生産は，たとえば電気の場合と同様に，分離できないであろう．実のところ，現行資源を将来資産に（そして，ときとして逆もまた同様であるが）転換する，主たる方法は，次のように3つある．

(i) 借入れと貸付
(ii) (a)その後の最終消費のためか，あるいは(b)再販売のために保有する，耐久資産の購入ないしは製作，あるいは
(iii) 将来販売する目的で最終財を生産するために資本資産を使用すること

これらの選択は，すべて企業と家計に同じように自由に開かれているわけではない．仮定により，企業は最終消費者ではないし，家計は生産者ではなく，したがって，双方が借入れもすれば貸付もし，あるいは再販売用に資産を保有する可能性はあるけれども，選択(ii)(a)は家計だけに開かれており，(iii)は企業だけに開かれている．

個々の家計ないし企業は，自らに開かれている選択を考慮する場合，たとえば1年といったある一定期間蓄積を延期するより，むしろ現在各資産を保有することから導き出される純収益率の方を評価するであろう．任意の資産の純収益率は，その要素のほとんどが主観的なものである場合でさえ，あるいは資産の再販売市場および将来市場が充実していないかあるいは存在しない場合にも，原則として計算可能であり，またそれは利子率の次元に換算することも可能である．原則として，また，純収益率は資産自体によっても，あるいは貨幣のような他の何らかの資産によっても，測定されうる．ケインズは第1の尺度を用いて出発し，彼はそれを「自己利子率」と呼んだ．それは17章にとっては幸先よいスタートではなかった．その概念は多くの批判を招いた[4]．しかし，コナード（Conard, 1963）の解明的な研究と専門用語

第17章 貨　　幣

を転換することから，われわれは同じ論拠に立って，比較的安全のうちに分析を開始することができる．

　3つの主要な要素が，資産保有の純利益を決定する場合に作用する．各資産は，直接的な満足ないしは，販売可能な産出量の生産能力の点からみた収益qを有する．それはまた持越費用cを有しており，それは資産を安全にしまっておくか貯蔵する必要から生じてくる．そしてまた，それは流動性打歩lも有するであろう．われわれは自己利率で論じているので，lは純粋な市場性——すなわち，その資産を何かほかのものと交換することの容易さ——を示している．これは，たとえば分割可能性といった，その資産に固有の特性によって決定されるのであり，それが売れる可能性のある価格によって決定されるのではない．「自己利率」，すなわち，ある特定期間資産を保有することに対する純収益率はそれ自身によって測定されるものであり，次のように

$$q-c+l$$

の合計である．これらは各々，その期間中の収益率と定義される．

　これらの「自己利率」を比較可能な単位に転換するために，価値尺度財として選択された，ある資産のタームでその資産の期待価値騰貴（あるいは価値減価）を示す要素aを付け加えることにしよう．もし貨幣が価値尺度財であるなら，aはその期間にわたる，資産の貨幣価格の期待変化を示すことになる．したがって，lプラスaは，損失なしに貨幣に転換することの容易さという，より一般的な流動性の定義に類似してくる．

　最終耐久消費財は直接的用役で測定した期待収益をもつ．その持越費用はおそらく高くなり，また貯蔵場所を提供する（家屋のような），他の資産の所有から独立ではないであろう．そのような資産の流動性は多様となる．つまり，骨董家具あるいは絵画にとっては，それはきわめて高くなるであろうが，世俗的な家庭用耐久財については低くなるであろう．

　1つの生産的な資本設備には，耐久消費財と同様，ありうべき収益の源泉が2つある．すなわち，その設備自体の再販売かそれともその生産物の販売

が，それである．生産に使用するための，1つの生産者資本を購入する決意をする企業は，投資に関する章で概説したものと類似した基準であるが，微妙に異なる問題にも適合するように修正された基準に基づいて購入する．投資の理論は，かつて「機械はそこでは無限にわれわれが所有したままであると仮定すると，いまどれだけの資本を購入することが有利となるか」という問題を提起した．いまや問題は，「この時点で，来年よりむしろ現在この設備を購入することから得られる収益は何か」とか「この設備を売却するか，それともスクラップ化するより，むしろその年にそれを保有しつづけることから得られる収益は何か」ということなのである[5]．資本の限界効率を展開するさいに，持越費用は無視された．そして，スクラップ価額がプラスになる可能性に言及することは，設備の流動性の考察に着手するのと同様に限定的なものにすぎなかった．ここでは，これらの要素を考慮に入れることにする．

他の1組の資産の選択には，次のようなさまざまな金融資産が含まれる．すなわち，実物資産への請求権（株式），あるいは将来の貨幣の引渡し請求権（債券），および「即金」がそれである．その収益は，明示的な収益をもたない貨幣の収益を除けば，（期待）貨幣総額である．金融資産の持越費用は実物資産の場合よりも低く，また流動性は高い．つまり，貨幣は完全にその流動性，すなわち他のものとの交換可能性のゆえに保有されるのである．

正味利益極大化の原則[6]から，消耗財の経常的な購入に必要とされない資源は，それらの純収益を比較することによって入手可能な各資産の間に配分されることになる．需要はその収益率が最高となる資産に向かうであろう．その即時的効果は，収益率が均等になるまで，平均を上回る収益率をもつ資産価格を引き上げ，平均を下回る収益の資産価格を引き下げることである．

生産された資産と既存のストック

ここでの話は，資産の一部が新たに生産可能な対象となる収益率均等の点で終わるわけではない．大部分の生産者資本は新たに生産可能であり，その

第17章 貨幣

過程は労働の雇用を伴う．これとは対照的に，この枠組の中で，資金の代替的用途として役立つ金融資産は，ある経済主体が借金したいとき，また進んで融資してくれる相手を見つけ出すことができるときには，いつでも拡大可能であるが，彫刻師，印刷工，およびその「生産物」を市場で売買する商人，銀行家などの業務の範囲を除けば，その拡張過程は総所得に貢献するものではない．しかし，金融資産の額面価値は，生産物あるいは資本への請求権にほかならない．その意味で，金融的請求権は「生産された資産」ではない．

単純化のために，金融的請求権の残高量は一定として扱うことにしよう．同様に，後に詳しく述べる予定の，追加的な理由によるものであるが，貨幣ストックを一定として扱うことにしよう．その場合，これらの資産は「非生産物」である．

その純収益率の有利な評価を反映して，生産された資産の価格が上昇するとき，その生産者が生産を拡大しようとする誘因が生まれる．もしある消費者が，その生産を誘発するだけの十分な価格のもとで，耐久資産を進んで購入するとすれば，消費財の生産量は増大するであろう．同様に，もし企業者が生産的な資産を「保有する」ことを十分価値あるものと考えるなら，彼は設備ないしは構造物を建造するために，その企業の労働者の一部を使用することを選択するか，それとも他の企業からそれを購入するであろう．その結果，資本の限界効率は，購入を意図する企業の側に，資産の保有意欲に対する基準を示してくれるが，それはまたその保有意欲に対する期待に基づいて，資産の供給意欲を資本の供給価格に具体的に示すものでもある．

コナード (Conard, 1963) は，最終的な使用ないしは再販売のための資産保有と，その産出物によって利潤をあげるための資産保有との間の概念上の相違を強調し，そして前者の収益を保有の限界効率，後者の収益を投資の限界効率（それは，われわれの資本の限界効率に等しい）と呼んでいる．これは，収益源がきわめて異なる場合にそれを区別するのに有益であり，後者は企業にのみ利用可能である[7]．しかし，同時にそれは生産者に対し，彼らが売却したいと考える対象である他の人々の側での保有意欲の意義をあいまい

なものにしてしまう．これが，投資と同様に消費にとっても，資産選択の「ストック」アプローチと所得発生との間の決定的な関係なのである．

　購入のタイミング：各資産ストックの間の選択によって表現されるのであるが，純収益率は，物が購入される理由と同様そのタイミングをも説明してくれる．もし貨幣保有の代替的方策がすべて貨幣の流動性打歩より低い収益しか生まないなら（貨幣の持越費用をゼロとして），その場合，今年は，貨幣は支出されるよりはむしろ遊休状態で保有されることになろう．その所有者は，その購入選択権を少なくともその期間中は開かれたままに保持する方を選好する．購入が行われるのは，翌年には現在所有する資産の純収益が貨幣の流動性打歩 l_m を超過する場合である．

　同様に，貨幣が貸付けられるのは，証券保有の純利益が l_m を上回るときである．証券の収益は「利子率」であり，事実上持越費用は存在せず，したがって，利子率が l_m に等しくなるまで貸付は続くであろうと結論しうる．それが l_m と均等に達したとき，それはもはや貨幣を手離す場合に生じる流動性の喪失を償ってはくれない．これは別の視点からみたケインズの利子論である．

　短期における収益率の低下：ところで，はじめにわれわれの注意を引いた市場期間よりも長期の「期間」における資産保有と産出量との間の関係がもつ含意を考察しておこう．市場期間では，物価は収益率を均等化させるように変動する．いま，特に好評な資産を生産するそれらの企業は，それらの資産を増産する誘因をもつことになる．この拡大には，一層高水準の雇用を伴う．その結果，もし完全雇用が達成されるべきだとすれば，生産された資産の収益と利子率との間の格差は，完全雇用に到達する以前に縮小させてはならないのである．

　いったい，なぜそれは縮小すべきなのであろうか．ケインズの回答は，利子率が生産された財の収益率と同じくらい急速に低下するはずはないと信ず

べき理由があるというものであった．これは次の2つに分けて分析することができる．すなわち，第1に，なぜ生産された財の収益率は低下する蓋然性が高いのか，そして第2に，なぜ利子率は相対的に低下するのをきらうのか，というのがそれである．

問題の第1の部分は短期と長期の両局面をもっており，そのうち長期だけが（『一般理論』）第17章で論議されているにすぎない．これは，「資産」が『一般理論』の他の部分における消費の定義に従って，耐久消費財を含むように定義されてこなかったためである．しかし，本書では「耐久性」基準（第3章を見られたい）が関連性をもつ．短期では（投資が行われているという事実にもかかわらず）資本ストックは固定されているから，資本資産の収益率は価格変化を通じて調整される必要がある．

さて，産出量が引き上げられると仮定しよう．しかしながら，追加消費財の生産は，それが販売されることまで保証しているわけではない．つまり，限界消費性向は1未満であり，CとYの間のギャップは，CとYが増加するにつれて拡大する．ここでの用語を使うと，消費財保有の限界効率は，保有高の規模とともに減少するが，その理由はそれら財用役の限界効率が低下するためか，あるいは貯蔵費用が上昇するためのどちらかである．かくして，消費財の産出量が大きくなればなるほど，これらの財の販売はますます困難となり，消費財産業における産出量と雇用をさらに拡大する価値はますます低下する．代わって，消費財産業が投資したり，資本財産業が他産業の設備需要を充足するために生産能力を拡大したりすることは一層有利ではなくなる．

短期において，完全雇用が達成されるか否かは，資本の限界効率を利子率に均等化させる投資水準に依存している．換言すれば，その水準が完全雇用をもたらすとすれば，それは偶然にすぎないことは，ずっと以前に立証されている．

第17章の方法論的逸脱を明確に示すために，短期の命題をこの章の枠組に移し換える作業が行われてきた．産出量が増加するとき，物価を引き下げ

る必要性は短期と長期のいずれにも妥当する．長期の顕著な特徴は，（投資を通じての）資本蓄積が，資本ストックにさらに追加した分の収益に影響を与えることが認められることである（その一部は，われわれがたったいま議論してきた物価への影響を通じて生じる）．

長期における収益率の低下：投資の章において，資本の限界効率は，短期の場合に妥当するように，ある資本量がすでに存在するという条件のもとに計算された．しかしながら，資産の限界効率は，その資産のストックが増加するにつれて低下する傾向がある．資産は稀少性がうすれ，その準地代は低下する．それを見るもう1つの方法は，蓄積の効果はその資産が生産するすべてのものの産出量を増加させることだ，ということである．したがって，その産出量の需要価格は低下し，そしてその資産にそれ以上投資をしても有利ではなくなるのである．

資産の限界効率の長期低下傾向は，実際上技術的変化によって軽減されるか，あるいは完全に相殺されさえするのであり，それによってある種の資本設備の生産性は改善されうるだけではなくて（事実，それはもはや以前と同じタイプの資本設備ではない），新規ないしは改善された最終生産物を提供することによって，需要の減退がてこ入れされることもありうる．技術変化は，資本の限界効率に与える蓄積の基本的な効果がしばしば忘れ去られるか，否定されてしまうほど，戦後最初の20年間はきわめて強力な要因であり，またケインズの議論のなかには技術変化が仮定されていないという事実は，その議論にとってその仮定が重要か否かを評価すべき対象と考えるよりむしろ，重要な弱点だとみなされた．しかしながら，技術変化は蓄積に不可避的に付随するものでもなければ，理論的に説明されるものでもない．つまり，成長論ではそれは外生的とみなされるのである．したがって，技術変化は，それが欠如する場合，限界効率の低下傾向を相殺する要因として記憶にとどめておくことがもっとも賢明である．

（資本財の）産出量が増加するにつれて，投資収益が低下する一般的傾向

を所与とすると，新たな純投資は結局，利子率が少なくとも資本の限界効率と同じだけ急速に低下していかなければ，停止してしまうであろう．そうすると，その経済は定常状態に落ち着くことになる．

残りの議論は，利子率がケインズが考えたように，完全雇用を可能にするには高すぎるある水準以下に低下することを阻止するさいに，貨幣に付与される流動性打歩の役割に関係がある．

利子率の下方粘着性

利子率は貨幣の流動性打歩との均等に向かう傾向があるはずだということが立証された．もし利子率 r が流動性打歩 l より高いなら，人々は流動性を手離し，その代わりに証券を購入する用意があり，またもしそれが流動性打歩より低いなら，人々は証券を売却するであろう．（このことは，これら両タイプの資産の持越費用が類似していると仮定することになる．）それゆえ，産出量が増加するとき，利子率に何がおこるかという問題は，原則として証券と貨幣のいずれの側からも分析が行われうるはずである．ケインズは形式に忠実に，貨幣の側から分析している．

現在との関連でみると，貨幣の重要な性質には2つある．すなわち，貨幣の「生産の弾力性」および「代替の弾力性」が「ゼロかまたは，いずれにしてもきわめて小さい」というのがそれである．前者の特徴には，いくつかの要素がある．貨幣は，貨幣当局と違って，民間企業によって容易に生産しうるものではない（あるいは，むしろできなかった）し，また金属貨幣と異なり，現代の貨幣の生産にはほとんど労働は必要とされない．貨幣の生産によって雇用されるような労働は，生産される貨幣量と密接に関連していない．つまり，10ポンド紙幣を生産することは1ポンドを生産するのと同様に容易である．貨幣の生産に労働を使用したなら，すなわち「もし貨幣を農作物のように増加することができるか，あるいは自動車のように製造することができるなら」，その産出量と財のストックが増加するにつれて，財の価格の

漸次的低下が労働を貨幣の生産に転用するよう促進し，その結果，労働の雇用は持続されることになるであろう．

ケインズは，供給の非弾力性は貨幣の本質的性質である（かもしくは，そうであった）けれども，それは貨幣特有のものではないことを認めている．その性質は，たとえば巨匠の作品とか土地のように，再生産不可能な資産にもあてはまる．労働はそれらの生産には転用されえないので，これら資産保有の限界効率を資本の限界効率と一致させるために，産出量の（長期的）増加が資本の限界効率を低下させる効果は，再生産不可能な資産の価格への上昇圧力を不動のものにしてしまう．

〔第2の性質は代替の弾力性が小さいということである．：著者挿入〕このことは次のような貨幣の特質から生ずる．すなわち，貨幣の効用はその交換価値のみから派生するものであって……その結果，貨幣の交換価値が上昇しても……それに代わって他のなんらかの要素を用いようとする傾向は存在しない． (*G.T.*, p. 231〔邦訳，229ページ〕)

かくして，ケインズは，生産された資産から生まれる収益は，その資産の産出量が増加するにつれて，低下するのに対して，貨幣保有から得られる純収益は低下しないと主張する．資源は貨幣保有にふり向けられる．貨幣は「購買力の流れを底知れず吸い込む湖沼」となりうる——完全雇用が達成されるまで需要が持続することは不可能である．

この議論は，非貨幣財の価格が低下して，より多くの販売が可能となると，人々は貨幣の交換価値が増大したために，代わってより多くの貨幣を保有することになるはずだと考えているようにみえる．だが，ここにはどこか間違いがあるように思われる．貨幣の効用はその交換価値からだけ生まれるという命題は議論の余地はないが，確かにそれは次のような金属貨幣を安定させる役割に関する説明の一部を成していた．すなわち，労働が金属貨幣の供給を増加するために転用されたとき，その結果生まれる貨幣は支出され，そして非貨幣財の生産による利益率は元通りになるであろう，というものである[8]．

第17章 貨　幣

　次の説明の1つは興味をそそるであろう．第1に，これはケインズが貨幣を支出活動から分離したもう1つの例である．つまり，消費計画は所得とともに変化するのであって，利用可能な貨幣とともに変化するのではなく，また投資の貨幣的な前提条件は明示されていないことである．もう1つの可能性は，産出量が着実に増加するにつれて，物価の持続的低下が生じるのは当然と考えられてきたことである．もし将来がこのように予想されるなら，財を購入するよりむしろ貨幣を保有しようとする誘因が明確になる．しかしながら，強調されるべきことは，その点がそのようなやり方で述べられてはいないことである．強調されているのは，「貨幣の場合には，それに対する需要がある値になると（すなわち，財の価格が十分に低い水準にないと：著者挿入）需要が他の方向にふり向けられて——レントを生む他の要素［供給が固定された財：著者挿入］の場合のように——他のものに対する需要となって殺到するということがないからである」（$G.T.$, p. 231〔邦訳，229ページ〕）ということである．それは現行価格への反応について強調しているのであって，期待についてではない．

　ケインズの議論の構成上，この点が貨幣を他の再生産不可能な財と識別するものと想定されているが，もし実際に識別するとなれば，それは疑わしい．それらの価格と足並を揃えて上昇することは，土地ないしは巨匠たちの絵画の保有から得られる収益が，それらの価格と足並を揃えて上昇することはまさにありうることである．もしそれらの価格が上昇しつづける見込みがあると仮定される場合には，このことは一層ありそうに思われるが，しかし「流動性」と同様に直接的効用をもつ対象物の場合には，安定的な価格期待でも十分であろう．

　不動産投機に関するエピソードが，土地もまた「購買力の流れを吸い込む湖沼」となりうることを証明してくれるであろう——ただし，実際には貨幣に関して疑わしいように，「底知れず」かどうかは疑問であるが[9]．こうしたエピソードの中では，土地に付着する流動性打歩のために，人々はいかなるありうべき直接的効用をもはるかに下回る収益を意味する価格を支払う用

意ができている．もしこの行動が持続されるなら，貨幣は雇用の弾力性をもたない資産につぎ込まれてしまう．同時にその貨幣はさまざまな貸付証券市場に接近することを阻止され，その結果あたかも貨幣が遊休状態で保有されるのと同じやり方で，投資を抑制することになる．

　もし土地とか巨匠の絵画がこの役割を果たしうるとしても，その可能性を疑う人はいないと思うが，その場合には貨幣の効用がもっぱらその交換価値から生まれるという事実は，貨幣供給量の相対的固定性によって立証されなかったのと同様に，貨幣の独特な性質を立証するわけではない．それは程度の問題である——つまり債券はその交換価値とその収入のために保有される（貨幣であれば，その使用のために保有される代わりに，それを使用することでも評価される）し，土地や絵画ならもっぱら（王家とかあるいは大学によって）使用するためか，もっぱら転売（純粋な投機）のためか，あるいはこれらの動機のなんらかの組合せの目的で保有されるであろう．これらの価値の源泉と流動性との間の関係については，もっと深く探究する必要がある．

流動性，一層の検討

　貨幣は常にもっとも流動的な資産で，「完全に流動的」な資産とさえ言われる．しばしばその意味は，貨幣が容易に市場性を有するということである．貨幣は常に何か他のものと交換可能である．しかし，ほとんどのものは市場性を有しており，家屋のように非流動的と評されるものでもそうである．もし価格が十分に低ければ，家屋はきわめて容易に売却されうる．家屋を「非流動的」にするのは，1つには適正な買い手を探すことによって得られるはずの価格を大幅に下回る価格の受入れが拒否されるためである．別の側面は，取引費用である．つまり，家屋の売却には売り手にとって不動産業者や事務弁護士への報酬がかかり，また買い手にとっては不動産譲渡手続手数料や印紙税がかかることである．

　「妥当な」価格を実現することが困難なのは，市場の「貧弱さ」に関係が

第17章 貨　幣

あり，それは家屋のような資産の場合，その非同質性によって一層困難となる．即時的な買い手を多くもつ資産は，典型的には，限界のところで熱心な買い手を探すのにより多くの時間を費やしても，著しく高い価格で売れるわけではないであろう．多くの金融資産は，十分に発達しかつ活発な「中古」市場をもっている．これら資産は家屋より流動的である．また資産の期限が短ければ短いほど流動的である．なぜなら，それは満期時の額面価額が実現される確実性が存在するばかりでなく，価格の変動性が，利子率のいかなる所与の百分率変化に対しても，長期証券に比べて小さいからである．

　これらの例からわかることは，流動性には3つの次元があることである．すなわち，確率，価格および時間の長さが，それである．完全に流動的な資産はその完全な価値を即座に実現するということで，確率は1となる．貨幣は，それが常に額面価額で受け取れられるという取るに足らない意味で，典型的な流動資産である．しかしそれは，常に1ポンド紙幣を他のものと交換することができる以外に何ごとも意味しないであろう．

　明らかなことは，同質の資産はすべて，それが額面でそれ自身の力で交換可能であるという意味で，完全に流動的だということである．その資産にはそれ以上のことがあるにちがいない．貨幣は，貨幣が伝統的な支払手段であるという意味で，額面価額で受け取られる．しかし，財の価格は変動しやすい．その結果，貨幣は，それで購入する財によって測定される場合には，完全に流動的とはいえない．その交換価値は確率的な問題である．ある財の価格が安定していればいるほど，その財によって測定した貨幣はますます流動的となる——もし価格が確実に安定しているなら，完全に流動的である．貨幣タームでみたさまざまな財の価格の変動性が一様でない限り，貨幣の交換価値に関する不確実性，したがって，その流動性の1つの側面は，究極的に所望される財に応じて異なる．

　貨幣以外の1組の資産は，それらの価格が同時に変動する傾向があるとき（たとえば，インフレ期間に同一の季節パターンか相互のタームでみた実質資産を共有する財），貨幣タームでみるより相互のタームでみる方がずっと

流動的となる可能性があることは容易に想像されうる．このことが示唆しているのは，流動性打歩 l と価格騰貴のターム a とは独立ではないことである．それらの相互依存性は，家屋は不動産市場が上向いている場合の方が，安定しているか低下しつつある場合よりも流動的であるという叙述によって理解される．もし a と l が異なるものではないとすれば，各々に付与される価値は，自己利子率を一定不変の標準に転換するため選ばれた価値尺度財の選択によって影響を受けることになる．価値尺度財の選択は，先に示唆したように，中立性の問題ではない．

貨幣が価値尺度財として選ばれるのは当然と思われる理由は，また貨幣の交換手段としての機能から生まれる，他の資産によっては表わされない流動性の一側面が生じる源泉でもある．ほとんどの財は貨幣と交換されるために，価格は典型的に貨幣タームで表示され，それが貨幣タームでの a の計算を適切なものにするのである[10]．しかし，貨幣の一般的受領可能性もまた真にその流動性に貢献している．許容しうる広範囲の資産が存在するために，貨幣の保有者は，最善の利点を獲得するために彼らが購入するもののタイミングと構成内容とをともに変化させることによって，交換価値の喪失を回避することができる．

この性質は，他の若干の資産のタームでみた相対価格が貨幣価格よりもずっと安定している可能性のある他の資産には欠けている．なぜなら，通常それら各資産の間では直接交換は行われないからである．むしろある資産がまず貨幣と交換に売却され，次にその貨幣が，所望の資産を購入するために使用される．それらの交換価値のために貨幣以外の資産を保有することは，常に次のような2つの不確実な価格を作用させることになる．すなわち，売却される資産の貨幣価格と購入される資産の貨幣価格とがそれである．この事実が，典型的に，貨幣とヨットとの交換価値よりも，たとえば家屋とヨットとの交換価値を一層不確実なものにするのである．

それらが交換価値をもつがゆえに，非貨幣資産を保有する場合に伴う取引費用と不確実性の増大とが，インフレーションが広範に予想される場合を除

いて，それらの流動性打歩を限定する．ほとんどの商品価格の上昇が予想されるとき，価値貯蔵として貨幣を保有することは明らかに望ましいことではなく，「代替の弾力性が低い」資産は実物資産にシフトする可能性がある．つまり，貨幣がその交換価値のためにのみ保有されるという事実によって，貨幣に対して「購買力の流れを底知れず吸い込む湖沼」やその収益が低下する速度のもっとも遅い資産としての独特の役割が立証されるわけではない．このことは，今日考察すべき重要な課題であり，われわれはそれを後ほど検討することにしよう．

粘着的賃金と流動性打歩

ケインズは，「貨幣表示の賃金が比較的粘着的であるという期待は，流動性打歩の持越費用を超える額が貨幣の場合には他のいかなる資産の場合よりもいっそう大きいということの必然的な結果である」(*G.T.*, p. 238〔邦訳，236-7ページ〕）と述べた．このことは，物価や賃金がこれまで決して安定してこなかったし，また貨幣への信頼が低下して，その流動性打歩が他の資産よりすぐれている領域を狭めてきた，最近の歴史に照らしてみると，興味ある命題である．前節の議論で暗黙的に示されたのは，ある資産の流動性打歩が，それと交換される可能性のあるその資産によってみた，財の価格の安定性に依存していることである――あるいは，ケインズが述べたように，貨幣の流動性は，産出量が拡大したり縮小するときには，産出量の価値は他の財のタームでみるより貨幣タームでみた方が変動が小さくなるという期待に依存している．この性質が貨幣に付与されるためには，2つの条件が満たされねばならないと，ケインズは主張した．すなわち，貨幣賃金は粘着的でなければならないことと，貨幣の持越費用が低くなければならないこと，がそれである．

見たところ，これは特別な論法のように思われる．というのは，第1の条件は議論を循環させるものであり（つまり，粘着的賃金は流動性打歩が貨幣に付与されるための必然的な結果であり，また前提条件でもある），また第

2の条件は，lとcを区別する属性を不鮮明にするからである．しかしながら，ここで研究すべき興味ある点が存在する．

第1の点に固有の循環性は，貨幣の性質に関してあれこれと頭を悩ませてきたすべての人にとってなじみがあるはずである．ある資産が「貨幣である」ためには，広く受入れ可能なものでなければならない．ある資産が広く受入れ可能となるのは，それが流動的だと信じられるからである．それが流動的であるのは，まさにそれが広く受入れ可能だからである．この議論が循環的であるからといって，その妥当性が低下するわけではない．貨幣の特性は自己増殖的なところにある[11]．引き続いていえば，貨幣は，貨幣価格が相対的に安定していることが期待されるとき広範囲に受け入れられうるものであり，また賃金に関する話もそれによって決まってくる．賃金は（一般的に）費用の中でもっとも重要な構成要素であるがゆえに，物価は賃金と結びつけられる．賃金が（失業が存在するために）産出量の変化に反応しないとき，産出量水準の変化は，収穫不変が存在しない場合に限って[12]，物価に影響を及ぼすであろう．もし産出量の変化が賃金を変化させる（か，あるいは，それと同時に生じる）なら，物価の変動は激しくなり，労働者は貨幣タームでの賃金契約を進んで受け入れなくなり，そして実質タームで賃金を固定しようと試みるであろう——すなわち，貨幣賃金に関して労働の供給曲線は安定的ではなくなる．労働者が賃金を実質タームで固定しようと試みれば試みるほど，費用と，それゆえ物価とはますます変動し，また貨幣はますます流動性を失うことになろう．

もしその変動が，インフレーションが存在するかデフレーションが存在するかではなくて，どの程度のインフレーションが存在するのかが唯一の問題であった1970年代のように，主として一方向で生じるなら，貨幣はさらに一層大衆の信頼を失うことになる．すなわち，「価値標準が生産の弾力性の高い商品である場合には，将来における産出物の貨幣生産費が比較的安定しているという期待を，大きな確信をもって抱くことはできないであろう」(*G.T.*, p. 237〔邦訳，235ページ〕)．その結果，賃金交渉においてインフレ

ーションを予想しようとすることになり，その結果利潤と流動性の圧縮を引き起こす．もしその圧縮が貨幣の拡張によって緩和されるなら，インフレ予想は実現するとのあらゆる見通しが行われ，確信はさらに大きなダメージを受けよう．だが，交換手段および支払手段として確定した貨幣を侵害することは，きわめて異常といってよいほど困難であるために，価値の貯蔵としてのその役割に与えるダメージは，「貨幣利子率からとげを奪う」($G.T.$, p. 238〔邦訳，237ページ〕）ほど十分ではない．

　交換手段としての貨幣の代替物を見出すことが，きわめて困難であるという理由の1つは，各代替資産がそのような低い持越費用をもつものではないことである——それは，われわれをケインズの第2の論点へと導く．貨幣タームで賃金を固定し，価格予想（安定性への期待を含む）に基づいて交渉することは，実質賃金を確保する遠回りなやり方であると考えられるかもしれない．直接的な方法は，交渉しかつ賃金財で給与を受け取ることである．この代替案を採用する際の主たる障害は2つある．それは，直接的な物々交換についての高い取引費用と，ほとんどの財の高い持越費用である．個人の間では嗜好が異なることを前提とすれば，賃金財の束は誰をも満足させることはできないであろうし，また取引は行われないであろう．その結果として生まれる取決めのまずさを見分けることは，貨幣取引と対比すると容易である．そして「貯蓄」したいと考えるときこれらの財を保持することは，質的漸減と貯蔵費用に起因する損失にその財の所有者をさらすことになる．取引費用と持越費用とはともに賃金の支払いにおける賃金財の受入れ可能性を低下させ，したがってまたその流動性を低下させる．かくして，lとcは，lとaがそうであるように，ある程度相互依存的なのである．

弾力的貨幣供給の性質

　ケインズの議論が依存する貨幣の性質は，もっぱら貨幣だけかそれともあらゆる状況で貨幣に付随するとは限らない．とくに，もし貨幣の供給がそれ

ほど非弾力的でなく，したがってインフレ的な状況や期待を支持するとかあるいは創造する場合には，おそらく流動性打歩は実物資産にシフトするであろう[13]．

ほとんどすべての国の貨幣組織は，現在では国際通貨「制度」も同様であるが，その物的供給が非弾力的な金あるいは他のすべての資産との結びつきも完全に存在しない．このことは明らかに前進への一歩であるとみられた．つまり，金本位制は，新たな金の供給量が発見された時代には変動しやすく，またその他の時期は，計画にしたがってそれを機能させた場合には（頻繁にというわけではなかったが），それは産出量の拡大を抑制する役割を果たしたのである．とくに，輸出主導型成長の場合には，当然相手に競争させない価格が目的であった．誤った交換比率のもとでの金の供給の非弾力性が失業の長期化を可能にしたのである[14]．

時間を所与とすると，非弾力的貨幣の制約は，歴史が証明するとおり，克服されうる．つまり，それは金の代替物が創造されることであった——それは，第1に紙幣（もともとは，金への請求権であるが）であり，つぎは銀行預金（これは，はじめは鋳貨，それから紙幣への請求権となった）である．最後は，広範囲の金融仲介機関の債務（銀行預金への請求権）が流動性に寄与してきた．しかしながら，これらの金融革新(イノベーション)は典型的には急速な産出量と投資拡大のニーズから生じたものであって，停滞状態にある経済のニーズから生じたものではない．それらのタイミングは，失業を扱うさいには何ら役に立つものではなかった．

この点で，ケインズが言及していながら展開していない供給の非弾力性に関する側面が重要となる．つまり，それは，民間部門は貨幣供給量の変化を引き起こすことができないか，あるいはおそらく時期が最善でない状況の下でその変化を引き起こすか，のいずれかの事実である．明らかに，民間部門が金融革新を引き起こす原因となってきた．問題は，誘因，つまり貨幣と信用を拡大するか，それとも新しい金融機関を創設することの有利性が，もっとも必要なスランプ期に欠如していることである．いずれにしても，革新に

第17章 貨　幣

は通常長い時間がかかりすぎる（ただし戦後，貨幣機関は雨後のタケノコのように増加してきたけれども——そしてあるものは有害なものでもあることがわかったが）．短期的には，民間部門は，現存の金融機関に貨幣供給量を増大させる方法——たとえば，銀行信用を需要することによって——を探求することに限定されている．

　スランプ期には，銀行信用をやかましく要求するものは誰もいない．なぜなら，投資の前途は明るくないからである．たとえ彼らがやかましく要求したとしても，銀行経営者は，彼らが通常評価する以上にリスクを悲観的に評価しているであろう．利潤動機は，銀行に適用される場合，景気期待の上下動を軽減するよりむしろそれを強化するように働く．

　民間部門は景気の上昇期には貨幣供給量を変化することができるであろうが，それも銀行の支払準備の限度内のことにすぎない．原則として（また実際にも，ある時期と場所において），支払準備は通貨当局によって強く影響される可能性がある．もし当局が金融引締政策を（成功裡に）続けるとすれば，その場合には（矛盾なく——またかなり狭義に——定義された）貨幣供給量は，事実上，民間部門が統制できないという意味で，きわめて非弾力的となる[15]．これが，ガーレイとショー（Gurley and Shaw, 1960）が「内部」貨幣と「外部」貨幣を区別したことの主旨であった——ここで，内部貨幣とは民間部門の負債に対比して創出されるすべての貨幣，すなわち，民間部門によって操作可能な貨幣のことであり，そして外部貨幣とは民間負債以外のすべてのものに応じて，政府あるいは銀行のいずれかによって供給される貨幣のことである[16]．

　民間部門には外部貨幣の供給量に直接影響を与える能力はなく，また内部貨幣の供給量に影響する能力は，短期には貨幣政策によって制限されるであろう．これらの事実は，当局に対し供給の非弾力性についての疑問を投げかけ，当局は銀行業務の国際化以前に，もし当局が望めば現代の貨幣供給量を金と同じくらい非弾力的にすることもできるであろうが，それとはまったく反対に，その供給を民間部門の需要に完全に適応させることもできるであろ

う．管理通貨は，これらの両極端を回避する，賢明な政策の実行を通じて，貨幣を循環的に変動させるかわりに，反循環的に変動させることも可能であるとの見通しを与えた．

金の採掘や国際収支の気まぐれな変化から貨幣を解放したために，貨幣当局に良かれ悪しかれ貨幣への大幅な影響力が残されることとなった．貨幣政策の若干の可能性については，第18章でより細かく検討される．ここで一層重要なことは，貨幣構造の変化によって可能となってきた，供給の非弾力性の度合の低下の含意を論じることである．もちろん，この可能性は完全に仮説的なものではない．つまり，ほとんどの西欧諸国の貨幣供給量の数字が戦後強い上昇傾向を示してきたことである．貨幣当局はいまや貨幣の増加率を統制することに関心をもっている．物価もまた，若干の目ざましい年々の観測結果をもった上昇傾向を示している．われわれが当然のことと考えがちな，これらの現象は，歴史的に展望すると，平和時にあってはきわめて異常なものである[17]．不動産や外国為替の面での投機および通貨改革へのさまざまな提案は，貨幣への信頼が強くないことを示唆している．ここで貨幣に帰属する流動性打歩が他の資産にシフトするという，上述の分析の含意は何であろうか．利子率はどのような役割を果たすのであろうか．

ケインズの分析は次のような推論を示唆するであろう．すなわち，最高の流動性打歩を付与される資産が投資への標準を設定するが，その理由は，この資産より低い収益率をもつ資産への投資は無意味となるからである．その資産の流動性打歩も最低利子率を設定する．というのは，安定した物価のもとでは，証券を貨幣よりも流動性が低いために，魅力の少ないものにした不確実性が，いまやあらゆる貨幣資産にも付随しているからである．不確実性の主たる対象は，いまや利子率ないしは貨幣タームでの資本還元価値に代わって，物価ないし実質タームでの資本還元価値なのである．その利子率が，実物資産に比較して金融資産のより低い持越費用と取引費用に対して調整される，物価変動予想と利子率の変化のリスクの双方を補償しないような貨幣表示形態では，貨幣自身を含めて，いかなる資産も保有されないであろう．

第17章 貨　　幣

　これはわれわれが観察してきたものとは異なる．利子を生まない貨幣は引き続き保有されており，また，戦後，異常なほどの長きにわたって，証券や株式でさえ実質利子率は負であった．

　負の実質利子率を，インフレ率の過小評価のせいにすることも可能であろう．それはおそらく多分その通りであるが，理論家としてはそれで満足するというわけにはいかない．

　理論的な問題は，第17章でケインズが採用する「ポートフォリオ」アプローチであると私は確信する．他のものの中でも，このアプローチは資産保有の決意を単一期間に行うものとするために，結果として，特定の期間に対して定義されうるにすぎない，あらゆる収益率が比較可能となるのである．期間の長さは任意である．

　任意の単一期間は，インフレーションにおける貨幣分析を極端に混乱させる．たとえば，1年にわたる貨幣の流動性は，各賃金支払いの間の，週にわたる貨幣の流動性とは，それが同じインフレ状況においては，同一貨幣であるとはいえ，きわめて異なる．しかしながら，もし1年間物価が安定していると予想されるなら，この2分法は生まれない．後者はケインズの世界であり，前者はわれわれの世界である．

　2つの期間も，伝統的貨幣理論における，貨幣の異なる機能に対応している．つまり，所得期間は，取引需要と他の貨幣用途との間の境界を明確にする．繰り返される，日々の取引に使用される貨幣は，典型的には他の資産と競合しないし，またおそらく目立つほど証券の購入には利用できないであろう．それゆえ，利子率に対するその影響は間接的である．つまり，取引の必要が，投機的目的から保有されうるはずの貨幣を吸収してしまう．

　理論と実証的証拠のいずれも[18]，貨幣組織が完全に統制されなくなるまで，何らかの流動性打歩が引き続き貨幣に付随するであろうことを示唆している．というのは，たとえ貨幣をより長期にわたって保有するために流動資産としての魅力の一部を失う場合でさえも，貨幣は日々の取引においては流動的だからである．

価値の貯蔵としての貨幣および流動性打歩に関連する，資産保有の視野は無限の長さに及んでいる．それは，定義によって所得期間よりも長いが，それと投資を支配する視野との関係は，ケインズの主張にとって重要なものである．疑いなく，貨幣的資産保有の視野はより短いであろう．なぜなら，それと関わりをもつのは予備的保有と投機的保有だけだからである．長期の貨幣保有はありそうもない．他方，多くの投資計画の視野よりもずっと長期間にわたる貨幣表示資産を保有する可能性は，たとえば，人が退職のためにコンソル公債で貯蓄する場合のように，たとえ現在は奇異にみえても，完全に現実的なものである．

　時間的視野がきわめて変動しやすい場合，純利益と適正な実質収益率の両方を計算することには少々疑問が残る．しかし，まったく疑問だというわけではない．なぜなら，ポートフォリオ理論によって採用される，単一化された時間的視野には，私がまさに指摘してきた弱点と同様に強みもあるからである．その強みは，資産の売買によって，人びとがそのポートフォリオを変更する能力をもつことと関係がある．人は全く「閉じ込められる」わけではないのである．

　他方，ある資産の選択はかなりの程度人を閉じ込めてしまう．つまり，気まぐれで家屋とか企業を売買するなどということは容易なことではないのである．株式をそれが代表する企業とほぼ正確に等価なものとして扱うことによって，ケインズはきわめて重要なものを見落しており，またその後のポートフォリオ理論もこの点でケインズに追随してきた．

　多くの場合，人が「閉め出される」ケースもそうである．個人のポートフォリオ選択は，典型的に資産の全範囲をカバーしてはいない．ポートフォリオの観点からは，きわめて裕福な人々だけが実物資本と金融資産の間の関係を用意するにすぎない．（ほとんどの人々にとって，「タイムズの株を買い取ろうか，それとも優良証券に投資しようか」などといった会話が朝食の話題の冒頭にくることはないのである．）負の実質利子率の説明の大部分が見出されるとすれば，それはこの点であると私は確信している．

第17章 貨　　幣　　441

　負の実質利子率が示唆しているのは，インフレーションが，貨幣によって設定され（ケインズの分析は，結局供給の弾力性の低い貨幣供給量に基づいていた），かつ明らかに他のいかなる資産の収益によっても置き換えられない，金利障壁を破壊してきたことである．しかしながら，名目利子率はもはやなんの重要性ももたない，と結論づけるわけにはいかない．

　その重要性は，ポートフォリオ・アプローチよりもむしろ資金循環的観点から評価される方が適切である．投資を意図する投資家の借入れニーズという観点からみると，貨幣が支払手段である限り，利子率はその重要性を保持している．投資資金を供給するために見出されるべきものが貨幣であり，また，もしそれが借入れられるとすれば，期待利潤は利子を含む返済をカバーすべきか，あるいは同様に資本の限界効率が少なくとも利子率 r に等しくなければならない．しかしながら，計画した投資の資本の限界効率もまた少なくとも流動性打歩を生む資産に等しくなければならない．なぜなら，さもなければ賢明な買い物は，その資産であって，計画した投資ではないことになるからである．

要　　約

　古い難問が残っている．すなわち，それは金融機関をいかにして機能させるべきか，という問題である．もし紙幣と預金が，供給が非弾力的な金のような役割を負わされるなら，人口成長，技術進歩，あるいは世界貿易の拡大といった外的刺激が欠如する場合には，完全雇用が達成される以前に貨幣組織は疲弊し，停止してしまう傾向が存在するからである．もし貨幣の供給制約が除去され，ついで，貨幣に労働者の実質賃金期待と企業の利潤期待とを実現するがままに放置するなら，インフレーションが発生することになる．貨幣的拡張に対して固定的ルールを採用するという第3の選択肢[19]は，インフレーションが自由に起こることを認めない限り，完全弾力的な供給という厳格さを回避しうるか，それともまさにその予測可能性によって，結果と

して，物価と賃金の変動に完全に吸収される貨幣的変化を生むことが可能であり，したがって，それは，計画をたてた，実質産出量の成長に必要な弾力性を用意することはできなくなるであろう．自由裁量的政策は，貨幣的変更の実施時機を決定できるという弾力性があるがゆえに——事実，まさにその予測不可能性によって——貨幣的変更のインフレーション的影響を（流動性選好が期待に反した反応をしないかぎり），確実に最小化しうるはずである．自由裁量的政策の歴史は，それを奨励するものではない．このため，一部の人たちは当局を統制するためにルールの採用ないしは金本位制への復帰に賛成しているが[20]，一方別の人たちは，貨幣的諸問題のいかなる側面への国家権力も除去することに賛成しており[21]，また一部の人たちは，インフレ的な貨幣的拡張が有利でなくなるようにする，巧妙な制度を考案している[22]．金本位制と自由な銀行制にもそれぞれ欠点はあったのである．

私の考えでは，積極的政策は依然として最善の選択肢であると思う——もしそれがより長期に実行可能であるならの話だが．われわれは次章において，貨幣当局を適切に使いこなすという問題に目を転じよう．ただし，その後の章では，貨幣組織の発展の現状の中で，多くの統制が行使されうるかどうかを問題にする．

注

1) もっとも極端な評価は，ハンセン（Hansen, 1953, p. 159〔邦訳，199ページ〕）によるものである．すなわち，「『一般理論』の刊行直後には第17章にはある魅力があったが，それは一部は疑いもなくその曖昧さにもとづいていたのである．然し，此の章が何等金鉱を含んでいないことが判ってからは此の地域を掘り返すことはじきにやまった」．
2) ケインズでさえそう言った．G.T., p. 306〔邦訳，306ページ〕を見られたい．
3) とくに，Conard (1963, 第8章) を見られたい．現在の解釈の大部分はそれに依存している．
4) とくに，Lerner (1952) と Turvey (1965) を見られたい．

第17章 貨　幣　　　　　　　　　　443

5) それこそは，設備の予想耐用年数を通じて一連の準地代，あるいは粗利潤よりむしろ単一の q がここでは適切である理由なのである．
6) 私は「効用極大」については述べてこなかった．なぜなら，貨幣理論に関する多くの著者たちは，あたかも何の困難もないかのように書いているが，流動性資産は効用分析とはうまく適合しないからである．
7) それはまた，純収益率の計算にふさわしい基礎を明らかにしている．「生産されない」資産のケースでは適切なのは市場価格である．「生産される」資産の場合には，市場期間よりも「長期の」ものでは，置換費用ないしは供給価格が適正な基礎である．
8) たとえば，Burstein (1963) の扱い方を見られたい．
9) ケインズはこの可能性に注目している（G.T., p. 241〔邦訳，239ページ〕）が，それは過去の歴史においてエピソード的に生じた現象としてである．そこには，それが再現する可能性を示唆するものは何もない．
10) 貨幣の情報伝達的役割を強調する経済学者たちは，各財の間の直接的な相対価格がめったに計算されることがないという理由に基づいて，この事実を貨幣価格についての確実性の増大と結びつけるであろう．直接的相対価格は，もし貨幣価格がきわめて可変的となるなら，計算されるであろう（あるいは，そのときそれは計算される）．
11) Chick (1978) を見られたい．
12) いまや，他のすべての主要費用は賃金に結びつけられていると仮定しよう．
13) 「貨幣……も，もしその将来における供給が急激な変化を蒙ることが期待されるなら，「流動性」の属性をたちまち喪失する」（G.T., p. 241, n. 1〔邦訳，240ページ注1〕）．
14) 「金を価値標準として用いるのにとくに適したものにしていると伝統的に考えられてきた性質，すなわちその供給の非弾力性こそが，まさに困難の根底にある性質にほかならないことが明らかになった」（G.T., pp. 235-6〔邦訳，234ページ〕）．
15) 銀行はより多くの準備金を手に入れるために，通貨および預金に対する民間部門の選好を巧みに操作することが可能となろう．かなり最近まで，そうした余地はやや限定されていた．
16) たとえば，銀行の政府債券の購入，外貨準備の変化，あるいはより多くの紙幣の印刷などである．
17) 表7.1（本訳書，214ページ）が提供するより詳細なデータについては，Mitchell and Deane (1962) を参照されたい．1300年以降のイギリスの物価動向に関する劇的な図表（チャート）については，Pearce (1982) を見られたい．
18) ハイパー・インフレーションの研究は，貨幣がきわめて高いインフレ率の下

での賃金や消費財に対する支払手段として使用されつづけていることを示している (Cagan, 1956).
19) この考え方は，ヘンリー・サイモンズ (Simons, 1936) が創始したものであり，一般的にはマネタリストたちによって支持されてきた．
20) 金本位制の支持グループは，合衆国でここ2～3年活発に活動してきた．イギリスでは，その立場は Morgan and Morgan (1979) によって提起されてきた．
21) たとえば，von Hayek (1976).
22) Pearce (1982).

第Ⅴ部　政策問題

第18章　政策的含意：貨幣・財政政策

　「ケインジアンの経済学」が政策的処方の，ある集合として理解されているのに，『一般理論』には，政府の政策への理論的含意にほとんどスペースが割かれていないのは奇妙な皮肉である．政策が特定の状況に合わせて設計されなければならず，また理論も広範囲の状況を網羅していたときには，政策を強調しない方がおそらく賢明だったであろう．

　しかしながら，1940年代と1950年代における政策的含意が展開される中で，歴史的状況に政策を依存させることは強調されなかったために，それが結果を悲惨なものにした．つまり，経済は「安定化」され，成長は総需要水準の変更を意図した政策——主として政府支出と課税の変動——によって促進されるということが，確立した「ケインズ的知恵」となり，一方貨幣政策は1930年代や1940年代後半の特殊な状況ばかりか，一般的にも，無力なもの，つまり「貨幣は重要ではなかった」として放棄された．

　これは，貨幣は「重要である」との主張のために「マネタリスト」として知られるに至った，主としてシカゴ大学と関連をもつ経済学者たちによって，異議が唱えられるまで，多かれ少なかれ，ケインジアンの教義となっていた．機械的な実物産出量乗数がそれほど重要とはみなされず，またケインズの政策に関する論評の歴史的背景が考慮されていたら，今日では解決されることなく他の方向を取っているが，この問題についての長くて，やや不毛な論争は決して行われる必要のないものであった．

　その背景には，ケインズが執筆していた当時支配していた一般的状況ばかりか失業の緩和という，特定の政策問題も含まれている．「ケインジアン」

の政策の方がはるかに一般的かつ包括的な目的に妥当する．失業が明らかに深刻である場合には，それは雇用の増加という目標からまず第1に失業の発生を阻止するという目標（「安定化」）に至る，短いが決定的な前進を示している．また，1960年代までのように人口が増加しているときには，第2の目標には，増大する雇用のニーズに応えるために，資本ストックの増加が必要であることが理解される．

いまや安定と成長は価値ある政策目標であるが，それらは1930年代に緊急な解決を要した問題よりはるかに徹底しており，それらの達成に最も有効な政策は，ケインズが直面した問題に最もよく適合した組合せと同じものとは必ずしもいえない．きわめて少なく見積っても，経済の一般的特性（たとえば金利水準，価格期待，組合の動き）は経済の変動を通じて，また資本蓄積につれて変動するであろう．西欧は相対的に資本が豊富であるばかりか，貨幣組織の性質も全体に変化しており，その供給者との力関係も変化してきたことが一層はっきりした．近年，「ケインズ主義」に対して幻想が惹起されてきたのは，「ケインジアン的」な政策がまったく意図しなかった世界に適用されてきたという事実によるものである．

政策へのこの幻想の結果，ケインズの理論まで「ケインジアン」の政策に沿って捨て去られる可能性が強い．それは残念なことであろう．なぜなら，適切な修正と拡張を施せば，その理論は提示された，多くの代替理論に比べてもずっと有益だからである．

ケインズが解決しようとした問題の特徴を思い起こしてみよう．つまり，それは10年以上に及ぶ，改善の見込みのない高い失業，失望した企業家たち，超過能力は大きいが全般に不十分にしか企業に資本供給されない経済，がそれである．

> ……住宅は不足していながら，それにもかかわらず，だれも現に存在する住宅に住むことができないという状態……
>
> （$G.T.$, p. 322〔邦訳, 322ページ〕）

雇用を改善するには，有効需要（有効であって，集計値ではない）D を

引き上げることが必要であった．原則として，このことは Z を低下させるか D を引き上げるかのいずれかによって達成することができるであろう．しかしながら，短期的には，Z を低下させる唯一の方法は賃金を引き下げることであり，それは D へのフィードバックを考慮した後ではたぶん無効であるか，反生産的ですらあったであろう．

D を引き上げる方法には2つある．すなわち，消費性向を変更するか投資を変化させることである．前者は所得再分配を通して可能となろう．ケインズはブームが動揺しはじめるとき，そのブームの維持のためにこの政策を擁護しているが，おそらくいかなる顕著な効果を達成するにも，あまりにも大きな変更が必要となるであろうという理由から，彼はスランプを考える場合にはそのことに言及していない．

したがって，われわれは投資に注意を向ける．この場合には，投資を促進する方法として，実際には利潤期待を意味する資本の限界効率の引き上げか利子率の引き下げ，の2つが考えられる．

しかしながら，利子率がすでに，かつてと同様の水準に低下している場合には，そこで変化が生じる見通しはほとんどなく，既存設備のかなりの不完全な利用がある場合，期待を改善しても投資を引き上げられる見込みは大きくない．近い将来に残された可能性は，潜在産出量と，政府支出による経常需要とのギャップを埋めることだけである．

支出の即時的効果は直ちに雇用を助け，失業補償費を逓減させることであろう．当初の支出によって誘発される消費（乗数効果）はさらに雇用を改善し，所得が十分増加すれば，おそらくそれは若干の租税を増加させるであろう．そのため，赤字は表面上ほど（政府にとって）高価なものとはならないであろう．また，物価への影響は，そのようにきわめて低い産出量水準の下では，最小にとどまるであろう．

比較的わずかな希望ではあるが，所得の上昇は投資の回復が結果的に起きるよう，十分に企業者の期待を変化させる可能性があろう．

それがケインズのアプローチの広義の論理であった．その要因はすべて政

策立案者が直面する状況の特質に依存していることは明らかである．ケインズ主義と関連した評価——つまり財政政策は有効であり，貨幣政策は有効ではないこと——は，一般原理としての正当性は立証されなかった．

この一般化が幅をきかした理由を考えてみることは興味あることである．私が考えるには，独立支出に対応する金融要因が乗数過程で果たす役割はないという考え方が根本的なものであった．第14章の議論を想起していただきたい．そこでは金融上の含意に関する検討が行われた．たとえさまざまな金融形態の利子率に関する帰結を提起しなくても，その議論はかなり誇張したものとなり，したがって政策立案者としてではなくても，理論家として金融を無視したいという願望には共感できる．

政府支出とその資金調達とを別々に考案することでえられる1つの帰結は，政策選択について論じる場合の，言葉と含意の微妙な変化であった．ケインズは「公共事業」について語り，ケインジアンたちは「財政政策」について語ったのである．

「公共事業」という言葉は，定期的支出とは区別されるものとして，特別な状況の下で企図される政府支出を意味する．「財政政策」には，財政政策の拡張面を示す，財政支出 (G) と，抑制面を示す課税 (T) とが含まれる．いずれも安定政策上の役割を果たすことから，より広義の用語である財政政策が使用されるようになった．しかしながら，その変化と並行して，G とか T に付随した資金源とか資金の用途にかかわりなく，財政政策として G とか T を含むすべてが同一視されるようになった．それとは対照的に，ケインズは彼の「公共事業」に対する資金源についてはきわめて具体的であった．つまり，新しい貨幣がそれである．

貨幣供給量の変化を含むいかなるものも，マネタリストにとっては貨幣政策とみなされるであろうが，ケインズは貨幣政策について語る場合には金利に影響を及ぼすことを意図した公開市場操作政策を明らかに意味していた．1950年代と1960年代のケインジアンたちは，流動性および信用供給ないしはそのどちらかに影響を及ぼすための，銀行準備金とか支払準備率の変動の

第18章 政策的含意：貨幣・財政政策　　　　451

ようなものを貨幣政策に含めた．

政府の「予算制約」

　上記のことは，政府の損益計算書と貸借対照表の枠組の中で体系的に扱うことができる．政府の収入は課税から生まれる．租税収入を超過する支出は，すべて借入れないし新たに創造された貨幣でまかなわれる必要がある[1]．使い慣れた記号でこの考えを示すと，次のようになる．

$$G - T = \Delta B + \Delta M \tag{18.1}$$

ただし，ΔB はここでは政府債券の変化を示す．この式は，支出を賄う十分な資金が存在しなければならないことを表わしている[2]．それは借入れと，同時に支出による購買力の創出の可能性がある場合，および租税収入が初めにわかっていない場合には，逆説的な名称と思われようが，通常それは政府の「予算制約」と呼ばれる．それは損益計算書のような，資金の流入と流出との間の完全に事後的な関係（第3章を見られたい）なのか，それとも金融上の含意が認識される，首尾一貫した計画を表わすか，のいずれかである．

　その場合，過去の政府の施策の残滓が存在する．つまり，国債と貨幣残高がそれである．それらの比率は公開市場操作（ないし国債管理政策）によって変更可能であり，その金額は，支出への資金供給の結果生じるその増加分，ならびに国債ないし貨幣のいずれかを回収するために純余剰金を使用することによって，変更することができよう．したがって，請求権残高の貸借対照表は損益計算書によって影響を受ける．

　いかなる現実の政策も，以下のように，貸借対照表と損益計算書によって定義される，純粋に可能性のある手段を混合したものになるであろう．すなわち，

(1)　$G - T = 0$　　　均衡予算
(2)　$G - T = \Delta B$　　借入れによってまかなわれる赤字，または公債を回収するために使用される黒字

(3)　$G - T = \Delta M$　　新しい貨幣によってまかなわれる赤字，ないしはその経済から貨幣を吸収するために使用される黒字

(4)　$-\Delta B = \Delta M$　　公開市場買操作（売操作は $+\Delta B$）

空想的な考えをもった人にとって考えられる，いま1つの可能性は貨幣供給量の「純粋な」増加である．何かと交換に貨幣を導入することは，他の事情が一定であればの議論の純粋性を形成することであるから，ヘリコプターで経済に貨幣が投下されたと想像してみてはどうか，との示唆が行われてきた．

(5)　ΔM　　　　　　「純粋な」貨幣の増加

このヘリコプター政策は，過剰流動性の時代のフーバーの政策によって補足することができるであろう．

ケインジアンたちは G と T に期待し，それらを含む政策を「財政的」と呼び，そしてその他を「貨幣的」と呼ぶ．その結果，上の(1)～(3)は財政政策で，(4)だけが貨幣政策とみなされる．彼らは(5)は支持しない．マネタリストはいわば方程式の他の側面に注目し，ΔM を含むすべて，たとえば(3)，(4)および(5)を貨幣政策とみなす．他のすべて，すなわち(1)と(2)は財政政策である．ケインズは，公共事業を推奨するとき，(3)を明示し，(4)を貨幣政策と考えた．これらは表18.1に要約されている．

(3)に妥当するものが(4)とか(2)にも妥当する必要はないことは常識であろう．貸借対照表の両側をみることが重要である．そして，相互に意図を誤解して話している余地があることは，政策の(3)を考察することから十分明確となる．(2)+(4)=(3)となることにも注意されたい．

この語義上の紛糾が生み出す混乱を例示するために，貨幣供給量を抑制す

表 18.1

	財政政策	貨幣政策
ケインジアン	(1), (2), (3)	(4)
マネタリスト	(1), (2)	(3), (4), (5)
ケインズ	(3)	(4)

第18章 政策的含意：貨幣・財政政策　　453

る目的で政府支出を削減する政策を考えてみよう．（どうやら，現在のイギリス政府はその政策を示している．）貨幣供給量が増大傾向をもつ時期には，利子率の引き下げは，もっと安定した時期の M の減少に等しい．したがって，この政策は，デフレーションの方向で効果を発揮する政策(3)にほかならないことがわかる．

　それは，貨幣供給量の伸び率を削減するという，表面的な目的をもつためにマネタリスト的政策と呼ばれる．だが，それは貨幣供給量の伸びに関する，政府以外の源泉を直接統制するために何もするわけではないから，「消極的ケインズ主義」と呼んだ方がよいであろう．つまり，言い訳として「貨幣供給量の統制」を用いる，最も効果的な手段によるデフレ政策である．『一般理論』をいかに徹底して読む人でも，あるいは上記第7章でさえ評価するであろうが，

　　インフレーションとデフレーションとの間……（には）非対称性（がある．）なぜなら，完全雇用にとって必要な水準以下への有効需要のデフレーションは，雇用と物価をともに低下させるのに対し，この水準以上への有効需要のインフレーションは，単に物価に影響を及ぼすにすぎないからである．　　　　　　　　（G.T., p. 291〔邦訳，290-1 ページ〕）

金融と乗数

　乗数への機械的アプローチならびに均衡アプローチが，経済学者の思考の基底に導入したものに，次の3つがある．1つは，政府支出はともかくも自己金融するものであり，したがって当然金融は無視してさしつかえないであろうということであった．第2には，完全雇用以前には，乗数効果は完全に産出量に影響を与えるであろうということであった．第3は，1回限りの乗数には一時的な効果しかないから，顕著な変化を引き起こすには政府支出（あるいは誘発投資か消費）を繰り返し投入することが必要だということであった．

1960年代の初期でさえ，ケインズが無条件にこれらのきわめて大規模に提示された命題を信じていたなどとは，それらの命題をつきつけられた誰もが言わなかったろうと私は思う．それは，一種の潜在意識的な本能ほど自覚的に保持され，かつ積極的に広められた教義を構成したわけではない．

したがって，カール・クライスト（Christ, 1967, 1968）の2つの論文がその1つの出発点をなすものと受け取られた．これらの論文は，政府の予算制約があるために，予算赤字の存続は，均衡に到達するまでは，たえず公債が増加するか貨幣が増加することを意味することを指摘したものである．この均衡（通常の乗数のやり方で決定される）の特徴は均衡予算であった．それを達成するためには，均衡が$S=I$によって定義されるとき，十分な貯蓄を生み出すだけ所得が上昇しなければならないのとまったく同様に，妥当な租税を十分もたらすだけの所得の増加が必要であろう．

政府の予算制約は導入するが，機械的乗数アプローチを維持することで，借入れによる資金調達の方が新たな貨幣による資金調達に比べて拡張的であるという，ブラインダーとソローの命題（Blinder and Solow, 1973）が導かれてきた．なぜなら，租税は（その基準点である，$G=T$の均衡状態では）政府支出の上昇以上の増大が必要となるからである．つまり，租税は債務の返済分もまかなわなければならないのである．

この結論は，それ自体の用語に関して技術的にいってまちがいとはいえないが，政策立案者がこの命題を深刻に受け取るときわめて不幸なことになるであろう．均衡をもたらすために必要な条件に関して仮説的叙述をすることと，それが実際に機能すると期待することとは別のことである．常識が示すところでは，ここではそれを越えているが，新たな貨幣による資金調達はそれが体系に新たな流動性を導入することと，利子率への政策的措置それ自体から生じる効果がないこととのために，借入れによる資金調達より大きな拡張効果をもち，それが利子率を引き上げ，投資を抑制する傾向が生じるであろう．

この利子率と投資への効果は1960年代後半に再発見され，それは「クラ

ウディング・アウト」として知られるに至った[3]．政府の借入れは民間借入れを押し出し crowd out，したがって有効ではない．いうまでもなく，その極端な形態の場合，それはマネタリスト的教義となる．それを支持するためには，われわれは貸付資金供給量が完全に非弾力的であると仮定する必要がある．つまり，信用への需要は，他の誰かのそれを強引に押しのけなければ，それを生み出したり，充足することはできないということである．

それほど極端でなく，その特質的にみてもっと複雑な形であるが，それはケインズによって完全に承認された効果である．（その原初のものを，彼はカーンに帰している．）したがって，

> その政策の資金調達方法と，雇用増加およびそれと結びついた物価上昇によって必要とされる活動現金の増加とは，貨幣当局が逆の政策を採用しないかぎり，利子率を高め，したがって他の方面における投資を阻止する効果をもつことがある……　　（G.T., p. 119〔邦訳，118ページ〕）

もちろん，議論は最終的均衡から政策の直接効果へとその根拠を移動させてきた．いったんわれわれが仮説的に語ることをやめれば，考えられる唯一の効果は短期的視野に限定される——いわば数巡回におよぶ乗数過程である．クラウディング・アウト効果はその一巡目を表わすにすぎない．先に引用した文節中で，ケインズは第1回目の資金調達の効果ばかりか，経済の拡張の結果生じる M_1 の保有高の増加により惹起される，その後の効果とそれを貨幣政策（たとえば金利政策）が相殺すべき必要性にも注目している．

ケインズが利子率のいかなる上昇を認めることにも，わざわざ警告を発したことは興味あることである．なぜなら，誰もが，1930年代のような不況期には，クラウディング・アウトの可能性は最低のところにとどまっていたと考えただろうからである．すでに資本の限界効率より高くなった利子率の下では，新規投資は最小であり，多くの資本はそれが摩耗しても，維持されないか更新されなかった．その場合，利子率に何が起きたかは確かに重要ではない．さらに，深刻な不況期にはおそらく利子率にはほとんど何も起きないであろう．利子率はすでに低く，したがって，利子率がわずかに上昇する

だけで，取引ニーズの増加を満たすために利用可能な遊休貨幣は大幅に発生するはずである[4]．

しかしながら，ケインズは，彼の政策的意見をそれほど直接的には彼の周辺の特定の状況に結びつけることはしなかった．またこの警告は，政府借入れでさえ危険なほどインフレ的でありうる——新たな貨幣の創出はそれ以上にそうだが——と感じた人たちへの反証とみることもできるであろう．（確かに，それがあまり長期間続けばその可能性はあろう．この点は次章のテーマである．）

また，彼が執筆当時，物価上昇の可能性は最低であったとしても，拡大政策の結果としての物価上昇に備えて，それらの人と同じだけインフレーションが発生するぞとデマをとばす人が出てくることも覚悟していたことに注目されたい（第15章における「真正」と「偽り」のインフレーションに関する議論を想起されたい）．

利子率と乗数

新たな貨幣によって資金調達される，「1回限り」の政府支出が行われるとき，利子率の動きは，われわれの動学的乗数モデルの1つによって予測されると考えてみるだけの価値はある．さしあたり誘発的課税はないものと仮定しよう．新しい所得は一部は支出され，一部は貯蓄される．その所得は新たな貨幣の形をとって現われる．つまり，支出に対する流動性の障害は存在しない．利子率に対する初期効果も存在しない．

この結論は IS-LM 分析でその曲線を等しく移動させることによりしばしば表わされるが，それは第1巡目の効果にすぎない．

所得と貨幣供給量は等量だけ上昇し，したがって $k<1$ を仮定すると，貨幣があまりにも多量のために取引需要では吸収し切れない．その超過分は，遊休貨幣として保有されるか，証券の購入に使用される可能性がある．その割合は利子率予想に依存するであろう．利子率は証券への需要が高まるにつれて低下するであろう．

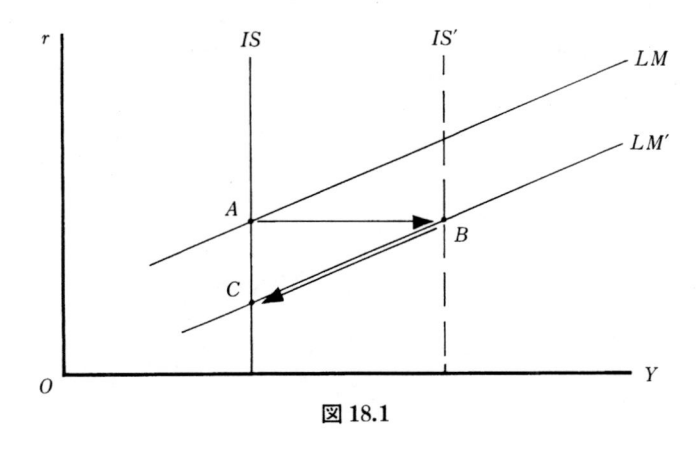

第18章　政策的含意：貨幣・財政政策　　457

図 18.1

　その後の期間には，政府需要の引き上げを補償する何らかの誘発的消費が存在するが，所得は徐々にその当初の水準に後退していく．このことが起きると，投機的現金か証券のいずれかとして保有するために若干の取引残高が利用可能となる．利子率はさらに低下する．ついに，あらゆる新たな貨幣が M_2 の残高となる．乗数過程の最後では，所得はそれ以前の水準に後退しており，M_1 へのいかなる純追加分も必要ではなくなる．利子率は新たな貨幣が進んで遊休状態で保有される，一層低い水準へと恒久的に低下してしまっているであろう．

　IS-LM でみれば，IS 曲線は一時的に外側に向かって移動するのに対して，LM 曲線の方は恒久的に外側に向かって移動する．IS 曲線は利子誘発的投資が存在しないため垂直となる．図 18.1 では，一時的な移動は点線で示してある．政府支出が行われる結果 A から B への，また所得が以前の水準に戻るために M_1 と M_2 に及ぼす誘発的消費の効果の結果，B から C への移動がそれぞれ生じる．

　それとは対照的に，ケインズ（G.T., p.200――この文節は別の文脈として以下に引用するであろう）は，r の低下が投資，したがって所得にある影響を与えることを認める．M_1 の需要は，おそらく利子率の低下を逆転させるほど，所得とともに増加するであろう．その結果，乗数が進行するにつれ

図 18.2

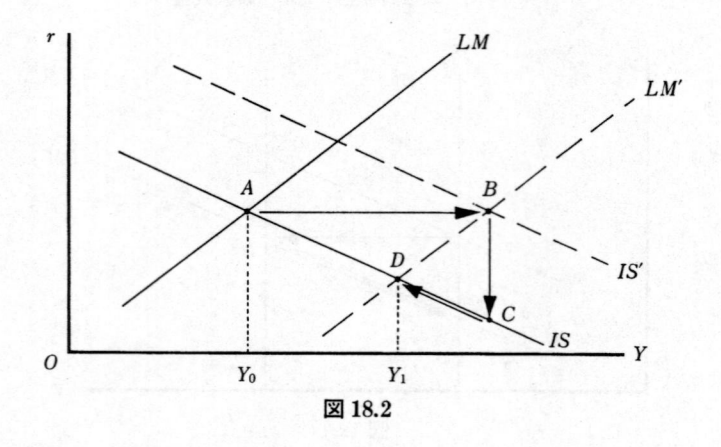

て，利子率は低下への動きを示し，それから部分的に，あるいはおそらく完全に逆転することになる．

投資の反応速度はやや不規則であると予想され，利子率に対して不規則なパターンを与える可能性があり，また実際問題として最終的な位置はまったく予測不可能であろう．しかしながら，注目すべき重要な点は，最終的な所得水準は，テキストのモデルとは逆に，当初の水準より高くなりうることである．単一期間の政府支出は，資本蓄積の効率に及ぼす効果がたとえ短期的には考えられないとしても，永続的効果はもちうる．

図 18.2 は IS-LM によるケインズの動学的図式を示している．IS 曲線は以前通り一時的にシフトするが，いまや負の勾配をもつ．LM 曲線は恒久的にシフトする．A から B への移動がまず生じ，続いて利子率が C に低下し，それから投資は増加するが，それは政府支出の減少を下回るために D へと移動するのである．この恒久的な純効果は Y_0 から Y_1 へと所得を上昇させることである．

誘発投資への一層の展望

投資は 2 つの要素，資本の限界効率と利子率とに依存する．『一般理論』の刊行よりかなり以前に，アメリカの経済学者たちは政府支出によってもた

らされる需要の増大は，とりわけその政策が任意の期間持続されたならば利潤見通しが改善しつつあることを企業者たちに信じ込ませることができるであろうとの理由から，財政赤字を堤唱していた．もしこの通りになったとすれば，そのときには，資本の限界効率は上昇し，そして投資は促進されるであろう．

この政策には，通称「呼び水政策」という素朴な名称がつけられた．井戸水を汲み上げるために，手押しポンプを下げて水を注入する．このやり方が「呼び水」と呼ばれる．巧みな比喩である．

しかしながら，ポンプは信頼できる物理的原理に基づいて作動するとしても，投資はそうではない．資本の限界効率の政府支出に対する感応性は，おそらく経済の一般的な状態とともに変動するだけではなくて，期待通りに動かないこともありうる．つまり，「混乱した心理状態がしばしば広く支配する」($G.T.$, p.120 〔邦訳，119ページ〕) のであり，政府の介入というちょっとした事実が信頼を失わせ，資本の限界効率を低めることになる．

事業心理は予想通りであると仮定すると，呼び水政策の成功の可能性は経済の一般的状態とともに変動するといってさしつかえない．もし期待がひどく弱まり，それに加えて少なからぬ超過生産能力が存在するなら，政府は投資が回復してくるまでの，かなりの時間赤字支出を続行せざるをえないであろう．企業が過剰在庫を完全に売り尽しつつあるのに，設備は稼働させないでいる，在庫リセッションのような，緩やかな景気後退期には，ある誘因が効果を発揮する可能性はあろう．したがって，（とりわけ遊休設備の使用者費用は事実上ゼロであるため）生産と雇用は急速に改善しうるけれども，深刻な景気後退時期はまさに投資を刺激することがきわめて難しい時期である．

奇妙なことに，ケインズは「呼び水政策」の可能性については言及していない——言及しているのは期待に反する心理的反作用と景気回復期における資本設備の価格の上昇が資本の限界効率に及ぼす逆効果の可能性だけである．このことを理解する1つの方法は，ケインズが長期利潤期待を現行所得の観測値から分離することに断固として固執していたことである．もう1つは，

彼がこの型の誘発投資を，それがこの時期には不適切なために省略した可能性があることである[5]．この後者が示唆することと，利子率の低下が投資を誘発することを彼が認めたという事実とはきちんと一致していない．もし超過供給ないし，資本の限界効率と r の間の克服しがたい格差が一方に反対する理由であるとすれば，それは両方に反対する理由でもあるはずである．

ケインズの理由はどうあれ，・一・時・的・な・誘因として政府支出を考えることへの幻滅が，1930年代に投資が反応しなかったことから生じたことは，比較的確かなことのように思われる[6]．

われわれは，一般的な理論的原理とみなされるものが，実は歴史的状況によって形成されることを再び知るのである．『一般理論』において加速度メカニズムが欠けていることが広く弱点とみなされているのに対して，一方財政政策を投資への誘因とする考え方が，呼び水政策を無効にする状況は一般的ではなかったにもかかわらず，財政支出を生まれてこない投資を埋め合・わ・せ・る・も・の・とみなす考え方に道を譲ってきたということは思想史上の奇妙な歪曲である．

景気循環にわたる限界消費性向

財政面からの刺激に対する消費の反応も景気が循環する間を通じて可変的であろう．第1に，経験的に立証されているわけではないが，限界消費性向は，個別所得と同様総所得の場合にも，低水準の下で一層高いというのはもっともらしいことである．第2には，所得がそれまで比較的安定してきて，それから変化しはじめるなら，消費水準はおそらく当初ほとんど変化しないであろうが，それがいったん確定すると，新たな所得水準かそれともその変化率にゆっくり順応していくであろう．（これらの点については第6章で論議した．）

景気の下降局面では，これら2つの考察は対立する解釈を生む．このことは，「短期」消費関数 SC が長期消費関数 LC と，これまで安定していた所得水準 Y_0 のもとで交差することを示す，図18.3から理解することができる．

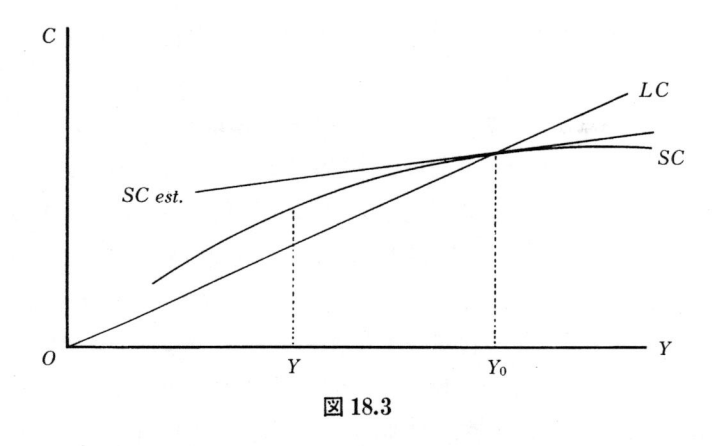

第18章 政策的含意：貨幣・財政政策

図 18.3

もし消費者が順応していなかったら，彼らは所得が低下するとき，SC 線に従う．SC 線の勾配は所得 Y_0 のところでは LC 線のそれより小さいから，所得の，たとえば Y への低下を防止するために必要となる支出は（政策立案者がもし限界消費性向が LC の勾配になると推定していたら）意外に小さいか，それとも予測が Y_0 のところで SC の勾配（図の SC est.）に基づいていたら，意外に大きいとみなすことができよう．景気後退が深刻になり，消費者が順応するにつれて，LC の勾配が関連をもつようになる．不況が深刻化すればするほど，その勾配はおそらくますます急になるであろう——少なくともケインズはそう考えた．このことがクズネッツ Kuznets のデータ（アメリカ，1919-33年）によって暗示された，60％から70％を超えなかった限界消費性向をケインズが否認した根拠であった．「[これは：著者挿入]好況期についてはきわめてもっともらしいが，不況期については驚くほど低く，私の判断ではありそうもないほど低い」(G.T., p. 128〔邦訳，126ページ〕) と彼は述べている．

　経験的証拠が示唆するところによれば，長期消費関数は線型であるが，しかしそのことは以下のような命題に影響を与えるものではない．すなわち，当面の生活の特徴が低所得水準であるとき——ケインズが執筆していた頃の状況はまさにこのようなものであった——，政府支出の乗数効果はおそらく

一層大きくなるであろう．なぜなら，消費者はその勾配が一層急な長期パターンに順応していたであろうから．

政策を成長目標に転換すると，同一の点を上方に引き上げるが，この状況の下で，ケインズの長期消費関数を仮定すると，もしわれわれが最近の経験から推定された限界消費性向（たとえば Y_0 の近傍にある）を取るなら，その乗数効果は，消費者がそれに順応するだけの時間があったかどうかに関係なく，過大評価されることになろう．この結論はもちろん LC が線型であれば修正されるが，いずれの場合にも乗数効果が顕著になるまでには一定の時間がかかることがわかる．政策にとっては明らかに重要な，これらの点は乗数の代数的（静学的）解釈で具体的に示される均衡分析にとっては処理しやすいものではない．

財政政策の有効性：要約

財政政策の目的は，直接・間接に需要を増大して企業に刺激を与えることである．需要へのその効果がきっちりどの程度の大きさであるかは，われわれがみてきたように，その用途を取り巻く環境そのものに依存している．そして，需要への刺激が物価に代わって産出量と雇用に転化される度合は，これまた時間にわたって可変的であるが，第15章で概説した諸要素に依存している．

かりに，本章の前半から登場する，ある単一の原理が存在するとすれば，財政政策の有効性は確定した行動関数のパラメーターの大きさではなくて，その使用のタイミングの判定基準となる機敏さに依存している．原則として，感受性の強さが要求されるけれども，実際上それを実現することは，投資を支配する長期期待の予測困難な性質と，消費および投資が反応するラグの変わりやすさとのために，ほとんど不可能である．

需要の管理は困難であるばかりか，成長への外生的誘因（技術変化とか人口の伸びなど）の助けがなければ，たとえ継続的に遂行されたとしても，結局は失敗する運命にある．それは次章のテーマである．いまやわれわれは貨

幣政策の考察へと進むことにしよう．そこではケインズとマネタリストの分析の間の基本的な相違が検討される．

貨 幣 政 策

　銀行，金融市場，信用と通貨に影響を及ぼす政策の展開およびそれらの失敗と成功の歴史は多彩かつ多様であり，そのすべてに言及する時間的余裕はない．この節は，次の3つの相互に関連した目的だけを扱うことにしよう．すなわち，それは「ケインジアンの政策効果波及経路 transmission mechanism」とそれに関連した，貨幣政策の重要性への確信とを検討し，貨幣の役割についてのマネタリストの見解とケインズのそれとの間の区別を明確にすることである．第9章および第11章からの論点を繰り返さざるをえないであろうが，望むらくは明らかに本質的相違のある点を引き合わせるようなやり方でみていくことにしよう．

「政策効果波及経路」

　たぶん「政策効果波及経路」の概念そのものは，ケインズの好みに合わないであろう．なぜなら，それは彼が経済を本来貨幣的とみた経済の，貨幣的側面と実物的側面との二分法を示唆しているからである．しかし M と貨幣的総需要との間の関係については，彼は疑問をもっていなかった．

　　　貨幣量の変化が有効需要量に及ぼす主要な効果は，利子率への影響を通
　　　じて生ずる．　　　　　　　　　（G.T., p.298〔邦訳，298ページ〕）

この関係を論議できるレベルは2つある．より単純な方が狭義に解釈された貨幣政策の効果と関係をもつ．もう1つの方はマネタリズムとの真の対立を生みだすほど十分広義のものである[7]．

　ケインズのこの主張に最も適したアプローチは需要・供給分析である．彼の理論における貨幣供給量は外生的であり，したがって，それは貨幣供給量が変化するとき新たな均衡に及ぼすはずの需要の決定要因となる．また，ケ

インズは利子率と投機的貨幣需要について大いに論議した．これが，$M^D=L(r)$ はケインズの「特殊理論」，つまり彼のもっと一般的な $M^D=L(Y, r)$ の極端なケースであるという考え方を生んだ．これは，他のどんな論文よりも一層ケインズの体系に対するわれわれの見方を形成してきた論文，「ケインズ氏と古典派」(Hicks, 1937) における解釈であった．もっと制約の少ない代替的解釈は，所得が変化するだけの時間を経過する以前に，r は貨幣への需要と供給を均衡させる原因となるというものである．(Modigliani, 1944 は――これは，おそらく 2 番目に最も影響力をもった説明に役立つ論文であろう――われわれが第 11 章で採用したように，この見解を取った．)

ケインズ自身次のように明確に述べている．「貨幣管理……が経済体系に影響をもつことになるのは，投機的動機への作用を通じてである」(G.T., p. 196〔邦訳，194 ページ〕)．

したがって，政策効果波及経路は貨幣需要関数の高い利子弾力性の存在に依存するとみなされ，その研究が進められてきた．

この解釈にはまったく間違いはないが，その後の歴史に照らしてみると，ケインズは通貨管理とはまったく特殊なこと，つまり公開市場操作を意味したことを，ケインジアンの人びとが無視したことは不幸であったという点を過小評価しているように，筆者には思われる．1971 年まで，公開市場操作がイングランド銀行割引歩合を支えたりそれに支えられたりしたことはいうまでもなかった．当時理解されていたように，公開市場操作の運用法と目的の両方が利子率に影響を与えるはずであった．公開市場操作は，その性質上，それが利子率を変化させる場合を除けば，それを波及させることはできない．

投機的動機は，多くの長期投資家と異なり，投機的債券保有者が金利誘因に敏感であり，そして彼らは政府指定仲買人 government broker が売買することのできる市場を提供するがゆえに重要である．もしすべての人が「ポートフォリオ均衡」の状態にあり，敏感でなければ，彼らは意図した政策に影響を与えることはできない．

したがって，M_2 の利子弾力性が貨幣政策にとって決定的に重要であることは明らかである．しかし，この関数についてのあらゆる実証的研究の中で[8]，アイスナー（Eisner, 1963）だけが以下の点に言及しているにすぎない．すなわち，ケインジアンの立場にとって不必要なのは，無限の弾力性だけ（当時幅広くそう考えられていた）ではなくて，むしろ重要なのは，弾力性一定の関数でさえ低水準の r のもとでよりフラットであることだ，という点である．そのことだけが，貨幣政策はおそらく景気後退期には成功しないであろうとみる，ケインズの立場にとって必要なことである．貨幣政策の無力さは，それが一般的な命題となったとはいえ，意図されたものではない．

1960年代の貨幣需要の研究は，われわれがすでに言及してきたように，貨幣政策が有効であったかなかったかという問題の文脈で企てられたのであって，それがいつであったか，いつでなかったかという問題ではなかった．実地調査の目的は貨幣需要関数を見出すことであった．それは，利用可能な資料を用いた，計量経済学的手法に適合するほど安定したものであると想定された．そこで，相当の年数分の資料が含まれる必要があった．

ところで，ケインズが投機的需要を説明したように，その安定性はおそらく期待すべきもっとも明白なことではないであろう．私としては，これらの研究で所得変数が利子率変数より著しく優れた成果を生んだことを別に驚くべきことだとは思わない．政策から独立に正常利率の変動と政策に反応した利子率の変動との双方に起因するシフトは，理論では考慮されたが，その後の解釈とか実証的研究の中では考慮されなかった．

公開市場操作

投機的動機を満たすために利用できる貨幣供給量の変化による利子率の変化——そのさい流動性関数になんら変化はないものとする——と，主として流動性関数そのものに影響する期待の変化による利子率の変化とを区別することが重要である．公開市場操作は，事実，この2つの経路の双方を通って利子率に影響するであろう．なぜなら，公開市場操作は

図 18.4

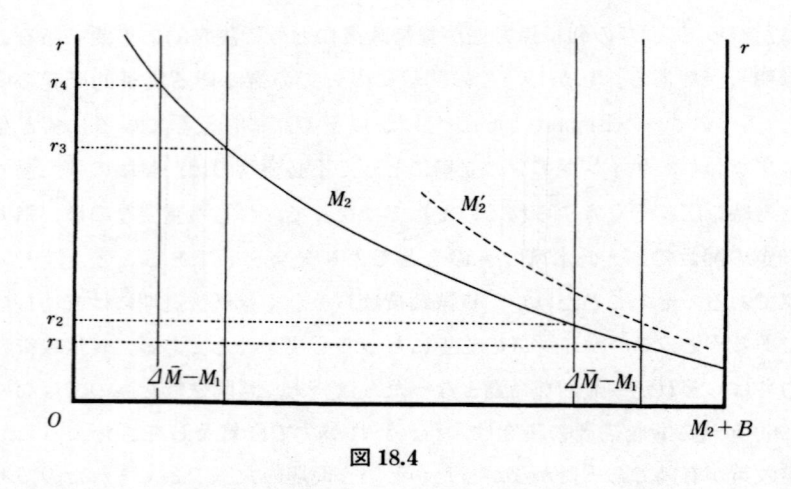

貨幣量を変化させるばかりでなく，中央銀行または政府の将来の政策に関する期待の変化を引き起こすこともあるからである．

(*G.T.*, pp. 197-8〔邦訳，195 ページ〕)

公開市場操作の分析は2つの部分で続行することができる．まず期待は情報によって影響されないものと仮定しよう．この分析は第11章の演習と似ている．M_2 関数は安定している（図 18.4 をみられたい）．証券の公開市場買操作は M_1 から繰り延べられた，投機的保有に利用可能な貨幣量を示す直線の右方シフトによって描かれる．貨幣供給量は増加しているが，M_1 は固定している．なぜなら，所得は変化していないからである．投機的領域における資金総額を測定する直線の全長は，再評価のためにやや変化する可能性があるが，この点は無視される．

各利率が低いとき，利子率の変化に影響を与えることがますます困難になるという先の主張の正しさは同じ額の貨幣の増加を想定することによって明らかにされる．それは，$r_4-r_3>r_2-r_1$ であることがわかる．

さて，政策の変化がいかに M_2 に，したがってその結果に影響を与えうるのかを考えてみよう．

イギリスの貨幣政策は，ほとんど市場活動をしないでその政策目標を達成

第18章 政策的含意：貨幣・財政政策

するために，その意図を公示するという長い歴史をもっている．イングランド銀行割引歩合は主としてイングランド銀行が欲する金利水準のシグナルと考えられ，短期間市場金利に追随した後，最低貸出金利は（少なくともある程度）最近それが廃止されるまで誘導目標の役割を果した．期待は，その利子率が変更されるか，それとも実際上いかなる重要な政策変更でも公示されるとき，変化せざるをえなくなる．

イングランド銀行が合図で知らせたのは，利子率が（実現したいと望んだ水準そのものを指示するのではなくて）r_1 から上昇することを望んだことであると想定しよう．（ケインズの意味での）「正常利率」はその場合も上昇し，そして以前安全と信じられた利子率は危険と考えられることになるであろう．M_2 は M_2' へと右側にシフトする（図18.4の点線）．いまや現行利子率が危険にみえる人々は貨幣にシフトする．その利率は上昇する．公開市場操作は必要でさえなくなるであろう．

この「公示効果」は，利率がすでに低く，また当局がそれをさらに一層抑制しようとしている場合には，おそらく最も弱くもなるであろう．その利子率がゼロを下回ることはできないものと仮定すれば，当局の成功への信念は，低い利子率のもとでは，現実に欠如しているはずである．その利子率が低ければ低いほど，公開市場操作の必要性はますます大きくなるという，先に到達した結論はどちらかといえば強化される．

ケインズ対マネタリスト

マネタリストならまったく別の仕方で公開市場操作をみるであろう．彼はその操作によって引き起こされる貨幣供給量の変化に注目するであろう．彼はケインズがもっぱら r に注目し，ΔM に注目しないことに困惑しているであろう．ケインズが ΔM に注目しないのには2つの側面がある．第1は上述の事実，すなわち政策の変化は，われわれが今まで仮定してきたように，投機家の期待に影響を与えないではおかないであろうという事実と関連があ

る．その仮定を緩めると，

> もし情報の変化があらゆる人々の判断と必要に対して正確に同じ仕方で影響を与えるならば，利子率……はなんら市場取引を必要とすることなく，たちどころに新事態に適応させられるであろう．
>
> 　かくして，あらゆる人が類似しており，類似した地位におかれているという最も単純な場合には，状況あるいは期待の変化が起きても，貨幣の移動が生ずることはないであろう．――各個人が以前の利子率のもとで新しい状況あるいは新しい期待に応じてめいめいの現金保有量を変えようという欲求を感じていたとすると，状況あるいは期待の変化はこの欲求を相殺するに必要な程度だけ利子率を変化させるにすぎない．……
>
> 　しかし，一般には，状況あるいは期待の変化は個人の貨幣保有量にある程度の再調整を引き起こすであろう．……〔しかし，これは：著者挿入〕個人的相違に付随して起こる……〔個人保有において何らかの変化が生じる：著者挿入〕一般的な場合においてさえ，利子率の変動は，通常，情報の変化に対する反応の中で最も顕著な部分である．債券価格の変動は，新聞がいつもいっているように，「取引活動に対してまったく釣合いを失した」ものである．――各個人が情報に対する反応において違っているよりもはるかに類似しているという点から見れば，これは当然のことである．　　　　　　（*G.T.*, pp. 198-9〔邦訳，196-7 ページ〕）

マネタリストの理論

ΔM に注意を集中する，マネタリストの議論はこれとは異なる．フリードマンとシュワルツ（Friedman and Schwartz, 1963)[9] によれば，その内容は次の通りである．公開市場買操作は，債券を売却した人々の貨幣残高を増加させる．ところで，貨幣は「購買力の一時的な住処」にすぎない．新たに供給された貨幣の保有者は，それと交換に他の資産をまもなく需要するであろう．これは，生産財かそれとも消費財のいずれであっても，その保有者が欲するものなら何でもよい（ただし，証券はだめである――それは今や高す

第18章 政策的含意：貨幣・財政政策

ぎるから），その需要への効果は直接的である．

ケインズと決定的に異なる点が2つある．すなわち，(i)マネタリストは個人的に，したがって集計値で，貨幣がかなりの量，遊休貨幣として保有される期間は大幅ではないと仮定すること[10]，そして(ii)彼らは，その結果取引者の支出は流動性（取引残高）によって制約され，しかも政府認定仲買人への売上金額は財貨サービスに支出されることになると仮定すること，である．

このことは，経済モデルの作成への貨幣循環的アプローチである，貸付資金説に対してケインズが行った根本的決別へとわれわれを引き戻すのである．なぜなら，彼にとって，総支出は貨幣存在量とほとんどないしはまったく関係がなかったからである——ただし，それが利子率に影響を与える場合を除く．残りの部分については，所得が消費を決定し，取引残高は単なる便宜にすぎなかった．

ケインズが次のように仮定したことは事実である．すなわち，遊休貨幣はしばしば保有されるが，その事実は本質的ではないことである．なぜなら，所得が増加すれば，新たな所得の源泉が新たな貨幣でまかなわれた政府支出かそれとも銀行融資による投資かにかかわらず，貨幣も大いに増加する可能性が高いであろうから．もし貨幣が増加しなかったら，利子率が上昇し，所得の上昇はそれだけ抑えられるであろう．現実の所得の増加がどのようであっても，それは利子率の上昇を通じて遊休資金を活動化するか新たな貨幣のいずれかによって自動的に支えられたものである．

ケインズとマネタリストとの相違は，政府指定仲買人と取引する者が獲得する貨幣をどう処分するかについてのケインズの仮定の中にもある．ケインズの分析では，政府指定仲買人が債券の売却に成功するのは，彼がその保有者に資本利得を与えるからである．だが，その売却は経済の手元流動性を増加させるけれども，それ自体で所得を発生させるわけではない．そしてケインズの場合，所得と選好だけが支出を誘発するのである．

債券売却代金を支出した結果発生させるものを表わす，資本金勘定からの

支出決意には，予備的残高を保有するきっかけとなった偶発的出来事が発生したか，それとも消費ならびに貯蓄への選好が変化してきたか，そのいずれかが必要である．これらの状況は公開市場買操作と同時に偶然に現われるにすぎないであろうから，それは理論が予測したことだというわけにはいかない．

さらに，個人の選好がこのように変化したとしても，第6章で行った個人は債券の売上金額を支出に回すが，集計値でみると支出の増加分は資本利得に限定される，という主張を想起する必要がある．ここでは，マネタリストたちが集計値レベルにまで彼らの分析を推し進めることは単純に間違っていると私は確信する．

彼らの知ったかぶりの極論と対比してみると，ケインズの理論は投資の資金調達が遊休残高プールの存在に完全に依存しており，そしてそれはそのプールに企業者を接近させることをその主要目的とする貨幣政策によって増大できると仮定しているとみて差し支えない．また，利子率の低下は現行支出に有利となる異時的選択のバランスを逆転させるのに役立つことから，フリードマンとシュワルツのモデルは，このようにして供給される資金を直接使用するよう提案している．ケインズは利子率が消費に及ぼすいかなる影響も否認しており，投資のタイミングに及ぼす利子率の影響は明示していない．タイミングの問題に関しては，『一般理論』であまり注目されなかった2つの資金源，つまり内部金融と銀行が占めた，2つの極端な立場の間にある中間の立場をわれわれは見出すことができる．これらの資金源を，各理論における上述の対照的な相違に照らして考察することにしよう．

内部金融：企業は，必要不可欠な更新への金融と新しい資本支出のタイミングに対して何らかの統制力を発揮するために，金融引締め，金利の引き上げ，などが行われる確率に照らして流動資産を保有する．流動資産の保有は事実上予備的残高である．そして，個人によって保有される予備的残高の場合と同様に，企業の場合は，稀少かそれともきわめて高価につく金融か，

または支出が不可避のとき証券を売却しなくてはならない場合の巨額の資本損失を防止するために一定の現金を保有するのが典型的なやり方であろう．しかし，このようにして何らかの保護を与えてしまえば，残りは二重の目的に役立ちうる．市場性証券にとどまることによって，ある価格のもとでつねに資金供給が行われ，そしてその価格が高すぎれば，投資は延期される．金融管理部門を維持するだけの規模をもつ企業は，これらの資金を使って投機も行うであろうから，彼らの行動も M_2 残高の特徴を帯びることになる．

当初考えていたよりも早い時期に資本支出計画を実行するため，政府指定仲買人にとって有利な売却が利用されうる．ここでは，流動性の増大が投資計画のタイミングを変え，それを次期に繰り越すことも可能である．その売上金額は，貨幣として保有される限り，金融的動機を満たすと考えることもできるであろう．

ある事業計画の利益率の現在価値はその計画をより早急に着手することで（他の事情を一定とすれば）高められるから，「金融」貨幣が長期間保有されないことは明らかである．つまり，それは購買力の一時的住処となる．したがって，企業が，次期に繰り越してもかまわない投資計画の注文残高を保有するものとすれば，内部金融が2つの理論を架橋する役割を果たす．

この循環的な背景は再び決定的となる．つまり，上で述べた効果が景気後退期に発生する可能性は小さい．企業の流動資産はその場合おそらくフリードマン-シュワルツ・モデルに従うより，一層 M_2 残高に似た動きを示すであろう．その他の時期には，「金融」効果が生まれる可能性はきわめて高いと思われる．

銀行金融：フリードマン-シュワルツのシナリオには明示的に銀行が含まれている．銀行からの証券の公開市場買操作は銀行の現金準備を増加させると彼らはいう．この現金準備は遊休貨幣として保有されるわけではない．むしろ銀行は融資先を探しており，借り手はその売上金を支出するであろう．

この点の現実妥当性は，銀行の準備金における現金の完全代替物ではない

が，その購入に含まれる証券に依存している[11]．現金準備を基準とすれば，銀行からの購入は銀行に準備金を供給することであり，また銀行組織に乗数倍の融資の拡大を提供することになるであろう．時として，銀行は必要額を大幅に超過して流動資産を保有してきたが，過剰流動性が投機的理由から保有されてきたかどうかは明らかではない——それは利子がつかないことと適当な借り手がいないこととに起因する可能性が強い．われわれは，貨幣政策が何らかの効果をもつものとすれば，投資期待が適度の上昇傾向をもつことが不可欠であるという問題に立ち戻ることになる．

貨幣，利子および支出

貨幣の役割に関するケインズの見解は非常に明白とはいえないが，次の文章にそのきわめて一般的な形式で述べられている．

M の変化の Y および r に対する関係は，まず第1に，M の変化が起こる仕方に依存する．……［もし：著者挿入］M の変化が，政府が経常支出を賄うために紙幣を印刷したことによる場合にも……新しい貨幣はだれかの所得として生じている．しかし，新しい所得水準は，M_1 の要求額が M の増加額全体を吸収するに十分な高さには維持されないであろう．そして貨幣のある部分は有価証券やその他の資産の購入にはけ口を求めることになり，ついには r が低下して，M_2 の額を増加させると同時に Y の増加を刺激し，その結果新しい貨幣は M_2 に吸収されるか，あるいは r の低下によって引き起こされた Y の増加に応ずる M_1 に吸収されるであろう．このようにして，もう一歩でこの場合はそれと二者択一的な場合と同じものになる．二者択一的な場合というのは，銀行組織が信用条件を緩和し，それによってだれかに新しい現金と引換えに債権または債券を銀行に売らせるようにしむけ，その結果初めて新しい貨幣が発行されるという場合である．

したがって，われわれにとっては後の場合を典型的なものとみなして

間違いはないであろう．M の変化は r を変化させることによって作用すると想定することができ，r の変化は一部分は M_2 を変化させることによって，一部分は Y したがって M_1 を変化させることによって，新しい均衡をもたらすであろう．(*G.T.*, pp. 200-1〔邦訳，197-8 ページ〕)

ここで，公共事業の一部として導入されようがより低い利子率を求めてであろうが，貨幣供給量の変化に果たすべき同じ役割が与えられる．冒頭の文章と最後の分析結果との間の明らかな矛盾は「もう一歩で」という成句にかかっている．財政政策擁護論のエッセンスは，マネー・フローは所得への当初の効果と同一であるが，新しい貨幣はさらに効果を発揮するために存在し続けるという点である．しかしながら，それらの効果は支出決意とは区別される．

これとは対照的に，極端なマネタリストなら新たな貨幣の導入は，物価ないし産出量が，取引需要を増加させることで超過供給を取り除くために上昇するまで，支出の増加へと導く超過貨幣供給量を生み出したと主張したであろう．

もちろん，銀行の信用拡張のケースは公開市場操作に似ている．つまり，r の変化が最初の効果となる．財政赤字および金融緩和によって引き起こされる貨幣の増加は，財政政策の第 2 段階が銀行信用の緩和に続く第 1 段階に似ているという意味で同じことになる．

この文節は，他のいかなるものよりはっきりと第 9 章で導入された命題を例示している．すなわち，ケインズは，所得としての性質をもつ貨幣と資産としての性質をもつ貨幣とを区別しているという命題がそれである．その区別は所得の流れにおける貨幣の流通を否定するのではなくて，マネタリストとケインジアンとの間の論争の多くにやや異なった光を当てることになる．

長　　期

この方法論的な相違を明確に理解することはマネタリストとケインジアン

の間の相違を解消するために大いに役立つであろうが，ケインズが貨幣の増加する源泉は結局現実妥当性をもたないとするマネタリストに同意しただろうかといえば，いぜんとして疑問が残る．ケインズは，新しい貨幣が M_1 と M_2 に自発的に吸収される状況と定義された，新しい均衡の性質が，『一般理論』の第V部で彼が示した多くの要因——マネタリスト的な単純なモデル方式からみれば，アイデアが多過ぎるが——に依存すると明示的に述べており，また同じ均衡に達するために，ケインズなら2つの政策に期待するかどうかは不明確（事実きわめてありそうもないこと）である．

マネタリスト的な均衡概念は「長期」の帰結であり，それはマーシャル的な意味とは違ってむしろ古典派的長期（よく知られているように，ケインズはそれにはほとんど我慢できなかった）であり[12]，そこでは，初期効果ばかりかさまざまな政策が行われる方向に沿って刺激される投資量における相違でさえ考慮するに値しないとみなされる．古典派の均衡概念は一様の利潤率によって示される，資本の最適な組合せの達成を必然的に意味する．

古典派的な均衡の新古典派的変形は，この長期を達成するために永遠の時間を必要としなくてすむように，資本を可塑的（「パテ」）訳注）にすることである．しかし，この世界はパテでできているわけではないし，他の事情を同一とすれば，より多くの投資を実現する政策はより多くの資本と生産能力をその後に残すことになる．

投資は1930年代なかばにはまことにいいことであった．だが，ケインズは警告を発していた．

> われわれは今日の均衡を投資の増加によって確保するたびごとに，われわれは明日の均衡を確保することの困難を大きくしているのである．
>
> (*G.T.*, p. 105〔邦訳，104-5ページ〕)

われわれはいまやその停滞の亡霊に注意を向け，戦後の全期間を考察することにしよう．

第18章 政策的含意：貨幣・財政政策

注

1) その過程は，しばしばこの文脈で使用される「紙幣の印刷」という語句より複雑であるが，問題の本質は，誤解を招くことなく（と私は望むが），この語句によって十分よく把握される．
2) 「予算制約」の存在は第1に承認され，そして，クライストの論文（Christ, 1967, 1968）が一層注目されたが，オットとオット（Ott and Ott, 1965）によりその含意が検討された．その研究はキューリ（Currie, 1978）によって展開され，チック（Chick, 1973a）によって，今日彼女がとらないやり方ではあるが，民間部門に拡張された．
3) その用語はアンダーセンとジョーダン（Andersen and Jordan, 1968）によって一般化されたものだが，おそらくカルバートソン（Culbertson, 1963）が初めて使用したものである．
4) すべてこのことは，インフレ期待が侵害される以前に，ケインズの文脈と関連をもっていることに注意されたい．近頃では，利子率を解釈することは非常に困難である．正常利子率がたとえば14％であり，現実のインフレ率が20％のとき，それが高いか低いかは誰かの推測にお任せしよう．
5) ヘーゲランド（Hegeland, 1954, pp. 211-5）は私が発見した限り，ケインズが加速度を省略したのはこの理由からだと想定する唯一の著者である．私の知る限り，方法論的示唆を行ったものは誰もいない．
6) Colm (1947, p. 463), Hansen (1938) を参照されたい．
7) 多くの見せかけの戦闘が行われてきた．Chick (1973b) をみられたい．
8) Laidler (1969) にみごとに要約されている．
9) 同様の説明は，Friedman and Meiselman (1963) にも出てくる．
10) 貨幣需要に関する数量説的見解に従えば，貨幣は取引的ならびに予備的目的からしか保有されない．
11) アメリカの慣行は現金準備に基づいている．イギリスの慣行は流動資産比率の種々の形態を含んでおり，したがって，この点はここではそれほどの一般的な力を保有しておらず，また当時の購入の細目と固守された規則とか慣例が密接な関連をもつであろう．
12) Keynes (1923, p. 65).

訳注

パテ：E. フェルプスは資本と労働の代替可能性のある生産関数の状態をパテと呼んだ．

第19章　政策の一層長期的な展望*

　1950年代から1960年代前半を通じて，失業と資源の過少利用の周期的発生が主たる政策的関心事であった．当時の拡張的政策はおそらく緩やかなインフレ傾向をもつだろうことが理解されていたが，1960年代後半にインフレーションが加速し始めるまで，これは支払うに値する代価だとして広く受け入れられていた．

　1960年代後半から1970年代のインフレ率の高騰についての解釈は直接的原因――「無責任な労働組合」ないし「だらしない通貨当局」（それはそれを弁護する人のデータの読み方や政治的傾向によって違うであろうが）――の役割や，ソ連の小麦の買付けとかOPECといった特殊な事情に焦点をあてる傾向があった．もちろん，これらの要因は重要であるが，それらが撹乱を生む基本的なパターンから注意をそらしてしまうことを容認すべきではない．朝鮮戦争以降の全期間にわたる，イギリスとアメリカのインフレ・パターンをみると，循環的波動の谷においてインフレ率の恒常的な上昇が現われている．景気の底から反転離陸する上昇局面は，漸次より高いピークのインフレ率（イギリスの1956年のピークはこの型の例外）を発生させてきた．表19.1はその資料を示している．

　1970年代に，インフレーションが拡大していることが明らかとなり，もしそれが各種の失業緩和政策の副産物であったとすれば，それらの政策は以前作用していたようには効果を発揮していなかったことになる．失業とインフレーションはトレード・オフをもつ害悪であるという――つまり一方を少し多く手に入れれば，他方は若干少なくしか手に入らないであろうという

表 19.1 循環の山と谷におけるインフレ率（前年からの百分率変化）

| (1) US：GNP デフレーター | | | | (2) UK：最終総支出に対するデフレーター | | | |
谷		山		谷		山	
1949	−0.6	1951	6.7			1956	5.6
1953	0.9	1957	3.7	1960	1.4	1962	3.2
1962	1.1	1970	5.5	1963	2.2	1965	4.4
1972	3.2	1974	10.0	1967	2.9	1971	8.0
				1972	6.8	1975	24.3
				1978	9.0		

| (3) US：消費者物価指数 | | | | (4) UK：卸売物価指数 | | | |
谷		山		谷		山	
		1951	7.9			1956	3.7
1955	0.4	1957	3.6	1959	0.6	1962	4.2
1959	0.8	1960	1.6	1963	2.0	1965	4.8
1961	1.0	1970	5.9	1967	2.5	1971	11.1
1972	3.3	1974	11.0	1972	8.9	1975	25.6
1976	5.8			1977	7.7		

資料：(1) *The National Income and Product Accounts of the US*, 1929-1965 および *Survey of Current Business* のさまざまな資料．
(2) Central Statistical Office, *National Income and Expenditure* (Blue Book)：1980, Table 2.6；1974, Table 17；1963, Table 16.
(3) *Economic Report of the President*, January 1980.
(4) Central Statistical Office, *Annual Abstract of Statistics*：1982, Table 18.1；1968, Table 379.

表 19.2 山と谷における失業率（山は低い失業率を示す）

| (1) US | | | | (2) UK | | | |
谷		山		谷		山	
1950	5.3	1953	2.9	1952	1.9	1955	1.1
1954	5.5	1956	4.1	1958	2.1	1961	1.6
1958	6.8	1960	5.5	1963	2.6	1965	1.5
1961	6.7	1969	3.5	1972	3.8	1974	2.7
1971	5.9	1973	4.9	1977	6.2	1979	5.7
1975	8.5	1979	5.8				

資料：(1) *Economic Report of the President*, January 1980.
(2) Central Statistical Office, *Annual Abstract of Statistics*：1982, Table 6.8；Tables 133, 142.

——ケインズに始まり，フィリップス曲線の若干の解釈によって支持された考え方は，失業もまた各循環ごとに増大する兆候を示すにつれて，徐々に後退することとなった（表19.2を参照）．資料はアメリカとイギリスに関してのみ示されているが，この問題はもっと一般的に OECD 諸国にも及んでいる[1]．

私の考えでは，インフレーションは第2次世界大戦の終了時に始まった過程の頂点として理解するのが最善であり，それに上述した特殊な諸要因がさらにそれを促進してきたのである．私の主張は，現行インフレーションの根本原因は『一般理論』の政策的処方を誤って適用したことにあるというものである．短期的治療法として設計された政策が，その長期的含意を検討もしないで，成長への長期的刺激剤に変えられてしまった．貨幣組織の基本的変化がこの筋書の重要な背景を成している．その変化自体が政策の結果なのかどうかは明らかではない．どちらかといえば，私は政策の結果だと思う．

『一般理論』から引き出される，より単純なメッセージは，所得を引き上げるには投資が必要だということであった．したがって，戦後の政策は直接ないし間接に投資を促進してきた．収益留保や資本利得への租税譲許，投資控除や補助金，および加速的減価償却引当金はかなり継続的に活用されてきた．利子率の引き上げを目的とした貨幣政策や需要の増加を意図した財政政策は付随的に使用されてきた．

ケインズの政策的処方は特殊な病理——つまり，さらに資本蓄積を進めることからいぜんとして相当な潜在的利得が生まれた世界における失業や超過設備能力——に向けて作成された．さらに，その処方は患者にショックを与えて自力で回復させることを意図して，服用量も一定量に抑えられた．長期にわたって患者に我慢させることは意図されていなかった[2]．30年間にわたって（断続的な服用ではあるが）継続的にケインジアンの薬を投与していた時には，われわれは前章の末尾で引用した警告には留意することができなかったのである．すなわち，

われわれが今日の均衡を投資の増加によって確保するたびごとに，われ

第19章 政策の一層長期的な展望

われは明日の均衡を確保することの困難を大きくしているのである．

(*G.T.*, p. 105〔邦訳，104-5 ページ〕)

ケインズはブームが持続することに賛成したけれども，つねに最終的解決点として定常状態を心の奥にもっていたことを第16章，その他から想起されたい．定常状態に関しては本来不愉快なことがあるわけではない．完全雇用を維持し，住宅を含む十分な資本を備えて「のんびりやっている」経済は快適であろう．しかし，おそらく貯蓄欲は，投資の利益率が利子率以下に低下する以前に満足されるはずはないとケインズは考えた（それが第17章の議論の主旨であった）．

「停滞論者」はこれら2つの可能性を区別しなかった．その結果，いかな・る・定常状態も驚きをもってみられた．戦後は全期間にわたり，成長が基調をなしてきた．だが，所得水準がたえざる上昇を持続するためには，投資ないしは政府支出が，所得と消費の間の，たえず拡大していくギャップを埋めるために——少なくとも絶対タームならびに短期的にも，国民所得に比べて——継続的に拡大していく必要がある．

ケインズはそうでもないが，ケインジアンたちは，失業が存在するときには，拡大政策は物価にほとんど影響を与えないだろうと想定しがちであった．しかしながら，物価安定に関するこの楽観的期待は短期ないしは「1回だけ」の拡大政策を使用する場合には正当化されうるであろう．それは，固定価格に原因があるのではなくて，効率が高まるために，物価を押し下げる力が生まれて物価の上昇傾向を相殺する効果が働くので，景気後退期には，短期的にも長期的にも，物価安定に特別有利に作用する条件が存在するという根拠に基づいている．その場合，われわれは，赤字をまかなったり，公債を貨幣化することに使用される，新しい貨幣を吸収する，成長経済がもつ受容力に依存している．

しかし，なかば継続的な拡大政策の長期的結果は必然的にインフレを生み出さざるをえない．なぜなら，成長は無限に持続することはできないからである．均斉成長の定理は人口の伸びや技術的変化に依存している．それらが

生じなければ，経済の均衡解は定常状態となる．成長理論は，貨幣の残余，ならびに投資の結果残される債務によって生み出される問題も無視している．

現実世界では，投資の限界効率は，技術的変化が相殺されない限り，資本ストックが増加するにつれて低下すると予想される．その場合でも，成長によって示される消費と所得の間のたえず拡大するギャップを埋めるに十分な率で発明を新しい設備に体化するという，発明を実効あるものにするための誘因には，そのような設備による生産量への需要の継続的増加に対する期待が必要であるから，ますます迂回的となる生産方法の利益率には限界が生じてくる．顕著な所得再分配が欠けている場合には，需要の必要成長率の達成は人口の伸びに依存している．人口が安定している場合には，利益率と需要の増加を維持するために，はるかに強力な刺激要因が必要であり，これが時間の経過につれて，吸収されるべき貨幣量の増加を発生させるのである．継続的な赤字かそれともつねに利子率の低下が生じると，それらに伴って貨幣供給量の変化を引き起こすが，変化する可能性があるのは速度であって，方向ではない．

大戦以後のインフレーションは，資本ストックの増大の不可避的な帰結を事前に防止しようとした結果とみなすことができる．それは成長の促進を意図した——事実，承知の通り，法人企業の成長力を維持するための——財政政策ならびに貨幣政策に付随して起きたことであり，またそれ自身有益な手段でもある．なぜなら，それは実質利子率を引き下げ，社債および公債の負担を低減させるからである．

急速な成長と減速の時期

戦後期はヨーロッパを再興するための巨額の資本蓄積の必要性から開始した．イギリスは特に，1925年の為替相場の決定が原因で，アメリカないしヨーロッパより長期にわたる戦間期の景気後退を経験していたために，生産資本および住宅のいずれも不足していた．事実，第1次大戦以前でさえ，投

資率は低かった．戦間期には，国民所得に占める投資の割合は1929年のわずか8.8％，1937年の比較的健全な年でも10.3％にすぎなかった．

産業資本および住宅の直接的破壊は蒙らなかったとはいえ，アメリカも平時の生産にふさわしい資本ストックを消耗したまま戦後の時期を迎えた．生産を再び消費財に切り換えたため，投資への強力な刺激が生まれ，一方繰延べ需要はベビー・ブームによっても強化されたが，戦時中獲得した高い流動資産からまかなうことができた．

さらに，戦争は技術進歩への大きな動機でもある．新しく，より資本集約的な生産方法は平時の用途に適用されることを待ち望んでおり，また純然たる発明の習慣が確立していた．1950年代には多くの新製品が生まれ，それが需要を高水準に維持し，一方大幅な技術進歩の体化がコストと耐久消費財の相対価格を引き下げ，生活水準を全体的に引き上げた．利潤と実質賃金の上昇は両立していた．

思いつきの経験主義のレベルでみれば，とりわけアメリカにおいては1950年代の末頃，体系の亀裂が現われ始めたといえよう．構造的な陳腐化ならびに宣伝によって欲望を創出するというやり方は，それをいかに定義しようとしても，「真の需要」がそれほど十分に満たされてはいないことのあらわれであった．

上記の見解は技術的変化の質に関わっている．イギリスに関する推定値（Schott, 1976）が示すところによれば，後に至って——1960年代——ではあるが，技術的変化の全体の規模も低下した．直接費指数（労働力，原料および賃貸料）でデフレートした，民間産業の研究開発支出は1950年から1962年にかけて着実に上昇し，それからその後の2年間低下し，続く2年間回復し，再び1967年から1970年にかけて低下した．アメリカでは経済諮問委員会 Council of Economic Advisors がその1977年の報告書の中で，1人1時間当り生産量が1948年から66年の年率平均3.3％から1966年から73年の2.1％へと低下したことに注目し，それを資本の伸びの低下のせいだとした．ただし，これが技術的変化の体化の減少によるものか否かには言及して

いない．研究開発支出は1975年までの10年間減少した（Schott, 1981）．

一般的な図式からいえば，技術的変化は量的にも質的にも衰退しており，そのような状況の下では，資本の限界効率の低下が観察できると予想されるであろう．このことは消費性向の上昇か利子率の継続的低下によって補整されない限り，投資誘因の減退を意味する．

消費性向は人口の増加ないしは低所得層への所得の再分配に反応するものと予想することができよう．したがって，戦後のベビー・ブームは一時的に経済に浮揚力を与えたが，人口の伸び率は今日では両国で低下してきた．所得分配に関する証拠は決定的なものではない．アトキンソンのデータ（Atkinson, 1975, pp. 51, 53）が示すところによれば，イギリスでは戦後初期の再分配は高い所得と低い所得の両極端から中間所得に向かって広がっている．アメリカの分配は低所得グループにとって若干の前進を示している．しかしながら，彼らの絶対的な所得水準の低さが絶対タームでの需要の増加を制限することになるであろう．全体として，所得分配から生じる投資への明確な誘因はほとんどなかったといって差し支えないように思われる．

このことが全体として示唆することは，限界消費性向の全般的な低下傾向は，この時期の開始期における技術的変化と上昇傾向にあった需要によって強力に阻止されたが，1960年代の半ばにはこれらの対抗力は衰退し始めた．

負の実質利子率が一時的に貢献したことはありうるが，コストが需要インフレと同一レベルに達し始めたとき，そうではなくなった．

もちろん，投資の利益率の低下傾向は企業にとって耐えがたいものであり，1950年代末までに，おそらくその所得が上昇すると期待していた消費者にとってもそれは受け入れがたいものとなったであろう．投資は所得の成長を達成するために増大しなければならないが，以前に技術的変化によって与えられた投資誘因は減退しており，またこの時期までに資本ストックは大幅に増加していた．したがって，一定の成長率を持続するために，もっと大規模な政策的措置が必要であった．

利潤率低下の指標は[3]，表19.3に示されている．GNPに対する利潤の割

表 19.3　GNP と利潤の比率（％）

年	UK: 最終総産出量に占める利潤			US: 国民所得に占める法人利潤	
	a	b	c	a	b
1946		25.6		n.a.	
1950		23.4		12.2	
1955		23.6		13.1	
1960		24.4		12.1	
1965		23.5		13.3	
1966	22.6	22.3		13.2	
1967	22.8	22.5		12.1	
1968	22.9	21.7		11.4	
1969	22.1			9.6	
1970	21.1		21.7	7.9	
1971	21.5		22.4	8.4	
1972	22.3		23.6	9.0	
1973	21.5		23.5	7.6	9.3
1974	18.4		20.0	4.0	7.4
1975	18.1		19.0	6.6	7.9
1976	18.5		20.0	n.a.	9.3
1977			21.6		9.8
1978			22.6		9.7
1979			21.6		9.3
1980			20.6		n.a.

注と資料：
UK：減価償却を準備する以前であるが，在庫評価益は準備したあとの，粗利潤と他の取引所得．
　　資料：Blue Book, Col. *a*, 1975；Col. *b*, 1969 and earlier Blue Books；Col. *c*, 1981.
US：租税および減価償却引当金は控除していないが，棚卸評価修正後の法人利潤．
　　資料：*Statistical Abstract of the US*, Col. *a*, 1977；Col. *b*, 1980.

合は，利潤の資本に対する割合という理論的により望ましい尺度の測定が不可能だという理由から，それに代わって使用されてきた．生産の迂回性はその期間中ずっと増加してきたため，表は資本利潤率の低下傾向の過少推定を示している．

　1960 年代後半には，利潤率の低下が明らかとなったので，GNP に占める政府支出の割合はイギリスでは上昇し始め，アメリカでは，それはその着実な上昇を続けた（表 19.4）．もし租税，利子および需要などの投資誘因が所

表 19.4　GNP/GDP における政府支出のシェア（5 年毎の平均）

	UK	US
1950-54	14.9	19.2
1955-59	13.5	19.6
1960-64	16.7	20.5
1965-69	17.3	21.9
1970-74	18.4	22.0
1975-79	20.7	21.0

注と資料
UK：1950-59：経常価格での GDP のシェアとしての財への公共当局の支出．Blue Book 1962（点線のところで資料は中断している）．
　　1960-79：経常価格での GDP のシェアとしての一般政府最終消費，Blue Book 1981, 表 1.1.
US：GNP のシェアとしての財・サービスの政府購入．*Statistical Abstract of the United States* 1980, *The National Income and Product Accounts of the US*, 1929-65, および *Survey of Current Business* のさまざまな資料．

得と消費のギャップを埋めるのに不十分だということになれば，政府支出が代わってそのギャップを埋める必要がある．同時に，イギリスではインフレ率が 1968 年にははっきりと加速して，1975 年の年率 24 ％へと劇的な上昇を続けた．アメリカの上昇率は先ほど（表 19.1）指摘したように，高いレベルでの循環的パターンを示した．

おそらく収益が期待通り得られなかった，民間部門の投資による損失を取り戻す動きがすでに始まっていたとみられる．この時期にインフレーションが加速したのは，多くの政府支出の（社会的生産力に対比して）低い経済的生産力ないしは長い元本回収期間によってますます悪影響を受けたためであろう．所得創出的支出が産出を生むはるか以前に行われる場合には，物価の上昇はほぼ算術の問題にすぎない[4]．

政策の背景としての資本不足

第 16 章では，資本はまったく不十分であったという，当時の事実に基づく想定が『一般理論』にとって基本的なものであることが指摘された．ケインズの見解では，資本の飽和状態にあるという点では最も強力に主張をして

いいアメリカでさえ，1929年にはそれからずっと隔たっていた（G.T., pp. 322-3〔邦訳，322-3ページ〕）．この経験的な評価は，需要一般に対してではなくて，特定の投資に対する刺激を政府が用意すべきことを唱道する場合には，短期的な便宜性に長期的な望ましさを付け加えることになる．

投資の刺激は成長と雇用を促進するであろうとのメッセージを理解することは容易であり，ケインジアンたちはそれを熱烈に取り上げた．資本が増加しつつある国は明らかに成長しており，それによって効率的になりつつあるともみられた．アメリカ的パターンに従うと，生産方法の効率性は1人当り産出量によって評価された．つまり，資本集約的な生産方法が組織的に奨励されたのである．とりわけ，イギリス産業の競争力不足は主として近代的な（すなわち労働節約的な）設備の欠如のせいとされた（それはいまでもそうである）．労働者解雇の不安は除去された．つまり，投資が所得と雇用を創出するということがケインジアンの教義であったからである．短期の仮定の意義は事実上無視された．

しかしながら，経済の拡大を促進する場合には投資需要に集中すべきだというケインズの理屈は，生産性論議とは若干異なるものであった．投資支出は，期待に非常に依存しているために，変わりやすい．だが，期待自身変更することが可能である限り，それは操作可能なのである．

投資財への支出には，その支出に対する知恵がその生産物への市場の需要と直接対決することを通じて直ちに論破されるわけではないという，もう1つの有利な面がある．ラグはある．いかなる生産物でもいやしくも世に現われる前には懐妊期間が存在するばかりか，長期にわたる生産に対して利潤は生み出されるのであり，その間に需要の変動が予想されるのがふつうであろう．たった1年うまくいかないだけなら，その投資が失策の現われだと受け取られることはないであろう．したがって，楽観主義を拡大する方向に期待がうまく移行すれば，かなりの期間投資の流れを誘発することが期待されうる．対照的に，消費財生産の拡大はすべてあまりにも急激に市場のテストを受けすぎるので，需要自体が高い状態にとどまるとの信頼がもてなければ，

ブームが持続すると確信するわけにはいかない．

所得と消費の間のギャップ

投資は，需要構成要素の中でも循環的下降の救済策によって最も簡単に操作できる要因として好まれた．それは経済の拡大にとっても不可欠であった．産出量の一部は，所得が新たな水準に恒久的に引き上げられるとすれば，つねに投資に向けられる必要がある．

> ［もし］消費性向に変化がないならば，Z と D_1 との間の増大していく差を埋めるように，D_2 が同時に増加しないかぎり，雇用は増加することができない． (G.T., p. 30〔邦訳，30-1 ページ〕)

これはマクロ経済学でもっともよく知られた命題の１つであるに違いないが，その長期的意義は完全に失われてしまったようにみえる．

> われわれがあらかじめ有利に準備することのできる消費は，無限の将来にまで延期することはできない．……その上，あらかじめ準備した消費〔資本〕が大きくなればなるほど，さらにあらかじめ準備すべきもの〔投資〕を発見することはますます困難となり，われわれが需要の源泉として現在の消費に依存する程度はますます大きくなる．しかも，所得が大きくなればなるほど，不幸にして，所得と消費との間の開きはますます大きくなるのである．……かくして，新資本投資がつねに純所得と消費との間の差を埋めるに十分なだけ負の資本投資を上回るようにするという問題は，資本が増加するにつれてますます困難となる１つの問題を提起している．……この難問への解答は失業以外にはない．すなわち，将来の消費のために今日生産して引き合う物理的準備にちょうど等しい額だけ，消費が所得を下回る貧しい状態にわれわれはおかれるのである． (G.T., pp. 104-5〔邦訳，103-4 ページ〕)

すなわち，体系は定常状態に収斂するのであって，われわれが期待するようになり，かつまた戦後の理論がわれわれにそれを実現できると信じ込ませて

きた，恒常的成長に収斂するのではない．

安定的消費と資本の限界効率の低下

　ケインズと恒常的成長論者との相違には，おそらく2つの（現実的な）根源がある．1つは期待される将来消費の伸びに投資を依存させることと関係がある．人口が増加しなければ，消費が無限に増加すると期待することはできない．また，所得再分配による消費の増加の可能性には，たとえその再分配自体が政治的に反対されない場合でも，限界がある．さらに，消費の増加分が，その生産方法の迂回性を高める余地の大きな産業の生産物に向けられると想定すべき理由はないが，投資が維持されるべきものとすれば，促進される必要があるのはこのような生産方法なのである．

　戦後初期には，新たな生産物の開発が需要を維持する上で役立った．しかし，企業はこの分野においてかなりの創意をこらすことができるけれども，企業が最高の潜在需要をもつ生産物を開発するという保証はない．ケインズは，この点は公共支出との文脈でも評価されるが，実際には民間部門投資の領域でそれ以上に大きな力をもつことに注目した．

　　公共当局主導の投資によって雇用増加を図る計画への反対論として，普通，それが将来に面倒な問題を残すということが主張されている．次のような質問がなされる．「将来の静止的人口のもとで必要と予想される住宅，道路，市庁舎，発電所，水道などをすべてつくってしまったら，いったい将来は何をするのか」と．しかし，同じ困難が民間投資にも産業の拡張にも当てはまるということは，それほど簡単には理解されていない．その困難はとくに後者に当てはまるものである．なぜなら，住宅に対する需要が早く飽和状態に達するよりも，個別的にわずかの金を吸収するにすぎない新しい工場や設備に対する需要が早く飽和状態に達する方が，はるかにありうると考えられるからである．

　　　　　　　　　　　　　　　($G.T.$, p. 106〔邦訳，105ページ〕）

需要を枯渇させ，その方向で行われるそれ以上の投資の限界効率を低下さ

せるのは,適切に管理された方向に沿った拡大である.

限界効率の低下は,消費と投資のたえず拡大するギャップから始まった問題をさらに大きくする.

> 豊かな社会においては限界消費性向が弱いばかりでなく,すでに資本の蓄積が大きくなっているために,利子率が十分に速い速度で低下しないかぎり,いっそう多くの投資を誘致する機会が乏しくなっている.
>
> (*G.T.*, p. 31〔邦訳, 32 ページ〕)

かくして,利子率は(他の事情が等しいとすれば),その最低値に達するまで,加速度的に下落するにちがいなく,その後に技術的変化がなければ,純投資はゼロ——つまり,定常状態——になるであろう.

ここに,「成長論者」との第2の相違の源泉がある.彼らは,主として成長を限界効率の下落を阻止する技術的変化の具体的現われとみなす.彼らは,新しいアイデアを得るだけでは十分ではない,ということを忘れているように思われる.技術進歩はそれを具体化するだけの値打ちがなければならない.人口の伸びも持続的な技術的変化もいずれもない場合には,ケインズばかりか現代成長理論も定常状態への収斂を予測することは大いに意義がある.

労働節約的投資

いかなる定常状態も,一部の人にとっては十分好ましからざることに思われる.「向上期待の革命」はなにも第三世界に限定されるものではない.だが,経済が完全雇用以下の定常状態に収斂する確率は,労働節約的技術向けの投資に偏ればさらに高くなる.

雇用に及ぼす,資本と労働の代替の長期的効果に関する議論はいぜんとして明らかに流行遅れである.モーリス・スコット (Scott, 1978) は大胆にもこの問題を分析した.

資本集約的技術によって職を解かれた労働者は,経済が成長している間,職を見つけうるにすぎないであろう——そして,ケインジアンにとっては投資が成長の原因なのである.それは短期の成長要因である.だが,資本集約

性に偏倚する，上記のごとき強力な原因も存在する．労働を統制する方がはるかに困難である．長期的には，スコットの分析が示していること，すなわち一層資本集約的な経済では均衡雇用は低下するであろう，ということを期待することはなぜか合理的ではない．

定常状態の回避

　上述のことは，投資を刺激することを意図した政府の政策が，もっと収益の高い方向へ産出物の構成内容を繰り返し移行していかなければ失敗する運命にあるとはいえ，一時的には有益でありうることを示唆している．それには人口の伸び，技術的変化，所得再分配，もしくは新たなフロンティアの開拓が必要となる．
　拡大への新たなはけ口を発見することで生存しかつ成長していく企業は，資本ストックの蓄積が容赦なく導き出す事態を容易に受け入れようとはしないであろう．つまり，それは，投資が更新部分だけをカバーし，また利潤は生産的機械を稼働し続けるのにちょうど必要な水準にすぎない場合である．
　少なくとも最近まで，貯蓄への見返りを得ていると信じてきた家計は，そのいずれをも好まないであろう．つまり，ゼロを超える利子の下で貯蓄が行われる余地はない，とケインズは考えたのである．

> 蓄積された富に対する報酬率が徐々に削減することからどんなに大きな社会的変革が生ずるかは，ちょっと考えてみれば簡単にわかるからである．この場合にも，稼いだ所得を後日支出する目的で蓄積しようと思う人は，自由にそうすることができる．しかし彼の蓄積は増殖しないのである．そのような人は，事業から隠退したとき，ギニー金貨の箱をトゥイックナムの別荘に運び，家計の費用を必要に応じてそこから支出したというポープの父親のような立場におかれるにすぎない．
>
> (*G.T.*, p. 221〔邦訳，218-9 ページ〕)

これが安定人口に対する消費－貸付定理（Samuelson, 1958；Robinson,

1960) である．人口の非労働部門と労働部門との間の交渉は特定の集団にとって利用可能な利子率を非ゼロにさせるかもしれないが，集計値でみると，余剰資金は資本の更新部分に向かう．

定常状態に関する，これらの特徴の政治的・社会的帰結は明らかに驚くべきものである．私はそれらが議論されるのをみたことはない．資本蓄積の長期的目的が現在の社会構造に脅威を与えることを知るのは難しいことではないし，またそれを避けるために政府が行動を起こすことを誰もが期待するであろう．

もちろん，投資への短期的ニーズと投資自体が生む長期的帰結との間には矛盾がある．しかし，反景気循環的目的から追求された需要管理とか低金利政策は，長期の問題にあらかじめ対処するうえで役に立つという意味はある．この効果は，需要の増加ないし低金利それ自体に起因するものではない．なぜなら，これらは究極的には十分とはいえないからである——むしろ，それはこれら諸政策のインフレ的帰結から発生する．そのメカニズムをもっと詳細に検討することにしよう．

インフレーション・メカニズム

需要が減税ないし政府支出の増加によって引き上げられるとき，貨幣所得は産出量に先立って高められる．任意に与えられた経済状態にとって，インフレの影響が顕著になればなるほど，新しい貨幣によってまかなわれる赤字の割合はますます大きくなろう．貨幣所得の上昇は総需要曲線を上方にシフトさせる．その結果，もし貨幣賃金が不変であれば，産業の利潤極大化をもたらす産出量は増加し，収穫逓減を償うために必要なだけどれだけの物価上昇も容認されることになる．産出量は増大し，物価は上昇する．利潤は増加し，実質賃金は低下する．拡大政策は賃金コストないしその他のコストの上昇をカバーするための需要を増加させるためにも使用されうる．

これらの物価上昇がすべて「真正インフレーション」とは限らないが，物価の上昇は短期の極端なケースを除けば，すべて拡大にとって不可避である．

また政策はつねに短期に作用する．

しかしながら，その効果は長期的である．ここに，2つの対立する影響が生まれる．もし投資が効率を上昇させれば，コストは低下し，物価は引き下げられうる．しかし，時間の経過につれて，同量の投資を実現するためにはますます大きな刺激が必要となり，短期にはそのことは徐々に一層大幅に物価が上昇することを意味する．

同様の考え方は，公債の貨幣化を通じて実施される金利政策にも妥当する．より長期にわたって，同一の投資成果を達成するためには，利子率はたえず急速な割合で引き下げられなければならない．ますます大幅な貨幣供給量の増加が必要となり，そしてこれがインフレを引き起こさずにはおかない．

インフレーション，実質利子率ならびに債務負担：インフレーションは財政・貨幣政策の単なる副産物ではない——（それはもっぱらこれら諸政策の副産物でもない）．需要インフレーションは直接投資に有利な効果を及ぼし，また実質利子率を引き下げたり実質負債残高価値を低下させることによって利益を与える．

利子率は無限に押し下げることはできないというのが，ケインズの絶望的な不満であった．受け入れることのできる無利息資産の存在によって絶対的な最低利率が設定され，そして実際的な目的から，その最低利率はやや上昇し，正常利率に関する確信によって決定される，というものであった．しかしながら，インフレーションは実質利子率を低下させる．実質利率は負になりうる（し，負になったこともある）と同時に，インフレーションが貯蓄者によって完全に予想されないかそれとも貯蓄者が満足のゆく収益率を獲得することを確実にするだけの行動範囲をもたない限り，それは時間の経過につれて低下し続ける．これら諸要因はいずれも，最初予想が，後には制度的取決めが変更される以前に相当の年月にわたって作用しうる．その期間中，インフレーションは，とりわけ企業とか政府といった借り手が資金を安価に獲得することを可能にする．

インフレーションは黒字部門から赤字部門へと資源支配力の恒久的な移転を実現し，また実質金融資産価値の一部を恒久的に消滅させる．(その一部は債権者によって予想することが可能であり，したがって利子率を調整すべきだとの要求が出てくる.) しかしながら，実質利子率を引き下げたり資金を移転するうえでのインフレーションの有用性は，コストが需要と同一レベルに達するとき，限界に到達する．われわれは，インフレーションの有用性は1972年までに停止していたとの推測を思い切ってしてもよいであろう．

浪費的で，見当違いの投資

所与の拡大刺激策が惹起するインフレーションの規模は，資金が生産的投資にいかに適切に流れているかに依存する．幅広いケインジアン的集計値に数年にわたって注目が集まった後，次のようなデニス・ヒーリーによる大蔵大臣としての所見 (Healey, 1975) が示すように，この点はついにイギリス政府を動かすに至った．すなわち，

> もし企業ないし産業が，世界が購入しようとする種類のものを生産していないのなら，それら企業や産業を存続させるために，金を使うことは浪費することで無駄である．それはわが国の製造業が現在ひどい間違いを犯しているということである．われわれは他の人びとが欲していないものをあまりにも沢山，しかも彼らが買うことのできない価格で生産していることになる．

この短期的含意は明白である．もしわれわれがケインジアンの治療薬を選択的に管理する用意ができていれば，われわれはインフレーションによってはるかに低いコストで，一定の雇用水準を維持することは可能となるであろう．

この点を逆の方角から見ると，浪費的支出が及ぼすインフレ的な影響は，少なくとも短期的には貨幣所得が創出されるが，追加産出量は生まれないという，極端なケースをみればきわめて簡単にわかる．このケースは利益の大きな，有利な投資に類似している．事実，長期にわたって，両者の間の相違

を指摘することは不可能である．

　物価の上昇は，事後的には予想収益を生まないような投資計画を補償することができるから，それは企業家が犯した過去の責任を直接責任ある人びとから一般大衆に転嫁するために使用することが可能である．そのような投資が多ければ多いほど，いかなる拡大政策もますますインフレ的となるであろう．

　この点はきわめて明白であるために，政策へのそのような非選択的なアプローチがこれまでなぜ採用されてきたのか疑問に思われよう．それには，私は3つの理由を示唆したい．第1は，（特にアメリカで）広く信じられていることだが，民間企業によって統制されるべき活動を計画したりあるいは管理するという，いかなる提案も，それが回避することである．

　第2の理由は，ケインズの次の見解を形成した環境から出てくるものである．すなわち，大規模な失業がある時期には，提供される職場が増える限り何が生産されるかはそれほど問題ではなかった．さらに，たとえ浪費的で見当違いの支出でさえ乗数効果をもつであろう——そしてこれらは生産能力の低下の時期には物価ではなくて産出量に主として影響を及ぼすであろう．

　　まったく見当違いであったような投資でさえ消費の増加をもたらし，それによって社会的利益が生ずるから，そのような投資でも全然投資が行われないよりは優っているということを，この議論［楽観主義者でさえも思いとどまるような高い利子率による政策：著者挿入］は無視しているといえるかもしれない．　　（G.T., p. 327〔邦訳，327ページ〕）

それを彼が認めたということではない．

　　もちろん，住宅やそれに類するものを建てる方がいっそう賢明であろう．しかし，もしそうすることに政治的，実際的困難があるとすれば，上述のことはなにもしないよりはまさっているであろう．

　　　　　　　　　　　　　　　　　（G.T., p. 129〔邦訳，128ページ〕）

　第3に考えられるのは，浪費的支出が形を変えた天の恵みだということである．それは現実の社会的目的に奉仕することをなかば意識的に奨励すらさ

れてきた可能性がある．なぜなら，それは資本過剰が産出量の過剰を阻止する日を先に延ばしてしまうからである．

　古代エジプトはピラミッド建築と貴金属の探索という2つの活動をもっていた点で，二重に幸せであり，伝説にまでなったその富は疑いもなくこのためにできたものであった．これらの活動の果実は，消費されることによって人間の必要を満たすものではなかったから，過剰によって価値が下がることがなかった．中世は寺院を建て，鎮魂曲を歌った．2つのピラミッド，死者のための2つのミサは，1つのピラミッド，1つのミサの2倍の価値をもつ．しかしロンドンからヨークまでの2つの鉄道はそうではない．　　　　　　　　　　(*G.T.*, p. 131〔邦訳，129ページ〕)

したがって，われわれが今日住む世界には，金に飢えた（労働集約的な）芸術やロンドン－ニューヨーク間を飛ぶ多くの航空会社がある――それはおそらく，われわれが「浪費的」支出の使い方を誤る可能性があることを示している．支出の再分配が比較的高い雇用と比較的低いインフレとを同時に達成する可能性があるのかどうか問うべき時ではないであろうか．

貨幣組織

　最近数年間に経験したインフレ率がケインズの時代の貨幣的枠組の中で発生しえたかどうかは疑問である．イギリス――および他のヨーロッパ――が『一般理論』が出版される時までに金本位制を離れていたが，ケインズが金本位制に似たものを何らかの基準とみなしていたことはかなり明白である．彼にとって，貨幣の本質的特性はその供給の非弾力性にあった．事実，その非弾力性が十分に低い利子率を実現する際の困難の源泉であり，そして戦争末期に国際通貨制度を再編成する時がやってきたとき，ケインズは金本位制が許容していたよりはるかに大きな弾力性が必要だと考えた．

　もちろん，世界が手にしたものは，ドルを基軸通貨とした金為替本位制度であった．

　その間，各国内通貨は金との結びつきから解放された．

第19章 政策の一層長期的な展望

　さて，これらの事実をはっきりと考慮に入れて，議論の各ステップを注意して見直してみよう．再び戦争末期から出発すると，注目すべき事実は，朝鮮戦争の年を除けば，アメリカのインフレ率が低いことである．このことの1つの説明としては，実質成長率が高いことであろう．残りは国際的な流動性不足によって説明されると私は指摘したい．アメリカの貿易赤字は，国際準備へのドルの吸収によって埋め合わされた．それは，少なくともアメリカの観点からすれば，遊休残高の形態をとる．したがって，国内のインフレ圧力はこのはけ口を通じて一部は解消された．

　ドルを入手したいという他の諸国の欲求は1960年代後半には衰退しはじめた．アメリカの赤字についてアメリカが「何かするように」との国際的圧力はほとんど政策に効果を与えなかったようにみえる——デフレ的措置はいやなものであったが．実際には，インフレ率は上昇しはじめていた——それは物価が下落し始めると予想することがきわめて合理的な，成長期のような時においてである．大幅な技術進歩を体化する広範な投資が行われていたが，物価の引き下げによる利益ははっきりしていなかった．ケインジアンは明らかにそれを予想しておらず，それがなぜそれほど顕著でないのか——つまり，インフレ圧力はあってもそれを過去の効率の改善が緩和しつつあるのかどうか——，またなぜ形を変えて存在するのかを問おうとはしなかった．

　戦後の固定為替相場制度は，すでに基軸通貨国の地位を失っていたイギリスには異なった影響を及ぼした．外貨準備高を喪失するおそれが周期的にイギリスの拡大政策のじゃまをする傾向があり，同時にそれがおそらくイギリスのインフレーションを部分的に抑制する要素でもあった．

　政府が不本意ながら通貨の切り下げを受け入れるとき，国際収支の赤字はいぜんとしてデフレ政策的な反応を喚起するとはいえ，外貨準備高を喪失することで課せられる制約は変動為替相場によって取り除かれた．しかしながら，政策的反応の潜在的な弾力性は増大している．

　一方でブレトン・ウッズ体制は崩壊しつつあったが，民間銀行組織は変質し，伝統的な支配から解放され，そして国際的なネットワークとなった．貨

幣供給量は事実きわめて弾力的となっており，超過供給を吸収してくれる，貨幣形態での補整的な「購買力の流れを吸いこむ湖沼」を保証する機関は存在しない．インフレ圧力は完全に現われることが自由にできるようになった．

要約と結論

　本章の議論は長期期待が消滅したとき，失業救済のために意図された需要管理政策が代わって長期的成長目標に向けられてきたが，これは本来インフレ・バイアスをもっており，生産が迂回的になればなるほど，また資本の蓄積ストックが大きくなればなるほど，おそらくますます激化させるであろう．迂回性の拡大は貨幣所得と獲得可能な産出量との間のギャップを大きくするが，それは限界消費性向の低下を阻止する．しかしながら，結局資本蓄積の増大は民間投資への刺激を一層困難なものにする．

　インフレ・バイアスは戦後の当初数年間，1つは国際流動性不足によって統制され，また1つにはその同じ貨幣組織の働きによって，主要工業国では表面に現われなかった．アメリカとイギリスの銀行組織はともに当時伝統的な統制に従っていた．国内および国際的貨幣組織は変質してきており，潜在的なインフレ圧力が表面に現われてきた．

　深刻なインフレーションの登場は，「反対の方向に向かう」，つまり現在のイギリスで行われているように，支出を削減してインフレーションを鎮圧しようとの試みの十分な理由にはならない．ケインズ自身は次のように警告した（G.T., p.291〔邦訳，290-1ページ〕）．すなわち，その組織は対称的ではなく，しかもそのような行動の影響は物価よりも雇用に対してより大きく作用する，と．そして彼は安定的な貨幣構造ならびに，かなりコンスタントな貨幣供給量の観点からこれを考えていた．

　本章の分析は，現在（1982年）の政策に対する言訳としてではなくて，教訓的な物語として提示するものである．もしある人の理論の仮定が十分理解されないなら，あるいは理論と現実との間の一致がしばしば十分評価され

なければ，われわれが実行できる一連の諸政策は，それぞれが近視眼的な観点からは合理的であっても，長期的な結果は予想外で望ましくないものにすぎなくなる．スタグフレーションは本来不愉快きわまりないものであり，患者に被害を与える可能性のあるような種類の薬の処方を生み出すために，それはかえって不都合である．

より大規模な投資の選別と計画が，現在の諸困難の一部の機先を制してきたといえよう．貨幣所得全体を拡大する代わりに所得再分配を活発に利用しても，同様の効果がえられたであろう．ある意味で，政策の考え方はより長期的な観点からすれば，あまりにも集計的すぎた——またその集計値は $C+I+G$ から公共部門の借入必要額および M_3 へと移動してきたけれども——し，いまなおそうである．

注
* 本章はチック (Chick, 1978) の解釈を修正したものである．*British Review of Economic Issues* が転載を許可してくれたことに感謝する．
1) OECD (1977)，とくに表1，p. 42 と第15章，p. 105.
2) ハンセン (Hansen, 1938) も以下のような医学的比喩を用いており，それは私の同種療法の付帯的含意を免れた者にもすべてよりよく適合しうるであろう．すなわち，

　　景気後退にがむしゃらに突込んでしまうほどインフレーションを恐れないことがきわめて重要である．われわれがもしワクチンの効き目をよく知っていなかったら，恐ろしい病気を防止するためにある病気の軽症患者を生み出すことはまったく非常識にみえるであろう．だがしかし，今日経済的な治療で適用するために必要なのは，この種のことなのである．(p. 319)

　一部のワクチンは徐々に効果がなくなり，繰り返し注射する必要があるが，それを有機体の基礎的健康に代替するものとは誰も考えないであろう．
3) データと問題を徹底的に検討するには，King (1975) を見られたい．
4) 唯一の軽減は，むしろ遊休残高の形態で，貯蓄性向が上昇することから生じるであろう——同時に発生することはありそうもないことであるが．

第20章 『一般理論』の今日の現実妥当性

　現実妥当性の問題について，本書の第1章でとった態度は以下のようなものであった．すなわち，『一般理論』はそれ自身の時代に根ざした書物であったが，その分析はその後展開されてきた——「ケインジアン」と呼ばれるものも含めて——ほとんどのマクロ経済理論よりはるかにわれわれの時代に関連が深い．それを基盤として話を進め，われわれが進んでいくにつれて発生してきた，理論とその後の現実との間の一致しない分野を指摘してきた．
　これらの点を拾い集め，その理論がいぜんとして有用であるのかどうか——あるいはどの程度有用なのか——を見究め，そしてその理論の修正が絶対必要と思われる分野に注目すべき時である．

　　省　　略

　『一般理論』でも本書でもちょっと触れるだけにとどめているが，きわめて重要な事柄がいくつかある．たとえば，政府は政策措置が必要とみなされるときにだけそれに関わる，臨時の主体として参加するにすぎない．国際貿易や国際収支も重要な役割を果たしていない．ケインズの理論は本来封鎖経済論なのである．
　封鎖経済は，たとえ『一般理論』が書かれた時点でも非現実的な仮定であった．1930年代の国際貿易はこの仮定を正当化するほど劇的に縮小していたと主張することも可能であろうが，広範囲のさまざまな状況に妥当するよう意図した理論を考えようとすれば，そうはいえないであろう．貿易の自給

自足状態への後退は，きわめて深刻なものであっても，ほぼ普遍的に不況現象であると信じられていた．

むろん，政府の役割はきわめて大幅に変化してきた．政府は今日では長期的な基盤に立って生産に参加している．企業者経済は，純粋に私企業的でも計画的でもない，混合経済になった．これが大きな相違を作り出すか否かは未解決の問題である．

その回答は，生産的分野における政府――および企業――の動機に対するわれわれの見方にかかっている．かりに両者が同様の行動をとるとすれば，政府のこの側面を企業部門の一部として扱っても差し支えない．しかしながら，『一般理論』の2部門体系ではもはや十分ではないと主張する人は少なくないであろう．

政府が生産する型の産出物は特別な取扱いをするのが正当であるとみなせるほど十分異なったものであると主張する人もいるであろう．この見解の極端な代表はベーコンとエルティス（Bacon and Eltis, 1976）である．彼らは，政府支出と関連した産出物は（おそらく彼らもある福祉的意味は認めるであろうが）経済的意義をもたないと主張する．また，この議論の正当性と重要性については個人的判断に関わる問題である．

読者がどのような判断を下そうとも，現実世界のいくつかの特徴――重要な特徴でさえ――が見失われていると不平をいうことと，現実世界自体の複雑さの重圧を受けて，その理論を後退させることなく，それらの特徴を理論に盛り込むこととは別だということを想起することが必要である．優れた理論は現実に妥当する単純化を行っており，その単純化は現実妥当性と同様の重要性をもつのである．

6つの重要な仮定

現状通りの『一般理論』は，封鎖経済における産業の2つの側面の間の相互作用の理論であり，私が見る通り，それは以下の6つの重要な仮定に依存

している．それはすべてが等しく基本的というわけではないが，対等に論じることにしよう．それはすべてケインズが見ていた世界に基づいている．われわれは，現在の世界がそれと著しく異なるものか否かを判定する必要がある．

(1) ケインズが失業の問題を扱ったことは周知のことである．事実，その理論は失業状態に関連をもつにすぎないといった所見がときとして伝えられる．しかしながら，彼の普遍性への主張は，彼の理論が失業および完全雇用状態のいずれにも適用可能であることに基づいている．正しいことは，彼が失業を標準とみなし，完全雇用を幸運な例外とみなしたことである．

(2) 労働供給の意思決定に影響を及ぼすような，そうした数年間に及ぶ，広汎な物価安定が前提となっている．もちろん，安定的水準の周辺での，周期的変動は生じるであろう．

(3) ケインズは，比較的非弾力的な貨幣供給と固定為替相場の必然的帰結として，本質的には金本位制に基づく通貨制度観をとっていた．『一般理論』が書かれたとき，イギリスは金本位制を停止し，為替相場が変動していたという事実は，金本位制に関連する特徴がその規準として採用されたのだという，私の論点を損なうものではない．

(4) 第4の仮定は誰もが知っていることである．すなわち，所与の資本ストックと技法の状態とによるマーシャル的短期，つまり技術進歩は存在しないという仮定である．

(5),(6) 最後に私の信ずるところではきわめて重要であることが判明する，2つの基本的な特徴がある．1つは，人口が相対的に安定していることである．もう1つは，ほとんどこれまで言及されてこなかったが，ケインズの見解では西欧経済は当時まで資本ストックはいかなる意味でも十分な点に到達していなかったことである．

要約すると，これらの6つの仮定は，『一般理論』を形成する上で決定的に重要だと私は確信する．すなわち，6つの仮定を要約すれば次の通りであ

る．
 (1) 失業が標準であること．
 (2) 広汎な物価安定が存在すること．
 (3) 貨幣供給は完全に非弾力的であること．
 (4) 資本ストックと技術は一定であること．
 (5) 人口は大幅な伸びを示していないこと．
 (6) 資本ストックは不十分であること．

(1) 失　　業

　第4，第5および第6の各章では「労働の供給曲線を左方にシフトすること」の技術的な重要性を明らかにしてきた．このことは貨幣賃金を変化させないで，いずれかの方向に労働需要が大幅に変動する余地を与え，そうすることでわれわれは貨幣タームでの所与の総供給曲線に沿った動きを議論することが可能となる．w の変化は Z と D の両方を移動させるが，後者の動きは若干予想が困難である．

　失業を常態とする仮定が形成されたのは，1920年代と1930年代におけるイギリスでの経験によるものであろう．当時の失業の根強さを示す資料は第1章で示しておいた．この時期にはずっと失業率は10％以上であったにもかかわらず，賃金指数は1925年の105という高水準から1934-35年の97までわずか8ポイントしか低下しておらず，イギリスが臨戦態勢にあった1938年でも107に上昇したにすぎない．

　この時期のアメリカの経験はそれとは非常に異なるものであった．つまり，1920年代には景気後退はなく，不況期には賃金ははるかに激しく下落した．経験的な適用可能性に関していえば，ケインズの失業を標準とする仮定と彼の賃金に関する理論の結論とは，アメリカに比べればずっとイギリスの方に適合していた．

　両国とも1970年代には，おそらく若干の産業を除けば，ケインズの時代には考えられない組合せである，高水準の失業と賃金上昇との組合せをわれ

われは目のあたりにしてきた．この組合せは，第12章および第19章で論議した貨幣組織の変更と関係があるはずであり，したがって仮定(3)と関連をもつ．その理論の含意は，われわれがこれまで取り組んできた以上に十分 Z と D の同時的な移動の問題に取り組む必要があろうということである．ケインズの，長い間忘れられていた賃金単位の工夫が，多くの困難を回避するのに役立つであろう．D と所得分配との関係に関する問題が表面化してくる．

(2) 物価安定

例の戦間期の経験の背後には，パックス・ブリタニカが横たわっていた．ナポレオン戦争末期から第1次大戦までの100年に及ぶ，この長い期間に，経済活動はときには深刻な金融危機を伴って変動し，その変動とともに物価は上下した．表7.1では物価がかなりの変動を示しているが，それは，われわれが当然とみなすに至った現象——つまり，物価は1つの方向にのみ進み，唯一の問題はその上昇率であるということ——ではないことを想起されたい．

19世紀的な物価安定はもはや妥当せず，しかも労働の供給曲線は予想インフレーションに敏感になったことは明白である．この事実こそが，1つに第2次大戦以降の時期に終始（貨幣タームでの）賃金率の上昇傾向の原因をなしてきたものである．そして賃金の上昇が物価上昇を助長するのである．

ケインズは，企業に対してはそうでもないが，労働者に対しては貨幣錯覚を想定したといわれてきた．この非難はあまりにも浅薄である．彼らの反応の非対称性は，企業および家計が直面する意思決定の性質を所与とすると，まさにさきに概略を示した文脈の中で説明可能なもの——つまり，基本的な安定の周辺での循環——である．企業は，生産者として需要の変化を予測したり，しばしば妥当な利潤を十分獲得できるように価格を形成し，産出量の決定を行う必要がある．

『一般理論』での企業は小企業であり，利潤極大化企業であるが，これらの企業は，知覚されるか予想される，産出量の需要の変動に企業の労働需要

第20章　『一般理論』の今日の現実妥当性

を調整するはずであり，それが価格に反映されるのだと主張するために，継続的な調整，すなわち極端に短期の利潤極大化を仮定する必要はない．物価は需要のあらゆる変動に調整されるわけではないという考えを示す，マーシャルの正常価格の概念はこのことと完全に一致している．つまり，循環的変動は，産出量と労働との需要を，生産者の活動の性格上かれらが予測すべき需要の変化に調整する必要があるほど激しいものである．雇用，産出量および価格の循環が観測されるという事実はまさにこのことを確証するものである．

　価格期待に起因する，N^s のシフトがいまや理論に組み込まれるべきであるが，労働者は，企業に対して適用可能な時間的視野にわたって物価の動きを予測するものだという仮定を押し付けることは間違いであろうと私には思える．労働者の基本的な立場は企業とは異なる．企業は需要の変化を予測し，価格を設定しなくてはならない．労働者の役割はもっと受動的である．労働者は価格を設定するわけではなく，価格かそれともその予想に調整するにすぎない．全体として，物価はそれが上昇するのと同じ頻度で下落すると認識される状況の下では，個人としても集団としても，労働者が実質賃金を一定に維持するために循環の上昇局面で賃金率の再交渉をするより，むしろ物価は結果的には下落するものと予想し，結局実質賃金の変動を平均化すると判断する方が有益であろう．もちろん，企業はとにかく（貨幣）賃金の引き上げには抵抗するであろうが，それはとりわけ後日の賃金の引き下げには制度的困難を伴うとの見地から抵抗するのであり，労働者はこのことを認識する必要がある．その最終的な結果は，予想自身の粘着性と，予想への影響の緩慢さとの双方から発生する，予想物価変動に対する労働供給曲線のある非感応性をもっともらしく説明することである．

　企業と労働供給者との間の非対称性が緩和されるのは，循環的変動の下で物価の安定を予想することが，貨幣賃金を実質賃金の代理指標とすることの有効性をたえず低下させてしまう物価傾向の経験に屈してしまう場合である．物価の上昇傾向が標準となれば，労働者に「循環が過ぎるのを待つ」ことを

期待するわけにはいかないが，彼らの期待視野が企業のそれと異なるからといって不合理だとはいえない．

　労働者がインフレーションの可能性に迅速かつ完全に調整すればするほど，月並なケインズ主義の需要志向はますます弁護しがたいものとなる．賃金が変動するとき，有効需要の点は，総需要のシフトと同じだけの総供給のシフトによって決定されることになるが，それは，われわれが先に述べたように，予測不可能な効果をもつ．

(3) 貨幣組織

　物価は一方向的にしか進まないという現代の観測が近視眼的な見方かどうか，つまりわれわれはある長期サイクルの上向面だけをみているのではないかどうか，を問うてみることは意味がある．

　この問題が 1970 年代初めに問われていたら，その回答にははるかに自信がもてなかったであろう．西欧世界の経済が拡大していたとき，物価が上昇するのを目のあたりにすることと，産出量が減少していて，失業率が高くしかも上昇しているときに上昇し続ける物価と折り合うこと，とはまったく別の事柄である．

　そのような観測が可能な状況に向かっての，長期的変化の問題に論点を絞ってみたのが前章であった．その章の議論の「実物」面にはきわめて疑問の余地がありうるであろう．だが，ケインズの時代の貨幣的取決めと対比してその根本的な変更を加えなければ，長期にわたって物価は上昇し続けることができないといって反論することは難しい．

　管理通貨の理論では，通貨当局は貨幣供給量を統制する能力も意思ももっており，また金採鉱費や国際収支に関するやや付随的な制約の代役をそれが果たすものと想定される．この想定には，別々に 2 つの方向から異議が唱えられてきた．ある人は中央銀行の貨幣供給量ないし貨幣ベースの統制能力に疑問を提起しており，別の人はその統制の意思に異議を唱えてきた――これは通常，イングランド銀行の目的は何か別のこと，たとえば利子率を統制す

第20章 『一般理論』の今日の現実妥当性

ることだという議論に基づく観点である．

　これらの考え方は，本来正当かつ興味あるものであるが，以下のような本質的な問題を扱うことには失敗している，と私は確信する．すなわち，貨幣制度と法人企業の間の関係の，根本的な改革，およびあらゆる統一性のある国際通貨制度の終焉，といった問題がそれである．国際銀行組織が成長し，多国籍企業が「実物」面で実行してきたように，それは国境を「消滅させて」きた．これらの銀行は，今日ではその融資拡大に伴う，何らのチェックも受けないで，主要な中央銀行からの，最終的貸付機関の保証を享受している．

　現行取決めの下での国際的な貨幣供給量は，その拡大が銀行にとって利益がある場合には，事実きわめて急速に拡大することが可能であり，またこれ以上外部の世界には門戸を閉じることがあたかも可能であるかのように，巧みに「国内」経済と呼ばれるものに及ぼす，結果として生じる貨幣的な影響を，西欧の先進諸国が「無効にしてしまう」ことは困難である．

　国内の貨幣組織も，今日では崩壊しないように注意深く保護されている．金融組織がもつ（危機を）内破力を所与とすれば，この保護は疑いもなくいいことであるが，貨幣供給量の拡大は避け難い．また，貨幣供給量が急速に増大すればするほど，産出量を拡大するのに時間がかかるという理由以外に別の理由がなければ，産出量に比して物価への影響はますます大きくなろう．

　私の見解では，戦後の貨幣組織の弾力性がおそらくケインズの仮定からの乖離を示す唯一最重要の領域であり，価格期待に対するその必然的帰結および流動性打歩の軌跡と並んで，それは徹底的な改造が最も必要な理論分野を示している．それには，標準的なマクロ理論を変数のレベルから変化率に転換するだけでは十分とはいえない．多くの修正の必要性がすでに文献の中で提起されてきた．ケインズによって発見されたものとは異なる単純化を新しい貨幣組織が必要とするのか否かという問題は，しかしながらこれまでそれほど注目されてこなかった．

(4) 短　　期

　資本ストックと体化された技術との固定性はつねに短期的時間にとっては適切な仮定である．それが「適切な」——つまり現実に妥当する——状態に止まる時間的長さは，ある歴史的出来事と別の歴史的出来事とで異なる．たぶん，近代イギリス経済史上における，1930年代に先行する，長い低資本蓄積率の時代には，1930年代ほどそのことが完全に適用できる時期はなかったであろう．戦後の20年は数年以上にわたって短期的仮定を適用すべき時代でなかったことは明らかである．それが妥当すると想定された世界ときわめて著しい矛盾を示した，ケインズ主義の全盛期よりも，現在の方がはるかにそれは現実妥当性をもつであろう．

(5) 安 定 人 口

　安定人口の仮定もそれ相応の評価を受けてきた．1960年代央における技術進歩の減速に伴って，1970年代央以降投資も著しく減少したし，イギリスでは人口の伸びはゼロに近づくにつれて，1960年代の特徴であった，成長を常態とする見方は放棄し，たとえば何らかの新しい発明（シュムペーター的な見方か）に応じた活発な活動と失望の時期との周期的な発生の下で，高い所得水準への期待を選択すべきである．

　1821-31年における年平均1.5％から徐々に低下し，事実上1911年から1931年の間にゼロにまで低下してきた，イギリスの人口増加率は，ケインズの安定的消費性向の仮定の重要な要因だと私は確信する．ケインズの頭の中では，安定的人口は，かなり安定しているが変化もしてきた社会的消費パターンの概念と結びつけられていたであろう．このパターンの安定性は変化しており，そのことが最近低い人口増加率に復帰したことの意義をある程度弱めることになるであろう．

(6) 不十分な資本ストック

　安定的消費関数の背景を記憶に止めて，最後の重要な仮定に進もう．私が

第20章 『一般理論』の今日の現実妥当性　　507

　思うに，多くの点で，それがもっとも基本的な仮定であるが，ケインズはそれをまったく後まで明らかにしていない．つまり，彼はイギリスでもアメリカでさえも資本ストックは彼が完全投資と呼んだ点——たとえ完全雇用需要が終始持続される場合でも，資本ストックの増加分が取替費用を回収するほど十分な収益を生むと期待できない状況——には到達していない，とケインズは信じていた．

　ケインズは投資に期待される収益は循環的景気後退のために裏切られ，完全雇用が持続されれば利益をもたらすであろうが，失業と売上高との減少の下では利益をもたらさないという意味での過剰投資と，もっとも有利な見地に立ってさえそれ以上の投資は正当化されない場合の，先に定義したような完全投資とを区別している．

　そのため，完全投資は完全雇用を条件とする資本の飽和状態ないし資本の十分さについての概念なのである．ケインズは，当時アメリカを含むいかなる先進経済において，いかに豊かそうに見えようとも，そのような状況は見られなかったと，きわめて強硬に主張した．それが彼の判断であった．諸君が投資の社会的収益はほぼプラスにちがいないと確信し，また（おそらく）巨大企業の登場以後存在してきた理由に比べて，企業の利潤獲得能力と欲望充足能力との同一視を問題にすべき理由は減少したはずの，そのような状況のもとでは，それは，さらに投資してもその社会的収益率はおそらくゼロにはならないであろうとの命題へと向かう安易な一歩にすぎない．

　これはもちろん集計値に関する命題であり，それは平均としての意味はある．行われる投資がすべて定義通りの意味でいい成果をあげたと示唆する者は誰もいない．

　投資からの社会的収益がほぼプラスにちがいないと確信される世界では，ほとんどすべての投資は儲かる仕事である．つまり，それは短期に雇用を提供するだけでなく，生産能力への有利な追加分でもある．ケインズは方向違いの投資，すなわちその活動が定義通りの意味では利益を生まないがゆえに資源を悪配分する投資を容認しているが，それが彼を警戒させる可能性をも

つ点では明らかにない．

　今日，一部の個別産業にとって資本は十分ではなくても，経済全体から見ればわれわれは1932年当時より資本の飽和状態に一層接近しているといってよいのではなかろうか．事実，一部産業が世界的競争を背景として過剰資本の状態にあることは明白である．この背景の下では，ある投資は他のすべてのそれと同様利益があるとする，通常のマクロ経済理論や政策的助言の中で暗黙に想定される，人あたりのいい想定は時代錯誤であり，また費用のかかることである．いまや前章で提起した質問をすべき時ではなかろうか．つまり，われわれは投資全体に無差別的に刺激を与えるより，むしろ政策によって促進される投資の方向に十分な注意をはらうことで，インフレ・コストを低減するために雇用の増加を手に入れることはできるであろうか，というのがそれである．これは，私が思うに，今日きわめて重要となってきた問題である．それはケインズ自身が問題にして以来問題にされたことはなかった．（政治的にはそれはきわめて難しい問題であるが．）

結　　論

　本書の研究から，われわれはどのような結論がえられるであろうか．もっとも明白な結論は，経済理論とは，あらゆる時代やあらゆる型の経済体系に適用可能な，一般原理に基づく抽象的な論理的分析の体系ではないということである．しかしながら，このことはあらゆる理論化が無益であり，われわれが制度的・歴史的記述の範囲内に止まるべきだといっているのではない．経済理論の普遍性のレベルは，研究対象の歴史的性質によって制限されると結論づけることも正当ではない．それはまたわれわれの想像力やわれわれの教義の新鮮さによっても制限される．しかし，その達成される普遍性のレベルがどうであろうとも，理論が顕著な事実を把握する能力についてはたえず再検討されるべきである．

　私は，現在あるマクロ経済理論は時代とともに十分進展してこなかった，

といって間違いではないと思う．このことはテキストで教えられたマクロ経済理論には特に妥当するが，その理論の原初の着想にも妥当する．

しかしながら，私が概説してきた修正の重要性にもかかわらず，『一般理論』にはいぜんとして有益なものが沢山含まれている．たとえば，所得からの独立度に応じて支出を集計するという考え方（耐久消費財と消費者信用の双方の重要性が高まるにつれて，他のどこかに境界線をひけるといいと思うのだが），投機の周期的重要性を古典派の人たちから復活させ，それを金融分野に移し換えたこと，そして資産保有の帰結を生産と投資の流れに統合したこと，がそれである——これらの考え方はいぜんとして有効である．また，資本主義は，現在ではケインズが予見しなかったほどの国際統合と，ケインズの理論には正当な根拠をもたなかった規模での政府介入のもとで機能しているけれども，家計と生産者との間の，基本的で対立した関係はいぜんとして資本主義がどのように機能するかという問題の核心を占めている．

現在の状況のもとでさえ，ケインズの理論を構成する諸要因の一部は，拡大——ないし修正——して保持することは可能だと私は確信している．本書の読者は違った見解をとるかもしれないが，それは当然のことである．なぜなら，いかなる理論にも終わりはないからである．学生諸君は非常に心をかき乱されるような事実を発見するかもしれないが，それが諸君を勇気づけるものであることも知るべきである．もし，学生諸君が経済学者になれば，諸君が発見し，実行すべきことは沢山あろう．学生諸君は現在どっちつかずの状態にあるかもしれないが，自己の能力を精一杯使わないですむ仕事に従事することは不要のことである．

参考文献と文献索引

各々の記載文献の最後にある [ ] 内の数字は，本訳書での引用ページを示す．

Andersen, L. C. and Jordan, J. L., Monetary and Fiscal Actions: A Test of Their Relative Importance in Economic Stabilization, *Federal Reserve Bank of St. Louis Review*, 50, November 1968, 11-24. [475]

Archibald, G. C., Multiplier and Velocity Analysis: An Annulment, *Economica*, n.s. 23, August 1956, 265-9. [378]

Arrow, K. J., Towards a Theory of Price Adjustment, in M. Abramovitz (ed.), *The Allocation of Economic Resources*, Stanford University Press, 1959. [54, 242]

Asimakopulos, A., The Determination of Investment in Keynes's Model, *Canadian Journal of Economics*, 4, August 1971, 382-8. [186]

Atkinson, A. B., *The Economics of Inequality*, Oxford University Press, 1975. [482]

Bacon, R. and Eltis, W., *Britain's Economic Problem: Two Few Producers*, Macmillan, 1976. [499]

Bain, A. D., *The Economics of the Financial System*, Martin Robertson, 1981. [327]

Bank of England, The Secondary Banking Crisis and the Bank of England's Support Operations, *Bank of England Quarterly Bulletin*, 18, June 1978. [412]

Barro, R., Inflation, the Payments Period, and the Demand for Money, *Journal of Political Economy*, 78, November/December 1970, 1228-63. [298]

Baumol, W. J., Say's (at least) Eight Laws, or What Say and James Mill May Really Have Meant, *Economica*, 44, May 1977, 145-62. [29, 119]

Baumol, W. J., The Transactions Demand for Cash: An Inventory-Theoretic Approach, *Quarterly Journal of Economics*, 66, November 1952, 545-56. [298]

Benavie, A., Disequilibrium Static Analysis, *Western Economic Journal* (now *Economic Enquiry*) 10, 1972. [33]

Blinder, A. S. and Solow R. M., Does Fiscal Policy Matter?, *Journal of Public Economics*, 2, 1973. [454]

Boulding, K. E., *A Reconstruction of Economics*, John Wiley, 1950. [69]

Bronfenbrenner, M. (ed.), *Is the Business Cycle Obsolete?*, John Wiley, 1969. [404]

Brunner, K., The 'Monetarist Revolution' in Monetary Theory, *Weltwirtschaftliches Archiv*, 105, 1970, 1-30. [28]

Buiter, W., The Macroeconomics of Dr. Pangloss: A Critical Survey of the New Macroeconomics, *Economic Journal*, 90, March 1980, 34-50. [28]

Bulkley, G., Personal Savings and Anticipated Inflation, *Economic Journal*, 91, March 1981, 124-35. [186]

Burstein, M., *Money*, Schenman, 1963. [443]

Cagan, P., The Monetary Dynamics of Hyperinflation, in M. Friedman (ed.), *Studies in the Quantity Theory of Money*, University of Chicago Press, 1956. [444]

Casarosa, C., The Microfoundations of Keynes's Aggregate Supply and Expected Demand Analysis, *Economic Journal*, 91, March 1981, 188-94. [119]

Chick, V., Financial Counterparts of Savings and Investment and Inconsistency in Some Macro Models, *Weltwirtschaftliches Archiv*, 109, no. 4, 1973, 621-43. Referred to in text as 1973a. [327, 350, 475]

Chick, V., The Nature of the Keynesian Revolution: A Reassessment. *Australian Economic Papers*, June 1978, 1-20. [186, 443, 497]

Chick, V., On the Structure of the Theory of Monetary Policy, in D. Currie *et al.* (eds.), *Macroeconomic Analysis: Current Problems and Theories in Macroeconomics and Econometrics*, Croom Helm for the Association of University Teachers of Economics, 1981. [273]

Chick, V., *The Theory of Monetary Policy*, Gray-Mills, 1973 (2nd edition, Basil Blackwell, 1977). Referred to in text as 1973b. [343, 353, 401, 475]

Christ, C. F., A Short-Run Aggregate-Demand Model of the Interdependence and Effects of Monetary and Fiscal Policies with Keynesian and Classical Interest Elasticities, *American Economic Review*, 57, May 1967. [454, 475]

Christ, C. F., A Simple Macroeconomic Model with a Government Budget Restraint, *Journal of Political Economy*, 76, 1968. [454, 475]

Clower, R. W., The Keynesian Counter-revolution: A Theoretical Appraisal, in F. H. Hahn and F. P. R. Brechling (eds.), *The Theory of Interest Rates*, Macmillan for the International Economic Association, 1965. Reprinted in

R. W. Clower (ed.), *Monetary Theory: Selected Readings*, Penguin Books, 1969. [186]〔「ケインジアンの反革命:理論的評価」,花輪俊哉監修,丹羽昇・丹羽明・清水啓典・外山茂樹訳『ケインズ経済学の再評価』東洋経済新報社,1980年,所収〕

Coddington, A., Hicks's Contribution to Keynesian Economics, *Journal of Economic Literature* 17, September 1979, 970-88. [378]

Colm, G., Fiscal Policy, in S. E. Harris (ed.), *The New Economics*, Dennis Dobson, 1947. [475]〔「財政政策」,セイモア・E. ハリス編,日本銀行調査局訳『新しい経済学』東洋経済新報社,1950年,第2巻所収〕

Conard, J. W., *An Introduction to the Theory of Interest*, University of California Press, 1963. [420, 423, 442]

Culbertson, J. M., *Macro-economic Theory and Stabilization Policy*, McGraw-Hill, 1963. [475]

Currie, D. A., Macroeconomic Policy and Government Financing, in M. J. Artis and A. R. Nobay (eds.), *Contemporary Economic Analysis*, Croom Helm for the Association of University Teachers of Economics, 1978. [475]

Davidson, P., Keynes's Finance Motive, *Oxford Economic Papers*, n.s. 17, March 1965, 47-65. [282]〔「ケインズの金融動機」,花輪俊哉監修,丹羽昇・丹羽明・清水啓典・外山茂樹訳『ケインズ経済学の再評価』東洋経済新報社,1980年,所収〕

Davidson, P., Why Money Matters: A Postscript, in Davidson, *Money and the Real World*, 2nd edition, Macmillan, 1978. [342]〔「なぜ貨幣は重要か:補遺」,原正彦監訳,金子邦彦・渡辺良夫訳『貨幣的経済理論』日本経済評論社,1980年,所収〕

Davidson, P. and Smolensky, E., *Aggregate Supply and Demand Analysis*, Harper and Row, 1964. [142]〔安部一成・貞木展生・山本英太郎・安部雅雄訳『ケインズ経済学の新展開』ダイヤモンド社,1966年〕

Desai, M., The Phillips Curve: A Revisionist Interpretation, *Economica*, 42, February 1975, 1-19. [401]

Duesenberry, J. S., *Income, Saving and the Theory of Consumer Behavior*, Harvard University Press, 1949. [47]〔大熊一郎訳『所得・貯蓄・消費者行為の理論』(改訳版) 巖松堂出版,1955年〕

Dvoretzky, A., Mathematical Appendix no. 5, in Patinkin (1965). [298]

Eisner, R., Another Look at Liquidity Preference, *Econometrica*, 31, July 1963, 237-46. [465]

Ellis, H. S., Some Fundamentals in the Theory of Velocity, *Quarterly Journal of*

Economics, 52, 1938, 431-72. Reprinted in F. A. Lutz and L. W. Mints (eds.), *Readings in Monetary Theory*, Blakiston for the American Economic Association, 1951. [298]

Eshag, E., *Monetary Theory from Marshall to Keynes*, Basil Blackwell, 1963. [29]

Fisher, I., The Debt-Deflation Theory of Great Depressions, *Econometrica*, 1, October 1933, 337-57. [412]

Fleming, M., The Timing of Payments and the Demand for Money, *Economica*, n.s. 31, May 1964, 132-57. [298]

Fouraker, L. E., The Cambridge Didactic Style, *Journal of Political Economy*, 66, February 1958. [48]

Friedman, M., The Case for Flexible Exchange Rates, in Friedman (ed.), *Essays in Positive Economics*, University of Chicago Press, 1953. [300]〔「変動為替相場擁護論」, 佐藤隆三・長谷川啓之訳『実証的経済学の方法と展開』富士書房, 1977年, 所収〕

Friedman, M., Comments on the Critics, *Journal of Political Economy*, 80, September/October 1972, 906-50. Reprinted in R. J. Gordon (ed.), *Milton Friedman's Monetary Framework : A Debate with his Critics*, University of Chicago Press, 1974. [400]〔「批判に答える」, 加藤寛孝訳『フリードマンの貨幣理論』マグロウヒル好学社, 1978年, 所収〕

Friedman, M., Memorandum to the Treasury and Civil Service Committee, *Memoranda on Monetary Policy*, Session 1979-80, HMSO, HC720, 1980. [332]

Friedman, M., *A Theory of the Consumption Function*, Princeton University Press for the National Bureau of Economic Research, 1957. [47, 168]〔宮川公男・今井賢一訳『消費の経済理論』巌松堂出版, 1961年〕

Friedman, M. and Meiselman, D., The Relative Stability of Monetary Velocity and the Investment Multiplier in the United States, in Commission on Money and Credit, *Stabilization Policies*, Prentice-Hall, 1963. [332, 475]

Friedman, M. and Schwartz, A. J., *A Monetary History of the United States, 1867-1960*, Princeton University Press for the National Bureau of Economic Research, 1963. [29, 412, 468]

Gordon, R. A. and Klein, L. R. (eds.), *Readings in Business Cycles*, George Allen & Unwin for the American Economic Association, 1966. [412]

Gurley, J. G. and Shaw, E. S., *Money in a Theory of Finance*, Brookings Institute, 1960. [437]〔桜井欣一郎訳『貨幣と金融』至誠堂, 1963年〕

Haavelmo, T., *A Study in the Theory of Investment*, University of Chicago Press, 1960. [179]

Hancock, K., Unemployment and the Economists in the 1920s, *Economica*, 27, November 1960, 305-21. [29]

Hansen, A. H., *Full Recovery or Stagnation ?*, Black, 1938. [475, 497]

Hansen, A. H., *A Guide to Keynes*, McGraw-Hill, 1953. [326, 442]〔大石泰彦訳『ケインズ経済学入門』東京創元社, 1956年〕

Harcourt, G. C. (ed.), *The Microeconomic Foundations of Macroeconomics*, Macmillan, 1977. [54]

Harrod, R. F., An Essay on Dynamic Theory, *Economic Journal*, 49, March 1939, 14-33. Reprinted in Harrod, *Economic Essays*, 2nd edition, Macmillan, 1972 and in A. Sen (ed.), *Growth Economics*, Penguin Books, 1970. [374]

Hawtrey, R. G., Keynes and Supply Functions: A Further Note, *Economic Journal*, 65, September 1955, 482-4. [122]

von Hayek, F. A., *Denationalisation of Money—The Argument Refined*, Hobart Paper 70, Institute of Economic Affairs, 1976 (2nd edition 1978). [444]

von Hayek, F. A., *Prices and Production*, Routledge & Kegan Paul, 2nd edition, 1935. [17]〔豊崎稔訳『価格と生産』高陽書院, 1941年〕

Healey, D., May Day Speech at Corby, Northants. Reported in *The Sunday Times*, 11 May 1975. [492]

Hegeland, H., *The Multiplier Theory*, W. K. Gleerup, Lund, 1954. [475]

Henderson, H. D., The Significance of the Rate of Interest, *Oxford Economic Papers* 1, October 1938, 1-13. Reprinted in T. Wilson and P. W. S. Andrews, *Oxford Studies in the Price Mechanism*, Oxford University Press, 1951. [184]

Hicks, J. R., *Capital and Growth*, Oxford University Press, 1965. [273]〔安井琢磨・福岡正夫訳『資本と成長』全2巻, 岩波書店, 1970年〕

Hicks, J. R., *Causality in Economics*, Basil Blackwell, 1979. [354]

Hicks, J. R., *The Crisis in Keynesian Economics*, Basil Blackwell, 1974. [273]〔早坂忠訳『ケインズ経済学の危機』ダイヤモンド社, 1977年〕

Hicks, J. R., *Critical Essays in Monetary Theory*, Oxford University Press, 1967. [298, 299]〔江沢太一・鬼木甫訳『貨幣理論』東洋経済新報社, 1972年〕

Hicks, J. R., IS-LM: An Explanation, *Journal of Post Keynesian Economics*, 2, Winter 1980-81, 291-307. [28]

Hicks, J. R., Mr. Keynes and the 'Classics', *Econometrica*, 5, April 1937. Reprinted (inter alia) in Hicks (1967). [350, 464]〔「ケインズと「古典派」」, 江沢太

一・鬼木甫訳『貨幣理論』東洋経済新報社, 1972 年, 所収〕

Hicks, J. R., *Value and Capital*, Oxford University Press, 1939 (2nd edition 1946). [17, 273] 〔安井琢磨・熊谷尚夫訳『価値と資本』全 2 巻, 岩波書店, 1953 年〕

Hirshleifer, J., On the Theory of Optimal Investment Decision, *Journal of Political Economy*, 66, August 1958, 329-52. [273]

Hirshleifer, J., *Price Theory and Applications*, Prentice-Hall, 1980. [273] 〔志田明訳『価格理論とその応用』上・下, マグロウヒル好学社, 1980-81 年〕

Jackman, R., Keynes and Leijonhufvud, *Oxford Economic Papers*, 26, July 1974, 259-72. [354]

Johnson, H. G., *Macroeconomics and Monetary Theory*, Basil Blackwell, 1971. [186]

Johnston, J., *Statistical Cost Analysis*, McGraw-Hill, 1960. [138]

Kahn, R. F., The Relation of Home Investment to Unemployment, *Economic Journal*, 41, June 1931, 173-98. [359] 〔「国内投資の失業に対する関係」, 浅野栄一・袴田兆彦訳『雇用と成長』日本経済評論社, 1983 年, 所収〕

Kaldor, N., The New Monetarism, *Lloyd's Bank Review*, July 1970, 1-18. [343] 〔「ニューマネタリズム批判」, 新飯田宏訳『インフレーションと金融政策』日本経済新聞社, 1972 年, 所収〕

Kaldor, N., Origins of the New Monetarism, The Page Fund Lecture, 3 December 1980, University College Cardiff Press, 1981. [250]

Keynes, J. M., *Collected Writings*, D. E. Moggridge and E. Johnson (eds.), Macmillan for the Royal Economic Society, various dates from 1971. [28, 29, 48, 52, 188, 258, 385 ; see also other Keynes references] 〔『ケインズ全集』日本語版刊行中, 東洋経済新報社〕

Keynes, J. M., The 'Ex Ante' Theory of the Rate of Interest, *Economic Journal*, December 1937, 663-9. Reprinted in *Collected Writings*, vol. XIV, 215-23. [280, 281, 282, 299, 329, 339, 371]

Keynes, J. M., *The General Theory of Employment, Interest and Money*, Macmillan, 1936. Republished in *Collected Writings* as vol. VII. [direct quotations only: 17, 63, 84, 85, 87, 108, 110, 118, 119, 122, 135, 152, 153, 166, 192, 193, 198, 200, 204, 218, 219, 222, 246, 250, 251, 252, 253, 273, 285, 286, 292, 294, 295, 326, 337, 360, 375, 377, 379, 380, 381, 392, 393, 398, 401, 402, 403, 404, 407, 408, 418, 419, 428, 429, 433, 434, 435, 442, 443, 448, 453, 455, 459, 461, 463, 464, 466, 468, 473, 474, 479, 486, 487, 488, 489, 493, 494, 496] 〔塩野谷九十九訳『雇用・利子および貨幣の一般理論』東洋経済新報社, 1941 年 : 塩野谷祐一

訳,ケインズ全集第7巻,東洋経済新報社,1983年〕

Keynes, J. M., The Process of Capital Formation, *Economic Journal*, 49, September 1939. Reprinted in *Collected Writings*, vol. XIV, 278-85. [14, 118, 329, 339, 371]

Keynes, J. M., *A Tract on Monetary Reform*, Macmillan, 1923. Republished in *Collected Writings* as vol. IV. [475] 〔中内恒夫訳『貨幣改革論』ケインズ全集第4巻,東洋経済新報社,1978年〕

Keynes, J. M., *A Treatise on Money*, 2 vols., Macmillan, 1930. Republished in *Collected Writings* as vols. V and VI. [29, 56] 〔鬼頭仁三郎訳『貨幣論』全5巻,同文館,1932-33：小泉明・長澤惟恭訳,ケインズ全集第5,6巻,東洋経済新報社,1978-80年〕

Kindleberger, R. P., *Manias, Panics and Crashes : A History of Financial Crises*, Macmillan, 1978. [412] 〔吉野俊彦・八木甫訳『金融恐慌は再来するか』日本経済新聞社,1980年〕

King, M. A., The United Kingdom Profits Crisis : Myth or Reality ?, *Economic Journal*, 85, March 1975, 33-54. [497]

Knight, F. H., *Risk, Uncertainty and Profit*, London School of Economics, 1937. [309] 〔奥隅栄喜訳『危険・不確実性および利潤』現代経済学名著選集VI,文雅堂銀行研究社,1959年〕

Kregel, J. A., Economic Dynamics and the Theory of Steady Growth : an Historical Essay on Harrod's 'Knife-Edge', *History of Political Economy*, 12, 1980, no. 1, 97-123. [378]

Kregel, J. A., Economic Methodology in the Face of Uncertainty : The Modelling Methods of Keynes and The Post Keynesians, *Economic Journal*, 86, June 1976, 209-25. [41, 42, 99, 118]

Kregel, J. A., *Rate of Profit, Distribution and Growth : Two Views*, Macmillan, 1971. [88]

Kuznets, S., *National Product since 1869*, National Bureau of Economic Research, 1946. [167, 461]

Laidler, D., *The Demand for Money*, International Textbook Company, 1969. [475]

Lange, O., Say's Law : A Restatement and Criticism, in Lange *et al.* (ed.) *Studies in Mathematical Economics and Econometrics*, Chicago University Press, 1942. [119]

Leijonhufvud, A., *On Keynesian Economics and the Economics of Keynes*, Oxford University Press, 1968. [158, 186, 354] 〔根岸隆監訳,日本銀行ケイ

ンズ研究会訳『ケインジアンの経済学とケインズの経済学』東洋経済新報社,1978年〕

Leijonhufvud, A., The Wicksell Connection : Variations on a Theme, in Leijonhufvud, *Information and Coordination : Essays in Macroeconomic Theory*, Oxford University Press, 1981. [273]〔「ウィクセル・コネクション:1テーマの変奏曲」,中山靖夫監訳,片平光昭・藤本訓利・関谷喜三郎・北村宏隆訳『ケインズ経済学を超えて』東洋経済新報社,1984年,所収〕

Lerner, A. P., The Essential Properties of Interest and Money, *Quarterly Journal of Economics*, May 1952. [442]

Lerner, A. P., Saving equals Investment, *Quarterly Journal of Economics*, 52, February 1938, 297-309. [368]

Lipsey, R. G., The Foundations of the Theory of National Income : An Analysis of Some Fundamental Errors, in M. H. Peston and B. A. Corry, *Essays in Honour of Lord Robbins*, Weidenfeld and Nicolson, 1972. [273, 378]

Lipsey, R. G., The Relation between Unemployment and the Rate of Change of Money Wage Rates in the United Kingdom, 1861-1957 : A Further Analysis, *Economica*, 27, 1960, 1-31. [401]

Lutz, V. C., Multiplier and Velocity Analysis : A Marriage, *Economica*, n.s. 22, February 1955, 29-44. See Archibald (1956). [378]

Malinvaud, E., *The Theory of Unemployment Reconsidered*, Basil Blackwell, 1977. [143, 273]

Markowitz, H., Portfolio Selection, *Journal of Finance*, 7, March 1952, 77-91. [301]

Marx, K., *Capital*, Otto Meissner, Hamburg, 1867. Page reference in text to Modern Library edition, Random House, 1906. [28]

Matthews, R. C. O., *The Trade Cycle*, Cambridge University Press, 1959. [412]〔海老沢道進訳『景気循環』至誠堂,1961年〕

Mayer, T., Some Reflections on the Current State of the Monetarist Debate, *Zeitschrift für Nationalökonomie*, 38, 1978, nos. 1-2, 61-84. [29]

Miller, M. and Orr, D., A Model of the Demand for Money by Firms, *Quarterly Journal of Economics*, 80, August 1966, 413-35. [298]

Minsky, H. P., *Can 'It' Happen Again ?*, M. E. Sharp, 1982 (forthcoming). [342, 344, 412]

Minsky, H. P., Economics of Money : Debt Deflation Processes in Today's Environment. Paper to a Symposium on Post Keynesian Theory, Livingstone College. Rutgers University, April 1981. [412]

Minsky, H. P., *John Maynard Keynes*, Macmillan, 1975. [179]〔堀内昭義訳『ケインズ理論とは何か』岩波書店, 1988 年〕

Mitchell, B. R. and Deane, P., *Abstract of British Historical Statistics*, Cambridge University Press, 1962. [443]

Modigliani, F., Liquidity Preference and the Theory of Interest and Money, *Econometrica*, 12, 1944, 45-88. Reprinted in F. A. Lutz and L. W. Mints (eds.), *Readings in Monetary Theory*, Blakiston for the American Economic Association, 1951. [352, 464]

Moggridge, D. E., *The Return to Gold, 1925*, Cambridge University Press, 1969. [29]

Morgan, E. V. and Morgan, A. D., *Gold or Paper ?*, Hobart Paper 69, Institute of Economic Affairs, 1979. [444]

Mossin, J., *Theory of Financial Markets*, Prentice-Hall, 1973. [309]

Niehans, J., *The Theory of Money*, Johns Hopkins University Press, 1978. [298-9]〔石川経夫監訳, 石川経夫・井川一宏・小川和子・栗原史郎・吉野直行訳『貨幣の理論』東京大学出版会, 1982 年〕

OECD (Organisation for European Cooperation and Development), *Towards Full Employment and Price Stability* ('McCracken Report'), June 1977. [497]〔小宮隆太郎・赤尾信敏訳『世界インフレと失業の克服——OECDマクラッケン・レポート』日本経済新聞社, 1978 年〕

Ohlin, B., Some Notes on the Stockholm Theory of Savings and Investment, *Economic Journal*, 47, March 1937, 53-69 and June 1937, 221-40, and Alternative Theories of the Rate of Interest: Rejoinder, *Economic Journal*, 47, September 1937, 426-7. [280]

Okun, A., *The Battle Against Unemployment*, Norton, 1965. [412]

Ott, D. J. and Ott, A. F., Budget Balance and Equilibrium Income, *Journal of Finance*, 20, 1965, 71-7. [475]

Parker, R. H. and Harcourt, G. C. (eds.), *Readings in the Concept and Measurement of Income*, Cambridge University Press, 1969. [90]

Patinkin, D., Keynes' Monetary Thought: A Study of its Development, *History of Political Economy*, 8, Spring 1976, 1-150. [119, 121]〔川口弘・吉川俊雄・福田川洋二訳『ケインズ貨幣経済論 その展開過程』マグロウヒル好学社, 1979 年〕

Patinkin, D., *Money, Interest and Prices*, 2nd edition, Harper and Row, 1965 (1st edition 1958). [242, 352]〔貞木展生訳『貨幣・利子および価格』勁草書房, 1971 年〕

Patinkin, D., A Study of Keynes's Theory of Effective Demand, *Economic Inquiry*, 17, April 1979, 155-76. [118]

Patinkin, D. and Leith, J. C. (eds.), *Keynes, Cambridge and 'The General Theory'*, Macmillan, 1977. [28, 377]〔保坂直達・菊本義治訳『ケインズ，ケムブリッジおよび「一般理論」』マグロウヒル・ブック，1979年〕

Pearce, I. F., The Time is Not Yet Ripe. Paper delivered to the Conference on Demand, Trade and Equilibrium, in Honour of Professor Pearce, Southampton 1982 and due to be published by Macmillan, editors A. M. Ulph and G. W. McKenzie. [443, 444]

Phillips, A. W., The Relation between Unemployment and The Rate of Change of Money Wage Rates in the United Kingdom, 1861-1957, *Economica*, 25, 1958, 283-99. [401]

Pigou, A. C., Wage Policy and Unemployment, *Economic Journal*, 37, 1927. [24]

'Radcliffe Report': Committee on the Working of the Monetary System, *Report*, HMSO, Cmnd. 827, 1959. [323]〔大蔵省金融問題研究会訳『ラドクリフ委員会報告』大蔵省印刷局，1959年〕

Robertson, D. H., Effective Demand and the Multiplier, in Robertson, *Essays in Monetary Theory*, P. S. King, 1940. [268, 365, 366]

Robertson, D. H., Mr. Keynes and 'Finance', *Economic Journal*, 48, June 1938, 314-8. [299]

Robinson, J., The Rate of Interest, in Robinson, *The Rate of Interest and Other Essays*, Macmillan, 1952. Reprinted in Robinson, *The Generalisation of the General Theory and Other Essays*, Macmillan, 1979. [32]〔「利子率」，大川一司・梅村又次訳『利子率その他諸研究』東洋経済新報社，1955年，所収〕

Robinson, J., Saving without Investment, in Robinson, *Collected Economic Papers*, vol. II, Basil Blackwell, 1960. [489-90]

Rothschild, K. W., Price Theory and Oligopoly, *Economic Journal*, 57, 1947. Reprinted in K. E. Boulding and G. J. Stigler (eds.), *Readings in Price Theory*, George Allen & Unwin for the American Economic Association, 1953. [242]

Rousseas, S. W., *Monetary Theory*, Knopf, 1972. [309]

Routh, G., *Occupation and Pay in Great Britain*, 1906-1960, Cambridge University Press, 1965. [29]

Samuelson, P. A., An Exact Consumption-Loan Model of Interest, With and Without the Social Contrivance of Money, *Journal of Political Economy*,

December 1958. [489]

Samuelson, P. A., Interactions between the Multiplier Analysis and the Principle of Acceleration, *Review of Economics and Statistics*, 21, 1939, 75-8. Reprinted (*inter alia*) in J. Lindauer (ed.), *Macroeconomic Readings*, Free Press, 1968. [409]〔「乗数分析と加速度原理との相互作用」, 高橋長太郎監訳, 小原敬士訳『乗数理論と加速度原理』勁草書房, 1953年, 所収〕

Sayers, R. S., Business Men and the Terms of Borrowing, *Oxford Economic Papers*, 3, February 1940, 23-31. Reprinted in T. Wilson and P. W. S. Andrews, *Oxford Studies in the Price Mechanism*, Oxford University Press, 1951. [184]

Sayers, R. S., Monetary Thought and Monetary Policy in England, *Economic Journal*, 70, 1960, 710-24. [298]

Schott, K., *Industrial Innovation in the United Kingdom, Canada and The United States*, British North-American Committee, 1981. [482]

Schott, K., Investment in Private Industrial Research and Development in Britain, *Journal of Industrial Economics*, December 1976. [481]

Scott, M. F. G., *Can We Get Back to Full Employment ?*, Macmillan, 1978. [488]

Shackle, G. L. S., *Expectations, Investment and Income*, 2nd edition, Oxford University Press, 1968. [283, 322]

Shackle, G. L. S., Recent Theories Concerning the Nature and Role of Interest, *Economic Journal*, 71, 1961. Reprinted in *Surveys of Economic Theory*, vol. I, Macmillan for the Royal Economic Society and the American Economic Association, 1968. [48]

Shackle, G. L. S., *A Scheme of Economic Theory*, Cambridge University Press, 1965. [411]

Sharpe, W. F., *Portfolio Theory and Capital Markets*, McGraw-Hill, 1970. [309]

Simons, H. C., Rules versus Authorities in Monetary Policy, *Journal of Political Economy*, 44, 1936, 1-30. Reprinted in F. A. Lutz and L. W. Mints (eds.), *Readings in Monetary Theory*, Blakiston for the American Economic Association, 1951. [444]

Smith, W. L., A Graphical Exposition of the Complete Keynesian System, *Southern Economic Journal*, 23, October 1956, 115-25. Reprinted in W. L. Smith and R. L. Teigen (eds.), *Readings in Money, National Income and Stabilization Policy*, Richard D. Irwin, 1965. [352]

Sowell, T., *Classical Economics Reconsidered*, Princeton University Press, 1974. [29]

Sowell, T., *Say's Law : An Historical Analysis*, Princeton University Press, 1972. [29, 119]

Stigler, G. J., *The Theory of Price*, 3rd edition, Macmillan, 1966. [142] 〔内田忠夫・宮下藤太郎訳『価格の理論』上・下，有斐閣，1963-64年〕

Tarshis, L., The Aggregate Supply Function in Keynes's 'General Theory', in M. J. Boskin (ed.), *Economics and Human Welfare : Essays in Honour of Tibor Scitovsky*, Academic Press, 1979. [119, 143]

Taylor, J., The Unemployment Gap in Britain's Productive Sector, 1953-73, in G. D. N. Worswick (ed.), *The Concept and Measurement of Involuntary Unemployment*, George Allen & Unwin for the Royal Economic Society, 1976. [224]

Tobin, J., An Essay on the Principles of Debt Management, in Commission on Money and Credit, *Fiscal and Debt Management Policies*, Prentice-Hall, 1963. [309]

Tobin, J., The Interest-Elasticity of the Demand for Cash, *Review of Economics and Statistics*, 38, August 1956, 241-7. [298]

Tobin, J., Liquidity Preference as Behaviour toward Risk, *Review of Economic Studies*, 25, February 1958, 65-86. [299, 300, 301, 308] 〔「危険に対する行動としての流動性選好」，水野正一・山下邦男監訳『現代の金融理論 I』勁草書房，1965年，所収〕

Torr, C. S. W., Microfoundations for Keynes's Point of Effective Demand, *South African Journal of Economics*, 49, 1982, 335-48. [119]

Tsiang, S. C., Liquidity Preference and Loanable Funds Theories, Multiplier and Velocity Analysis : A Synthesis, *American Economic Review*, 46, September 1956, 539-64. [378]

Tsiang, S. C., Walras' Law, Say's Law and Liquidity Preference in General Equilibrium Analysis, *International Economic Review*, 7, September 1966, 329-45. [298]

Turvey, R., Does the Rate of Interest Rule the Roost ?, in F. H. Hahn and F. P. R. Brechling (eds.), *The Theory of Interest Rates*, Macmillan, 1965. [442]

Walras, L., *Elements of Pure Economics*, definitive edition 1926 (1st edition 1874), translated by W. Jaffe, George Allen & Unwin for the American Economic Association and the Royal Economic Society, 1954. [201] 〔手塚寿郎訳『純粋経済学要論』森山書店，上・下，岩波文庫，1953-54年：久武雅夫訳，岩波書店，1983年〕

Weintraub, S., *An Approach to the Theory of Income Distribution*, Chilton, 1958.

[133, 401]

Wells, P., Output and the Demand for Capital in the Short Run, *Southern Economic Journal*, 32, 1965, 146-52. [179]

Wiles, P., Cost Inflation and the State of Economic Theory, *Economic Journal*, 83, June 1973, 377-98. [400]

'Wilson Report': Committee to Review the Functioning of Financial Institutions, *Report*, HMSO, Cmnd. 7937, 1980. [327]

Winch, D., *Economics and Policy*, Hodder and Stoughton, 1969. [29]

Witte, J. G., The Microfoundations of the Social Investment Function, *Journal of Political Economy*, 71, October 1963. [179]

訳者あとがき

　本書は，Victoria Chick, *Macroeconomics after Keynes*, Philip Allan, 1983, の全訳である．著者の V. チックはイギリスの若きポスト・ケインジアンの1人である．著者からの私信によれば，彼女の略歴は次の通りである．

　まず，カリフォルニア大学（バークレイ）とロンドン大学で教育を受け，1987年現在ユニバーシティ・カレッジ・ロンドンの経済学担当のリーダーである．彼女はマクギル大学，サザンプトン大学（イギリス），Aarhus 大学（デンマーク），カリフォルニア大学（バークレイ），サンタ・クルス大学，ロンドン大学でも教鞭をとる傍ら，オーストラリア準備銀行の Visiting Economist や Universite Catholique de Louvain（ベルギー）の Visiting fellow なども務めたことがある．

　彼女がこれまでに書いた書物は本書の他にも，*The Theory of Monetary Policy* (1973) があるが，ケインズ革命の再評価を試みた秀れた論文，'The Nature of the Keynesian Revolution: A Reassessment', *Australian Economic Papers*, vol. 17, June 1978 (John Cunningham Wood ed., *John Maynard Keynes, Critical Assessment*, vol. IV, 1983, pp. 293-314, に再録) の他，多数の貨幣論およびケインジアン経済学に関する論文がある．

　さて，本書の内容は一読して頂けば直ちに理解されるように，ケインズの『一般理論』を中心として，ケインズが何を考え，何を語ったか（あるいは語らなかったか）を忠実に理解し，それが今日の経済問題にいかなる現実妥当性をもちうるのかを内在的批判を通して明らかにすることを主要目的としている．

　著者自身序文で，「ケインズがほんとうに言おうとしたこと」をいくつか

の点で明らかにしたと思うと述べているように，徹底して，まずケインズに忠実な解釈を心がけている．その意味でも，まず本書は典型的なポスト・ケインジアンの書といってよい．ポスト・ケインジアンの理論は，1930年代のR.F.ハロッドの成長動学の研究から開始され，J.ロビンソン，N.カルドア，L.パシネッティらの研究を通じて次第に大きな流れを形成してきた．その背景には，かつてJ.ロビンソンが「経済学の第二の危機」と呼んだように，現実問題への適切な政策的処方箋を提示できないでいる，新古典派的総合を中心とする現代経済学への危機意識がある．

かつて，P.デヴィッドソンは，1950年代から60年代にかけてアメリカ経済学界に君臨した，新古典派的総合は新古典派とケインジアンの思想を総合せず，ケインジアンのマクロ的用語を付け加えて新古典派の分析枠組を示したにすぎない，と主張した．新古典派的総合は，1930年代の経済問題を分析するのに不適切な，ケインズ以前の論理を復活させた．それは一時的には成功したかにみえたものの，いわばそれは単純化された世界でのことにすぎず，1970年代から80年代にかけて急速に複雑化してきた世界では明確な欠陥を露出し，対応能力を失ってしまった．

このような，当時の主流派経済学であった新古典派的総合への批判と新たなパラダイムを求める動きはその後急速に活発化してきた．そうした中で，ケインズと同様その時々の世界に関連したモデルだけを採用すべきだとする考え方のもとに，多くの，共通の認識をもった人たちが今日ポスト・ケインジアンとみなされるに至っている．その意味で，ポスト・ケインジアンに含まれる経済学者は，P.デヴィッドソンが分類したように，社会主義急進派(K.ガルブレイス，ボールズ，D.ゴードン)から左派の新ケインジアン(J.ロビンソン，N.カルドア，P.スラッファ，L.パシネッティ，A.アイクナー，J.A.クレーゲル，G.C.ハーコート)，中道のケインズ派(R.F.ハロッド，G.L.S.シャックル，S.ワイントロープ，P.デヴィッドソン，H.P.ミンスキー)，そして右派の新古典派的総合ケインジアン(R.ソロー，P.サムエルソン，J.トービン，R.W.クラウアー，A.レイヨンフーヴッド，J.R.ヒック

ス）に至るまで，多彩な顔ぶれを含めることができるかもしれない．むろん，これらをすべてポスト・ケインジアンとみることは果たして適切か否か疑問なしとしないであろう．なぜなら，ポスト・ケインジアンがそのパラダイムを明確化していくにつれ，次第に他の経済理論との相違が明白となり，純粋化していくことは避けられないはずだからである．事実，すでにポスト・ケインジアンの理論の特徴はかなりの程度に明確だといってよい．そのことは新古典派的総合と対比したとき一層明らかとなる．

たとえば，P.デヴィッドソンによれば，経済学のモデルは大別して一般均衡モデルと歴史的人文学的モデルに分けられる（P.デヴィッドソン「ポスト・ケインジアンの経済学」(D.ベル，I.クリスト編『新しい経済学』）．前者に依拠するのは新古典派であり，後者はA.マーシャル，ケインズ，そしてポスト・ケインジアンが採用するモデルである．一般均衡モデルは市場の清算という狭義の均衡概念に基づいて，1つの商品市場から相互に作用し合う多数の市場から成る経済体系全体に適用される．その決定的な限界は，暦年上の時間が経過する状況を扱えない静学モデルにすぎないことである．これをデヴィッドソンは次のような比喩で説明している．すなわち，一般均衡モデルが描く世界は，契約がすべてエデンの園で調印され，誤った取引は行われず，初期時点での決定が将来の人類史をエデンの園にいるうちに完全に決めてしまう世界である，と．つまり，そこでは，将来はいわゆる確実性の世界なのである．

これに対して，ポスト・ケインジアンのモデルは不確実で予見不可能な将来に及ぶ最適資源配分を事前に決定することは不可能であるとの前提に立っている．それは，ケインズにあってはなお不十分であったが（V.チックは本書で，G.L.S.シャックルが名づけた万華鏡的静態がもっとも適切な表現ではないかと述べている），その後，J.ロビンソン，R.F.ハロッドをはじめ多くの人たちが努力した結果，今日次第にその形態を整えつつある．つまりそれは，『一般理論』に散在していながらなお体系化されていなかった移動均衡モデルの確立へと向かっているといってもよい．

つまり，ポスト・ケインズ派理論は，新古典派理論がそのモデルと確実世界との近似をもってその社会的最適性を論証すると考えるのに対して，経験的に観察されたままの現実世界を正確に証明することを目ざしている．そこから，ポスト・ケインズ派のいくつかの重要な特徴が出てくるのである．たとえば，成長と歴史的時間の重視，限界生産力説に依拠しない分配理論，ビジネス・デモクラシーの前提となる資金調達への危険性の重視（以上，緒方俊雄「ポスト・ケインズ派経済学の方法とパラダイム」『週刊東洋経済・臨時増刊』No.50, 1979年）をはじめ，すすんだ信用制度とその他の貨幣諸制度をもつ経済システムの重視，管理価格の存在の容認，経済システムの動学的作用への関心（A.S. アイクナー編『ポスト・ケインズ派経済学入門』1979年），などがそれである．これらはいずれも，新古典派理論との鋭い対照をなしていることは誰もが直ちに気づくことである．

本書が，これらポスト・ケインズ派の土俵上で展開されていることは明白である．本書は一方でケインズの『一般理論』を忠実に解釈すると同時に，ポスト・ケインズ派の特徴であるその時々に現実妥当性をもつモデルをいかに構築し，そこから今日のいくつかの経済問題（たとえばスタグフレーション，政府の予算制度，貨幣の有効性など）をいかに解くかを目ざしている．

V. チックが結論として述べているように，『経済理論は，あらゆる時代やあらゆる型の経済体系に適用可能な，一般原理に基づく抽象的な論理的分析の体系ではない』のである．その意味で，『一般理論』がもつ今日的意味は限定されて当然であろう．にもかかわらず，そこには著者が指摘するように，「いぜんとして有益なものが沢山含まれている」こともまた事実なのである．そのことを実に明確に本書は示している．

本書では，『一般理論』の忠実な解釈を通じて現在われわれが直面する，多くの理論的ならびに現実的諸問題が明らかにされている．そのことを知ったうえで，改めて今日の反ケインズ的な諸理論や現実とのかかわりを考えてみることもきわめて有意義であろう．いずれにせよ，これからますます活発化するポスト・ケインズ派の経済学を正しく理解するうえで，本書はきわめ

て有益であり，かなりレベルは高いが知的刺激に満ちた最適の手引書といって過言ではないであろう．

他のポスト・ケインジアンと並んでV.チックが新しい経済学のパラダイムを構築する1つの契機となる可能性もきわめて高いといえよう．なぜなら，これだけまとまりのあるポスト・ケインジアン的視点に立った総合的な基本文献はめずらしいからである．（むろん，本シリーズにはそれに相当するものもあるが，多くは論文集である．）ここには，ポスト・ケインジアンが対象とするほとんどすべての問題が取りあげられている．ポスト・ケインジアンのパラダイムは完成していないとはいえ，一歩ずつそれに向かって進んでいることは間違いないであろう．とりわけ，1978年に刊行を開始した，*Journal of Post-Keynesian Economics* および1979年に刊行された，*A Guide to Post-Keynesian Economics*（前掲のA.S.アイクナー編『ポスト・ケインズ派経済学入門』本シリーズ第2巻）などを中心に，次第に一定の視点や共通のパラダイムをもった学派として成長してきており，本書もそのことを強く意識して書かれているといってよい．

本書を読むと，至るところで，これまでわれわれが解ったものとして何気なく見過ごしてきた，基本的な概念を実に丹念に検討し，いつの間にかそれらがそれほどに重要なものであったのかと改めて気づかされることは2, 3にとどまらない．その意味でも，本書は単なる入門書ではなく，挑戦の書であり，問題提起の書といってよい．それは，著者が繰り返し，『一般理論』の再読と正しい解釈とを奨励する理由でもある．

まだまだ解決すべき問題は多い（たとえばミクロとマクロの接合，真の動学理論の確立，国際問題との関連など）が，ポスト・ケインジアンが新古典派的総合に代わって主流派の座を占める日は決して遠くないのではなかろうか．その意味でも，1人でも多くの人が本書を読まれることを心より期待したい．

さて，本書のタイトルはそれを文字通り訳せば，『ケインズ以後のマクロ

経済学』となるが，著者にも問い合わせて，変更することを認めていただき，表題のようなタイトルとした．なぜなら，本書を読んでいただけばわかる通り，内容は，ケインズの正しい理解と同時に，いわゆるケインズ以後のマクロ経済学を検討しながら，ケインズの経済学の正当な点や，ケインズ以後のマクロ経済学がいかにケインズを間違って解釈してきたために多くの問題を発生させてきたかを明らかにすることにもあるからである．

　翻訳にあたり，第1章から第17章までを関谷が訳し，残りを私が訳した．その後，全面的に私が手を入れさせていただいた．このため最大の努力を傾けたにもかかわらず，誤訳，不適切な訳があるとすれば，その責任はすべて私自身にあることはいうまでもない．また，索引は原文のものでは日本の読者になじみにくく，不十分と考え，主として関谷が担当して大幅に変更の上，これを拡充することにした．

　なお，本書を日本経済評論社が長期にわたり刊行してきたポスト・ケインジアン叢書に入れて頂くことができたのは，川口弘先生（中央大学名誉教授）の御好意と原亨，中山靖夫両先生（いずれも日本大学経済学部）の仲介の労によるものである．とりわけ，中山靖夫先生は当初共訳者の1人に加わる予定で，一部翻訳に着手されていたが，つごうで辞退して頂くことになってしまった．大変御迷惑をおかけしたことを心よりお詫びしたいと思う．

　最後に，本書の翻訳に当たっては多くの人の激励とアドバイスを頂いた．逐一名前をあげることは控えさせて頂くが，紙面を借りて衷心より感謝したいと思う．また，本書の翻訳の機会を与えて下さった川口弘先生，日本経済評論社，同社編集部の清達二氏には心から感謝したい．

1990年8月

長谷川啓之

事 項 索 引

ア行

IS - LM　3, 15, 133, 145, 148, 328, 350-4, 396, 399, 456-8
アニマル・スピリッツ　172, 183
一般均衡　30, 32
　——分析　31
　——理論　161
移動均衡, モデル　411, 417
移動モデル　42-3
イングランド銀行割引歩合　467
インフレ期待　325-6
インフレーション　296-8, 325-6, 343, 392-3, 396, 432, 434, 441, 453, 476, 478, 480, 484, 490-2, 495-6, 504
　真正——　51, 392, 456, 490
運転資本　65, 68, 73, 79, 246
エール学派　313, 327

カ行

回転資金　299, 329, 339-40, 343, 368
外部貨幣　437
外部資金　184-5
価格
　固定——　382
価格期待　239, 448
貸付資金説(LFT)　252, 260, 262-5, 268-73
過少雇用均衡　44, 113-4, 116-7, 226, 413
過少雇用不均衡　115
過剰流動性　452, 472
加速度原理, メカニズム　178, 373-4, 378, 407
過程動学　33

貨幣　17, 25-7, 413-42
　——の本質的性質　416-35
　——の生産の弾力性　427
　——の代替の弾力性　427, 428
外生性と内生性　328, 331-334, 345-6, 348, 437
貨幣錯覚　87, 188, 200-2, 237-8, 399, 502
貨幣政策　451-2, 463-73, 478
為替相場　297, 500
　固定——　495, 500
　変動——　495
完全競争均衡　232
完全雇用　95, 97, 109, 116-7, 157, 192, 195-7, 387, 389-91, 393, 403, 418, 425, 500, 507
完全雇用均衡　114, 117, 160-1, 414
完全雇用産出量　195-6, 390
完全雇用消費関数　158
完全資本生産能力　387-8
完全生産能力　387, 391
完全知識(あるいは, 完全予測, 完全確実性)　16, 44-5, 220, 242
期間分析　365, 370
企業者　35, 49, 56, 74
企業者経済　28, 499
企業貯蓄　248
期待
　——と均衡　39-41, 110-8, 345-50
期待インフレ率　324
期待利潤　123, 406-7
キャッシュ・フロー　79-80, 275, 283, 405
強制貯蓄　252, 269, 329, 335-6, 338
均衡　37-41, 53
均衡価格　61
銀行流動性　340, 368

金本位制　23, 436, 494, 500
金融革新　436
金融仲介機関　247-9, 278, 295, 339, 436
金融的準備　248
金融的動機　280-3, 311, 340, 370, 471
金利生活者　56
靴ひも（ブーツトラップ）
　　——効果　394
　　——理論　322-3
クラウディング・アウト　337-8, 454-5
景気循環　402-12
　　——論　410
ケインジアン, ケインズ主義　27, 119, 325, 348, 389-90, 393, 447-8, 450, 464-5, 479, 485, 498
ケインズ効果　351
限界雇用費曲線（MCH）　226-7, 229-30
限界消費性向　103, 105, 107, 148, 162-4, 360, 365, 377, 380-1, 460-2
限界費用曲線（MC）　128-9, 138, 140-1
減債基金　315, 341-3
　　——金融（SFF）　342
原子的企業　60-2, 98, 122-3, 146, 189, 231, 241
公開市場操作　314, 316-7, 450-1, 464-8, 473
公示効果　467
恒常所得仮説　168
合成の誤謬　2
購買力の一時的住処　274, 339, 468, 471
効用アプローチ　67
合理的期待学派　16
国債管理政策　451
国際通貨制度　494, 505
コスト・プッシュ・インフレーション　389, 399
固定価格　119, 254, 382
固定資本‐産出高比率　373, 411
古典派の公準　191-5, 198-9, 202-3, 212, 224-5, 227, 231, 236
古典派理論　⇒雇用を見よ

雇用
　　——の古典派理論　187-195
　　——の古典派理論に対するケインズの反論　199-223
　　——の決定　94-5, 204-5, 345-50
　　IS-LM における——の決定　350-4
　　新古典派モデルにおける——　348-50
雇用関数　228
雇用乗数　359, 362

サ行

再契約　38, 349
在庫管理政策　411
財政政策　450, 462, 473, 478
債務　412, 491-2
時間　18, 25-7, 31, 33, 348-50, 368
時間的視野
　　消費および貯蓄決意の——　33-7
　　金融資産保有者の——　37, 274, 283-4, 286-8, 308, 439-41
　　生産および投資決意の——　33-7
資金循環　264, 271
　　——アプローチ　270
自己価格　23-4
自己利子率　418, 420-1, 432
資産
　　——需要　274-309, 413-44
　　——の限界効率　426
実質貯蓄　255-6
実質利子率　326, 491-2
　　負の——　439-40, 482
市場供給曲線　124
市場需要曲線　130
市場の諸力　124, 195, 204-16
市場の不完全性　193
事前と事後　254, 273, 283
自然利子率　265
失業均衡　110, 113, 115, 117, 418
実物交換経済　13-6, 18
支払準備率　450
資本財の供給価格　175-7, 179-81

事項索引

資本の限界効率 172-3, 175, 177-9, 181, 184-5, 222-3, 259, 406-7, 487-8
収益率 420-2, 424-6
　——低下 424-6
収穫
　——不変(費用一定) 99, 138, 382, 392
　——逓減(費用逓増) 98, 109, 138, 153, 176, 180, 375, 392
　——逓増(費用逓減) 138-40
集計
　——値と分権的意思決定 58-62
　——と投資 175-7
　供給曲線の—— 129-34
　金融資産の—— 62-4, 70
　生産物のタイプによる—— 62
　部門による—— 55-62
需要の富弾力性 313, 316
乗数 374-81, 453-8
　——と加速度 409-12
　——期待；短期期待 374-7；長期期待 371-4
　——と金融 365-71, 453-62
　——と支払および産出量 361-3, 374-7
　——と有効需要の原理 358-60, 363
　——と流動性選好 368-71
　——の論理的理論 378
　静学——と動学—— 358-60, 363-74, 379-81
乗数効果 336, 449, 453, 462, 493
乗数分析 361, 369, 372
使用者費用 72, 74-7, 79, 81, 123, 134-6, 390-1
消費関数 161, 164, 166, 254, 270
　短期——167, 169
　長期——167, 461-2
消費需要 100, 148-69
消費性向 160, 165, 312, 359, 408
消費-貸付定理 489
所得
　『一般理論』における——(粗——, 純——) 71-8, 81-4

国民所得(統計上の) 63-4, 83
　賃金単位で測った—— 102
所得期間 37, 275-9, 368, 439
所得-支出分析 82
所得分配 141-2, 149, 161, 163-4, 349, 482, 502
新古典派的総合 2, 15
新古典派理論 169, 250-1
数量説 276, 279, 283, 393, 398
数量調整 133, 382
スタグフレーション 497
静穏モデル 125
静学的均衡 310-1, 322, 350
静学モデル 27, 42, 99, 311-2, 345
政策効果波及経路 398, 463-4
生産性アプローチ 65-8
正常な逆ざや 325
セイの法則 20, 22, 25-7, 105-7, 122, 157-62, 267, 414-6
政府支出乗数 358
政府指定仲買人 314, 316, 464, 469, 471
総供給価格 135
総供給関数 98, 106
総供給曲線 94, 122, 132, 143, 158
総需要関数 97, 99-100, 106, 116, 347
総需要曲線 94, 97, 99, 116
租税乗数 358

タ行

耐久性アプローチ 64, 67
短期期待 37, 41-3, 119-20, 183, 351, 374
短期均衡 40
短期生産関数 388
短期平均費用曲線 170
短期利子率 325
探索理論 242
弾力的貨幣供給 435, 441
長期 35, 473
　古典派的—— 403, 474
長期期待 37, 40-2, 93, 170, 184, 350, 372, 374, 407, 411, 462

「長期停滞」仮説　413
長期利潤　321
長期利子率　325
貯蓄　37, 83-6, 117, 247, 251, 253, 257-8, 260, 337, 367
貯蓄 - 投資論争　89, 253-60
貯蓄の優先性　260-1, 267, 269-70, 334
賃金単位　101-3, 119, 152-3
通貨体制　436-41, 494-5, 500, 504-5
定常モデル　42
定常状態　366, 427, 479, 486-95
逓増的資金金融(RFF)　342-3
ディマンド・プル・インフレーション　326, 399
動学的アプローチ　310
動学的均衡　310
動学的乗数(DM_1, DM_2)　358, 363-76
投機的金融　342-3
投機的需要　277, 279-80, 283, 292, 295, 311-2, 319, 322, 369
投機的動機　283-98, 464
投資　62, 68, 84, 251-2, 317
投資乗数　360, 380
投資の利子弾力性　398
等利潤線　234-5
独占，独占力　44, 54, 123-4, 232, 242
取引需要　274, 278, 282, 312
取引動機　283, 312

ナ行

「ナイフ・エッジ」の定理　374
内部貨幣　437
内部金融　470-1
内部資金　184-5, 248, 266, 281, 318
内部留保　80, 173-4, 179, 263
粘着的賃金　216, 229-30, 433

ハ行

ハイパワード・マネー　328
比較静学　33, 229, 358-9
　　──分析　209

非自発的失業　107-10, 187, 193, 225, 240
フィリップス曲線　399-401, 478
不完全雇用均衡　21
不完全情報　158
複合財　98, 132-3, 257
部分均衡　30-2, 190
　　──アプローチ　24
部門別アプローチ　65-7, 70-1, 82, 249
平均可変費用曲線(AVC)　129, 138, 140
ヘッジ金融　342
変動所得　168
保蔵　262-4
　純──　252, 262
補足的費用　78-9, 150, 162
ポートフォリオ理論　249, 301-9, 440
　　──アプローチ　439, 441
ボトル・ネック　242
ポンツィ金融　342, 344

マ行

マークアップ　395-6
摩擦的失業　22
マネタリズム，マネタリスト　15, 338, 348, 399, 453, 455, 463, 467-9, 473-4
万華鏡的静態　30
無差別曲線　154, 156-7
名目利子率　324
持越費用　421-2, 427, 435, 438

ヤ行

遊休貨幣残高　267, 277, 368, 417
有効需要　96-7, 108, 110, 113, 115, 118, 448
　　──の原理　93-4, 107, 110, 143, 358, 360
　　──の原理と乗数　358-60, 363
　　──の原理とセイの法則　106-7, 157-62
　　──の原理と失業均衡　110-4, 157-62
　　──の点　95, 109, 112, 115, 141, 158, 347, 359
誘発的消費　357, 457
誘発投資　458-60
予備的動機　276-80, 322

事項索引　　　　　　　　　　533

呼び水政策　459-60

ラ行

楽観主義と悲観主義　183, 319, 321, 330-1
ラドクリフ報告　323
利子概念の一般化　419-22
利子の定義　245-6, 251, 293
利潤極大化　72, 94, 97, 99, 110, 126-9, 141, 193, 233, 347, 357, 382-3, 502
利潤の定義　75, 77-80, 82-3
利子率の下方粘着性　427-30
利子率の古典派理論と新古典派理論　250-3, 258-71
流通速度　277, 327, 368-9
流動均衡　40
流動資金金融（FFF）　342-3
流動資産　166, 276, 281, 285, 315, 334, 470, 472
流動性　245-6, 310, 421-2, 430-3, 443
流動性打歩　421, 424, 427, 429, 432-6, 438, 440
流動性選好　15, 274-300, 301-9, 312, 319-21, 398, 408
留保価格　125, 230
臨界利率　300
労働供給関数　238, 352
労働供給曲線　109, 111, 116, 136, 144, 146, 188, 192-3, 195-6, 237-9, 387-9, 392-3, 501
労働需要関数　352
労働需要曲線　108, 110, 144, 146, 193, 211, 236
労働節約的投資　488-9
労働の限界生産物　98-9, 191, 202
労働の限界不効用　38, 156, 205, 212
労働の平均生産物　98

ワ行

ワルラスの「チケット」　201, 240

訳者紹介

長谷川啓之（はせがわ・ひろゆき）

1938年静岡県生まれ．早稲田大学商学部卒業．早稲田大学大学院経済学研究科博士課程修了．経済政策・開発経済学専攻．現在，日本大学商学部教授．

論文 「複合社会における経済開発のジレンマ」日本大学商学部『商学集志』第58巻3・4号合併号，1989年3月，「G.ミュルダールの経済政策思想」『小松雅雄教授古稀記念論文集』文真堂，1990年．

著・訳書 『現代経済理論の基礎』富士書房，1978年（共著），『転換期の経済政策』中央経済社，1984年（共著），M.フリードマン『実証的経済学の方法と展開』富士書房，1977年（共訳）ほか．

関谷喜三郎（せきや・きさぶろう）

1950年埼玉県生まれ．日本大学経済学部卒業，同大学院商学研究科博士課程修了．理論経済学・貨幣経済論専攻．現在，同大学商学部助教授．

論文 「貨幣的要因と投資行動」『現代の貨幣金融論―田中稔教授還暦記念論文集』八千代出版，1982年．

著・訳書 『マクロ経済学とミクロ経済学』八千代出版，1990年（共著），『現代ミクロエコノミックス』多賀出版，1990年（共訳）ほか．

ケインズとケインジアンのマクロ経済学

1990年9月1日 第1刷発行Ⓒ

（本体7400円・税222円）

訳　者　長谷川　啓之
　　　　関谷　喜三郎
発行者　栗原　哲也
〒101　東京都千代田区神田神保町3-2
発行所　株式会社 日本経済評論社
　　　　電話 03-230-1661
　　　　振替東京3-157198
　　　　太平印刷社・山本製本

落丁本・乱丁本はお取替いたします　Printed in Japan

ポスト・ケインジアン叢書
第Ⅰ期

① クリーゲル　政治経済学の再構築
　　　　　　　川口弘監訳　緒方俊雄・福田川洋二訳　3200円

② アイクナー編　ポスト・ケインズ派経済学入門
　　　　　　　緒方俊雄・中野守・森義隆・福田川洋二訳　2600円

③ デヴィッドソン　貨幣的経済理論
　　　　　　　原正彦監訳　金子邦彦・渡辺良夫訳　6500円

④ ハーコート　ケムブリジ資本論争［改訳版］
　　　　　　　　　　　　　　　　　　神谷傳造訳　5800円

⑤ アイクナー　巨大企業と寡占
　　　　　　　川口弘監訳　緒方・金尾・髙木・吉川・広田訳　5600円

⑥ カレツキ　資本主義経済の動態理論
　　　　　　　　　　　　浅田統一郎・間宮陽介訳　3800円

⑦ カーン　雇用と成長
　　　　　　　　　　　　浅野栄一・袴田兆彦訳　4500円

⑧ ハリス　資本蓄積と所得分配
　　　　　　　　　　　　森義隆・馬場義久訳　4500円

⑨ リヒテンシュタイン　価値と価格の理論
　　　　　　　　　　　　　　　　　川島章訳　3800円

⑩ デヴィッドソン　国際貨幣経済理論
　　　　　　　　　　　　渡辺良夫・秋葉弘哉訳　5800円

　　　　上記の価格には，消費税は含まれていません。

	ケインズとケインジアンの マクロ経済学　　（オンデマンド版）	Digital Publishing

2003年3月10日　発行

訳　　者	長谷川啓之・関谷喜三郎
発行者	栗原　哲也
発行所	株式会社　日本経済評論社 〒101-0051　東京都千代田区神田神保町3-2 　　　　電話 03-3230-1661　FAX 03-3265-2993 　　　　E-mail: nikkeihy@js7.so-net.ne.jp 　　　　URL: http://www.nikkeihyo.co.jp/
印刷・製本	株式会社　デジタルパブリッシングサービス URL: http://www.d-pub.co.jp/

AB195

乱丁落丁はお取替えいたします。　　　　　　Printed in Japan
ⓒ H.Hasegawa and K.Sekiya 1990　　ISBN4-8188-1603-5
Ⓡ〈日本複写権センター委託出版物〉
本書の全部または一部を無断で複写複製（コピー）することは、著作権法上での例
外を除き、禁じられています。本書からの複写を希望される場合は、日本複写権セン
ター（03-3401-2382）にご連絡ください。